国家自然科学基金重点项目群
现代农业发展的政策研究丛书

气候变化背景下低碳农业发展研究

顾海英　王常伟　曹林奎　殷　杉等　著

国家自然科学基金重点项目（71333010）研究成果

科学出版社
北　京

内 容 简 介

人类的农业活动对全球气候变化有着重大影响，农业是重要的温室气体排放源。降低农业温室气体排放、发展低碳农业已经成为现代农业发展的重要内容。在此背景下，与低碳农业发展相关的研究已成为自然及经济管理，乃至其他社会科学共同研究的热点和前沿。本书基于经济学、生态学等多学科交叉，利用宏观统计数据、田间试验数据，以计量分析、DNDC 模型、CGE 模型等方法，对我国农业温室气体的排放现状、影响因素以及降低农业温室气体排放的潜力与路径进行了研究，并提出了低碳农业发展的战略与举措。

本书适合普通高等学校及科研院所农业经济管理专业、生态环境专业、应用经济学专业及气候经济学专业方向的相关教师、研究人员和学生参考阅读。

图书在版编目（CIP）数据

气候变化背景下低碳农业发展研究 / 顾海英等著. —北京：科学出版社，2019.12

（现代农业发展的政策研究丛书）

ISBN 978-7-03-060591-7

Ⅰ. ①气… Ⅱ. ①顾… Ⅲ. ①节能-农业经济发展-研究-中国 Ⅳ. ①F323

中国版本图书馆 CIP 数据核字（2019）第 033989 号

责任编辑：王丹妮 / 责任校对：贾娜娜
责任印制：霍 兵 / 封面设计：正典设计

科 学 出 版 社 出版
北京东黄城根北街 16 号
邮政编码：100717
http://www.sciencep.com

三河市春园印刷有限公司 印刷
科学出版社发行　各地新华书店经销

*

2019 年 12 月第 一 版　开本：720×1000　1/16
2019 年 12 月第一次印刷　印张：22 1/2
字数：456 000
定价：225.00 元
（如有印装质量问题，我社负责调换）

"现代农业发展的政策研究"
项目指导专家组

组 长：

钟甫宁　　教　授　　南京农业大学
黄季焜　　教　授　　北京大学

成 员：

程国强　教　授　　同济大学
宋洪远　研究员　　农业农村部农村经济研究中心
温思美　教　授　　华南农业大学
顾海英　教　授　　上海交通大学
黄祖辉　教　授　　浙江大学
罗必良　教　授　　华南农业大学
张俊飚　教　授　　华中农业大学
周应恒　教　授　　南京农业大学

"气候变化背景下低碳农业发展战略及政策研究"课题组成员

主持单位：上海交通大学

负 责 人：顾海英　　教　授

主要成员：

李长生	教　授
曹林奎	教　授
魏涛远	研究员
于　冷	教　授
岳成艳	教　授
秦向东	教　授
李寿德	教　授
刘春江	教　授
殷　杉	副教授
王常伟	副教授
范纯增	副教授
李承政	博　士

总　　序

　　中国农业发展取得了令世人瞩目的巨大成就。然而，要实现中国这一 14 亿人口国家的农业现代化，仍然面临着一系列严峻挑战。综合考虑管理学科发展的重要基础性问题与国家重大发展战略需求等因素，国家自然科学基金委员会管理科学部在"十二五"发展规划部署中，将"新农村建设中的农业与农村发展政策"列为优先发展领域之一。在优先资助领域的框架下，于 2013 年底启动了"现代农业发展的政策研究"重点项目群。经过 5 年多的努力，该项目群实施进展顺利，于 2019 年初组织了结题验收工作并获得良好评价。

　　国家自然科学基金委员会管理科学部遴选重点项目群的原则是适应管理科学基础研究的规律和特点，针对核心科学问题，在前期研究基础较好、有望形成特色或取得重要突破的领域，形成具有统一目标或方向的重点项目群，实施相对长期的多个重点项目支持，以激励创新、推动某一领域的跨越式发展。重点项目群是属于重点项目的一种资助方式，其研究既注意项目群内项目的相互联系性，又注重与其他类型资助项目的互补关系。

　　"现代农业发展的政策研究"重点项目群围绕农业发展中的基础性和前瞻性的重大战略问题，下设"现代农业科技发展创新体系研究"、"国家食物安全预测预警和发展战略研究"、"气候变化背景下低碳农林业发展战略及政策研究"、"农业产业组织体系与农民合作社发展"、"农村土地与相关要素市场培育与改革研究"和"新时期农业发展的国家政策支持体系研究"6 个重点项目。该项目群的指导专家组汇集了国内农林经济管理领域的顶尖学者，承担单位包括国家自然科学基金委员会管理科学部支持的首批创新群体团队和国家双一流学科建设单位等七家研究机构，研究基础雄厚。五年来，项目群既鼓励协作攻关又倡导自由探索，既坚持目标导向又强调重点突破，在现代农业发展领域开展了一系列的政策研究，产生了一大批在国内外具有良好影响力的原创性成果。

　　本套学术丛书即是"现代农业发展的政策研究"重点项目群的创新性研究成果的集成。丛书基于中国特殊的国情与农情，重点围绕新时期农业发展所面临的新形势和新挑战，采用科学的理论与分析方法，对与现代农业发展紧密相关的现代农业科技发展政策与改革、国家粮食安全战略与管理、气候变化对农业影响与适应策略、现代农业产业组织体系、土地与相关要素市场的培育与改革、现代农业发展国家政策支持体系等重大的理论与政策问题，开展了全局性、战略性与前瞻性的研究，提出了实现农业现代化的新目标、新思路和新举措。该重点项目群的实施，一定程度上提升了农业经济管理学科的国际学术地位和影响，也为国家制定农业农村发展战略和政策提供了科学依据，并培养了一批在国内外学术界有成长性和影响力的中青年人才。

希望本套丛书的出版能够对我国管理科学尤其是农林经济管理的理论研究起到促进与深化作用，对政府有关决策部门进一步落实"乡村振兴"战略和加快现代农业发展起到政策咨询作用，同时也能对广大"三农"工作者以及所有关心中国农业现代化发展的人士有所启迪。

吴启迪

国家自然科学基金委员会管理科学部主任

2019 年 9 月

目　　录

第一篇　绪　　论

第1章　研究项目概述 ··· 3
　1.1　研究背景和意义 ··· 3
　1.2　研究目标 ··· 8
　1.3　研究框架与研究方法 ··· 9
　1.4　研究内容和本书结构 ·· 14
第2章　研究现状、主要创新和需进一步研究的问题 ··············· 18
　2.1　国内外研究现状 ·· 18
　2.2　本书的主要创新 ·· 25
　2.3　需进一步研究的问题 ·· 31

第二篇　气候变化背景下的农业排放概况及低碳农业发展机制

第3章　气候变化背景下极端天气对经济与农业产出的影响 ······ 35
　3.1　气候变化对经济影响问题的提出 ······························· 35
　3.2　模型设定 ·· 37
　3.3　数据来源和描述性统计 ··· 42
　3.4　估计结果 ·· 47
　3.5　本章小结 ·· 69
第4章　农业温室气体排放概况 ··· 75
　4.1　气候变化对农业的影响 ··· 75
　4.2　世界农业温室气体排放现状 ····································· 76

4.3 中国农业温室气体排放现状 ·· 79
4.4 本章小结 ·· 84

第 5 章 我国不同区域农业温室气体的排放与驱动因素 ···················· 86
5.1 农业温室气体的范围及计算方法 ··· 86
5.2 基于 DNDC 模型修正的排放因子 ·· 88
5.3 农业温室气体排放量 ·· 92
5.4 区域农业温室气体排放驱动因素 ··· 96
5.5 碳排放关联度分析 ··· 101
5.6 本章小结 ·· 104

第 6 章 低碳农业发展的推动系统与制约因素 ···································· 105
6.1 低碳农业的关键维度及变化趋势 ·· 105
6.2 低碳农业发展的推动力量 ··· 107
6.3 低碳农业发展的制约因素分析 ·· 111
6.4 本章小结 ·· 114

第 7 章 推进低碳农业发展的福利效应 ··· 115
7.1 低碳农业基本福利的空间结构效应 ····································· 115
7.2 低碳农业经济、生态、社会的纵向解构效应 ····················· 117
7.3 低碳农业发展的实证分析：以崇明东滩低碳农业园区为例 ····· 119
7.4 本章小结 ·· 127

第三篇　农业减排潜力与路径：以稻田为例

第 8 章 有机肥对稻田 CH_4 排放量影响的测度 ································ 131
8.1 稻田与温室气体排放 ··· 131
8.2 试验方法与数据处理 ··· 132
8.3 研究结果与分析 ··· 142
8.4 主要结论的讨论与建议 ··· 162
8.5 本章小结 ·· 172

第 9 章 不同施肥方式对稻田温室气体排放的试验测度 ···················· 174
9.1 施肥与温室气体排放 ··· 174
9.2 试验方法与数据处理 ··· 176
9.3 研究结果与分析 ··· 179
9.4 主要结论的讨论与建议 ··· 189
9.5 本章小结 ·· 191

- 第 10 章 氮肥减量化对稻田温室气体排放的影响：观测与模拟 …………… 193
  - 10.1 氮肥施用量增加及潜在影响 ……………………………………… 193
  - 10.2 试验数据与方法 …………………………………………………… 195
  - 10.3 研究结果与分析 …………………………………………………… 200
  - 10.4 主要结论的讨论与建议 …………………………………………… 208
  - 10.5 本章小结 …………………………………………………………… 212
- 第 11 章 硝化抑制剂对稻田温室气体排放的影响：观测及模拟验证 …… 213
  - 11.1 硝化抑制剂及其对温室气体的减排作用 ………………………… 213
  - 11.2 试验数据与方法 …………………………………………………… 216
  - 11.3 研究结果与分析 …………………………………………………… 218
  - 11.4 主要结论的讨论与建议 …………………………………………… 227
  - 11.5 本章小结 …………………………………………………………… 232
- 第 12 章 稻田温室气体排放清单及减排措施：以上海地区为例 ………… 234
  - 12.1 试验数据与方法 …………………………………………………… 235
  - 12.2 研究结果与分析 …………………………………………………… 238
  - 12.3 主要结论的讨论与建议 …………………………………………… 247
  - 12.4 本章小结 …………………………………………………………… 250

第四篇 低碳农业发展的战略举措

- 第 13 章 政府主导型低碳农业发展项目补偿标准探讨 …………………… 255
  - 13.1 政府主导型低碳农业发展项目的提出 …………………………… 255
  - 13.2 理论模型 …………………………………………………………… 257
  - 13.3 实证模型 …………………………………………………………… 259
  - 13.4 数据及结果 ………………………………………………………… 261
  - 13.5 补偿标准与农业二氧化碳当量的关系 …………………………… 269
  - 13.6 本章小结 …………………………………………………………… 273
- 第 14 章 基于减排目标的氮肥减施项目补偿标准探讨 …………………… 275
  - 14.1 氮肥减施补偿的主要依据 ………………………………………… 275
  - 14.2 水稻与小麦氮肥减施补偿标准分析 ……………………………… 276
  - 14.3 蔬菜与水果氮肥减施补偿标准分析 ……………………………… 283
  - 14.4 本章小结 …………………………………………………………… 286
- 第 15 章 农业直接减排与间接减排效应对比 ……………………………… 288
  - 15.1 农业排放及相关研究 ……………………………………………… 288

15.2　模型说明与数据来源 ··· 290
　　15.3　情景设计与模拟结果 ··· 293
　　15.4　本章小结 ··· 298
第16章　**低碳农业发展的目标与战略** ·· 300
　　16.1　低碳农业发展的战略原则 ·· 300
　　16.2　低碳农业发展的战略目标与重点 ································· 303
　　16.3　低碳农业发展的战略思路 ·· 303
　　16.4　本章小结 ··· 307
第17章　**研究总结与政策建议** ··· 308
　　17.1　主要研究结论 ·· 308
　　17.2　政策建议 ··· 311
参考文献 ··· 316
后记 ·· 345

第一篇
绪论

第1章 研究项目概述

1.1 研究背景和意义

全球气候变化已成为人类面临的重大挑战,其引发的一系列生态、环境问题正严重影响着人类社会的可持续发展。以合理的举措减缓、适应与应对气候变化已成为人类共同面临的议题。现有研究表明,全球气候变化的主要原因是人类活动排放过量的温室气体(greenhouse gas,GHG),二氧化碳(CO_2)、甲烷(CH_4)、氧化亚氮(N_2O)则是温室气体的主要构成成分。

全球气候变化影响着农业生态系统,但农业发展又会反作用于全球气候变化。农业活动会排放温室气体,但农作物又会吸收温室气体,因此农业具有碳源与碳汇双重属性。联合国政府间气候变化专门委员会(Intergovernmental Panel on Climate Change,IPCC)于1990年、1995年、2001年、2007年和2013年先后发布5次全球气候变化评估报告,对农业在温室气体减排增汇进而减缓气候变化中的作用予以充分关注与说明。然而,如何审视我国农业活动对温室气体排放的影响?在保障生存与发展的刚性需求约束下,我国的农业在温室气体减排中能否发挥作用和如何发挥作用?如何评估我国农业温室气体减排的潜力?农业能否与一些行业一样,成为具有独特竞争优势的战略性低碳产业?诸如此类问题,由于涉及学科面广且机理复杂,亟待开展系统而深入的研究。

在全球气候变化背景下开展低碳农业发展研究,既是遏制、缓解全球气候变化趋势的必然要求,也是我国降低温室气体排放的现实选择,更是我国经济高质量发展的客观要求,还是农业发挥多样性功能实现农业农村现代化的具体内容,对其进行研究,具有重要的战略意义、现实意义、理论意义和应用价值。

1.1.1 开展本书研究对我国低碳农业发展的战略定位具有重要意义

IPCC(2007)发布的《第四次评估报告》指出:人为活动导致的温室气体

浓度增加"很可能"（90%以上的可信度）是导致全球气候变化的主要原因。2017年世界气象组织（World Meteorological Organization，WMO）发布的《温室气体公报》显示：2016年大气中CO_2浓度以破纪录的速度飙升至80万年来的最高水平。报告还显示：全球最主要的三类温室气体平均地面摩尔分数较工业化前大幅增加（表1-1）。此外，还值得指出的是：上述三种气体都属于长生命期的温室气体（long lived greenhouse gases，LLGHGs），化学性质稳定，可在大气中留存十年到数百年甚至更长时间，它们将对气候产生长期影响。

表1-1 2016年与工业化前全球主要温室气体浓度情况比较

温室气体	2016年	工业化前	增加值
CO_2	403.3×10^{-6}	288.0×10^{-6}	$+115.3 \times 10^{-6}$
CH_4	$1\,853.0 \times 10^{-9}$	715.0×10^{-9}	$+1\,138.0 \times 10^{-9}$
N_2O	328.9×10^{-9}	270.0×10^{-9}	$+58.9 \times 10^{-9}$

资料来源：根据世界气象组织2017年10月发布的关于2016年的《温室气体公报》整理

人类活动导致了大量温室气体的排放，其中农林业源温室气体也是全球温室气体的主要构成部分。IPCC《第五次评估报告》提供的资料显示：农林业及其他土地利用直接和间接排放的温室气体当量占全球人为温室气体排放量的24.8%，分别大于能源供应、交通和建筑等所占比例（图1-1）。联合国粮食及农业组织（The Food and Agriculture Organization of the United Nations，FAO）也同时指出：耕地释放出大量的温室气体，占全球温室气体排放总量的30%，相当于150亿t的CO_2。

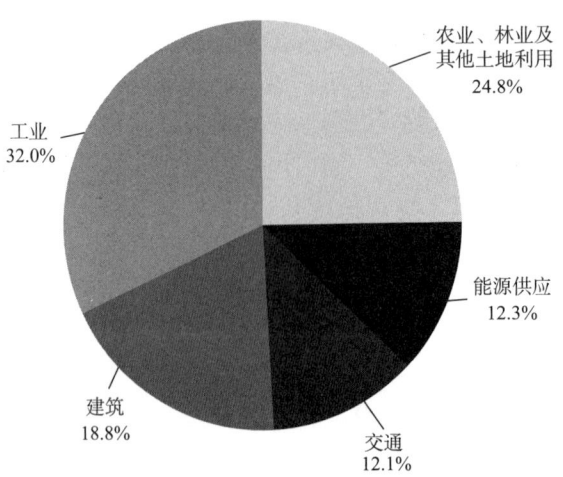

图1-1 全球人为温室气体排放量

资料来源：IPCC《第五次评估报告》，2013年

根据《第五次评估报告》，源于"农业、林业和其他土地用途"（agriculture, forestry and other land use，AFOLU）的年度人为温室气体排放主要由砍伐森林、畜牧业生产，以及土壤和养分管理所致。此类排放估计占全球排放总量的21%[①]，如果加上农业食品链直接和间接产生的排放，则农业温室气体排放类别占总排放量的比例将增至三分之一（联合国粮食及农业组织，2016）。联合国粮食及农业组织（2016）还指出：农业、林业和渔业的温室气体排放量在过去50年里几乎翻了一番，如果不加大减排力度，到2050年或将再增加30%。可见，农业也是导致全球气候变化的重要贡献者之一。

为应对全球气候变化，中国政府始终积极建设性地参与气候变化国际谈判，尤其是在2009年举行的联合国气候变化峰会上，我国积极地做出重要承诺：到2020年我国单位GDP（gross domestic product，国内生产总值）的CO_2排放量比2005年下降40%~45%，并将其作为约束性指标纳入国民经济和社会发展中长期规划。在2020年即将正式运作的《巴黎协定》——"国家自主贡献"（intended nationally determined contributions，INDC）中，中国又进一步确立了减排履行的目标：到2030年左右CO_2排放争取提前达到峰值；将非化石能源在一次能源中的比重提升到20%；2030年碳强度在2005年的基础上降低60%~65%，森林蓄积量要增加45亿m^3等。目前，中国到2020年的上限目标已提前3年完成[②]，然而，必须清醒地认识到，这只是说明我国碳排放快速增长的局面得到了初步扭转，未来的挑战会更大。2012年12月英国丁铎尔气候变化研究中心发布的报告（Peter et al.，2012）指出：2011年中国已成为全球碳排放最多的经济体，温室气体排放占全球排放总量的28%[③]。从人均碳排放量来看，虽然中国的人均碳排放量（6.6t）低于美国（17.2t），但已接近欧盟（7.3t）。尽管这一研究结果在度量的方法等方面也有很多值得商榷的地方，但至少可以说明中国在温室气体减排方面的严峻形势。

毋庸讳言，在全球气候变化背景与全球经济形势复杂多变的态势下，碳排放空间已成为我国经济发展重要的资源约束。怎么办？亟待实施低碳发展战略，采取政策措施减少温室气体排放。面对我国资源约束趋紧、环境污染严重、生态系统退化的严峻形势，党的十八届五中全会，将绿色发展理念作为"五大发展理念"之一。党的十九大报告指出，要"加快建立绿色生产和消费的法律制度和政策导向，建立健全绿色低碳循环发展的经济体系"[④]。中国人多地少的基本国情

---

① 2014年数据。
② 《中国应对气候变化的政策与行动2018年度报告》显示：2017年中国单位GDP的CO_2排放量比2005年下降约46%。
③ 资料来源于全球碳项目（Global Carbon Project）。
④ 习近平：决胜全面建成小康社会 夺取新时代中国特色社会主义伟大胜利——在中国共产党第十九次全国代表大会上的报告.http://www.gov.cn/zhuanti/2017-10/27/content_5234876.htm，2017-10-27.

及粮食安全压力，使我国农业成为世界上受人为活动控制最强烈的生产系统。土地利用变化剧烈，导致农业成为我国主要的温室气体排放源。2004 年《中华人民共和国气候变化初始国家信息通报》的资料显示，我国农业温室气体排放占总排放的比例高达17%（高于全球的13.5%）。尽管2017年公布的《中华人民共和国气候变化第一次两年更新报告》显示，我国农业活动温室气体排放量占比有了较大幅度的下降（7.9%），但 CH_4 和 N_2O 的排放量仍占到了 CH_4 和 N_2O 总排放量的 41.0%和 71.6%。需要指出的是，对农业温室气体排放量的测度一般仅考虑畜禽粪便、秸秆燃烧、农田释放等直接排放源，往往忽视了农业生产活动所使用的化肥、农药、饲料等外部投入品生产所导致的间接碳排放，以及农业运输等支持活动的碳排放。如果加上这些间接碳排放因素，那么，我国现实的农业源温室气体排放量将更高。因此，在全球气候变化以及经济形势相对复杂的背景下，在全面展开温室气体减排、缓解气候变化的过程中，如何审视我国农业活动对温室气体排放的贡献？在粮食安全压力、保障生存与发展的刚性需求约束下，如何进一步推进我国农业温室气体的减排？如何寻求和制定适合我国基本国情的低碳农业发展战略？亟待对这些问题进行研究并做出理性、科学的回答。开展本书研究对我国低碳农业发展的战略定位、促进对农业温室气体减排的重视等，具有重要意义。

1.1.2　开展本书研究对我国农业发挥减排潜力作用具有重要意义

在我国，相对能源、工业、交通等领域，低碳问题在农业领域得到的关注还不够。究其原因，或许是农业地位相对弱势、涉及面较广、组织程度相对较低，抑或是低碳农业等同于减产量、高成本的观念所致。事实上，我国农业是重要的温室气体排放源，特别是农业的 CH_4、N_2O 排放占到了较大的比重。根据《中华人民共和国气候变化第三次国家信息通报》，2010 年中国能源活动、工业生产过程、农业活动和废弃物处理等方面的温室气体排放量分别为 82.83 亿 t、13.01 亿 t、8.28 亿 t 和 1.32 亿 t 二氧化碳当量，在不考虑土地利用、土地利用变化和林业的情况下，四个领域在排放总量中的比重分别为 78.6%、12.3%、7.9%和1.2%。2010 年中国甲烷排放 5 539.4 万 t，相当于 11.63 亿 t 二氧化碳当量，其中农业活动排放 2 241.4 万 t，占 40.5%。2010 年中国氧化亚氮排放 176.4 万 t，相当于 5.47 亿 t 二氧化碳当量，其中农业活动排放 115.4 万 t，占 65.4%。

在农业减排过程中，有以下几点值得关注：①农业系统与工业等其他系统在温室气体排放领域的一个显著区别在于农业具有碳源、碳汇双重属性。农业既是温室气体的主要排放源，又是温室气体的吸收汇。人类不适当的农业活动（如毁林开荒、过量施肥、秸秆焚烧等）导致温室气体的大量排放，而合理的农业生产调整、植被增加等，又可能增加其生态系统的碳汇储量。②农业具有非点源性、生产不确定性，且受到粮食安全的刚性约束，这给农业减排政策工具的设计和政策效果的分析带来了严峻挑战。③农业源温室气体排放与其他行业存在结构性差异，非 CO_2 类温室气体占主要部分。IPCC《第三次评估报告》显示，农业排放的 CH_4 占人类活动 CH_4 排放总量的 50%，N_2O 占 60%。虽然 CH_4 和 N_2O 对温室效应的贡献率低于 CO_2，但在 100 年尺度上，二者的 GWP 远远高于 CO_2，分别是 CO_2 的 21 倍和 310 倍。因此，发展低碳农业，深挖农业减排潜力，要充分考虑到农业的特性。联合国粮食及农业组织（2016）指出，水稻种植中用节水型方法替代水淹可以使 CH_4 排放减少 45%，而通过采用更高效的做法，畜牧业的减排幅度可达 41%。但如何使这种可能性成为现实？如何测量低碳农业发展的减排潜力和效能？农业能否与一些行业一样，成为具有独特竞争优势的战略性低碳产业？同样需要进行深入研究。开展本书研究对发挥农业减排潜力作用具有重要意义。

1.1.3 开展本书研究对低碳农业发展战略的有效实施具有应用价值

农业生产与气候变化存在着相互影响。人类的农业活动导致了大量温室气体的排放，影响了气候变化。同时，气候变化也会对农业生态系统造成影响，从而作用于农业生产。农业温室气体排放将推动全球升温，并且增加极端天气出现的概率。气候变化对农业存在着双重影响，但长期来看，弊大于利。气候变化将改变我国农业区域生产格局，晚熟作物种植面积增加、复种指数提高、喜温作物和越冬作物种植区北移。气候变化和极端天气事件也会导致农业自然灾害的增加，从而对我国粮食安全造成影响。《中华人民共和国气候变化第二次国家信息通报》（国家发展和改革委员会应对气候变化司，2014a）指出，如果不采取任何适应性措施，未来气候变化将导致中国水稻、玉米和小麦等主要粮食作物的减产。至 2050 年，若不考虑 CO_2 的肥效作用，则粮食总产量最大可下降 20%，若考虑 CO_2 的肥效作用，粮食总产量最大下降 5%。此外，气候变化还将导致新的病虫害的发生，引致农药、化肥等化学物质使用的增加，从而对生态环境造成不利影响。因此，气候变化已经影响了我国的粮食安全、粮食生产体系、生态安全等多个方面。在此背景下，迫切需要从战略层面进一步审视我国现代农业的发展，并从技术、策略层面因应气候变化对农业造成的影响。然而在推动我国低碳农业发展以及创新农业技术的过程中，技术上的可行性在经济上是否可行？中国的农业如何实施低碳发展？实施低碳发展是否会减少产量、增加成本？有必要对低碳农业发展的影响进行研究。因此，开展本书研究对低碳农业技术的转化、应用具有重要作用，进而对低碳农业的战略实施、策略制定、方案设计和政策提出等具有应用价值。

1.1.4　开展本书研究对推动交叉学科发展、学术研究深入、研究方法创新以及科学管理决策等具有重要的理论意义和科学价值

人类的农业活动及其土地利用变化通过生态系统作用对全球气候变化产生着重大影响。由此，与低碳农业发展相关的研究已成为自然及经济管理，乃至其他社会科学共同研究的热点和前沿。然而，尽管如此，与低碳农业发展相关的研究尚不成熟、系统，一些研究才刚刚起步。本书试图通过生态学、经济学等多学科的交叉结合，基于低碳农业的相关理论，深入开展不同尺度的田间试验，采用DNDC（denitrification-decomposition，反硝化-分解）模型、计量分析、CGE（computable general equilibrium，可计算一般均衡）模型等方法，揭示气候变化、农业温室气体排放与农业生产之间的内在联系；测度我国农业（特别是以稻田为例）温室气体的排放现状及减排潜力；评估低碳农业主要政策措施的成本效益等，为定位低碳农业发展的战略地位，确立低碳农业发展的战略，以及低碳农业发展战略的有效实施、策略制定和政策建议提出等提供理论依据、方法基础和数据支撑。可见，开展本书研究对推动交叉学科发展、学术研究深入、研究方法创新以及科学管理决策等，具有重要的理论意义和科学价值。

1.2　研究目标

降低温室气体排放已成为人类应对气候变化的必然选择，也是我国作为一个负责任大国对世界的承诺。由于农业人为温室气体排放在温室气体排放中占有较大比重，因此，若要按期达到减排目标，离不开农业的参与。立足这一宏观背景，本书通过学科交叉，在对低碳农业发展现状的评估中，引入田间试验方法，借助DNDC模型，并以稻田为例，深入分析其温室气体排放的状况及影响因素，进而分析在降低农业温室气体排放的潜力与路径的基础上，从总体层面提出我国低碳农业发展的战略与政策。具体来说，本书的主要目标为以下四点。

1.2.1　分析气候变化对我国农业产出、经济发展的影响

降低农业温室气体排放的目的在于减缓、适应气候变化。然而，为什么要减

缓、适应气候变化？主要在于气候变化或对生态、经济、社会等多个层面造成负面影响。为了进一步检验这一逻辑的合理性，本书深入分析了气候变化对我国农业乃至经济的影响，从而回应本书的研究背景与意义。

1.2.2 评估我国农业温室气体排放的状况和程度

了解我国农业温室气体排放状况是减排的基础。本书在分析联合国粮食及农业组织关于农业温室气体排放状况及排放源的基础上，进一步采用 DNDC、CGE 模型等，对我国农业温室气体的排放进行评估，分析不同地区农业温室气体排放的差异、温室气体排放的驱动因素等，从而为温室气体的减排提供研究支持。

1.2.3 深入研究农业的减排潜力

在我国农业温室气体的排放过程中，化肥和稻田是两个最主要的排放源。因此，本书以稻田为例，利用田间试验，以科学方法实证测度肥料施用等对稻田温室气体排放的影响，并利用 DNDC 模型模拟不同条件下温室气体的排放差异，从而挖掘出我国农业温室气体减排的潜力，提出主要路径。

1.2.4 提出我国农业减排、发展低碳农业的战略与措施

本书在田间试验、经济分析的基础上，结合我国现实条件，提出降低我国农业温室气体排放，发展低碳农业的战略及相应的措施。例如，从激励视角测算 CO_2 的影子价格，分析对农户低碳生产进行补偿的相应成本及可行性等。

1.3 研究框架与研究方法

1.3.1 研究框架内容

从研究的整体框架内容来看（图 1-2），本书主要分为四个部分。

第一部分为提出问题，主要对研究的背景、意义、目标、方法与框架内容以及本书的主要创新等进行了说明；对国内外研究现状进行了梳理，并凝练了需进一步研究的问题。

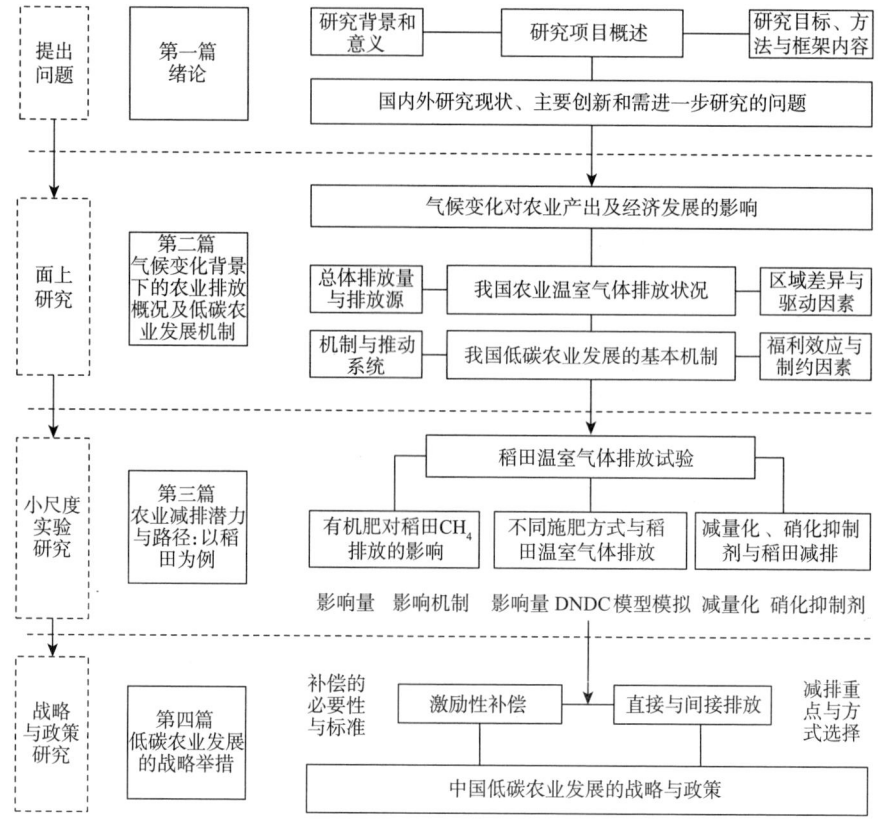

图 1-2 研究框架内容

第二部分为面上研究，主要研究气候变化背景下的农业排放概况及低碳农业发展机制。具体研究内容包括：气候变化对农业产出与经济发展的影响；农业温室气体排放的状况和程度；我国不同区域农业温室气体的排放与驱动因素；低碳农业发展的推动系统与制约因素；推进低碳农业发展的福利效应等。

第三部分为小尺度试验研究，主要研究农业减排潜力与路径。本部分研究选取我国农业碳排放较为突出的稻田及肥料领域，借助田间试验及 DNDC 模型模拟，分析肥料管理、田间管理对稻田温室气体排放的影响，进而提出相应的减排对策。具体研究内容包括：有机肥对稻田 CH_4 排放量影响的测度；不同施肥方式对稻田温室气体排放影响的试验测度；氮肥减量化和硝化抑制剂对稻田温室气体排放的影响；稻田温室气体排放清单及减排措施等。

第四部分为战略与政策研究，主要研究低碳农业发展的战略举措。具体研究内容包括：探讨政府主导型低碳农业发展项目的补偿标准以及基于减排目标的氮肥减施项目的补偿标准；对比农业直接减排与间接减排的效应；提出我国低碳农业发展的战略构想与基本路径,并从经济补偿、直接与间接减排协同等层面给出相应的对策建议。

最后,对主要研究结论进行总结,并提出相应的政策建议。

1.3.2 基本研究方法与 DNDC 模型

1. 基本研究方法

本书基于生态学、经济学等理论对我国农业温室气体的减排议题进行了深入研究,并提出了相应的低碳农业发展战略和政策建议。本书采用定性分析与定量分析相结合、统计研究与试验研究相结合的研究方法,特别是采用小尺度田间试验的方法,对不同条件下稻田温室气体排放进行了试验测度,并应用 DNDC 模型对农业温室气体排放进行模拟分析。除此之外,在研究过程中还广泛应用了统计分析、计量分析、CGE 模型分析等方法。多学科的结合及多种方法的应用,力图使研究具有科学性与可信性。

2. DNDC 模型

本书采用 DNDC 模型对农业温室气体的排放进行了模拟与分析。在此,有必要对 DNDC 模型做如下说明。

全球气候变化是人类复杂的社会经济活动叠加在复杂的自然变化过程中发生的。在此背景下,要通过低碳农业发展来发挥固碳及减排的作用,以缓解气候变化对人类生存与发展的威胁,首要的就是要理解这一复杂现象,即气候变化、温室气体及低碳农业发展的相互关系与机理。而 DNDC 模型是基于生物地球化学量、流、群和场这四个概念发展起来的,可从不同角度描述生命与环境的关系,进而帮助我们理解和分析气候变化、温室气体及低碳农业发展的相互关系与机理。

DNDC 模型开发于 20 世纪 90 年代初,由美国新罕布什尔大学(University of New Hampshire)地球、海洋与空间研究所(Institute for the Study of Earth, Oceans and Space)的李长生(Li Changsheng)等创建,是 20 世纪 90 年代以来较为成功的农业生态系统模型之一,也是 IPCC 推荐的农业温室气体排放计算和认证模型之一。在 DNDC 模型中,DN 指的是 denitrification——反硝化作用,而 DC 指的是 decomposition——分解作用,这是土壤中碳和氮发生一系列生物地球化学过程的核心作用。DNDC 模型是农业生态系统中一系列控制碳和氮迁移转化的生物化学及地球化学反应机制的计算机表达,模型共包括六个子模型,即土壤气候、农作物生长、土壤有机质分解、硝化作用、反硝化作用及发酵作用，模型的结构和原理如图 1-3 所示。

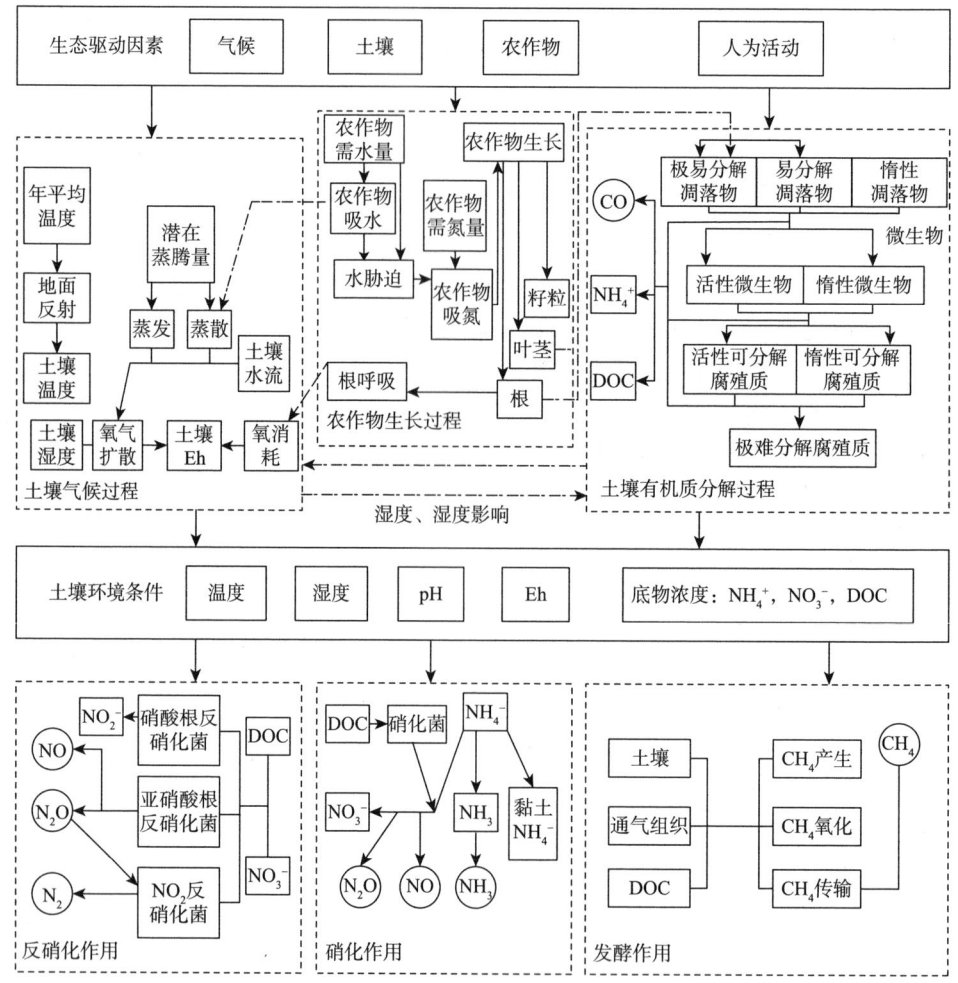

图 1-3　DNDC 模型的结构图

Eh：氧化还原电位；DOC：dissloved organic carbon，可溶性有机碳；本项目主要参与者李长生教授作为主要创始人之一创立 DNDC 模型。DNDC 模型的结构图引自新罕布什尔大学地球、海洋与空间研究所，《DNDC 模型使用手册（9.3 版本）》，中国农业科学技术出版社，2010 年 5 月

　　DNDC 模型由两大部分组成（Li et al., 1992）。第一部分包含土壤气候、土壤有机质分解和农作物生长 3 个子模型，主要是依据生态驱动因子（气候、土壤、农作物、人为活动等）的输入数据，初始化相关参数。土壤气候子模型是在输入气候数据的基础上，依据一系列的土壤物理化学函数来计算土壤剖面各层的温度、湿度、pH、Eh 以及相关化学底物浓度梯度等参数。农作物生长子模型依据所输入的农作物种类、生长积温、肥水需求量、气温、土壤水分、土壤含氮量

等计算植物生长发育过程中的光合呼吸作用、光合产物分配、水分及氮的吸收利用。土壤有机质分解子模型通过追踪农作物残落物进入土壤后的分解过程来追踪碳氮的动态。

DNDC 模型的第二部分包含硝化作用、反硝化作用和发酵作用 3 个子模型。依据土壤环境条件对微生物活动的影响，模拟相关微生物的活动和代谢；利用有机质分解产生的 DOC 和矿质氮数据，计算土壤-农作物生态系统中模拟 C、N 动态值及几种含 C、N 气体的排放动态值，包含 CO_2、CH_4、NH_3、N_2O、NO 以及 N_2 的排放，并以天为步长单位记录各项结果。硝化作用子模型依据分解所得的 DOC 以及 NH_4^+-N 来模拟硝化细菌的生长和活性，从而计算出 NH_4^+-N 变为 NO_3^--N 的转化速率。反硝化作用子模型用来模拟 NO_3^- 在反硝化细菌作用下转化为 NO_2^-、NO 最后到 N_2 的过程，各反应间的动力学差异决定了其副反应产物 NO、N_2O 的产出率。发酵作用子模型模拟土壤在淹水条件下 CH_4 的产生、氧化和传输过程，其产生受控于土壤可给态碳（包括 DOC 和 CO_2）浓度、土壤 Eh 及微生物活性等；其氧化速率受土壤 Eh 和 CH_4 浓度的影响；CH_4 从土壤传输到大气中主要是通过植物茎叶或以气泡的形式。

DNDC 各子模型中所采用的函数均来自化学、物理学或生物学中的基本理论或者大量试验研究所产生的经验方程及参数。结合各种生态驱动因子和碳氮生物地球化学，并以日或时作为步长为各子模型互相传递参数，对土壤-农作物生态系统中的碳氮循环进行追踪与模拟。

在 DNDC 模型框架中所模拟的土壤深度为 50cm，略深于犁底层，并将土壤剖面分为 20~50 个土层，土层厚度与该土壤的饱和导水率相关。不同土层之间的土壤温度和湿度、pH 及碳氮含量等参数差异很大，而土壤密度、孔隙度及水文参数较为一致。模型将利用这些土壤参数、农作物参数等逐级梯度模拟碳氮化合物的降解过程。

DNDC 模型将碳库分为 4 个亚库，3 个为活跃性碳亚库（即凋落物亚库、微生物亚库和活性腐殖质亚库）及 1 个非活跃性碳亚库（即惰性腐殖质亚库），其中每个碳亚库又包含 2~3 个子亚库。每一亚库中的碳，依据该库大小、土壤黏粒含量、可给态氮浓度以及土壤温湿度，决定其特定的分解速率。当土壤碳被分解时，部分土壤有机碳（soil organic carbon，SOC）将以 CO_2 的形式从土壤中排出进入大气中，另一部分进入该土壤的其他碳库，在此过程中会产生可被土壤微生物再利用的 DOC。在土壤碳分解过程中，碳和氮总是共同存在，当 SOC 分解时，有机氮可被转入另一碳库，或被矿化为 NH_4^+ 进入硝化反应子模型。

农作物生长对土壤中水分、碳和氮的动态变化有重大影响。模型需要使用农作物的生理及物候学参数（农作物最大产量、生长所需积温，生物量在根、茎、叶及籽粒间的配比及碳氮含量比值，农作物肥水需求量以及作物固氮能力等）来模拟农作物生长发育。并依据农作物每日生长曲线及农作物碳氮比值计算对氮的需求量，土壤中水分含量及氮浓度决定了农作物的实际氮吸收量。当农作物收获后所有根部留在土壤中，部分或全部地上秸秆残留在地表。如果发生耕作管理，农作物残落物将与土壤混合，随后依据其碳氮比值分配到 DNDC 模型中的凋落物库中，组成土壤有机质的主要来源，并参与下一步碳的分解作用。

目前，DNDC 模型系列已被 20 多个国家应用于农业、湿地、森林和草地等不同的土壤类型、不同的植被类型以及不同管理方式下的土壤固碳作用和温室气体排放的研究中。该模型最早用于预测美国、英国、德国等国家的农业管理措施对农田碳氮排放动态的影响。经过 20 多年对模型的不断校正修改，目前已有 17 个基于 DNDC 模型为核心的模型开发出来，有超过 1 500 个的研究者正在使用该模型（Gilhespy et al.，2014）。

DNDC 模型不仅能够在点位和区域尺度上模拟预测土壤-农作物生态系统中的温室气体排放通量，而且可以依据土壤-农作物的生物地球化学过程的相互作用，定量评估某一种农田减排措施对农作物产量、温室气体排放量及固碳效果的影响。如 Grant 等（2004）利用 DNDC 模型对加拿大主要的土壤类型及农作物种植类型下的 6 种不同管理措施对 N_2O、CH_4 和 CO_2 排放总量的变化进行模拟，结果显示：农田转为草地、传统耕作方式变为免耕、减少作物轮作时的夏季休耕时间等，均可显著减少温室气体的排放。Li 等（2002）对我国 1980~2000 年的不同水分管理条件下的稻田 CH_4 排放量进行了研究，评估结果表明：稻田水分管理由持续淹灌变为中期晒田后，稻田的 CH_4 排放总量降低了至少 5 Tg CH_4/yr。

1.4 研究内容和本书结构

本书主要基于对全球气候变化的回应，从农业活动视角研究了农业的减排潜力及相应的低碳农业发展战略和举措。由于农业温室气体排放涉及多个方面，本书重点关注了在农业排放源中相对重要的稻田施肥管理，深入分析了其减排的潜力与路径。研究过程中采用了生态学、经济学等学科的研究方法，特别是以科学的田间试验获取相应的农业温室气体排放结果，为减排措施的提出提供了科学的数据支撑。总体来看，本书共分为四篇 17 章，第一篇为绪论，主要是介绍本书的研究背景及主要创新；第二篇为农业排放概况及低碳农业发展机制；第三篇以稻田为例，详细研究了稻田温室气体减排的潜力与路径；第四篇为低碳农业发展的战略举措。具体内容如下。

第一篇为绪论。本部分一是介绍了低碳农业发展的背景、研究的主要意义与目的，以及本书的主要内容。二是梳理了国内外研究现状，并介绍了本书的主要创新。

第二篇为气候变化背景下的农业排放概况及低碳农业发展机制。内容主要如下。

（1）气候变化对农业及经济总产出的影响。本书考察了极端天气对县域经济产出的影响。首先，将经济分为两个部门，通过经典的柯布-道格拉斯（Cobb-Douglas）生产函数建立起了（日值）天气因素与各部门日度经济产出之间的关系，然后在时间维度上对生产函数进行加总，从而将（日值）天气因素和年度经济总产出联系起来。根据理论框架中描述的结构式关系，研究实证部分通过设置一系列温度和降水区间来考察天气与经济总产出二者之间的非线性关系，检验极端天气发生频率的变化对经济总产出、农业部门产出（包含粮食、棉花、油料和肉类等）和非农业部门产出的影响。其次，对比了中美两国以及国内不同基准气候、不同产业结构的县（市）对极端高温天气反应敏感度上的差异，并考察了相关适应措施在缓解极端天气负面效应方面的效果。

（2）农业温室气体排放概况。本书简要论述了气候变化对农业的影响，并从全球视角及中国层面分析了农业温室气体排放的情况。总体来看，气候变化与农业有着重要的关联性，农业活动所排放的温室气体影响了气候变化，而气候变化又将对农业生产产生重大影响。根据 IPCC 报告，源于"农业、林业和其他土地用途"的年度人为温室气体排放占各经济领域温室气体排放的21%，如果加上农业食品链直接和间接产生的排放，则"农业、林业和其他土地用途"排放类别占总排放量的比例将增至三分之一。我国是农业大国，农业温室气体的排放量也比较大。从排放源来看，以 2014 年为例，中国农业温室气体最主要的排放源为牲畜肠道发酵、化肥和稻米种植，分别占到农业排放的28.82%、21.83%和 15.95%。

（3）我国不同区域农业温室气体排放测算及因素分解。首先，本书采用 IPCC 推荐的方法核算了温室气体排放量，并根据 DNDC 模型的模拟结果，对部分排放因子进行了修正。其次，在 Kaya 恒等式的基本形式上，结合所研究的问题加以辨识，识别各地区农业碳排放的驱动因素，并对各地区的农业碳排放进行分解。最后，在前一部分研究的基础上，进一步利用灰色关联度模型，研究各驱动因素与农业温室气体排放的关联度，并将这一结果在东、中、西部以及东北地区之间进行比较，进而探讨各地区农业温室气体排放的主要驱动因素与农业碳排放的关联度。

（4）低碳农业发展的推动系统及制约因素。本部分从环境倒逼压力、消费者需求动力、技术创新驱动、相关低碳政策影响、国际压力、国家战略与农业发展规律的要求、乡村振兴发展战略要求等方面，论述了我国发展低碳农业的主要推动力量；分析了我国发展低碳农业面临的主要困境，如温室气体减排的价值显化和变现困难、消费支持机制尚未形成、传统生产消费行为的惯性制约、低碳设施匮乏制约、低碳文化建设滞后、财政支持不足等。

（5）推进低碳农业发展的福利效应。推进低碳农业存在显性及隐性的福利，本部分从经济、生态以及社会层面，论述了发展低碳农业潜在的福利效应。并且，以上海崇明东滩为例，实证分析了低碳农业对地区发展的影响。

第三篇为农业减排潜力与路径：以稻田为例。内容主要如下。

（1）有机肥对稻田 CH_4 排放量影响的测度。通过静态暗箱-气相色谱体系，原位监测不施肥、化肥、混施肥和有机肥等四种处理对稻田生态系统 CH_4 排放的影响，包括 CH_4 的排放速率和季节排放量。重点分析了温度变化对稻田 CH_4 排放的影响，包括水稻生物量积累对稻田 CH_4 排放的影响，以及在不同施氮水平下，有机氮投入量对稻田 CH_4 排放的影响，为测度稻田 CH_4 的减排潜力提供科学依据。

（2）不同施肥方式对稻田温室气体排放影响的试验测度。采用静态暗箱-气相色谱测定的方法，使用验证后的 DNDC 模型进行情景模拟试验，研究了不同施肥方式对稻田 CO_2、CH_4 和 N_2O 三种温室气体排放特征的影响，重点比较不同施肥方式下稻田 N_2O 对全球气候变暖的贡献，以期为稻田系统中温室气体的减排提供科学依据；模拟了多种不同施肥方式下水稻的产量、稻田的氮素流失及温室气体排放，筛选了适用于稻田的最佳施肥方式，以期在保证水稻最大产量的基础上尽可能地减少稻田系统对周边环境的污染压力；利用 DNDC 模型的区域模拟功能估算了上海地区水稻生产过程对周边环境的污染输出，同时结合情景模拟试验筛选出最佳的施肥方式，探索模型的敏感性因素，分析了上海地区稻田系统的污染减排潜力，以期为稻田系统的污染减排提供科学依据。

（3）氮肥减量化施用对稻田温室气体排放的影响。依据上海地区传统稻田氮肥施用量，设计了不同氮肥施用水平，观测稻田温室气体排放格局、与环境因子的关系及其水稻产量等，探讨了最适宜上海地区的农田施肥量；并利用DNDC模型，模拟了氮肥减量化下温室气体排放格局、土壤温度及农作物产量，完成了DNDC模型的验证工作。

（4）硝化抑制剂对稻田温室气体排放的影响。以新型硝化抑制剂——3,4二甲基吡唑磷酸盐（DMPP）对稻田温室气体排放进行研究，确定不同剂量DMPP对温室气体减排的贡献，探讨DMPP对稻田中 CH_4 及 N_2O 排放的抑制机理；并利用 DNDC 模型，模拟使用硝化抑制剂后温室气体排放格局、土壤温度及农作物产量，确定DNDC模型对硝化抑制剂的模拟参数，完善DNDC模型对减排措施（施用硝化抑制剂）的效果评估性能。

（5）稻田温室气体排放清单及减排措施。利用生物地球化学模型——DNDC模型，模拟上海区域尺度上稻田温室气体排放格局和排放量，完成上海稻田温室气体排放清单。根据上海地区施肥处理、秸秆还田、作物品种、地膜覆盖以及水分管理等措施，用 DNDC 模型进行情景分析，探讨了不同措施的减排效果，为推广减排措施提供理论依据。

第四篇为低碳农业发展的战略举措。内容主要如下。

（1）政府主导型低碳农业发展项目补偿标准探讨。鉴于市场交易的补偿渠道缺失以及经济价值不易被估计的事实，政府主导型的发展项目可以将农业温室气体的边际减排成本作为补偿标准，对农户采用"低碳"生产技术和管理模式引起的"额外"温室气体减排量进行补偿。本部分通过参数化的方向产出距离函数，计算 1997~2014 年我国 31 个省、区、市（不包括港澳台地区）农业二氧化碳的影子价格，并从中预估出全国范围的平均补偿标准。

（2）基于减排目标的氮肥减施项目补偿标准探讨。本部分通过参数化的方向产出距离函数，计算了 2015 年上海地区水稻、小麦以及蔬菜和水果的农业二氧化碳当量的影子价格即边际减排成本，估算了相应品种种植户减施氮肥的个体理论补偿标准，为从经济激励视角推进低碳农业发展提供相应的依据。

（3）农业直接减排与间接减排效应对比。本部分以上海为例，将 DNDC 模型与 CGE 模型在农作物投入产出上进行链接，对肥料管理、农药减量以及农机节能这三个渠道采取措施进行减排潜力以及间接效应研究，测度了不同减排途径的直接、间接效果，同时考察了相应减排途径的经济层面影响。

（4）低碳农业发展的战略及对策。本部分基于上述研究，从整体层面提出了我国低碳农业发展的战略原则、目标，以及相应的战略机制。并且在对研究进行总结的基础上，提出了低碳农业发展的具体对策。

第 2 章 研究现状、主要创新和需进一步研究的问题

2.1 国内外研究现状

全球气候变化问题已经成为国际社会关注的一个热点议题，发展低碳农业则被认为是减缓全球气候变化的重要举措。国内外已有大量专家学者就低碳农业发展问题进行了深入研究，但总的来说，这些研究大多从自然科学角度展开，社会科学领域（经济、管理领域）的研究相对较少。低碳农业的研究成果不仅仅限于狭义的农业（种植业），更多地以广义的农业（包含林业、畜牧业）形式呈现。

国外关于低碳农业的研究开展得比较早且成果相对丰富（Wassmann et al., 2000; Bates, 2001; Swart and Raes, 2007; Pretty et al., 2001; Godwin et al., 2003; Klein et al., 2005; Monteny et al., 2006; Lassey, 2007; Smith and Truines, 2007; MacLeod et al., 2010），具体研究方向涉及农业源温室气体排放、农业减排技术选择、农业减排成本分析、农业适应气候变化研究以及农业减排的激励政策等[①]。国内研究方面，蔡祖聪等在农田 CH_4 和 N_2O 排放领域，董红敏等在畜牧业 CH_4 和 N_2O 排放领域，潘根兴等在土壤固碳领域，方精云在森林、土壤和草原的碳排放和吸收领域，李克让等在森林生态系统碳排放领域，林而达等在气候变化影响、减缓和适应气候变化领域，张福锁等在氮肥管理领域都进行了大量的研究（米松华，2012）。但目前为止，国内社会科学领域研究低碳农业发展的相关学术研究成果明显偏少，经济管理学科与其他自然科学领域学科交叉研究非常少见。现有的部分研究如赵其国和钱晓燕（2009）、李晓燕和王彬彬（2010）等的研究，主要侧重于对低碳农业概念的界定和特征表述等方面。

---

① 国内学者米松华（2012）和简盖元（2012）对国外研究者的研究成果进行了比较全面的归纳。

综合国外和国内研究的现状，本部分将分别从识别农业源温室气体排放的驱动因素、核算农业源温室气体排放量、农业源温室气体减排技术、农业源温室气体减排（增汇）潜力、低碳农业成本-效益分析、发展低碳农业的政策措施及效应方面对相关研究进行综述。此外，结合本书的研究内容，本部分还将对施肥与稻田温室气体排放研究进行一定的介绍。

2.1.1 关于农业温室气体排放驱动因素的研究

识别温室气体排放变化的影响因素的方法大致可以分为两类：第一类是计量经济学方法，通过建立计量回归模型识别驱动温室气体排放的影响因素。例如，陈卫洪和漆雁斌（2010）通过该方法考察了影响 CH_4 排放的因素，他们的研究发现，改善水稻种植结构，调整畜牧养殖方式，降低种植面积和饲养数量有助于减少农业 CH_4 排放。冉光和等（2011）采用了时间序列模型［向量自回归模型（vector auto regression，VAR）］分析了要素投入的变化对农业温室气体排放的影响，他们的研究发现，农业机械总动力和农用电力增长率的不断增长导致了农业碳排放不断增长。目前我国农业碳排放增长率为 5%，未来随着农业机械总动力和用电量的增长，农业碳排放将以递增的速率增长。第二类是因素分解方法，即通过该方法可以分解出各影响因素对温室气体的贡献程度。较为常见的因素分解方法包括：Kaya 恒等式和 Kaya-Porter 恒等式、拉斯贝尔（Laspeyres）指数法、对数平均迪氏指数分解法（logarithmic mean Divisia index，LMDI）、随机性环境影响评估模型（stochastic impacts population, affluence, technology, IPAT）以及人口、富裕及技术影响的随机回归（stochastic impacts by regression on population, affluence and technology）模型等。例如，李国志和李宗植（2010）采用 LMDI 分解法分析发现，经济增长是导致农业碳排放增长的主要因素，能源结构恶化会增加农业碳排放，技术进步有助于农业减排但存在不确定性。李波（2011）利用 Kaya 恒等式这一因素分解方法分析农地碳排放，研究结果显示，农业经济发展水平是导致农业碳排放增加的最主要的原因，效率、结构和劳动力规模等因素可以在一定程度上抑制农业的碳排放。米松华（2012）进一步通过拓展的 Kaya-Porter 恒等式分解方法，分析能源碳强度、单位产量能源碳强度、农业生产率和农地利用方式对农业碳足迹和碳足迹变动的具体贡献。她的研究发现，能源碳强度效应贡献了中国农业源温室气体减排的 6%~43%，单位产量能源强度效应则是导致农业碳排放增加的因素（贡献率为 24%~55%）。

2.1.2 农业温室气体排放量的核算

关于农业温室气体排放量的核算，通常基于 IPCC 推荐的方法。例如，《中华人民共和国气候变化初始国家信息通报》采用 IPCC 推荐的方法核算了中国农业源温室气体（CH_4、N_2O 和 CO_2）的排放量。对农业温室气体排放量的核算研究一般是基于《2006 年 IPCC 国家温室气体清单指南》第 4 卷 "农业、林业和其他土地利用"中推荐的方法。比如，谭秋成（2011）便是采用了 2006 年该指南中推荐的方法，在估算生产过程中温室气体排放量的基础上，还进一步估算了各种农资和要素（能源、化肥、农药和农膜等）投入产生的碳排放。该文的估算结果显示，2009 年我国农业总共排放了 158 557.3 万 t CO_2 当量的温室气体，相比于 1980 年增长了 52.03%，按照温室气体种类的贡献来分，CH_4 贡献了排放总量的 25%，N_2O 贡献了排放总量的 52%，CO_2 贡献了排放总量的 23%。按照碳源来分类，水稻生产贡献了排放总量的 9%，畜牧生产贡献了排放总量的 26.94%，土壤贡献了 29.93%，农资投入（化肥、农药、农膜等）贡献了剩余的 34.13%。

除此之外，一些自然科学领域的学者还采用自身学科研究领域内的方法对农业温室气体排放量进行了估算。例如，王效科等（2001）运用 DNDC 模型对我国长江三角洲地区农业生产排放 CH_4 和 N_2O 进行了估算；赵荣钦（2004）运用遥感归一化植被指数（normalized vegetation index，NDVI）数据结合统计资料对中国沿海农田生态系统净初级生产力（net primary productivity，NPP）和碳储量进行了估算，并对沿海农田生态系统碳吸收、碳排放及净碳汇进行了估算。

2.1.3 农业领域温室气体减排技术措施

减排技术措施的发展在很大程度上决定了农业减排在技术上是否可行，自然科学领域的科学家在科研过程中开展了田野试验，探索减排技术措施和评价减排效果，这些具体的实践为经济研究者进行技术筛选和成本-效益分析提供了基础数据来源（Bates，2001；Godwin et al.，2003；King et al.，2004）。Smith 等（2008）总结了农业温室气体减排技术措施，包括通过进行耕地管理来减排三大类温室气体（CH_4、N_2O 和 CO_2）；通过喂养和粪便管理措施来减排畜牧生产过程中温室气体的排放（CH_4 和 N_2O）；通过发挥生物质能源和农业碳汇来实现碳减排和增加碳汇。米松华（2012）在对减排技术措施和管理措施的国内外文献进行整理汇总的基础上，也总结出了六大类（包含 36 个小类）农业减排措施。她进一步采用了修正的德尔菲法对各种简配技术措施进行筛选。

林业既是碳源又是碳汇，但更多地表现出碳汇功能。林业温室气体排放主要源自活体生物量碳损失，包括森林采伐和其他损失，土地利用方式变化如林地转化为其他用途所导致的土壤碳排放等几个方面（IPCC，2006）。因此，林业温室气体减排（增汇）方面的主要措施是人工造林、再造林活动增加森林碳汇，防治森林火灾、病虫灾害、气候灾害导致碳排放增加的灾害，科学合理的森林采伐和改善土地利用方式等"抑源创汇"措施（简盖元，2012）。

根据《中华人民共和国气候变化国家初始信息通报》资料，我国农业源温室气体排放主要包括四个方面：水稻种植过程中的 CH_4 排放、反刍动物肠道发酵的 CH_4 排放、施肥造成的 N_2O 排放以及动物废弃物管理过程中的 CH_4 和 N_2O 排放。在水稻生产过程中减排 CH_4 的研究中，学者们通过大量的田间试验研究各种技术措施的实际减排效果（Cai et al.，1997；Zou et al.，2005）。这些已有研究成果显示，降低稻田 CH_4 排放量的技术手段包括：稻田水分管理，施肥调整，选择特定的水稻品种和施用抑制剂。例如，间歇性灌溉相比于持续淹水，能够大幅降低稻田 CH_4 排放（30%以上）（陶战和杜道灯，1995；Wassmann et al.，2000）；Zou 等（2004）的研究发现，中期烤田技术可以大幅降低水稻生产过程中的 CH_4 排放。采用不同的肥料，如用硫酸铵代替尿素，也能够很大幅度地降低 CH_4 排放（Cai et al.，1997）。李晶和王明星（1997）、吴家梅等（2010）的研究发现，使用杂交稻替代常规水稻，可以减少16%的 CH_4 排放，使用各种抑制剂可以减少9%~31%的 CH_4 排放。

在动物肠道发酵 CH_4 减排的研究中发现，减少动物 CH_4 排放的技术手段包括对秸秆进行青贮或氨化处理。秸秆氨化处理大幅地减少了黄牛的 CH_4 排放量，减排幅度为 16%~30%（Dong et al.，2004）。通过在动物饲料中加入添加剂和通过粗饲料和精细饲料的合理搭配，也能够大幅减少畜产品的 CH_4 排放，减排幅度为 10%~40%（Leng，1991）。动物废弃物的堆放也会释放 CH_4 和 N_2O（Hansen et al.，2002），Sommer 等（2000）的研究表明在动物粪便上覆盖稻草可以减少 CH_4 的排放。

在降低 N_2O 的排放方面，主要采用的技术措施包括测土配方施肥，使用长效肥、缓释肥和硝化抑制剂等。黄耀（2006）的研究表明，采用测土配方施肥的方式，如将氮肥的利用率提升（从 20%~30%提升到 30%~40%），N_2O 排放量则有望降低 10%以上。董红敏等（2008）推算，农业部在 2007 年对 1 亿名以上的农户提供了免费的测土配方施肥服务，该服务可以减少 3%的 N_2O 排放。此外，缓释肥的施用（黄国宏等，1998；梁巍等，2004；李方敏等，2004），硝化抑制剂的施用也能够大幅度减少农田 N_2O 排放（Delgado and Mosier，1996）。

需要指出的是，农业减排技术往往具有多种影响，有些技术减少了一种温室气体的排放，可能会增加另外一种温室气体的排放，如间歇性灌溉和中期烤田虽然减少了 CH_4 排放，但与此同时却增加了 N_2O 的排放（陈冠雄等，1995；

Xu et al., 2004；周再兴等，2007）。因此，需要对技术进行评估，从综合的视角来评估技术的减排效应。此外，不同温室气体对农业生物系统也会存在交互作用，如 CO_2 浓度增加会刺激作物生长，但作物在生长过程中又会通过各种机制促进 N_2O 排放（Ambus and Robertson, 1999; Baggs et al., 2003）。

2.1.4 施肥与稻田温室气体排放

肥料的施入对农田 CH_4 排放具有显著影响，氮肥在 CH_4 排放过程中起着直接或者间接的作用。Schimel（2000）的调查表明，铵态氮肥有增加 CH_4 排放的潜力，不仅仅是因为它促进植物的生长进而影响产甲烷菌的 C 源，而且是由于它可以抑制 CH_4 的氧化作用，从而达到减少 CH_4 消耗的目的。稻田中硫酸铵的施入可以降低 CH_4 的排放，降低幅度为 42%~60%。施入尿素也具有降低 CH_4 排放的作用，降低幅度为 7%~14%，可能是由于土壤中有机基质底物匮乏而使得该现象发生（Cai et al., 1997）。稻田中施入有机肥或秸秆均会增加 CH_4 的排放（Yagi and Minami, 1990），CH_4 排放的增加程度主要受土壤中有机质含量的影响，有机质含量较低的土壤，有机肥或秸秆的施入能够导致土壤有机质含量的大幅度增加，它不仅为 CH_4 的产生提供了大量的底物，而且可以降低土壤氧化还原电位，为 CH_4 的产生提供一个严格的还原环境（Ma et al., 2007）。有机肥对稻田 CH_4 排放的季节变化格局无显著影响，但会促进其排放总量，与正常施入化肥相比，施入菜饼有机肥或秸秆还田的稻田 CH_4 季节排放总量分别增加了 252% 和 250%，有机肥处理后的 GWP 约为仅化肥处理的 2.5 倍（邹建文等，2003）。

稻田中 N_2O 的排放主要源于硝化和反硝化的过程，其中硝化作用是好氧过程，而反硝化过程是厌氧过程，直接影响 N_2O 排放通量的因素主要包括反应底物浓度、温度及土壤中 O_2 含量。氮肥在农田中的施用对 N_2O 的排放具有一定的促进作用（孙志强等，2010；梁东丽等，2007）。目前，铵态氮肥（如碳酸氢铵和尿素）是我国农田广泛应用的肥料，铵态氮肥施入土壤后迅速转化为 NH_4^+，并在硝化细菌的作用下发生硝化作用转化为 NO_3^-，而在稻田中由于受到土壤长期淹灌，O_2 含量受到限制，一方面，NO_2^- 不能被彻底氧化为 NO_3^-，将会导致大量 N_2O 的生成；另一方面 NO_3^- 浓度的增加促进了反硝化作用的进行，将会促进 N_2O 的排放。另外，大部分铵态氮肥是生理酸性肥料（田光明等，2002），pH 降低，酸性条件有利于 N_2O 的形成。氮肥的施入量及种类对 N_2O 的产生有着十分重要的影响，但施入氮肥的总量与 N_2O 的排放并不存在显著相关性，这是因为 N_2O 的排放通量不仅仅受到 N 施入的影响，而且还受到其他影响因子的控制，如氮肥种类、水分管理、温度、土壤质地、土壤 pH 等（Akiyama et al.，2005）。

2.1.5 关于低碳农业发展的温室气体减排潜力研究

低碳经济发展中农业具有较大的减排潜力，现已有不少研究对农业的减排潜力进行了估算。根据麦肯锡公司的一项研究，2030 年中国农林部门技术上可行的减排潜力达 6.4×10^8t CO_2 当量，占中国总减排潜力的近 1/10。陈泮勤等（2008）通过对中国施用化肥、秸秆还田、施用有机肥和免耕措施对农田固碳的研究指出，这些措施的总固碳能力达到 1.821×10^8t C，占 2008 年中国能源活动碳排放的 9.7%。杨璐等（2016）以湖北省为案例地，筛选适宜的粪便管理方式，估算由粪便管理方式改进所带来的减排潜力，结果表明，根据养殖规模发展趋势预测，至 2020 年全省畜禽粪便优化管理所带来的减排潜力可达 3 227 800t（以 CO_2 当量计）。李迎春（2009）采用温室气体与大气污染协同效益模型（the greenhouse gas and air pollution interactions and synergies，GAINS），模拟了减少氮肥施用量、优化施肥、使用消化抑制剂和精准农业四种减排措施的农田 N_2O 减排潜力，到 2030 年，四项措施分别可以减排 N_2O 约 85×10^3t、7×10^4t、32×10^4t 和 14×10^4t。除此之外，充分利用秸秆、动物粪便发展生物质能源，我国每年可减排 CO_2 约 $6 650 \times 10^4$t（气候变化国家评估报告编写委员会，2007）。

2.1.6 关于低碳农业发展的成本-效益分析

相关研究表明，农业温室气体的减排具有经济可行性。目前已有一些机构和学者估算全球和地区尺度的边际减排成本（MacLeod et al.，2010）。一系列研究表明，提高化石能源利用效率以减少碳排放成本为 100 美元/t（Dixon et al.，1993），能源生产中限制碳排放的成本为 25~120 美元/t（Niskanen et al.，1996），而农业减排成本则比较低。McCarl 和 Schneider（2000）研究发现，很多农业减排措施成本为 10~25 美元/t CO_2，而工业部门则达到了 200~250 美元/t CO_2。Adams 等（1993）研究表明，水稻肥料减施措施的 CO_2 当量减排成本为 28 美元/t。植树造林的碳减排成本一般在 10 美元/t 以内（Stavins，1999）。

部分学者对温室气体减排的成本-效益进行了分析（张建宇等，2012）。例如，米松华（2012）对江苏省沈高镇河横村进行了案例研究，研究表明，通过激励农户采纳涉及灌溉模式、氮素来源、秸秆管理、水旱轮作等一体化减排技术和管理措施，稻农降低了成本，社会获得了高品质农产品和温室气体缓解的好处，呈现多赢的局面。吴贤荣等（2015）借助方向距离函数方法对 2000~2011 年我国 31 个省、区、市（不包括港澳台地区）的农业碳边际减排成本进行了估算，结果表明，海南、福建、山东、辽宁、广东、北京、天津等省市减排成本较高，其年均农业碳排放影子价格最高值达 2.542×10^8 元/10^4t，而西藏、青海两地农业碳排放影子价格最低，分别为 0.105×10^8 元/10^4t 和 0.542×10^8 元/10^4t，农业减排成本较低。

2.1.7 关于低碳农业发展的政策措施及效应研究

为了促进农业减排，很多学者也对政策措施进行了研究（Paustian et al., 2004）。农业温室气体减排问题可以归于经济学的外部性治理问题，可选择的政策工具有政府管制、碳排放税、财政补贴、自愿减排协议和碳排放权交易等（沈满洪等，2011；李波，2011）。其中碳排放税和财政补贴属于庇古手段（Pigou，1920），通过对负的外部性征税，对正的外部性给予补贴可以消除外部性问题。碳排放权交易属于科斯手段（Coase，1960），如果谈判费用不大，外部效应的产权明晰，则当事人可以通过自愿交易把外部性内部化。然而，农业非点源属性和高度不确定性给农业减排政策设计带来了挑战（Steele，2009）。Pretty 等（2001）将农业源温室气体减排治理工具分为建议（包括推荐耕作技术或管理措施、农技推广体系、参与农户组织碳认证）、规制（包括规制和立法措施）和经济手段（包括碳税、补贴、信贷、配额）。Blandford 和 Josling（2009）针对农业源温室气体减排提出了六种政策选择，分别为生产标准化、激励良好耕作和管理模式、补贴、征收碳税、限额和贸易、研发和推广。现实中，也已有国家施用了相关碳税，如法国和瑞士实施了 N_2O 税。

从对减排举措的相关效应研究看，主要的方法有 CGE 模型等。CGE 模型目前已被广泛应用到贸易、经济改革、环境保护等各个领域（Johansen，1960；Shoven and Whalley，1972；Pereira and Shoven，1988；Bandara，1991a；翟凡等，1999；李善同等，2000；王韬和周建军，2004；王铮等，2004）。在农业减排方面也被广泛应用，如 Schneider（2000）运用 CGE 模型对耕作方式导致的碳排放征税和补贴的福利成本进行了分析。黄德林和蔡松锋（2011）通过农业温室气体减排全球贸易分析-环境（global trade analysis project-environment，GTAP-E）模型及其数据库构建，模拟了中国农业温室气体减排潜力及其政策意涵，结果表明，农业温室气体减排 5%，我国 GDP 将降低 0.059%，社会福利将提高 11.6 亿美元。

2.1.8 研究评述

现有的研究表明，农业既是温室气体重要的排放源，也是温室气体的吸收汇，无论是从温室气体碳排放所占比例来看，还是从减少碳排放的成本效益来看，发展低碳经济，都必须重视农业在温室气体减排增汇中的巨大潜力。在全球气候变化、生态环境持续恶化的背景下，国内外学者从各个角度对农业温室气体减排增汇进行了广泛研究，为基于农业领域发展低碳经济提供了有力的理论支撑。概括来说，现阶段农业温室气体减排增汇研究存在以下几个特点。

首先，从研究所属学科来看，基于自然学科领域的研究成果较为丰富，而基于经济、管理等学科视角的研究起步较晚，成果也相对较少。发展低碳农业，推动低碳经济，既需要从自然科学视角分析农业减排增汇的客观规律，也需要从社会科学视角探讨农业减排的经济可行性以及相关政策对社会系统的整体影响。因此，基于自然科学与社会科学相结合的研究，将进一步推动农业在低碳经济发展中作用的发挥。

其次，从研究方法来看，国内外学者基于特定理论，通过构建一系列模型对农业源碳排放进行了分析，研究方法存在多样性，但各研究方法及结论的可信度目前还没有获得相对可信的评估。因此对低碳农业的研究，仍需进一步在方法上进行创新，通过各学科方法模型的综合、交叉，提高研究结论的科学性和可信度。

最后，从研究对象来看，当前的研究多数为对特定地区的案例试验，点面结合下小尺度试验与宏观统计模拟的研究仍需要进一步推进，进而提出符合我国国情的低碳农业发展战略。

总体来看，低碳经济有很强的外部性，在全球气候变化的背景下，应进一步从理论上探寻低碳农业发展的机制与潜力，并从宏观政策及微观主体行为激励与约束视角研究低碳农业的社会影响可行路径。

2.2 本书的主要创新

本书基于经济学、生态学等学科理论，利用宏观统计数据和小尺度田野试验数据，研究了我国农业温室气体的排放状况与减排路径，并提出了相应的低碳农业发展战略和政策建议。本书的主要创新有如下几点。

2.2.1　气候变化背景下极端天气对经济与农业产出的影响研究

降低农业温室气体排放的目的在于减缓、适应气候变化，然而，为什么要减缓、适应气候变化？主要的原因在于气候变化或对生态、经济、社会等多个层面造成负面影响。为了进一步检验这一逻辑的合理性，本书深入分析了气候变化对我国农业乃至经济的影响，从而回应本书的研究背景与意义。

1. 研究的主要内容

本书首先将经济分为两个部门，通过经典的柯布-道格拉斯生产函数建立起了（日值）天气因素与各部门日度经济产出之间的关系，然后在时间维度上对生产函数进行加总，从而将（日值）天气因素和年度经济总产出联系起来。根据理论框架中描述的结构式关系，实证部分通过设置一系列温度和降水区间来考察天气与经济总产出二者之间的非线性关系，检验极端天气发生频率的变化对经济总产出、农业部门产出（包含粮食、棉花、油料和肉类等）和非农业部门产出的影响。此外，研究还对比了中美两国以及国内不同基准气候、不同产业结构的县（市）对极端高温天气反应敏感度上的差异，并考察了相关适应措施在缓解极端天气负面效应方面的效果。

2. 研究的数据

本书研究的天气数据由中国气象局国家气象信息中心资料服务室编制和提供。它精确地记录了中国地面水平日值平均气温和降水量信息，研究选取的样本时间跨度为 1980 年 1 月 1 日至 2012 年 12 月 31 日。利用地理信息系统空间分析软件（Arc geographic information system，ArcGIS）将格点化的中国地面水平日值平均气温和降雨数据加总到县级层面，剔除掉那些观测值存在缺失和严重失真的样本，最终获得了一个由 1 330 个县（市）地面水平日值平均气温和降水量组成的平衡面板数据集。研究的经济社会统计数据来自中国统计数据应用支持系统——县级年度库。该数据库涵盖了中国县级层面（包含县级市但不包括地级市内的区）的土地资源及基本情况、国民经济核算、人口、就业、工资与收入、金融、财政、农业、国内贸易、电信、工业、教育、卫生及社会福利等一系列统计指标，共包含中国 1 749 个县（市），时间跨度为 1996~2012 年。

3. 研究的结论

本书研究的主要结论可归纳为三点。首先，平均气温对地区生产总值的

（非线性）影响存在不对称性特征：高温和极端高温天气的增加，会对地区生产总值造成显著的负面影响，相比日平均气温为[10，15)℃的参照温度区间，一年之中日平均气温介于[20，25)℃、[25，30)℃的高温天气和≥30℃的极端高温天气每增加一天，将使得该地区年度生产总值分别降低0.055%、0.064%和0.075%。与此形成鲜明对照的是，极端低温（如<-15℃）天气的变化，并不会对地区生产总值产生显著的负面影响。此外，降水量的变化也会影响经济总产出。与零降水的情形相比，一年中介于0~20mm的低强度降水天气的减少，将会导致该地区年度生产总值下滑，而日降水量>50mm的极端降水天气的变化，并不会对该地区年度生产总值造成显著影响。其次，对地区生产总值实施进一步分解后发现，尽管天气波动会对非农业部门经济生产造成一定的影响，但经济中的农业部门（包括粮食、棉花、油料和肉类等子部门）才是天气因素作用于经济总产出的主要渠道，高温、极端高温和极端降水天气的增加，都会显著地降低农业部门的总产量和总产值。最后，研究发现，人类社会的经济生产活动能在一定程度上适应极端气候事件。比如，频繁地经历极端高温天气的地区，在适应极端高温天气事件方面表现得更好，以农业为主的县（市）的农业生产活动抵御极端天气的能力更强。此外，人类发明的用于适应极端天气的现代设备，如家用空调，也能在一定程度上缓解炎热天气对农业部门劳动生产率的损害。

2.2.2 有机肥对稻田 CH_4 排放的影响及其机理研究

CH_4 是仅次于 CO_2 排放的地球第二大温室气体，其 GWP 是 CO_2 的 21 倍，它是产甲烷菌在严格厌氧条件下经过一系列复杂代谢活动产生的最终底物。据统计，全球 CH_4 年均排放量约为 5.3 亿 t，其中，约 10%来自稻田生态系统，特别是在水稻种植面积较广的南亚地区。减少稻田生态系统的 CH_4 排放量对于降低 GWP 有非常重要的意义。目前，有机肥在培肥农田土壤方面的积极作用得到公认。但研究表明：有机肥的大量使用，会导致稻田 CH_4 排放量的大幅增加。如果能从有机肥影响稻田 CH_4 排放的机理出发，找到起决定作用的关键环境因子，并针对具体问题优化田间施肥管理措施，缓解稻田生态系统的 CH_4 排放量，可为发展低碳、可持续农业提供技术基础和数据支撑。

1. 研究内容

本书结合大田小区试验和盆栽试验，研究了有机肥对稻田 CH_4 排放的影响，并利用稳定同位素 ^{13}C 示踪技术，研究有机肥对光合作用产物介导的 CH_4 排放量的影响，推算稻田生态系统 CH_4 排放的碳素来源，从而揭示有机肥影响稻田 CH_4 排放的机理，并提出可减缓稻田 CH_4 排放的对策。

2. 方法与数据

在研究有机肥对稻田生态系统 CH_4 排放的影响时，通过静态暗箱-气相色谱体系，原位监测不施肥、化肥、混施肥和有机肥等四种处理对稻田生态系统 CH_4 排放的影响，包括 CH_4 的排放速率和季节排放量，重点分析温度变化对稻田 CH_4 排放的影响，水稻生物量积累对稻田 CH_4 排放的影响，以及在不同施氮水平下，有机氮投入量对稻田 CH_4 排放的影响。在研究有机肥影响稻田 CH_4 排放机理时，应用稳定同位 ^{13}C 示踪技术，研究有机肥对光合作用产物介导的稻田 CH_4 排放的影响，再结合 16S 核糖体 RNA（ribosomal RNA，rRNA）高通量测序，对比大田小区和室内盆栽示踪试验结果，确定有机肥影响 CH_4 和产甲烷菌群落结构的主导环境因子，最终分析出有机肥影响稻田 CH_4 排放的机理，并提出可减缓稻田 CH_4 排放的对策。

3. 研究结论

大田小区试验共设四个处理，分别为有机肥处理（OT）、有机肥与化肥混施肥处理（MT）、化肥处理（CT）和不施肥处理（CK）。静态暗箱-气相色谱体系结果表明，2015~2016 年，OT 处理的稻田年均 CH_4 排放速率为 4.18mg/（$m^2 \cdot h$），而年均 CH_4 季节排放量为 111.30kg/hm^2，比 MT、CT 和 CK 处理分别提高了 76.30%、105.96%和 349.15%。通过回归分析发现，稻田生态系统的 CH_4 排放速率会随着大气温度、水稻生物量和有机肥氮投入量的增加而增加。此外，OT 处理的 GWP 为 2.97t CO_2/hm^2，比 CT 和 MT 分别增加了 1.20t CO_2/hm^2 和 1.06t CO_2/hm^2。但 CT 和 MT 处理的产量最高，二者无显著差异，分别为 9 290.06kg/hm^2 和 9 328.50kg/hm^2，其次为 OT（7 867.31kg/hm^2）和 CK（5 932.86kg/hm^2）。单施有机肥，水稻的产量比化肥和混施肥处理分别降低了 18.08%和 18.57%。

稳定同位素 ^{13}C 示踪盆栽试验结果表明，稻田生态系统 CH_4 排放的主要碳素来源有三种：水稻光合作用产物介导（49.06%）、有机肥带入（0.34%）和土壤本身（50.60%）。其中，在水稻分蘖期，约 6.53%的 $^{13}CO_2$ 转化成 CH_4，0.40%被土壤固定，64.47%储存在植株体内。此外，盆栽水稻土壤中鉴定出八类产甲烷菌微生物，嗜乙酸产甲烷菌相对丰度最高，为 63.89%，在有机肥处理中最高；而嗜氢产甲烷菌相对丰度次之，为 8.64%，在有机肥处理中最低。

2.2.3 基于 DNDC 模型的施肥对温室气体排放的研究

在我国农业温室气体的排放过程中,化肥施用和稻田是两个最主要的排放源。因此,本书以稻田为例,利用田间试验,以科学方法实证测度肥料施用等对稻田温室气体排放的影响,并利用 DNDC 模型模拟不同条件下的温室气体排放差异,从而提出我国农业温室气体减排的主要潜力与路径。本书力图为稻田系统氮素流失的控制和温室气体的减排提供科学依据。

1. 研究内容

首先,运行验证后的 DNDC 模型进行情景模拟试验,模拟不同施肥情景下水稻的产量、稻田的氮素流失及温室气体排放,以此筛选适用于稻田的最佳施肥方式,在保证水稻产量的前提下,尽可能地减少稻田氮素流失和温室气体排放。其次,运行 DNDC 模型进行区域模拟试验,对目前上海地区水稻田的氮素流失和温室气体排放现状进行估算,了解上海地区水稻种植业对周边环境的污染贡献率,并结合情景分析结果,提出相应的减排措施。最后,利用 DNDC 模型特有的功能进行敏感性分析,明确了影响稻田碳氮去向的关键因素。

2. 方法与数据

情景模拟试验以 2013 年上海地区水稻生产过程中实际的土壤条件、气象条件以及农田管理措施作为基础(本底),对 3 种不同施肥情景下水稻的产量、稻田的氮素流失及温室气体排放进行模拟,以期筛选出适用于稻田的最佳施肥方式。3 种施肥情景分别为:①施用尿素,该情景又分为 1 次施肥(CT_1,只施基肥)和 3 次施肥(CT_3,基肥加两次追肥)两种情况;②施用有机肥,有机肥均以基肥的方式一次性施入稻田;③尿素和有机肥混合施用,其中尿素分 3 次施用,有机肥以基肥的方式施用。这些施肥情景均是目前上海地区水稻田中常用的施肥方式。在情景①和情景②的模拟过程中,试验通过不断改变施肥量来寻找稻田的最佳施肥水平;在情景③中,模拟试验保持稻田最佳施肥水平不变,通过不断改变有机肥和无机肥的配施比例来寻找稻田的最佳施肥配比。研究中所有情景模拟试验模拟的时间尺度均为 50 年,用以预测不同施肥方式对稻田碳氮循环的长期影响。

在对上海地区水稻田的氮素流失和温室气体排放模拟研究中,以 2013 年上海地区的水稻种植情况为基础(本底)情景。DNDC 模型的区域模拟功能以点位模拟的原理为核心,通过与区域数据库的结合,来实现对大区域生态系统中碳氮元素循环的模拟。因此,模型在点位上的校准和验证以及情景模拟所获得的结论均适用于区域模拟。DNDC 模型的区域数据库包括以下 10 个数据文件：气象土壤（climate soil）、作物种植面积（crop area）、作物参数（crop parameter）、施肥（fertilization）、淹水灌溉（flooding）、常规灌溉（irrigation）、有机肥施用（manure amendment）、种植收获时间（planting harvest dates）、秸秆还田管理（residue management）以及犁地措施（tillage）。在区域数据库的构建中，气象数据来源于上海各区县气象站；土壤数据来源于全国第二次土壤普查数据库；其他作物的种植及农田管理措施等数据则来源于 2013 年上海市各区县的农业年鉴或实地调研。模拟的对象包括有水稻种植的宝山区、奉贤区、嘉定区、金山区、闵行区、浦东新区、青浦区、松江区及崇明县[①]，模拟的精度精确到各乡镇。

3. 研究结论

运行验证后的 DNDC 模型对稻田的氮素流失和温室气体排放进行情景分析、区域模拟和敏感性分析，以此探索适用于稻田的最佳施肥方式。情景分析结果表明：若稻田单独施用尿素，则最佳施肥量为 250kg N/hm^2；若稻田长期坚持施用有机肥，则最佳施肥量为 300kg N/hm^2；与单独施用尿素或有机肥相比，二者的混合施用是更加有效和环保的施肥方式，最佳配施比例为 150kg N/hm^2 尿素加 100kg N/hm^2 有机肥，有机肥与无机肥配施不仅能够维持最佳水稻产量，同时也能显著降低稻田氮素流失。区域模拟的结果表明：上海地区的水稻种植对周边的环境产生了巨大的压力，以 2013 年为例，稻田产生的氮素流失总量高达 1 142.48t，N_2O 排放量高达 160.75t，CH_4 排放量则高达 31 000t，若稻田能够采用有机肥与无机肥配施的最佳施肥方式，虽然会在一定程度上增加稻田温室气体的排放，但却能够减少 458.36t 的氮素流失负荷。敏感性分析则表明：施肥、降雨和土壤性质是影响稻田氮素流失和温室气体排放的主要因素。但与影响不同碳氮去向的最敏感性因素不同，稻田最佳施肥方式的选择应当综合考虑对水稻产量、稻田氮素流失以及温室气体排放的影响，以此寻求水稻生产和生态环境之间的平衡。

2.2.4 政府主导型低碳农业发展项目补偿标准研究

本书在田间试验、经济分析的基础上，结合我国现实条件，从激励视角，测算 CO_2 的影子价格，并分析对农户的低碳生产进行补偿的相应成本及可行性等。本书为以经济激励手段改善农户作业行为，促进农业温室气体的减排及低碳农业

---

① 2016 年 7 月 22 日，崇明县撤县设区。

的发展提供了研究支撑。

1. 研究内容

根据农业温室气体的边际减排成本,政府可以通过其主导的低碳农业发展项目,对农户因采用"低碳"生产技术和管理模式引起的"额外"减排量进行补偿。本书基于宏观统计数据,通过参数化的方向产出距离函数,估算了1997~2014年我国31个省、区、市(不包括港澳台地区)农业二氧化碳当量的影子价格即边际减排成本,提出了低碳农业发展项目运行初期全国农业二氧化碳当量的平均补偿标准,并分析了不同区域补偿标准的差异性。接着,探讨了补偿标准和农业二氧化碳当量的潜在关系。

2. 方法与数据

本书采用参数化的方向产出距离函数,测度了农业二氧化碳当量的影子价格即边际减排成本。研究数据来自《中国统计年鉴》《中国农业统计资料》《中国农村统计年鉴》《中国能源统计年鉴》《中国农村能源年鉴》《中国畜牧业年鉴》《中国农业机械化年鉴》,以及地方年鉴及相关参考资料,研究收集了1997~2014年31个省、区、市(不包括港澳台地区)的资本、劳动力、土地以及其他中间投入品在内的四类投入要素数据以及种植业和畜牧业产值数据。

3. 研究结论

基于研究,本书得到了如下三点主要结论。第一,针对项目运行初期的补偿标准及其特点,从全国范围来看,农业二氧化碳当量的平均补偿标准不低于24 148.99 元/t;从省级层面来看,不同省、区、市的补偿标准差异较大,其中最高的补偿标准是最低补偿标准的 10 倍以上。第二,从低碳农业中长期发展来看,补偿标准随着农业二氧化碳当量的增加而提高,并且随着农业二氧化碳当量的减少而降低。第三,补偿标准将会随着促进农业二氧化碳当量增加的技术和措施(如氮肥施用量)应用水平的上升而提高(或下降而降低),随着促进农业二氧化碳当量减少的技术和措施(如保护性耕作、机械化深施肥)应用水平的上升而降低(或下降而提高)。

2.3　需进一步研究的问题

本书通过多学科结合,对我国农业温室气体的排放进行了一定的研究,特别是重点关注了稻田肥料管理对温室气体排放的影响，并提出了低碳农业发展的战略和建议。但农业减排是一个庞大的系统，后续仍需进一步的深入研究。

2.3.1 研究范围的进一步拓展

农业是温室气体的重要排放源，而农业又涉及不同的方面，广义的农业不仅包括种植业、畜牧业，还包括林业等，甚至包括与农业生产相关联的产业。本书重点对稻田温室气体的排放进行了研究，很多其他领域则没有涉及。全面测度农林业温室气体的排放还需做很多工作，但却又是一项非常必要的工作。因此，在进一步的研究中，需要拓展研究范围，对农业不同领域的排放源进行研究。例如，进一步研究畜牧业的温室气体排放状况与减排潜力，种植业不同方面减排的潜力以及林业减排增汇的潜力等。从而为农业减排、应对气候变化发挥更全面的作用。

2.3.2 低碳农业的主体行为研究

农业温室气体的减排、低碳农业的发展，一方面要有相应的技术或操作路径，另一方面还需要行为主体的配合。本书主要从理想状况下考察肥料管理等对农业温室气体排放的影响，但相应举措的推进还需要落实到农业生产经营主体的行为选择层面。因此，在接下来的研究中，还应结合相应技术措施的可行性，通过大样本调查，考察农户及其他相应行为主体的低碳农业参与意愿，并测度相应行为主体行为的主要影响因素，从而建立农业减排潜力与现实效果之间的关联，并根据行为主体选择的影响因子，制定相应的对策，将理论上的减排潜力落实到具体的行动中。

2.3.3 对低碳农业的细致经济评估

低碳农业的发展具有较强的外部性，本书一方面对农业温室气体的排放进行了测度，另一方面从定性层面分析了发展低碳农业的福利效应，并初步测度了 CO_2 的影子价格，但发展低碳农业的影响具有系统性，既会增加相应成本，也会带来直接或间接的收益。因此，为了更客观地审视农业减排的必要性及可行性，还应进一步评估农业减排的相应经济效应，并与其他领域的减排进行一定的对比。

第二篇
气候变化背景下的农业排放概况及低碳农业发展机制

第3章 气候变化背景下极端天气对经济与农业产出的影响

3.1 气候变化对经济影响问题的提出

气候变化作为人类社会共同面临的一个全球性的环境问题，近年来受到了越来越多的关注[①]。IPCC《第五次评估报告》指出，全球气候变暖已经使20世纪中叶以来极端天气（气候）事件的发生频率出现了明显的变化，具体表现为高温极端事件增多，区域性强降水事件、极高海平面事件以及飓风（台风）等灾难性气象事件不断增多（Pachauri et al., 2014）。毋庸置疑，全球气候发生的这一系列变化将会对自然系统和人类系统造成深远的影响。

一个地区发生的极端天气事件是否会影响该地区的经济总产出？如果答案是肯定的，那么它是通过何种渠道作用于经济生产的呢？已有不少实证研究发现，极端天气事件会对经济系统造成显著的负面影响（Dell et al., 2014）[②]。室内试验的结论表明，高温天气会降低员工劳动生产率（Niemelä et al., 2002；Federspiel et al., 2004；Tham, 2004；Seppanen et al., 2006），同时还会显著地降低个体的劳动时间（Zivin and Neidell, 2014）[③]。极端高温天气会给农业生产带来显著

[①] IPCC在《第五次评估报告》中明确指出，气候系统变暖是毋庸置疑的，而人类活动尤其是人为温室气体排放极有可能是20世纪中叶以来观测到气候变暖的主要原因。

[②] 本章的研究范围限定在极端天气对经济系统的影响。除此之外，极端天气事件还会对人类系统的其他方面造成显著的影响。比如，极端天气事件将会对人类健康造成负面影响，导致人口死亡率增加（Deschenes and Moretti, 2009；Anttila-Hughes and Hsiang, 2013；Burgess et al., 2011；Currie and Rossin-Slater, 2013；Barreca et al., 2015）。

[③] Seppanen等（2006）综合了多篇文献的一项元分析（meta-analysis）的结论显示，将气温从23℃增加至30℃会使得劳动生产率下降9%左右。Zivin和Neidell（2014）的研究发现，>100°F（°F=1.8×°C+32）的极端高温天气将导致农业、林业、采矿业和建筑业等行业从业者的日均劳动时间相比于76~80°F的适温天气减少将近1个小时。另外，尽管干旱天气对劳动生产率和劳动供给量的影响尚不清楚，但降水天气很可能会提高室内工作者的生产率（Connolly, 2008）。

的负面影响，各类农作物的产量会在气温超过其特定的阈值（threshold）时出现骤减（Schlenker and Roberts，2009）。此外，人均农作物销售额和农场净收入也会因极端高温天气事件的增加而显著下降（Deryugina and Hsiang，2014）。极端高温天气同样会对非农业生产造成一定程度的负面影响。例如，>32.2℃的极端高温天气会显著地降低一些制造企业的产出（Cachon et al.，2012），尽管这些企业的生产过程大多发生在室内环境中。飓风、暴风雨等极端天气同样会对经济系统造成显著的负面影响（Yang，2008；Nordhaus，2010；Anttila-Hughes and Hsiang，2013；Hsiang and Narita，2012）。除此之外，干旱（少雨）天气的增加会减缓一些地区（如撒哈拉以南的非洲地区）的经济增长，扩大了这些地区与其他地区的收入差距（Barrios et al.，2010）。

与全球气候情况相似，过去几十年来中国的气候同样发生了显著的变化，总体上增温趋势明显，局部地区极端天气事件频发[①]。极端天气事件与中国经济二者之间存在怎样的关系？本章试图回答这一问题。对这一问题的回应，不仅将为低碳农业战略的提出提供相关背景，也将进一步检验低碳农业这一研究主题的重要性。本书构建的经济模型考察了中国县域经济对天气变化的反应。首先，我们分别构建了农业部门和非农业部门生产函数，刻画了每一天各个部门的产出和天气因子之间的函数关系。然后，对两个部门的生产函数在时间维度上进行了加总处理（加总到年度层面），从而建立起了年度总产出与日值天气因子之间的函数关系。最后，利用中国县级层面年度经济统计数据和地面气象日值观测数据估计了天气因子和经济总产出二者之间的非线性关系，并着重分析了极端天气的不利影响。

本书利用中国各县（市）日值天气因子分布的年际波动（annual variations in the distribution of daily weather variables）来识别天气的经济效应。即回归方程估计的是，给定一年中其余 364 天的天气情况，某一天中发生的天气现象对该年度经济总产出的边际效应。这一方法有效的关键之处在于，天气因素引发的日度产出的增减最终会反映到年末总产出上。例如，如果极端高温天气会导致当天的产出下降，那么极端高温天气的频数（天）异常多的年份的年度经济总产出将会异常的低。从数值上看，给定每一天的生产过程维持不变，任意一天的天气因子对年度总产出的边际效应将在平均意义上等于天气因子对日度总产出的边际效应的 1/365。利用 1996~2012 年中国县（市）地面气象数据和经济统计数据进行回归分析，结果显示：县（市）地区生产总值在日平均气温高于 20℃时开始显著下降，气温越高，地区生产总值下降越明显。相比于平均气温为 10~15℃的温和天气，

[①] 秦大河在其主编的《中国极端天气（气候）事件和灾害风险管理与适应国家评估报告》中指出，近几十年中国极端天气事件发生了显著变化，高温日数和暴雨日数增加，极端低温频次明显下降，北方和西南干旱化趋势加强，登陆台风强度增大，霾日数增加。中国群发性或区域性极端天气事件频次增加，范围有所扩大。

一年之中 25~30℃的高温天气每增加一天将使得该地区的年度生产总值降低 0.064%，30℃以上的极端高温天气每增加一天将使得该地区的年度生产总值下降 0.075%。此外，县（市）地区的年度生产总值会随着低强度降水（日降水量介于 0~20mm）天气的减少或随着干旱（日降水量为 0）天气的增加而下降。研究发现，日平均气温和日降水量的经济效应是稳健的，采用不同的模型设定、不同的气温和降雨区间设定以及将因变量换成人均值和水平值，本书的主要结论基本维持不变。

农业部门和非农业部门对天气因素的反应存在显著差异。极端高温天气和极端强降水天气都会给农业部门带来显著的负面影响。其中，农业部门对极端高温天气的反应非常敏感。例如，农业收入对 30℃以上的极端高温天气事件的反应是地区总收入反应的 6 倍以上。特别需要指出的是，农业收入对极端天气的反应显著，但数值上稍小于农作物产量的反应，这说明农产品价格变化部分地抵消了极端天气的不利影响。与此形成鲜明对照的是，极端天气并不会对非农业部门产值造成显著的负面影响。因此，农业部门才是天气因素作用于经济总产出的主要渠道，这一发现与美国的情况类似（Deryugina and Hsiang，2014）。此外，本书在扩展分析中发现，人类社会（生产活动）能在一定程度上适应极端气候。例如，频繁经历极端天气事件的地区在适应极端天气事件上比其他地区表现得更好。此外，现代适应设备（如空调）也能在一定程度缓解极端高温天气事件对农业部门的损害。

本章接下来的结构安排如下。3.2 节给出了本章的理论框架和模型设定。首先建立了一个经济模型并详细描述了日值天气因子作用于年度经济总产出的渠道；然后根据理论模型中描述的结构式关系，构建了一个计量经济模型来检验天气与经济总产出二者之间的非线性关系。3.3 节介绍了本章使用的地面气象数据和经济统计数据的来源，并给出了核心变量的描述性统计。3.4 节报告了回归方程的估计结果，并对基准回归结果实施了稳健性检验和扩展分析。3.5 节给出了本章的主要结论并指出了未来进一步研究的方向。

3.2 模 型 设 定

3.2.1 模型

假设一个经济体由农业（a）和非农业（n）两个生产部门构成，整个社会的总劳动力资源为 L，$L = L_a + L_n$，其中，L_a 表示配置到农业生产的劳动，L_n 表示配置到非农业生产的劳动。总资本存量为 K，$K = K_a + K_n$，其中，K_a 表示配置到农业生产的资本，K_n 表示配置到非农业生产的资本。假设两个部门的生产函数均为柯布-道格拉斯型，那么非农业部门在任意一天 τ 结束时的产出可表示为

$$Y_n(w_\tau) = A_n(w_\tau) K_n(w_\tau)^\alpha L_n(w_\tau)^{1-\alpha} \qquad (3\text{-}1)$$

式中，w_τ 表示该日的天气状况，包括气温、降水等影响生产的天气因素。假设非农业劳动供给 L_n、非农业资本投入 K_n 以及非农业部门的生产率 A_n 都会对当天的天气状况 w_τ 做出反应①。定义生产率 A_n 的表达式为

$$A_n(w_\tau) = \omega_K A_n^K(w_\tau) + \omega_L A_n^L(w_\tau) + \varepsilon_n \qquad (3\text{-}2)$$

式中，ω_K 和 ω_L 表示权重因子；A_n^K 和 A_n^L 分别表示非农业部门的资本生产率和劳动生产率，即本书假定的天气因子既能够通过作用于非农业部门的资本和劳动投入来影响非农业产出，也能够作用于非农业部门的资本生产率和劳动生产率来影响非农业产出；ε 表示其他可能影响生产率的因素。相似地，定义农业部门的生产函数如下：

$$Y_a(w_\tau) = A_a(w_\tau) K_a(w_\tau)^\beta L_a(w_\tau)^{1-\beta} \qquad (3\text{-}3)$$

尽管式（3-3）所刻画的农业部门的生产函数与非农业部门的生产函数式（3-1）相似，但二者存在以下两点差异。首先，土地作为农业生产过程中的一项重要固定投入，它并不会对短期天气变化做出反应，为了简化分析我们把它当作一项固定资本投入内嵌至 K_a 之中；其次，由于天气因素（如温度、降水等）是农业生产过程中重要的外生要素投入，它不仅能够影响农业部门的资本和劳动投入，还能够直接作用于农作物生长来影响农业部门产出。因此，农业部门生产率 A_a 的表达式实质为

$$A_a(w_\tau) = \varphi_K A_a^K(w_\tau) + \varphi_L A_a^L(w_\tau) + g(w_\tau) + \varepsilon_a \qquad (3\text{-}4)$$

式中，$g(w_\tau)$ 度量了天气因子对农业产出的直接影响。因此，对于农业部门来说，天气因子既能够通过作用于资本和劳动以及二者的生产率来影响农业部门产出，也能够通过函数关系 $g(\cdot)$ 直接影响农业部门的产出。本书预计农业部门产出对天气变化的边际反应大于非农业部门，即 $\left|\dfrac{\partial Y_a(w_\tau)}{w_\tau}\right| > \left|\dfrac{\partial Y_n(w_\tau)}{w_\tau}\right|$。这个推断的原因有两个：一是农业生产大多发生在户外，露天环境下的劳作（劳动时间和劳动生产率）极易受到天气因素的影响；二是天气因素（光、温度、水等）是农业生产过程的一项直接要素投入，农作物产量极易受到天气波动的影响。

本书假定，每一天生产者都能够观测到当天的天气状况并及时地做出反应，

---

① 虽然固定资本（如厂房、机器）投入不会对天气变化做出反应，但可变资本投入可能会对短期天气波动做出反应。

调整资本和劳动力在部门内以及不同部门间的配置，从而实现利润最大化。令 $Y^*(w_\tau) = Y_a^*(w_\tau) + Y_n^*(w_\tau)$ 表示给定天气状况生产者的最优总产出。如果我们能够观察到一个经济体逐日的总产出，那么只需简单地对日值总产出和日值天气因子进行回归分析，便可以精确地估计出天气因子和产出之间的关系。遗憾的是，经济统计数据集并没有提供（也不太可能提供）总产出和部门产出的日值数据，但统计年鉴提供了总产出和部门产出的年度值。为了能将日值天气状况和年度产出二者联系起来，本书假设生产者在一年 365 天中（或闰年的 366 天）每天都能根据当年的天气状况做出最优反应，那么年度产出可以直接由每日最优产出简单求和运算得出：

$$\text{Annual outputs} = \sum_{\tau=1}^{365} \left[Y_a^*(w_\tau) + Y_n^*(w_\tau) \right] \quad (3\text{-}5)$$

式（3-5）实际上描述了年度产出与日度天气之间的关系，即一年的总产出取决于天气因子在该年中分布状况以及天气因子对日度产出的作用力度。例如，一年中的某一天出现了极端异常的天气（其余 364 天的天气都正常），并且这一极端天气可能导致该日农业部门和非农业部门产出下降，那么即使该年剩余的 364 天的产出不受任何影响，该年的总产出仍会因这一极端天气的出现而下降。

3.2.2 日值天气和年度产出

由于天气是随机且严格外生的，因此天气与经济绩效的实证研究中面临的挑战并不在于模型的因果识别上，而是在于如何在无法观测到每天产出的情况下利用年度产出数据准确地识别天气变化对日均产出的影响。实证研究中常常使用区间回归（bin regression）方法来识别日度天气变化与年度变量之间的非线性关系。接下来，本书将借鉴 Deryugina 和 Hsiang（2014）的方法来描述这一实证方法背后暗含的理论逻辑。

基于式（3-1）和式（3-3），我们可以将日度产出和天气因子之间的关系采用一个连续的非线性函数 $f(\cdot)$ 表示[①]。那么，式（3-5）中的年度总产出可简单地表示为

$$\text{Annual outputs} = \sum_{\tau=1}^{365} f(w_\tau) \quad (3\text{-}6)$$

不失一般性的，假设 w_τ 中只包含平均气温 t_τ 这一个天气因子，然后我们设置 N 个温度区间。例如，0~5℃、5~10℃、5~10℃等。定义第 n 个温度区间为

[①] 基于式（3-1），非农业部门日度产出与天气因子之间的关系可以采用非线性函数 $f_a(\cdot)$ 表示；基于式（3-3），农业部门的日度产出和天气因子之间的关系可以采用非线性函数 $f_n(\cdot)$ 表示。函数 $f(\cdot) = f_a(\cdot) + f_n(\cdot)$。

Ω^n，其下限为 b_l^n，上限为 b_u^n，那么 $f(\cdot)$ 在温度区间 Ω^n 中的均值为

$$\overline{f(\Omega^n)} = \frac{1}{b_u^n - b_l^n}\int_{b_l^n}^{b_u^n} f(t_\tau)\mathrm{d}t_\tau \qquad (3\text{-}7)$$

由此可知，$f(t_\tau)$ 实质可以近似地表示成 $\overline{f(\Omega^n)}$ 的加权平均：

$$f(t_\tau) \approx \sum_N \overline{f(\Omega^n)} \times 1[t_\tau \in \Omega^n] \qquad (3\text{-}8)$$

式中，$1[t_\tau \in \Omega^n]$ 表示指标变量，如果 t_τ 处于第 n 个温度区间，它的取值为 1；如果 t_τ 落在其他区间，则取值为 0。将式（3-8）代入式（3-6）得

$$\begin{aligned}\text{Annual outputs} &= \sum_{\tau=1}^{365} f(w_\tau) \approx \sum_{\tau=1}^{365}\sum_N \overline{f(\Omega^n)} \times 1[t_\tau \in \Omega^n]\\ &= \sum_N \overline{f(\Omega^n)}\sum_{\tau=1}^{365} 1[t_\tau \in \Omega^n]\end{aligned} \qquad (3\text{-}9)$$

式中，$\sum_{\tau=1}^{365} 1[t_\tau \in \Omega^n]$ 表示一年中平均气温落在第 n 个温度区间的天数。实证研究中，我们可以利用年度总产出和预先构造的 N 个温度区间（天数）进行线性回归，各温度区间的估计系数实质上便是式（3-9）中的 $\overline{f(\Omega^n)}$，它们近似地描述了气温和总产出之间的非线性关系 $f(t_\tau)$[见式（3-8）]。式（3-9）暗含了以下假定：不同温度区间内的气温 t 对产出的影响不同 $\left(\overline{f(\Omega^n)} \neq \overline{f(\Omega^m)}\right)$，但在同一温度区间内的 t_i 和 t_j 对产出的影响力度相同 $\left(f(t_i) = f(t_j), \forall t_i, t_j \in \Omega^n\right)$。同理，当天气变量 w_τ 包含多个天气因子时（如包含气温、降水和风力等），天气与总产出的函数关系 $f(w_\tau)$ 仍然可以采用类似的方法来拟合。

3.2.3 回归模型设定

为了估计出天气因子和总产出二者之间的数量关系，我们在式（3-9）的基础上做了进一步扩展，建立下述形式的计量回归方程：

$$\ln(Y_{it}) = \rho\ln(Y_{it-1}) + \sum_N \beta^n \text{T\_bin}_{it}^n + \sum_M \gamma^m \text{P\_bin}_{it}^m + \mu_i + \delta_t + \varepsilon_{it} \qquad (3\text{-}10)$$

式中，下标 i 表示县（市），t 表示年。Y_{it} 表示因变量，如地区生产总值、规模以上工业总产值和粮食产量等。μ_i 表示县（市）固定效应，反映了各县（市）不随时间变化的异质性特征，如海拔、地形和地貌等。δ_t 表示时间固定效应，反映了样本期内各县（市）经济生产活动面临的共同趋势（common trends）。

ε_{it} 是随机干扰项。县（市）层面的随机干扰项可能存在任意形式序列相关，并且对于给定的一年，位于同一省、区、市内县（市）的随机干扰项之间也可能存在任意形式的空间相关性。因此，遵照 Cameron 等（2011）提出的方法，我们分别在省份-年份（province-by-year）和县（counties）两个维度对标准误进行了聚类处理（two dimension clustering）。这一方法所报告的稳健标准误（robust standard errors）既考虑到了一省内部各县之间的空间相关（spatial correlation），也考虑到了县内本身存在的自相关（autocorrelation）。

解释变量 T_bin$_{it}^{n}$ 表示在第 t 年某一个县 i 的日平均气温落在第 n 个温度区间的天数。我们设置了 11 个（$N=11$）跨度为 5℃ 的温度区间，定义第 1 个温度区间为（$-\infty$，-15）℃，T_bin$_{it}^{1}$ 表示第 t 年县 i 的日平均气温 $t_\tau<-15$℃ 的天数，定义第 2 个温度区间为 $[-15，-10)$℃，T_bin$_{it}^{2}$ 表示第 t 年县 i 的日平均气温 $t_\tau \in [-15,-10)$℃ 的天数，……，定义第 11 个温度区间为 $[30，+\infty)$℃，T_bin$_{it}^{11}$ 表示第 t 年县 i 的日平均气温 $t_\tau \geq 30$℃ 的天数。本书设定第 7 个温度区间 $[10，15)$℃ 作为参照温度区间（reference temperature bin）。因此，回归方程中其他温度区间的估计系数表示该温度区间对产出的影响与参照区间的差异，即相对于参照温度区间，某一年中平均气温落在某一区间的频数每增加一天，因变量 Y 所受到的影响。相似地，本书设置 12 个（$M=12$）跨度为 5mm 的降水区间，定义第 1 个降水区间为 0mm，P_bin$_{it}^{1}$ 表示第 t 年县 i 零降水（$p_\tau=0$mm）的天数，定义第 2 个降水区间为 $(0，5]$mm，P_bin$_{it}^{2}$ 表示第 t 年县 i 的日降水量 $p_\tau \in (0,5]$mm 的天数，……，定义第 12 个降水区间为 $[50,+\infty)$mm，P_bin$_{it}^{12}$ 表示第 t 年县 i 的日降水量 $p_\tau \geq 50$mm 的天数。我们选择 P_bin$_{it}^{1}$，即以零降水区间作为参照区间。如果将回归方程式（3-10）与式（3-9）关联起来，回归系数 β^n 对应于式（3-9）中的 $f(\Omega^n)$，它精确地拟合了年度总产出对日平均气温变化的反应程度：日平均气温落在第 n 个温度区间的天数每增加一天，年度总产出将变化多少。回归系数 γ^m 精确地拟合了年度总产出对日降水量变化的反应程度：日降水量落在第 m 个降雨区间的天数每增加一天，年度总产出将变化多少。由于县级层面的平均气温和降水等天气因子很可能存在序列相关，因此，实际操作中我们通过在回归方程中控制其天气因子（温度区间和降水区间）的滞后项来检验前一年天气状况的波动是否会直接影响本年度的经济总产出[1]。

最后，由于县级层面的总产出、农业产出和非农业产出等也可能存在高度自

---

[1] 例如，前一年度降水量的骤减可能会导致地下水减少或水库干涸，接下来一年的农业生产可能会因为缺乏灌溉用水而减产。

相关，本书在回归模型中控制了因变量的滞后期 $\ln(Y_{it-1})$，其中 ρ 表示自相关系数。对于类似于式（3-10）形式的动态面板数据模型（dynamic panel model），如果面板长度较短（如 $t<10$），直接使用最小二乘（ordinary least square，OLS）方法所估计出的参数很可能存在不一致性（inconsistent），或称之为存在 Nickell 偏误（Nickell，1981）。由于本书的面板数据时间跨度为 17 年（1996~2012 年），它并不处于参数估计不一致的风险区。因此，我们仍可以选择OLS估计方法（作为主要估计方法）对回归方程式（3-10）进行估计。OLS估计方法的优点在于：它允许我们对随机干扰项进行双向聚类处理（允许任意形式的空间相关和自相关），同时避免在动态面板数据模型中使用内部工具（internal instruments）或弱工具变量（weak instruments）等[1]。

3.3　数据来源和描述性统计

3.3.1　数据来源

本书所利用天气数据来自中国气象局国家气象信息中心资料服务室，样本时间跨度为 1980 年 1 月 1 日至 2012 年 12 月 31 日。利用地理信息系统空间分析软件将天气数据加总到县级层面，从而获得 1 330 个县（市）天气面板数据集。本书所利用样本的经济社会统计数据来自中国统计数据应用支持系统[2]。

3.3.2　描述性统计

由于社会经济统计数据为年度数据而地面气象数据为日度数据，本书根据前文计量经济模型设定中介绍的方法，首先构造了一系列温度区间和降水区间（具体的温度区间和降水区间请参见表 3-1）；然后计算出每一年内日平均气温和降水量落入每个区间的天数；最后，根据县名和县行政代码将县级层面的气温、降水区间的年度数据和社会经济统计年度数据进行一对一横向匹配，最终合并得到

---

[1] 目前动态面板数据模型估计中通常采用广义距（generalized method of moments，GMM）估计方法（系统广义距和差分广义距），使用的工具变量大多来自模型内部［比如，因变量（差分）更远的滞后期（2 阶以上）和模型中的其他外生解释变量］，这一工具变量集的整体有效性目前仍然受到一些计量经济学家的质疑。

[2] 数据库网址为 http://info.acmr.cn/index.aspx。

一个包含 1 172 个县（市）的天气和经济统计信息的面板数据集。本书所关注的关键变量的描述性统计见表 3-1。

表 3-1 变量的描述性统计

变量	样本量	均值	标准差	最小值	最大值
<-15℃	37 951	9.671	21.303	0	140.000
[-15, -10)℃	37 951	12.053	18.641	0	93.000
[-10, -5)℃	37 951	18.205	23.386	0	137.000
[-5, 0)℃	37 951	27.134	25.167	0	191.000
[0, 5)℃	37 951	44.012	39.510	0	366.000
[5, 10)℃	37 951	50.494	25.068	0	295.000
[10, 15)℃	37 951	51.106	25.929	0	338.000
[15, 20)℃	37 951	57.856	31.019	0	226.000
[20, 25)℃	37 951	57.916	36.647	0	226.000
[25, 30)℃	37 951	33.757	39.785	0	221.000
≥30℃	37 951	3.068	7.132	0	64.000
0mm	37 951	116.940	28.734	0	366.000
(0, 5]mm	37 951	205.855	27.837	0	313.000
(5, 10]mm	37 951	19.029	9.562	0	58.000
(10, 15]mm	37 951	8.998	5.793	0	38.000
(15, 20]mm	37 951	5.020	3.928	0	26.000
(20, 25]mm	37 951	3.044	2.788	0	19.000
(25, 30]mm	37 951	1.947	2.062	0	15.000
(30, 35]mm	37 951	1.296	1.578	0	14.000
(35, 40]mm	37 951	0.876	1.221	0	9.000
(40, 45]mm	37 951	0.612	0.969	0	9.000
(45, 50]mm	37 951	0.433	0.781	0	7.000
>50mm	37 951	1.224	1.819	0	15.000
地区生产总值（亿元）	18 461	67.195	124.494	0.136	3 706.320
第一产业增加值（亿元）	18 856	10.593	11.338	0.010	114.960

续表

变量	样本量	均值	标准差	最小值	最大值
第二产业增加值（亿元）	18 846	24.318	52.990	0	1 443.910
第三产业增加值（亿元）	18 161	16.490	31.569	0.020	1 043.780
非农业总产值（亿元）	12 914	44.502	113.494	0.002	3 588.595
农林牧渔业总产值（亿元）	12 984	22.369	26.092	0	265.832
粮食产量（万 t）	18 841	24.676	28.408	0	320.540
棉花产量（万 t）	14 234	0.859	4.844	0	200.900
油料产量（万 t）	18 255	1.342	2.531	0	53.040
肉类产量（万 t）	18 272	3.343	4.250	0	90.000

注：天气因子（日值数据）时间跨度为 1980 年 1 月 1 日至 2012 年 12 月 31 日，由中国气象局国家气象信息中心资料服务室编制和提供。经济统计数据的时间跨度为 1996~2012 年，来源于中国统计数据支持系统——县级年度库。本书按 1995 年不变价对其名义值进行了平减处理

图 3-1 描述了 1980~2012 年日平均气温在 11 个温度区间的分布情况。图 3-1 中每个条形的高度代表一年中日平均气温落在该温度区间的天数（平均值）。图 3-1 显示，1980~2012 年，每年平均有将近 10 天平均气温小于−15°C，每年平均有 34 天平均气温介于 25~30°C，每年平均大约有 3 天时间平均气温大于等于 30°C。图 3-2 分别描述了 1980~1990 年、1990~2000 年、2000~2010 年这三个阶段日平均气温的分布情况。显然，1980~2010 年中国的气候呈现出明显的变暖趋势，低温和极端寒冷的天数不断减少，而高温和极端炎热的天数正不断增加。图 3-3 显示了 1980 年以来日降水量在 12 个降水区间的分布情况。图 3-3 中每个条形的高度代表一年中日降水量位于该降水区间的天数（平均值）。1980~2012 年，每年平均大约有 117 天降水量为 0mm，206 天降水量介于 0~5mm，平均来说每年大约有 1 天日降水量超过 50mm。1980~2010 年降水的分布也发生了显著变化，图 3-4 显示，从 20 世纪 80 年代到 21 世纪前 10 年，零降水的平均天数增加了 7 天（从 113 天增至 120 天），低强度降水（10mm 以内）的平均天数减少了 6 天（从 209 天降至 203 天），总体来说，1980~2010 年中国的气候变得更干旱了。中国幅员辽阔、地形地势多样并且横跨了多个气候带，因此，位于不同地区的县（市）气候差异非常明显。例如，位于中国最北部的黑龙江漠河县和位于海南岛西南部的东方市的气温分布差异巨大（图 3-5），地处寒带的漠河县每年平均有 123 天以上日平均气温低于−15°C，一年中几乎不会出现平均气温高于 25°C 的高温天气。与此形成鲜明对比的是，地处热带的东方市几乎不会出现平均气温低于 10°C 的天气，平均来说，每年大约有 184 天日平均气温

介于 25~30℃，超过 32 天的日平均气温≥30℃[①]。此外，不同县（市）的降水差异也非常明显。例如，位于中国西部干旱地区的新疆吐鲁番的鄯善县和位于东部沿海的广东陆河县降水分布差异明显（图 3-6），鄯善县每年平均有 363 天降水量低于 5mm（其中 116 天零降水），几乎没有发生过强降水天气。而陆河县每年平均有 76 天降水量高于 5mm，其中超过 6 天的降水量>50mm。

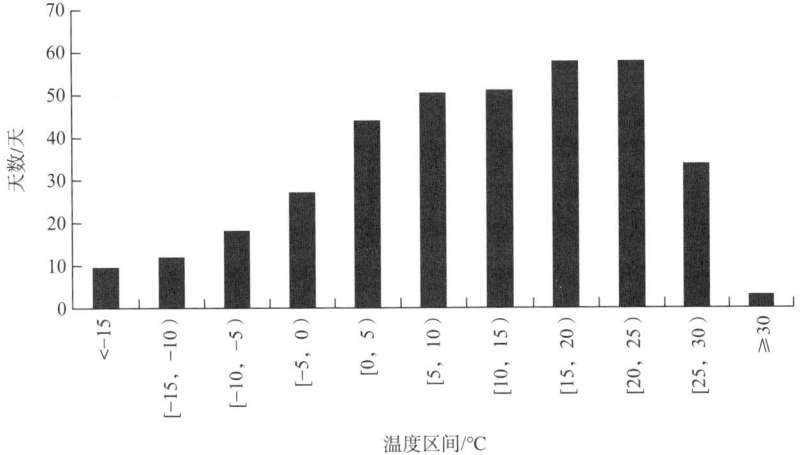

图 3-1　日平均气温分布（1980~2012 年）

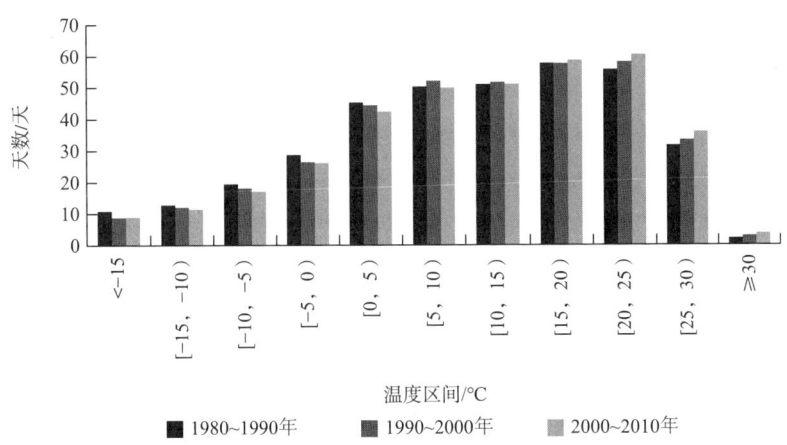

图 3-2　日平均气温分布（1980~1990 年、1990~2000 年、2000~2010 年）

---

① 日平均气温大于 30℃意味着日最高气温很可能超过 35℃甚至 40℃。特别需要指出的是，中国一些沙漠地区或火炉城市日最高气温常常超过 40℃（如新疆吐鲁番市），但由于昼夜温差极大（夜间常降至 0℃以下），因此这些地区的日平均气温往往远低于 30℃。本书采用的日平均气温数据无法描述这类城市的气候特征。

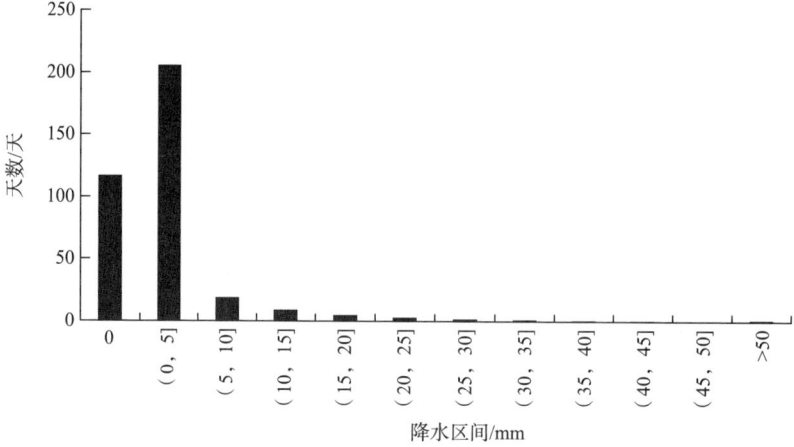

图 3-3　日降水量分布（1980~2012 年）

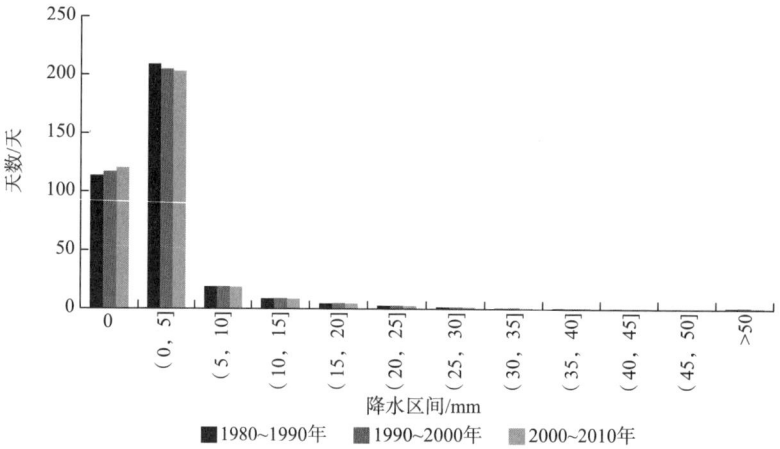

图 3-4　日降水量分布（1980~1990 年、1990~2000 年、2000~2010 年）

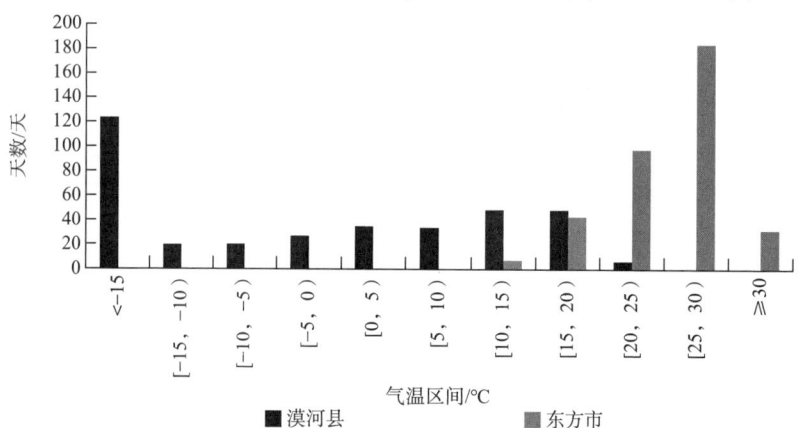

图 3-5　漠河县和东方市的日平均气温分布（1980~2012 年）

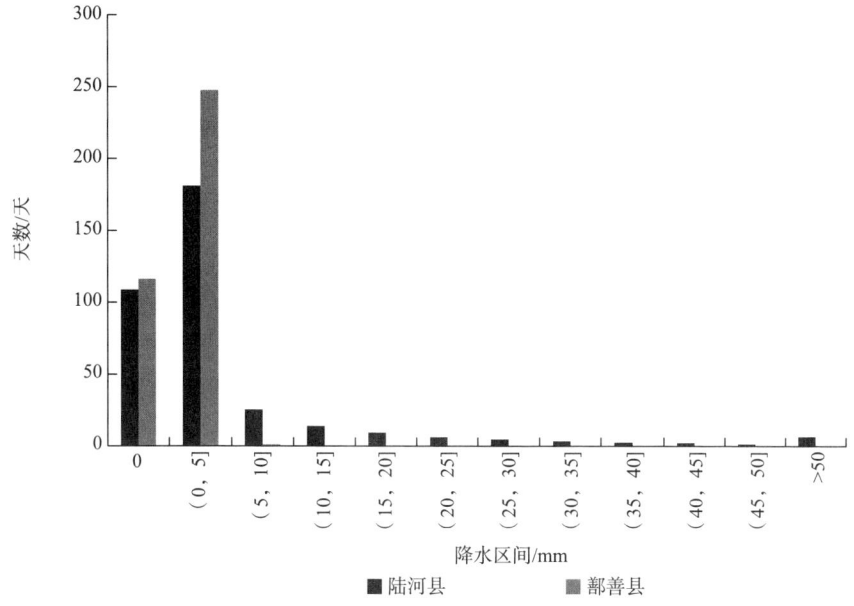

图 3-6 陆河县和鄯善县的日降水量分布（1980~2012 年）

3.4 估计结果

首先，本书通过估计回归方程式（3-10）来考察天气因子（日平均气温、日降水量）对县（市）年度总产出的影响，并对模型的估计结果进行稳健性检验。然后，分别考察天气因子对非农业部门（第二产业、第三产业和规模以上工业）和农业部门（第一产业、粮食、棉花、油料和肉类）总产出的影响。最后，考察中国各县（市）在适应极端天气事件能力方面存在的差异和检验相关适应措施（如安装家庭空调）在减弱极端天气不利影响方面的实际效果。

3.4.1 回归结果

表 3-2 给出了回归方程式（3-10）的估计结果，第（4）列我们在回归方程中同时控制了滞后因变量和滞后天气因子（基准结果），第（3）列回归方程中控制了滞后因变量但不包含滞后天气因子。研究发现，日平均气温对县（市）生产总值的影响呈现出一定程度的非对称特征。表 3-2 的第（3）列和第（4）列的结果一致显示，平均气温在 20℃以上的天气对县（市）地区生产总值具有显著的

负面影响,并且天气越炎热,经济总产出遭受的负面冲击越大。相对于先决的参照区间[10,15)℃,日平均气温介于[20,25)℃的天数每增加一天将使得该年度总产出下降0.055%,介于[25,30)℃的天数每增加一天将导致当年总产出下降0.064%,≥30℃的日子每增加一天将使得当年总产出下降0.075%。与此形成鲜明对照的是,低温天气并不会对县(市)地区生产总值造成显著的负面影响,如极端低温天气[<-15℃、[-15,-10)℃]对县(市)总产出的影响(与参照区间影响的差异)在统计上并不显著[①]。

表3-2 日值天气因子对地区生产总值的影响

变量	(1) ln(地区生产总值)t	(2) ln(地区生产总值)t	(3) ln(地区生产总值)t	(4) ln(地区生产总值)t
<-15℃	0.001 17* (0.000 63)	0.000 84 (0.000 65)	-0.000 04 (0.000 36)	-0.000 16 (0.000 37)
[-15,-10)℃	0.000 45 (0.000 60)	0.000 35 (0.000 62)	0.000 46 (0.000 33)	0.000 46 (0.000 34)
[-10,-5)℃	-0.000 04 (0.000 54)	-0.000 44 (0.000 56)	0.000 66** (0.000 33)	0.000 59* (0.000 34)
[-5,0)℃	-0.001 80*** (0.000 39)	-0.002 22*** (0.000 42)	0.000 00 (0.000 23)	-0.000 02 (0.000 23)
[0,5)℃	-0.001 83*** (0.000 29)	-0.001 60*** (0.000 31)	-0.000 03 (0.000 16)	0.000 07 (0.000 17)
[5,10)℃	-0.000 26 (0.000 25)	-0.000 13 (0.000 26)	-0.000 05 (0.000 14)	-0.000 03 (0.000 15)
[15,20)℃	-0.000 15 (0.000 26)	-0.000 05 (0.000 26)	-0.000 02 (0.000 14)	0.000 01 (0.000 14)
[20,25)℃	-0.000 25 (0.000 32)	-0.000 23 (0.000 32)	-0.000 56*** (0.000 17)	-0.000 55*** (0.000 17)
[25,30)℃	-0.001 58*** (0.000 42)	-0.001 29*** (0.000 43)	-0.000 73*** (0.000 24)	-0.000 64*** (0.000 24)
≥30℃	-0.001 97*** (0.000 61)	-0.001 74*** (0.000 62)	-0.000 80** (0.000 35)	-0.000 75** (0.000 35)
(0,5]mm	0.001 08*** (0.000 25)	0.001 10*** (0.000 25)	0.000 60*** (0.000 13)	0.000 64*** (0.000 14)
(5,10]mm	0.002 06*** (0.000 44)	0.001 99*** (0.000 44)	0.000 38 (0.000 24)	0.000 43* (0.000 24)
(10,15]mm	0.003 17*** (0.000 56)	0.003 15*** (0.000 56)	0.000 99*** (0.000 30)	0.001 08*** (0.000 30)
(15,20]mm	0.002 20*** (0.000 77)	0.002 40*** (0.000 78)	0.000 75 (0.000 48)	0.000 94* (0.000 48)

---

① 从表3-2第(4)列可以看出,除了[-10,-5)℃这个温度区间的系数为正并且统计上显著外,其余低于参照区间[10,15)℃的所有温度区间的系数统计上均不显著。我们认为[-10,-5)℃这个单一温度区间的显著性并不具备代表性,很可能是某些随机因素造成的。

续表

变量	（1） ln（地区生产总值）$_t$	（2） ln（地区生产总值）$_t$	（3） ln（地区生产总值）$_t$	（4） ln（地区生产总值）$_t$
(20, 25]mm	0.001 92** (0.000 95)	0.001 89** (0.000 95)	−0.000 13 (0.000 57)	0.000 05 (0.000 57)
(25, 30]mm	0.002 56** (0.001 14)	0.002 63** (0.001 15)	0.000 54 (0.000 67)	0.000 73 (0.000 67)
(30, 35]mm	0.000 07 (0.001 36)	0.000 50 (0.001 38)	0.001 52** (0.000 77)	0.001 78** (0.000 78)
(35, 40]mm	−0.000 52 (0.001 61)	−0.000 11 (0.001 61)	0.000 65 (0.000 91)	0.000 87 (0.000 91)
(40, 45]mm	0.001 62 (0.001 99)	0.002 22 (0.001 99)	0.000 69 (0.001 33)	0.000 97 (0.001 33)
(45, 50]mm	−0.001 44 (0.002 23)	−0.000 76 (0.002 24)	−0.001 57 (0.001 18)	−0.001 31 (0.001 17)
>50mm	0.001 86 (0.001 24)	0.002 71** (0.001 26)	0.000 39 (0.000 72)	0.000 57 (0.000 71)
ln（地区生产总值）$_{t-1}$	—	—	0.830 22*** (0.011 34)	0.828 22*** (0.011 49)
滞后天气因子	N	Y	N	Y
样本量	17 080	18 151	17 080	17 080
r^2	0.991 88	0.973 49	0.991 91	0.991 93

*、**、***分别代表在10%、5%、1%的水平上显著

注：所有的模型设定都控制了县（市）固定效应、年度固定效应。括号中报告了估计系数的稳健标准误，我们对标准误在县（市）和省份、年份两个维度进行了聚类处理。为了节省空间，表3-2中并未报告滞后天气因子的估计系数。其中，10~15℃和0mm分别为参照温度区间和参照降水区间

如果一年365天中每一天的总产出都保持一致，那么任意一天的生产将会贡献年度产出总量的0.27%（1/365），≥30℃的高温天气每增加一天使得年度总产出下降0.075%意味着这一天相较于平常的一天生产效率降低了约27.8%。假定效率的下降是线性的，并且给定日平均气温为15℃时的回归系数为0，这意味着温度上升对日生产效率的边际影响为 $\frac{-27.8\%}{15℃} \approx -1.85\%/℃$。

表3-2的下半部分显示，日降水量的变化同样会影响经济总产出。与零降水的情形相比，低强度的降水天气对县（市）生产总值具有显著的正面影响。具体来说，日降水量介于0~20mm的4个跨度为5mm降水区间的估计系数都显著为正，介于这些降水区间的天数每减少一个单位（天），当年县（市）地区生产总值将降低0.04%~0.11%。与此形成鲜明对照，高强度降水或极端降水（>50mm）天气的变化对县（市）当年的经济总产出没有显著影响。

3.4.2 稳健性检验

这一部分采用了不同形式的回归方程设定、考虑滞后效应（时间位移）、使用因变量的水平值和人均值以及采用不同的气温和降水参照区间、构造不同的气温和降水区间宽度来对本书的基准结果实施稳健性检验。

1. 模型设定

表 3-3 的第（1）列和第（2）列的估计结果表明，回归方程中不控制因变量 $\ln(Y_{it-1})$ 和滞后期温度和降水区间并不会明显地改变本书的主要结论：高温天气（日平均气温>25℃）的增加会显著降低总产出，低强度降水（<20mm）天气的减少会降低年度总产出。注意到尽管三种形式的模型设定中系数方向保持一致，但静态模型（第（1）~（2）列）的估计系数和动态模型（第（3）~（4）列）的估计系数存在比较明显的差异。本书偏好动态模型的估计结果，因为回归结果显示因变量存在高度自相关（$\rho>0.8, p<0.001$）。本书选择了年度固定效应（year fixed effects）模型作为偏好的时间趋势设定，表 3-3 中分别引入地区-年度（region by year）固定效应和省份-年度固定效应来代替共同趋势。回归结果显示，地区-年度固定效应的模型设定下［允许不同地区内县（市）总产出存在不同的变化趋势］，本书的主要结果仍维持不变①。高于 20℃的天气区间［[20，25）℃、[25，30）℃和≥30℃］的估计系数在统计上仍然非常显著，并且其绝对值稍稍大于年度固定效应模型设定时的估计系数。各降水区间的估计系数的大小和显著水平与年度固定效应模型在设定时非常相似。在省份-年度固定效应的模型设定下［允许不同省份县（市）总产出存在不同的变化趋势］，温度区间的系数（绝对值）明显变小，并且[25，30）℃和≥30℃温度区间的系数在统计上变得不显著了，所有降水区间的系数也都变得不显著了。Fisher 等（2012）认为，控制省份-年度固定效应这一过度饱和（over-saturated）的模型设定方法大幅减弱了天气因子的解释力，从而导致估计结果存在衰减偏误（attenuation bias）。

---

① 中国的东、中、西部三类地区经济发展水平存在显著的差异，因此地区生产总值可能存在不同的趋势。设置地区-年度固定效应允许不同地区县（市）生产总值存在不同的增长趋势。东、中、西部县（市）分类参照国家统计局对省份的分类标准：东部地区包括北京市、天津市、河北省、辽宁省、上海市、江苏省、浙江省、福建省、广东省、山东省和海南省。中部地区包括山西省、吉林省、黑龙江省、安徽省、江西省、河南省、湖北省和湖南省。西部地区包括重庆市、四川省、贵州省、云南省、西藏自治区、陕西省、甘肃省、青海省、广西壮族自治区、宁夏回族自治区、内蒙古自治区、新疆维吾尔自治区。

表 3-3 稳健性检验：备择时间趋势、水平值和人均值

变量	（1）ln（地区生产总值）	（2）ln（地区生产总值）	（3）ln（地区生产总值）	（4）ln（人均地区生产总值）
<-15℃	0.000 54 （0.000 38）	0.000 28 （0.000 59）	-0.010 98 （0.037 05）	0.000 42 （0.000 38）
[-15, -10）℃	0.001 33*** （0.000 35）	0.000 80 （0.000 52）	0.016 83 （0.033 24）	0.000 78** （0.000 36）
[-10, -5）℃	0.001 29*** （0.000 34）	0.001 06** （0.000 48）	-0.002 40 （0.034 02）	0.001 02*** （0.000 34）
[-5, 0）℃	0.000 71*** （0.000 25）	0.000 44 （0.000 38）	-0.009 15 （0.030 30）	0.000 20 （0.000 24）
[0, 5）℃	0.000 55*** （0.000 18）	0.000 86*** （0.000 27）	-0.036 91* （0.019 27）	0.000 14 （0.000 17）
[5, 10）℃	0.000 23 （0.000 15）	0.000 39** （0.000 19）	-0.071 08*** （0.014 20）	-0.000 06 （0.000 15）
[15, 20）℃	-0.000 01 （0.000 14）	-0.000 03 （0.000 16）	-0.062 75*** （0.019 44）	-0.000 04 （0.000 14）
[20, 25）℃	-0.000 64*** （0.000 18）	-0.000 48** （0.000 23）	-0.119 19*** （0.031 71）	-0.000 47*** （0.000 18）
[25, 30）℃	-0.000 90*** （0.000 25）	-0.000 30 （0.000 29）	-0.116 86*** （0.044 77）	-0.000 63*** （0.000 24）
≥30℃	-0.000 86** （0.000 36）	-0.000 04 （0.000 41）	-0.044 48 （0.053 91）	-0.000 52 （0.000 36）
(0, 5]mm	0.000 30** （0.000 14）	-0.000 03 （0.000 18）	-0.034 82* （0.018 26）	0.000 55*** （0.000 14）
(5, 10]mm	0.000 36 （0.000 25）	-0.000 18 （0.000 30）	-0.050 80* （0.027 46）	0.000 36 （0.000 24）
(10, 15]mm	0.001 03*** （0.000 30）	0.000 08 （0.000 35）	-0.066 09* （0.040 16）	0.001 22*** （0.000 31）
(15, 20]mm	0.000 88* （0.000 48）	-0.000 15 （0.000 48）	-0.058 77 （0.074 74）	0.000 78* （0.000 40）
(20, 25]mm	0.000 12 （0.000 58）	-0.000 88 （0.000 62）	-0.175 53** （0.077 32）	0.000 44 （0.000 50）
(25, 30]mm	0.000 69 （0.000 68）	0.000 04 （0.000 62）	0.028 07 （0.106 07）	0.000 92 （0.000 64）
(30, 35]mm	0.001 89** （0.000 80）	0.001 08 （0.000 73）	0.000 10 （0.124 81）	0.001 54** （0.000 69）
(35, 40]mm	0.000 62 （0.000 93）	0.000 33 （0.000 91）	-0.010 30 （0.144 62）	0.000 76 （0.000 89）
(40, 45]mm	0.001 03 （0.001 33）	0.000 02 （0.001 18）	0.059 96 （0.211 47）	-0.000 55 （0.001 03）
(45, 50]mm	-0.000 93 （0.001 18）	-0.001 00 （0.001 18）	-0.516 81*** （0.198 88）	-0.000 25 （0.001 18）

续表

变量	（1） ln（地区生产总值）	（2） ln（地区生产总值）	（3） ln（地区生产总值）	（4） ln（人均地区生产总值）
>50mm	0.000 27 （0.000 74）	0.000 06 （0.000 82）	0.035 50 （0.094 31）	0.000 31 （0.000 65）
年度固定效应	N	N	Y	Y
地区-年度固定效应	Y	N	N	N
省份-年度固定效应	N	Y	N	N
样本量	17 080	17 080	17 080	17 003
r^2	0.992 13	0.992 96	0.983 25	0.983 69

*、**、***分别代表在10%、5%、1%的水平上显著

注：所有的模型设定都控制了县（市）固定效应、因变量和天气因子的滞后一期。括号中报告了估计系数的稳健标准误差，我们对标准误在县（市）和省份、年份两个维度进行了聚类处理。其中，10~15℃和0mm分别为参照温度区间和参照降水区间

2. 水平值和人均值

研究分别以县（市）地区生产总值的水平值和人均值为因变量重新估计了回归方程式（3-10），表3-3第（3）列给出了以县（市）地区生产总值的水平值（亿元）为因变量时模型的估计结果。研究发现：当日平均气温偏离参照温度区间时，无论是向上偏离还是向下偏离，都将导致经济总产出下降，将[10，15）℃的一天变成[15，20）℃的一天，将使得县（市）地区生产总值下降0.06亿元，将[10，15）℃的一天变成[20，25）℃或[25，30）℃的一天，将使得县（市）生产总值下降0.12亿元。与本书的基准结果不同的是，极端高温≥30℃区间的系数在水平值回归方程中变得不显著，降水区间的系数大多为负值而不是正值。第（4）列给出了以县（市）人均生产总值（对数）为因变量时模型的估计结果。研究发现：温度区间和降水区间的估计系数与基准结果基本保持一致，相比于给定的参照温度区间，日平均气温介于[20，25）℃和[25，30）℃的高温天气每增加一天，将使得人均生产总值分别下降0.047%和0.063%。稍微不同的是，≥30℃区间的系数符号虽然为负，但统计上并不显著。相比于零降水情形，低强度降水天数的减少，将会降低各县（市）的人均生产总值。

3. 滞后效应

接下来检验天气因子的滞后效应，即考察本年的日平均气温和降水量分布的变化是否会影响下一年度的经济总产出。表3-4给出了以ln（地区生产总值）为被变量解释滞后一期的温度和降水区间系数的估计结果（回归方程同时也控制了温度区间和降水区间的当期值）。对于日平均气温而言，研究并没有观察到统计上

显著的滞后效应。除了第 4 个温度区间[-5, 0)℃外, 其余的 10 个温度区间的系数统计上均不显著①。对于日降水量而言, 研究发现: 降水对总产出存在明显的滞后效应, 所有滞后一期降水区间的系数为正, 其中在 0~5mm、10~15mm、15~20mm、30~35mm 和>50mm 这 5 个区间的系数统计上显著, 表明前一年降水量（降水天数）的减少将会显著降低下一年度的经济总产出。

表 3-4 稳健性检验: 滞后效应

温度区间		降水区间	
L.1: <-15℃	-0.000 12 (0.000 39)	0mm	0 (—)
L.1: [-15, -10)℃	0.000 07 (0.000 39)	L1: (0, 5]mm	0.000 35** (0.000 15)
L.1: [-10, -5)℃	-0.000 25 (0.000 35)	L1: (5, 10]mm	0.000 22 (0.000 25)
L.1: [-5, 0)℃	-0.000 54** (0.000 24)	L1: (10, 15]mm	0.000 69** (0.000 33)
L.1: [0, 5)℃	-0.000 24 (0.000 18)	L1: (15, 20]mm	0.001 27*** (0.000 43)
L.1: [5, 10)℃	-0.000 05 (0.000 15)	L1: (20, 25]mm	0.000 47 (0.000 50)
L.1: [10, 15)℃	0 (—)	L1: (25, 30]mm	0.000 93 (0.000 64)
L.1: [15, 20)℃	0.000 06 (0.000 15)	L1: (30, 35]mm	0.002 23*** (0.000 72)
L.1: [20, 25)℃	0.000 30 (0.000 18)	L1: (35, 40]mm	0.000 07 (0.000 95)
L.1: [25, 30)℃	0.000 26 (0.000 23)	L1: (40, 45]mm	0.001 59 (0.001 10)
L.1: ≥30℃	0.000 47 (0.000 33)	L1: (45, 50]mm	0.000 60 (0.001 53)
ln（地区生产总值）$_{t-1}$	0.828 22*** (0.011 49)	L1: >50mm	0.001 86*** (0.000 66)
样本量		17 080	
r^2		0.991 93	

*、**、***分别代表在 10%、5%、1%的水平上显著

注: 回归方程控制了当期的温度、降水区间、县（市）固定效应和年度固定效应。括号中报告了估计系数的稳健标准误, 我们对标准误在县（市）和省份、年份两个维度进行了聚类处理。其中, 10~15℃和 0mm 分别为参照温度区间和参照降水区间。L.1 表示滞后一期, 后同

---

① 第 4 个温度区间的系数很可能是虚假显著（spuriously significant）的, 因为我们检验的温度区间多达 11 个, 其中某一个区间的系数随机地出现显著的情况是可能发生的。

4. 参照区间

本章基准模型设定中选择了[10,15)℃作为参照温度区间,现在分别选取[5,10)℃和[15,20)℃这两个与之相邻的温度区间作为参照区间,检验模型的估计结果是否对参照区间的选择敏感。表 3-5 的结果显示,回归模型的估计结果对参照区间的选择并不敏感:无论是选择[5,10)℃还是选择[15,20)℃作为参照区间,所有的降水区间的系数基本维持不变,[20,25)℃、[25,30)℃和≥30℃这三个温度区间的系数仍然显著为负,表明相比于平均气温为[5,10)℃的微冷天气和[15,20)℃的暖温天气,(极端)高温天气将导致总产出显著下降。与选择[10,15)℃作为参照温度区间的情形相似,一年中极端低温天气的变化并不会显著影响该年度的经济总产出。

表 3-5 稳健性检验:备择参照区间

变量	(1) ln(地区生产总值)	(2) ln(地区生产总值)	(3) ln(地区生产总值)
ln(地区生产总值)$_{t-1}$	0.828 22*** (0.011 49)	0.828 22*** (0.011 49)	0.828 22*** (0.011 49)
<−15℃	−0.000 12 (0.000 37)	−0.000 16 (0.000 41)	−0.000 16 (0.000 37)
[−15,−10)℃	0.000 49 (0.000 34)	0.000 45 (0.000 37)	0.000 46 (0.000 34)
[−10,−5)℃	0.000 63* (0.000 33)	0.000 59 (0.000 36)	0.000 59* (0.000 34)
[−5,0)℃	0.000 01 (0.000 21)	−0.000 03 (0.000 26)	−0.000 02 (0.000 23)
[0,5)℃	0.000 10 (0.000 16)	0.000 06 (0.000 21)	0.000 07 (0.000 17)
[5,10)℃	0 (—)	−0.000 04 (0.000 17)	−0.000 03 (0.000 15)
[10,15)℃	0.000 03 (0.000 15)	−0.000 01 (0.000 14)	0 (—)
[15,20)℃	0.000 04 (0.000 17)	0 (—)	0.000 01 (0.000 14)
[20,25)℃	−0.000 52** (0.000 20)	−0.000 56*** (0.000 13)	−0.000 55*** (0.000 17)
[25,30)℃	−0.000 61** (0.000 26)	−0.000 65*** (0.000 20)	−0.000 64*** (0.000 24)
≥30℃	−0.000 71* (0.000 38)	−0.000 75** (0.000 33)	−0.000 75** (0.000 35)
0mm	0 (—)	0 (—)	−0.000 64*** (0.000 14)
(0,5]mm	0.000 64*** (0.000 14)	0.000 64*** (0.000 14)	0 (—)
(5,10]mm	0.000 43* (0.000 24)	0.000 43* (0.000 24)	−0.000 21 (0.000 24)

续表

变量	(1) ln（地区生产总值）	(2) ln（地区生产总值）	(3) ln（地区生产总值）
(10, 15]mm	0.001 08*** (0.000 30)	0.001 08*** (0.000 30)	0.000 44 (0.000 30)
(15, 20]mm	0.000 94* (0.000 48)	0.000 94* (0.000 48)	0.000 30 (0.000 47)
(20, 25]mm	0.000 05 (0.000 57)	0.000 05 (0.000 57)	−0.000 59 (0.000 56)
(25, 30]mm	0.000 73 (0.000 67)	0.000 73 (0.000 67)	0.000 09 (0.000 66)
(30, 35]mm	0.001 78** (0.000 78)	0.001 78** (0.000 78)	0.001 14 (0.000 77)
(35, 40]mm	0.000 87 (0.000 91)	0.000 87 (0.000 91)	0.000 23 (0.000 90)
(40, 45]mm	0.000 97 (0.001 33)	0.000 97 (0.001 33)	0.000 33 (0.001 32)
(45, 50]mm	−0.001 31 (0.001 17)	−0.001 31 (0.001 17)	−0.001 95* (0.001 17)
>50mm	0.000 57 (0.000 71)	0.000 57 (0.000 71)	−0.000 07 (0.000 71)
样本量	17 080	17 080	17 080
r^2	0.991 93	0.991 93	0.991 93

*、**、***分别代表在10%、5%、1%的水平上显著

注：所有回归方程都控制了滞后期的温度、降水区间、县（市）固定效应和年度固定效应。括号中报告了估计系数的稳健标准误，我们对标准误在县（市）和省份、年份两个维度进行了聚类处理。其中，第（1）列回归方程的参照温度区间和降水区间分别为 5~10℃和 0mm，第（2）列回归方程的参照温度区间和降水区间为15~20℃和 0mm，第（3）列回归方程的参照温度区间和降水区间分别为 10~15℃和 0~5mm

基准模型设定中选择零降水（0mm）作为参照降水区间，现在我们选择相邻的（0,5]mm 降水区间作为参照降水区间，回归方程的估计结果显示，相比于降水量为（0,5]mm 的情形，>50mm 的极端强降水天气的增加并不会显著影响地区生产总值，但是零降水（干旱）天气的增加将导致地区生产总值显著下降。一年中零降水天气每增加一天，将导致该年度地区生产总值相比于正常年份降低 0.064%。

5. 区间宽度设定

本书回归方程中设置的温度区间宽度为 5℃，降水区间宽度为 5mm。现在我们通过重新设置温度和降水区间的宽度来检验回归方程的主要结果是否对于区间宽度的选取敏感。我们缩小温度区间的宽度，设置一系列宽度为 3℃的温度区间：第 1 个温度区间定义为<−15℃，第 2 个温度区间定义为[−15，−12）℃，第 3 个温度区间定义为[−12，−9）℃，……，第 17 个温度区间定义为≥30℃。我们扩大降

水区间的宽度,设置一系列宽度为 10mm 的降水区间:第 1 个降水区间定义为 0mm,第 2 个降水区间定义为(0, 10]mm,……,第 7 个降水区间定义为>50mm。我们分别选择[12, 15)℃、[9, 12)℃和[15, 18)℃作为平均气温的参照区间,分别选择 0mm 和(0, 5]mm 作为降水量的参照区间,重新对式(3-10)进行回归分析,估计结果见于表 3-6。研究发现:21℃以上的高温和极端高温天气的增加会给经济生产带来显著的负面影响,并且温度越高,其对经济生产的负面影响就越大。干旱(零降水)天气的增加、低强度降水天气的减少会给经济带来显著的负面影响,而高强度的降水天气的变化对当年经济总产出的影响不显著。因此,得出以下结论:本书的基准结果对于区间宽度的选择并不敏感,高温、极端高温天气和干旱天气的负面效应具有稳健性。

表 3-6 稳健性检验:备择区间宽度

变量	(1) ln(地区生产总值)	(2) ln(地区生产总值)	(3) ln(地区生产总值)	(4) ln(地区生产总值)
L.1: ln(地区生产总值)	0.760 06*** (0.014 72)	0.760 06*** (0.014 72)	0.760 06*** (0.014 72)	0.760 06*** (0.014 72)
<-15℃	0.000 56 (0.000 45)	0.000 78* (0.000 42)	0.000 72 (0.000 45)	0.000 56 (0.000 45)
[-15, -12)℃	0.000 98* (0.000 53)	0.001 20** (0.000 50)	0.001 14** (0.000 52)	0.000 98* (0.000 53)
[-12, -9)℃	0.001 72*** (0.000 48)	0.001 94*** (0.000 45)	0.001 88*** (0.000 48)	0.001 72*** (0.000 48)
[-9, -6)℃	0.000 65 (0.000 47)	0.000 86** (0.000 43)	0.000 80* (0.000 47)	0.000 65 (0.000 47)
[-6, -3)℃	-0.000 04 (0.000 45)	0.000 18 (0.000 39)	0.000 12 (0.000 43)	-0.000 04 (0.000 45)
[-3, 0)℃	0.000 13 (0.000 32)	0.000 35 (0.000 30)	0.000 29 (0.000 33)	0.000 13 (0.000 32)
[0, 3)℃	-0.000 22 (0.000 29)	0.000 00 (0.000 27)	-0.000 06 (0.000 29)	-0.000 22 (0.000 29)
[3, 6)℃	0.000 19 (0.000 26)	0.000 41* (0.000 22)	0.000 35 (0.000 26)	0.000 19 (0.000 26)
[6, 9)℃	-0.000 17 (0.000 24)	0.000 05 (0.000 21)	-0.000 01 (0.000 23)	-0.000 17 (0.000 24)
[9, 12)℃	-0.000 22 (0.000 23)	0 (—)	-0.000 06 (0.000 21)	-0.000 22 (0.000 23)
[12, 15)℃	0 (—)	0.000 22 (0.000 23)	0.000 16 (0.000 20)	0 (—)
[15, 18)℃	-0.000 16 (0.000 20)	0.000 06 (0.000 21)	0 (—)	-0.000 16 (0.000 20)
[18, 21)℃	-0.000 33 (0.000 22)	-0.000 11 (0.000 25)	-0.000 17 (0.000 20)	-0.000 33 (0.000 22)

续表

变量	（1） ln（地区生产总值）	（2） ln（地区生产总值）	（3） ln（地区生产总值）	（4） ln（地区生产总值）
[21, 24) ℃	−0.001 03*** （0.000 22）	−0.000 81*** （0.000 25）	−0.000 87*** （0.000 17）	−0.001 03*** （0.000 22）
[24, 27) ℃	−0.001 06*** （0.000 25）	−0.000 85*** （0.000 28）	−0.000 91*** （0.000 22）	−0.001 06*** （0.000 25）
[27, 30) ℃	−0.001 26*** （0.000 29）	−0.001 05*** （0.000 33）	−0.001 11*** （0.000 26）	−0.001 26*** （0.000 29）
≥30℃	−0.001 50*** （0.000 36）	−0.001 28*** （0.000 39）	−0.001 34*** （0.000 34）	−0.001 50*** （0.000 36）
0mm	0 （—）	0 （—）	0 （—）	−0.000 63*** （0.000 15）
（0, 10]mm	0.000 63*** （0.000 15）	0.000 63*** （0.000 15）	0.000 63*** （0.000 15）	0 （—）
（10, 20]mm	0.000 94*** （0.000 30）	0.000 94*** （0.000 30）	0.000 94*** （0.000 30）	0.000 31 （0.000 29）
（20, 30]mm	0.000 52 （0.000 48）	0.000 52 （0.000 48）	0.000 52 （0.000 48）	−0.000 11 （0.000 45）
（30, 40]mm	0.000 80 （0.000 65）	0.000 80 （0.000 65）	0.000 80 （0.000 65）	0.000 17 （0.000 64）
（40, 50]mm	0.000 01 （0.000 98）	0.000 01 （0.000 98）	0.000 01 （0.000 98）	−0.000 61 （0.000 96）
>50mm	−0.000 10 （0.000 77）	−0.000 10 （0.000 77）	−0.000 10 （0.000 77）	−0.000 73 （0.000 77）
样本量	18 014	18 014	18 014	18 014
r^2	0.989 87	0.989 87	0.989 87	0.989 87

*、**、***分别代表在10%、5%、1%的水平上显著

注：所有回归方程都控制了滞后期的温度、降水区间、县（市）固定效应和年度固定效应。括号中报告了估计系数的稳健标准误，标准误在县（市）和省份、年份两个维度进行了聚类处理。其中，第（1）列回归方程的参照温度区间和降水区间分别为 12~15℃和 0mm，第（2）列回归方程的参照温度区间和降水区间分别为 9~12℃和 0mm，第（3）列回归方程的参照温度区间和降水区间分别为 15~18℃和 0mm，第（4）列回归方程的参照温度区间和降水区间分别为 12~15℃和 0~10mm

3.4.3 作用渠道

本书在农业和非农业两部门框架下对县（市）地区生产总值实施进一步分解，试图深入探寻天气变化作用于经济总产出的主要渠道。研究发现：尽管天气波动会在一定程度上影响非农业部门产出，但总的来说农业部门才是天气因素作用于经济总产出的主要渠道。

1. 农业部门

为了检验农业部门产出对天气变化的反应，我们依次以第一产业增加值、粮食产量、棉花产量、油料产量和肉类产量作为因变量重新估计了回归方程式（3-10），具体结果见表3-7[①]。研究发现：以第一产业增加值为因变量的估计结果与基准结果（以地区生产总值为因变量）高度相似，[20，25）℃、[25，30）℃和≥30℃这3个温度区间的系数均显著为负，介于0~20mm的4个低强度降水区间的系数显著为正，表明相比于参照区间，高温和极端高温天气的增加和低强度降水天气的减少，将会给农业部门带来显著的负面影响。与基准结果的唯一不同之处在于，以第一产业增加值为因变量的回归中，(45，50]mm和>50mm这两个高强度（极端）降水区间的系数显著为负，表明极端降水天气的增加会对农业部门产生不利影响。

表 3-7 天气因子对农业部门的影响

变量	（1）ln（第一产业增加值）	（2）ln（粮食产量）	（3）ln（棉花产量）	（4）ln（油料产量）	（5）ln（肉类产量）
<-15℃	0.000 61 （0.000 55）	0.000 34 （0.000 75）	0.002 29 （0.003 83）	-0.000 02 （0.001 46）	-0.000 91 （0.000 55）
[-15，-10）℃	0.000 47 （0.000 51）	-0.000 48 （0.000 67）	-0.001 46 （0.002 89）	0.000 92 （0.001 34）	0.000 62 （0.000 54）
[-10，-5）℃	0.000 62 （0.000 41）	0.000 38 （0.000 56）	-0.001 33 （0.002 39）	0.002 62** （0.001 13）	-0.000 44 （0.000 48）
[-5，0）℃	0.000 99*** （0.000 32）	0.000 21 （0.000 45）	-0.005 77*** （0.001 86）	0.004 02*** （0.000 86）	-0.000 57 （0.000 38）
[0，5）℃	0.000 47** （0.000 21）	-0.000 04 （0.000 29）	-0.002 00 （0.001 31）	0.003 48*** （0.000 61）	-0.000 23 （0.000 29）
[5，10）℃	0.000 29* （0.000 17）	-0.000 19 （0.000 23）	-0.000 75 （0.001 08）	0.000 88* （0.000 49）	-0.000 07 （0.000 24）
[15，20）℃	0.000 18 （0.000 18）	-0.000 03 （0.000 27）	-0.002 09* （0.001 18）	-0.000 99* （0.000 52）	0.000 48** （0.000 23）
[20，25）℃	-0.000 91*** （0.000 24）	-0.001 53*** （0.000 42）	-0.001 11 （0.001 48）	-0.002 68*** （0.000 68）	0.000 73** （0.000 29）
[25，30）℃	-0.002 76*** （0.000 32）	-0.003 91*** （0.000 53）	-0.000 67 （0.001 61）	-0.004 49*** （0.000 83）	0.001 23*** （0.000 36）
≥30℃	-0.005 09*** （0.000 46）	-0.006 65*** （0.000 66）	-0.007 15*** （0.002 08）	-0.007 35*** （0.001 12）	0.000 74 （0.000 56）

[①] 农林牧渔业总产值包括农、林、牧、渔业产值以及农林牧渔服务业产值，而第一产业增加值则是农林牧渔业总产值扣除中间投入后的增加值部分（净值）。三次产业分类中，农林牧渔服务业一般被归类为第三产业。

续表

变量	(1) ln(第一产业增加值)	(2) ln(粮食产量)	(3) ln(棉花产量)	(4) ln(油料产量)	(5) ln(肉类产量)
(0, 5]mm	0.000 74*** (0.000 18)	0.000 71*** (0.000 25)	0.002 06** (0.000 97)	0.002 91*** (0.000 50)	0.000 14 (0.000 21)
(5, 10]mm	0.000 77** (0.000 31)	0.001 08** (0.000 42)	0.003 20* (0.001 72)	0.000 80 (0.000 78)	0.000 05 (0.000 36)
(10, 15]mm	0.001 39*** (0.000 40)	0.001 97*** (0.000 52)	0.005 20** (0.002 05)	0.002 57** (0.001 03)	0.000 01 (0.000 49)
(15, 20]mm	0.001 89*** (0.000 56)	0.002 35*** (0.000 81)	0.003 56 (0.003 03)	0.001 98 (0.001 49)	0.000 38 (0.000 81)
(20, 25]mm	−0.000 21 (0.000 68)	0.002 18** (0.000 87)	0.006 65* (0.003 59)	0.001 65 (0.001 76)	0.001 44 (0.001 01)
(25, 30]mm	−0.000 31 (0.000 81)	0.003 08*** (0.001 07)	0.002 26 (0.004 73)	−0.001 13 (0.002 06)	0.000 97 (0.001 09)
(30, 35]mm	0.000 34 (0.000 92)	−0.000 30 (0.001 26)	0.004 26 (0.004 73)	0.002 05 (0.002 36)	0.001 02 (0.001 31)
(35, 40]mm	0.000 20 (0.001 13)	−0.001 64 (0.001 53)	0.003 68 (0.005 81)	−0.004 79 (0.002 93)	0.000 62 (0.001 63)
(40, 45]mm	−0.001 13 (0.001 49)	−0.002 14 (0.001 97)	0.001 28 (0.006 62)	−0.008 17** (0.003 78)	−0.000 80 (0.002 25)
(45, 50]mm	−0.004 06*** (0.001 43)	−0.004 95** (0.002 10)	−0.009 91 (0.007 83)	−0.005 82 (0.003 62)	−0.000 56 (0.002 07)
>50mm	−0.001 82** (0.000 89)	−0.008 84*** (0.001 18)	−0.010 07** (0.004 79)	−0.004 59* (0.002 43)	0.000 92 (0.001 35)
样本量	17 469	17 572	7 133	16 347	17 179
r^2	0.980 51	0.967 55	0.972 08	0.934 87	0.974 95

*、**、***分别代表在10%、5%、1%的水平上显著

注：所有回归方程都控制了滞后因变量，以及滞后期的温度、降水区间、县（市）固定效应和年度固定效应。括号中报告了估计系数的稳健标准误，我们对标准误在县（市）省份、年份两个维度进行了聚类处理。其中，参照温度区间和降水区间分别为5~10℃和0mm

除了以肉类产量为因变量的回归方程之外，其他几个回归方程中20℃以上的温度区间的系数均显著为负（尽管棉花产量在20~30℃区间上无显著下降，但在日均气温≥30℃的极端高温天气下其产量显著下降），几个低强度降水区间的系数显著为正，表明高温天气的增加和低强度降水天气的减少将会显著降低当年的种植业产量。此外，研究还发现，高强度降水尤其是日降水量>50mm的极端降水天气的增加同样会降低种植业产量。肉类生产对天气波动的反应明显不同于粮食作物和经济作物，以肉类产量为因变量的回归方程的估计结果显示，相比于参照区间，暖温和高温天气（不包含≥30℃极端高温天气）的影响显著为正，降

水天气的影响不显著，这可能与中国肉类产品结构以及其生产与加工过程大多发生在室内有关。

表 3-7 中有两个地方值得特别指出。第一，表 3-7 的结果表明，相对于参照区间的天气和降水，极端高温和极端降水天气不仅会对粮食作物和经济作物的产量造成显著的负面影响，而且最终还降低了整个部门的增加值。因此，价格因素（因农作物和经济作物产量下降而上涨）的变化只能部分地弱化极端天气对农业部门的负面影响[1]。第二，日平均气温大于 20℃的天气对农业部门的负面影响远大于其对经济总体的影响，在以第一产业增加值为因变量的回归方程中，[20，25）℃、[25，30）℃和≥30℃这三个温度区间的系数分别是基准模型对应系数的 1.55 倍、4.13 倍和 6.32 倍。因此，与本章理论部分的推断相符，农业部门的生产活动对极端天气事件的反应的确更为敏感。

2. 非农业部门

为了检验非农业部门产出是否也会对天气变化做出相似的反应，本书分别以第二和第三产业增加值、规模以上工业总产值和非农业部门产业增加值（第二、第三产业增加值总和）为被解释变量，重新估计了回归方程式（3-10），具体的估计结果见表 3-8。研究发现：非农业部门对天气变化的反应与农业部门以及经济整体的反应存在明显的差异[2]。首先，平均气温≥30℃的极端高温天气的增加并不会显著降低第二、第三产业增加值和规模以上工业总产值，相反，它甚至还会增加非农业部门产值[3]。其次，日降水量大于 50 mm 的极端降水天气的增加有助于提高非农业部门产业增加值（包括第二产业增加值和规模以上工业总产值）[4]。最后，对于第三产业而言，没有明显的证据表明极端高温或极端降水天气会对其年度增加值产生显著的负面影响。总的来说，天气波动对非农业部门的影响明显小于其对农业部门的影响。此外，研究选择 3℃的温度区间宽度和 10mm 的降水区间宽度对此部分的结果进行了稳健性检验，上述基本结论维持不变（附表 3-1、附表 3-2）。

---

[1] 从几个高温区间的系数上看，高温天气对粮食作物和经济作物产量（不包括肉类产量）的负面影响大于其对农业产值的负面影响，说明价格上涨部分地抵消了高温天气对农业部门的负面影响。

[2] 一个相同之处表现在 0~5mm 的低强度降水天气对农业和非农业生产都存在显著的正面影响。

[3] ≥30℃的极端高温天气的增加甚至有助于提高第二产业增加值，<-15℃的极端低温天气的增加甚至有助于提高规模以上工业总产值。当然，这有可能是伪结果（spurious result），因为在估计 11 个温度区间系数的过程中可能会随机地出现一个显著的系数，即使真实的关系是不显著的。

[4] 对于一些办公室工种来说，良好的天气可能是一个干扰因素，有研究发现，男性员工在降水天气发生时，显著增加了劳动时间（Connolly，2008）。此外，Lee 等（2014）发现，当室外天气不太好（不太适合户外活动）时，银行员工的劳动生产率反而更高。

表3-8 天气因子对非农业部门的影响

变量	(1) ln(第二产业增加值)	(2) ln(规模以上工业总产值)	(3) ln(第三产业增加值)	(4) ln(非农业部门产业增加值)
<-15℃	0.000 46 (0.000 70)	0.005 35*** (0.001 79)	-0.000 52 (0.000 46)	-0.000 24 (0.000 44)
[-15, -10)℃	0.001 63** (0.000 68)	0.002 40 (0.001 69)	0.000 16 (0.000 45)	0.000 59 (0.000 43)
[-10, -5)℃	0.000 55 (0.000 64)	0.000 74 (0.001 42)	0.000 04 (0.000 42)	0.000 55 (0.000 40)
[-5, 0)℃	0.000 17 (0.000 49)	0.001 40 (0.001 07)	-0.000 73** (0.000 32)	-0.000 25 (0.000 29)
[0, 5)℃	-0.000 14 (0.000 37)	0.000 59 (0.000 72)	-0.000 15 (0.000 22)	-0.000 08 (0.000 21)
[5, 10)℃	0.000 32 (0.000 29)	0.000 82 (0.000 59)	-0.000 46** (0.000 18)	-0.000 12 (0.000 18)
[15, 20)℃	-0.000 42 (0.000 28)	0.000 96 (0.000 61)	-0.000 17 (0.000 18)	-0.000 25 (0.000 17)
[20, 25)℃	0.000 08 (0.000 37)	0.000 45 (0.000 76)	-0.000 65*** (0.000 22)	-0.000 58*** (0.000 22)
[25, 30)℃	0.000 44 (0.000 45)	0.000 08 (0.000 97)	-0.000 26 (0.000 29)	-0.000 09 (0.000 29)
≥30℃	0.001 84*** (0.000 65)	-0.000 35 (0.001 46)	-0.000 42 (0.000 47)	0.000 83* (0.000 44)
(0, 5]mm	0.000 85*** (0.000 29)	0.001 39** (0.000 60)	0.000 84*** (0.000 18)	0.000 65*** (0.000 17)
(5, 10]mm	0.000 70 (0.000 49)	-0.000 27 (0.001 09)	0.000 32 (0.000 34)	0.000 36 (0.000 30)
(10, 15]mm	0.001 26** (0.000 61)	0.000 03 (0.001 32)	0.001 21*** (0.000 40)	0.001 01*** (0.000 38)
(15, 20]mm	0.000 68 (0.000 87)	0.000 06 (0.001 79)	0.001 01* (0.000 59)	0.000 59 (0.000 58)
(20, 25]mm	0.000 28 (0.001 06)	0.002 40 (0.002 14)	0.000 25 (0.000 68)	0.000 47 (0.000 66)
(25, 30]mm	0.002 45* (0.001 25)	0.000 06 (0.002 67)	0.000 35 (0.000 85)	0.001 70** (0.000 81)
(30, 35]mm	0.002 08 (0.001 46)	0.003 24 (0.002 82)	0.001 20 (0.000 97)	0.001 95** (0.000 93)
(35, 40]mm	0.001 04 (0.001 88)	0.006 75* (0.003 60)	0.001 57 (0.001 15)	0.001 85* (0.001 11)
(40, 45]mm	0.000 75 (0.002 29)	0.001 00 (0.004 28)	0.002 63* (0.001 59)	0.001 99 (0.001 53)
(45, 50]mm	-0.001 98 (0.002 67)	0.000 39 (0.004 93)	-0.000 46 (0.001 65)	-0.000 14 (0.001 50)

续表

变量	(1) ln(第二产业增加值)	(2) ln(规模以上工业总产值)	(3) ln(第三产业增加值)	(4) ln(非农业部门产业增加值)
>50mm	0.003 22*** (0.001 25)	0.005 98** (0.002 78)	0.000 13 (0.000 84)	0.002 15*** (0.000 83)
样本量	17 379	15 340	16 758	16 758
r^2	0.978 30	0.945 34	0.985 40	0.987 45

*、**、***分别代表在10%、5%、1%的水平上显著

注：所有回归方程都控制了滞后因变量，以及滞后期的温度、降水区间、县（市）固定效应和年度固定效应。括号中报告了估计系数的稳健标准误，我们对标准误在县（市）和省份、年份两个维度进行了聚类处理。其中，参照温度区间和降水区间分别为5~10℃和0mm

3.4.4 扩展分析

1. 国别比较

为了更好地理解极端天气事件对中国经济的影响程度，本书对天气变化的经济效应进行了国别比较。Deryugina 和 Hsiang（2014）利用了美国县级层面数据估计了平均气温、降水与人均收入的关系［他们的回归方程与式（3-10）一致，选择的温度区间宽度为 3℃，降水区间宽度为 40mm］，他们发现，降水天气对县人均收入没有显著影响，而高温天气的负面效应非常显著。当日平均气温高于 18℃时，县人均收入将随着温度的继续上升而显著下降，人均农作物收入（crop income per capita）在日平均气温高于 27℃时开始大幅下降。为了进行横向比较，本书分别以人均地区生产总值、人均第一产业增加值为因变量，并选择 3℃这一区间宽度，重新估计了回归方程式（3-10）[①]。图 3-7 和图 3-8 显示，中国经济和美国经济对极端天气事件的反应存在一定差异。总的来说，中国经济对极端天气事件更敏感。与美国相比，在发生高温和极端高温天气时，中国县（市）人均生产总值下降得更明显，人均第一产业增加值在日平均气温高于 21℃时就出现显著下降（而美国为 27℃），尽管≥30℃的极端高温天气事件对两国人均农业收入影响相似。Schlenker 和 Roberts（2009）在考察美国作物产量对极端高温天气的反应时发现，当气温超过临界值（29~32℃）时，几种主要作物的产量会显著下降。而本章的结果（表 3-7 和附表 3-1）显示，中国的粮食、棉花和油料作物的产量在气温远低于 29℃的时候便开始显著下降。究其原因，一个可能的解释是：Schlenker 和 Roberts（2009）使用的是小时平均气温，本书使用的是日平均气温。即使某一天 24 小时

[①] 本章的县级统计数据没有县人均总收入和人均农作物收入指标，我们用人均地区生产总值和人均第一产业增加值近似替代。

平均气温远低于 29℃，也可能会出现若干个小时气温是高于 29℃的，而这一天内部分时段的极端高温就足以导致作物显著减产。另一个可能的解释是，中国的主要作物品种抵抗极端高温天气的能力远不如美国相应的作物品种。

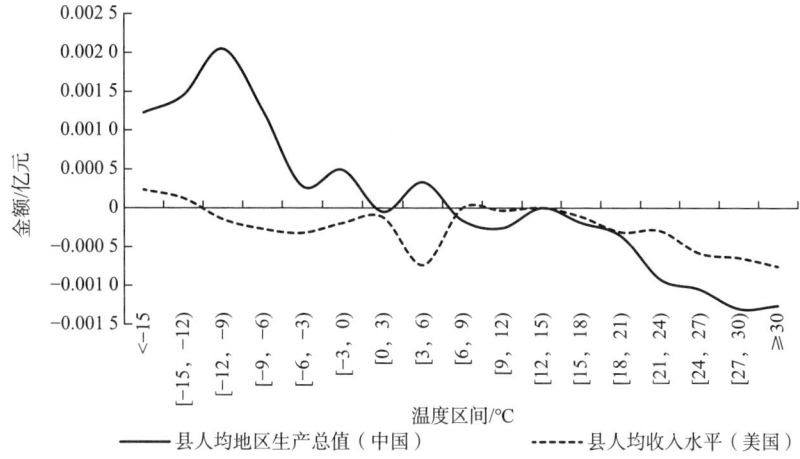

图 3-7　中美比较：县人均收入对日平均气温的反应

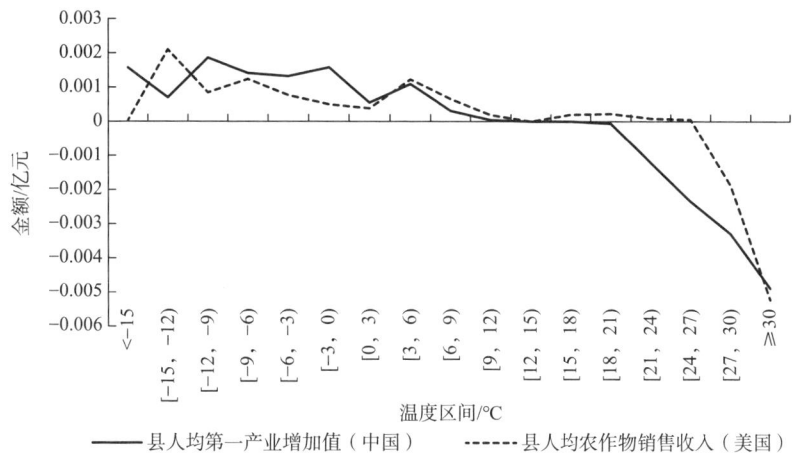

图 3-8　中美比较：县人均农业收入对日平均气温的反应

2. 异质性

对于一些气候寒冷的地区如黑龙江漠河县，日平均气温≥25℃的高温天气非常罕见；而对于像海南岛东方市之类气候炎热的县（市），日平均气温≥30℃的极端高温天气在一年之中相对普遍。在这一部分，我们考察遭受极端高温天气频率不同的地区对于极端高温天气的反应是否也存在差异。表 3-1 显示本书所有样本县（市）日平均气温≥30℃天数的均值为 3.068，我们将年均日平均气温≥30℃的天数超过 3 天的县（市）定义为高频县（市），小于 3 天的定义为低频县（市），等于 0 天的（从未发生极端高温天气事件）定义为零频县（市）。表 3-9 给出了对县（市）进行分类后回归方程（3-10）的估计结果。研究发现：高频县（市）的地区生产总值对高温天气的反应不太敏感，即使是平均气温≥30℃的极端高温天气也不会显著降低高频县的地区生产总值。而低频县（市）和零频县（市）对高温天气的反应非常敏感，平均温度 20℃以上的高温天气将导致该类县（市）的地区生产总值（相比于15℃时）显著降低0.05%~0.68%。因此，我们得出以下结论：仅从经济产出的角度看，更为频繁地经历极端高温天气事件的地区能够更好地适应极端高温天气，高温天气条件下经济总产出的下降主要归因于低频和零频县（市）的地区生产总值的下降。

表 3-9 极端高温天气事件对不同地区的影响

变量		(1) ln（地区生产总值）高频县（市）	(2) ln（地区生产总值）低频县（市）	(3) ln（地区生产总值）零频县（市）
温度区间	<-15℃	0.004 05** (0.002 01)	0.000 14 (0.000 40)	0.000 25 (0.000 42)
	[-15, -10)℃	0.001 16 (0.001 40)	0.000 74** (0.000 37)	0.000 78** (0.000 39)
	[-10, -5)℃	0.000 43 (0.001 02)	0.000 92** (0.000 37)	0.001 05*** (0.000 38)
	[-5, 0)℃	0.000 66 (0.000 60)	0.000 34 (0.000 28)	0.000 39 (0.000 30)
	[0, 5)℃	0.000 37 (0.000 42)	0.000 38* (0.000 21)	0.000 49** (0.000 23)
	[5, 10)℃	-0.000 05 (0.000 27)	0.000 15 (0.000 18)	0.000 13 (0.000 19)
	[15, 20)℃	-0.000 27 (0.000 32)	-0.000 03 (0.000 17)	-0.000 00 (0.000 17)
	[20, 25)℃	-0.000 86* (0.000 46)	-0.000 56*** (0.000 21)	-0.000 53** (0.000 21)
	[25, 30)℃	-0.000 72 (0.000 54)	-0.000 84*** (0.000 30)	-0.000 90*** (0.000 31)
	≥30℃	-0.000 09 (0.000 66)	-0.006 81** (0.002 87)	—
降水区间		—	—	—
样本量		4 085	12 995	11 552
r^2		0.991 28	0.991 06	0.991 17

*、**、***分别代表在 10%、5%、1% 的水平上显著

注：所有回归方程都控制了降水区间、滞后因变量、滞后期的温度、滞后期降水区间、县（市）固定效应和年度固定效应。为了节省表格空间，降水区间的系数未列出。括号中报告了估计系数的稳健标准误，我们对标准误在县（市）和省份、年份两个维度进行了聚类处理。其中，回归方程的参照温度区间和降水区间分别为 10~15℃和 0mm

本书前面部分的研究表明，农业部门是天气因素作用于县域经济产出的主要渠道。在这一部分，研究考察经济生产以农业为主的县（市）与以非农产业为主的县（市），在极端天气事件响应上的差异。定义第一产业占比大于 40% 的县（市）为农业县，第一产业占比小于 20% 的县（市）为非农业县（"第一产业增加值/地区生产总值"的样本均值为 0.31），表 3-10 给出了这两种不同种类县（市）的地区生产总值和第一产业增加值对各个气温和降水区间的响应。研究发现：日平均气温≥20℃的高温天气显著降低了非农业县的经济总产出，但并没有使农业县经济总产出降低，而出现该结果的一个重要原因在于，相比于农业县，非农业县的第一产业（农业部门）对高温天气的反应更为敏感。附表 3-3 的结果进一步支持了这一论断。相比于农业县，非农业县的粮食作物、棉花和油料作物产出对极端天气的响应更为剧烈，高温（或极端高温）天气的增加将导致非农业县的作物产量出现更大幅度的下滑。此外，研究发现，进一步采用更为严格的划分方法［例如，将第一产业占比大于 50% 的县（市）界定为农业县，将第一产业占比小于 10% 的县（市）界定为非农业县］并不会改变上述结果（具体估计结果未报告）。因此，本书得出以下结论：以农业为主的县（市）的农业生产活动，在应对极端天气事件方面表现得更好。本书认为，这一结果很可能是由于农业产值对于农业县来说至关重要，因此，无论是地方政府还是农业生产者都对农业生产非常重视，更愿意加大建设防御措施的投入，积极应对极端天气的冲击。

表 3-10 农业县和非农业县对极端天气响应的差异

变量	农业县		非农业县	
	（1）ln（地区生产总值）	（2）ln（第一产业增加值）	（1）ln（地区生产总值）	（2）ln（第一产业增加值）
<−15℃	−0.001 13 (0.000 71)	−0.000 58 (0.000 91)	0.000 62 (0.000 94)	0.002 75** (0.001 33)
[−15，−10)℃	−0.000 21 (0.000 62)	0.000 02 (0.000 81)	0.001 18 (0.000 84)	0.001 07 (0.001 30)
[−10，−5)℃	0.000 23 (0.000 51)	0.000 64 (0.000 65)	0.001 61** (0.000 78)	0.000 36 (0.000 83)
[−5，0)℃	0.000 09 (0.000 43)	0.000 59 (0.000 56)	0.000 53 (0.000 53)	0.000 86 (0.000 74)
[0，5)℃	−0.000 54* (0.000 32)	−0.000 20 (0.000 40)	0.000 45 (0.000 41)	0.000 68 (0.000 53)
[5，10)℃	−0.000 01 (0.000 26)	0.000 22 (0.000 31)	0.000 30 (0.000 36)	0.000 64 (0.000 43)
[15，20)℃	0.000 40 (0.000 25)	0.000 83*** (0.000 30)	−0.000 05 (0.000 36)	−0.000 82* (0.000 45)
[20，25)℃	0.000 59* (0.000 32)	0.000 38 (0.000 38)	−0.001 01** (0.000 43)	−0.002 30*** (0.000 57)

续表

变量	农业县		非农业县	
	（1）ln（地区生产总值）	（2）ln（第一产业增加值）	（1）ln（地区生产总值）	（2）ln（第一产业增加值）
[25，30）℃	0.000 14 （0.000 50）	-0.001 30** （0.000 55）	-0.001 39** （0.000 55）	-0.004 71*** （0.000 81）
≥30℃	-0.000 20 （0.000 77）	-0.002 87*** （0.000 88）	-0.001 70** （0.000 83）	-0.007 98*** （0.001 23）
（0，5]mm	0.000 69** （0.000 29）	0.000 58* （0.000 33）	-0.000 02 （0.000 32）	-0.000 14 （0.000 45）
（5，10]mm	0.000 52 （0.000 44）	0.000 86 （0.000 53）	0.000 29 （0.000 61）	-0.000 91 （0.000 76）
（10，15]mm	0.001 89*** （0.000 61）	0.002 29*** （0.000 69）	0.000 70 （0.000 69）	0.000 81 （0.000 89）
（15，20]mm	0.000 95 （0.000 77）	0.001 06 （0.000 92）	0.001 03 （0.000 94）	-0.000 54 （0.001 27）
（20，25]mm	0.001 94** （0.000 94）	0.001 76 （0.001 15）	-0.002 20 （0.001 36）	-0.000 29 （0.001 78）
（25，30]mm	-0.000 58 （0.001 18）	-0.000 41 （0.001 32）	0.002 73* （0.001 65）	-0.000 46 （0.001 99）
（30，35]mm	0.000 60 （0.001 42）	0.000 12 （0.001 64）	-0.000 62 （0.001 97）	-0.003 40 （0.002 28）
（35，40]mm	0.000 53 （0.001 79）	0.000 93 （0.002 00）	0.003 15 （0.002 18）	0.004 43 （0.002 71）
（40，45]mm	0.000 24 （0.002 03）	-0.001 30 （0.002 31）	0.006 79* （0.003 48）	-0.001 64 （0.003 98）
（45，50]mm	0.000 82 （0.002 52）	-0.000 04 （0.002 80）	-0.004 78 （0.003 11）	-0.007 67* （0.004 12）
>50mm	0.000 14 （0.001 27）	-0.001 60 （0.001 38）	0.003 58** （0.001 63）	0.003 73* （0.002 08）
样本量	4 249	4 249	4 199	4 199
r^2	0.992 99	0.989 19	0.991 04	0.983 74

*、**、***分别代表在10%、5%、1%的水平上显著

注：所有的模型设定都控制了县（市）固定效应、因变量和天气因子的滞后一期。括号中报告了估计系数的稳健标准误，我们对标准误在县（市）和省份、年份两个维度进行了聚类处理。其中，10~15℃和0mm 分别为参照温度区间和参照降水区间

3. 适应措施

本书检验了现代社会人类发明的一些适应措施（设备）是否有可能减缓极端天气事件对经济生产带来的负面影响。以家用空调这一适应设备为例，空调作为20世纪人类社会的一项伟大发明，极大地缓解了极端高温天气事件对人类健康的危害（Barreca et al., 2016）。作为经济生产的主体，人类只有在适宜的气温条件下才能有效率地从事生产工作，过高或过低的气温都会导致劳动生产率下降。20世纪中后期以来，人类开始广泛地在商场、工作场所以及家中安装

空调，使室内气温维持在一个让人体感到舒适的范围内。中国居民家庭在20世纪90年代前后开始引入家庭空调设备，至21世纪家庭空调持有率呈快速上升趋势（图3-9）。

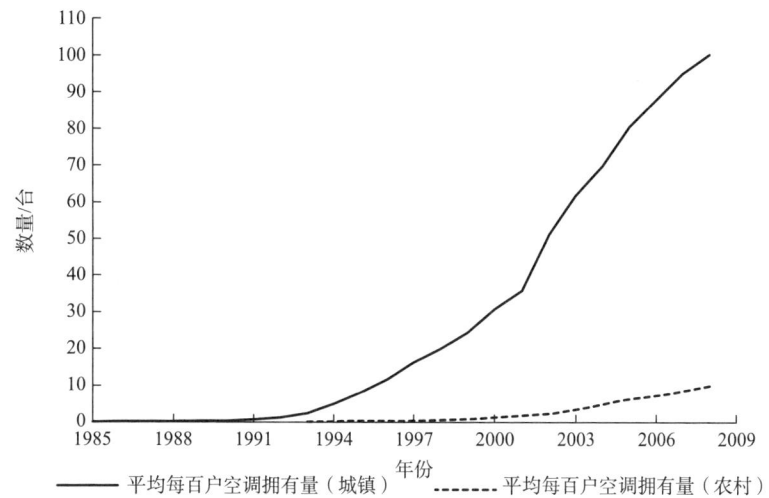

图 3-9　中国城镇与农村居民家庭平均每百户空调拥有量
图中曲线数据截止到 2008 年
资料来源：《新中国六十年统计资料汇编》（全国卷）

为了考察空调这一电器设备是否能够减缓极端高温天气对经济生产带来的负面影响，本书通过在回归模型中加入温度区间和空调拥有率的交互项来测度空调在调节气温-产出二者之间关系时所发挥的作用。此时，我们估计下述形式的扩展回归方程：

$$\ln(Y_{it}) = \rho \ln(Y_{it-1}) + \sum_{N} \beta^n \text{T\_bin}_{it}^n + \sum_{N} \sigma^n \text{T\_bin}_{it}^n \times \text{AC}_j \\ + \sum_{M} \gamma^m \text{P\_bin}_{it}^m + \mu_i + \delta_t + \varepsilon_{it} \quad (3\text{-}11)$$

式中，AC_j 表示第 j 个省份的家庭空调平均拥有率（每百户）[①]。在这里有两点需要特别指出：第一，家庭空调拥有率的高低与省份的富裕程度并没有明显关系，主要与该省份的自然气候条件密切相关。例如，经济发展水平较低但气候炎热的海南省的空调拥有率远远高于经济发展水平较高但气候寒冷的辽宁省和黑龙江省[②]。第二，城镇地区的家庭空调拥有率远高于农村地区，即使在经济发达地区（如上海）这一差距仍非常明显。

---

① 由于县（市）级层面的空调拥有率数据难以获取，本章用省级层面的空调拥有率数据来近似替代，即我们假设同一省内的各县（市）空调拥有率相同，都等于该省的平均拥有率。
② 海南省城镇地区的空调平均拥有率为每百户 32.9 台，而黑龙江省和辽宁省分别只有 4.6 台和 10.7 台。

本书主要关注20℃以上（含）的3个温度区间和家庭空调拥有率交互项的系数，如果空调能显著降低高温天气对地区生产总值的负面影响，那么我们预期高温区间交互项的系数将显著为正（$\sigma^n > 0, n = 9,10,11$）[①]。回归方程式（3-11）的估计结果见表3-11。为了节省空间，我们只给出了20℃以上（含）的3个温度区间以及这3个温度区间与空调拥有率交互项的系数的估计结果。第（1）列的因变量为县（市）地区生产总值，回归方程中控制了温度区间和地区空调拥有率构造的交互项[[10, 15)℃为参照温度区间][②]。第（2）列的因变量为县（市）地区生产总值，回归方程控制了温度区间和空调高拥有率构造的交互项，其中虚拟变量高拥有率为空调拥有率高于样本均值的省份。第（3）列的因变量为县（市）第一产业增加值，控制了温度区间与农村地区空调拥有率构造的交互项。研究发现：家庭空调拥有率的高低并不会显著改变高温天气与地区生产总值之间的关系，但农村地区空调拥有率的增加显著地减弱了20℃以上的高温天气对第一产业的负面影响。这一发现具有明显的政策含义。第一产业生产过程大多发生在露天环境中，家庭空调虽然不能调节劳动者工作环境的气温（以及农作物生长环境的气温），但能调节其在闲暇（休息）时间内所处的室内环境温度。因此，在极端炎热的天气下，利用空调设备调节（非劳动时间内的）室内温度同样有助于人体机能的恢复，从而降低极端高温对户外生产的劳动生产率的损害。目前中国农村地区的空调拥有率仍处于较低的水平，因此提高农村地区的空调拥有率具有经济层面的现实意义。

表3-11 空调对极端高温气候的调节作用

变量	（1） ln（地区生产总值）	（2） ln（地区生产总值）	（3） ln（第一产业增加值）
[20, 25)℃	−0.000 48** （0.000 22）	−0.000 22 （0.000 23）	−0.001 02*** （0.000 27）
[25, 30)℃	−0.000 80** （0.000 34）	−0.001 04*** （0.000 38）	−0.003 10*** （0.000 37）
≥30℃	−0.000 23 （0.000 65）	−0.000 19 （0.001 76）	−0.005 11*** （0.000 51）
空调拥有率×[20, 25)℃	−0.000 00 （0.000 01）	—	—
空调拥有率×[25, 30)℃	0.000 00 （0.000 01）	—	—
空调拥有率×≥30℃	−0.000 01 （0.000 01）	—	—

---

① 最早期的空调设备只能用于降低室内温度，现代的家庭空调既能够降低也能够提高室内温度，但空调在提高室内温度方面表现较差（效率低），气候寒冷的地区冬季主要依靠暖气来提高室内温度。因此，我们主要关注回归方程中的高温区间与空调拥有率交互项的系数。

② 地区空调拥有率=0.5×（城镇地区空调拥有率+农村地区空调拥有率）。

续表

变量	（1） ln（地区生产总值）	（2） ln（地区生产总值）	（3） ln（第一产业增加值）
高拥有率虚拟变量×[20, 25) ℃	—	−0.000 62** （0.000 31）	—
高拥有率虚拟变量×[25, 30) ℃	—	0.000 35 （0.000 43）	—
高拥有率虚拟变量×≥30℃	—	−0.000 58 （0.001 76）	—
农村空调拥有率×[20, 25) ℃	—	—	0.000 06*** （0.000 02）
农村空调拥有率×[25, 30) ℃	—	—	0.000 09*** （0.000 02）
农村空调拥有率×≥30℃	—	—	0.000 08** （0.000 03）
样本量	17 080	17 080	17 106
r^2	0.991 94	0.991 93	0.980 41

*、**、***分别代表在10%、5%、1%的水平上显著

注：所有回归方程都控制了降水区间、滞后因变量、滞后期的温度、县（市）固定效应和年度固定效应。为了节省表格空间，只报告了3个高温区间及相关交互项的估计经过。括号中报告了估计系数的稳健标准误，我们对标准误在县（市）和省份、年份两个维度进行了聚类处理

3.5 本章小结

本章利用1996~2012年中国县级层面地面气象数据和经济统计数据，考察了日值天气因子分布的年际变化对年度经济总产出的影响。本章的主要结论可归纳为三点。第一，平均气温对地区生产总值的非线性影响存在不对称性特征：高温和极端高温天气的增加会对地区生产总值造成显著的负面影响，相比日平均气温为[10，15）℃的参照温度区间，一年之中日平均气温介于[20，25）℃、[25，30）℃的高温天气和≥30℃的极端高温天气每增加一天将使得该地区年度生产总值分别降低0.055%、0.064%和0.075%。与此形成鲜明对照的是，极端低温（如<−15℃）天气的变化并不会对地区生产总值产生显著的负面影响。此外，降水量的变化也会影响经济总产出。与零降水的情形相比，一年中介于0~20mm的低强度降水天气的减少将会导致该年度地区生产总值出现下滑，而日降水量>50mm的极端降水天气的变化并不会对该地区年度生产总值造成显著影响。第二，对地区生产总值实施进一步分解后发现，尽管天气波动会对非农业部门经济生产造成一定的影响，但经济中的农业部门（包括粮食、棉花、油料和肉类等子部门）才是天气因素作用于经济总产出的主要渠道，高温、极端高温和极端降水天气的增加都会显著地降低农业部门的总产量和总产值。第三，研究发现，人类社会的经济生产活动

能在一定程度上适应极端气候事件。例如，频繁地经历极端高温天气的地区在适应极端高温天气事件方面表现得更好，以农业为主的县（市）的农业生产活动抵御极端天气的能力更强。此外，人类发明的用于适应极端天气的现代设备，如家用空调，也能在一定程度上缓解炎热天气对农业部门劳动生产率的损害。

20世纪中后期以来，气候变化已经使得中国越来越多的地区频繁地发生极端天气事件。因此，量化地分析极端天气的经济成本具有重要的现实意义。本章尚不能明确地判断天气波动作用于经济产出的微观传导机制。极端天气究竟是通过影响劳动供给（时间），还是通过降低劳动生产率，抑或是通过作用于资本利用效率来影响经济生产？本书并不能给出一个明确的答案。因此，利用微观层面的住户调查数据和企业数据来考察极端天气作用于经济生产的微观机制是下一步研究的一个方向。

本章的回归方程中仅控制了平均气温和降水两个气象因子，其他气象因子如风力（极端值）也可能会对经济生产造成影响。已有研究表明，诸如台风、热带气旋之类的极端天气事件对一些国家和地区造成的经济损害不容小觑。因此，考察其他极端天气事件（如台风、风暴等）对中国各地区经济的影响也是未来本领域的一个研究方向。

研究人类适应气候变化的能力和潜力，目前已经成为并将继续作为气候变化经济学的一个重要研究领域。本书仅仅考察了家用空调这一项适应设备在降低极端高温天气负面经济效应中的作用。其他一些现有适应技术也能够在人类适应极端气候的行动中发挥重要作用。例如，蓄水池或水库、喷滴灌技术等能够提升农业对极端干旱气候的适应能力。此外，针对未来的气候变化，人类还可能通过技术创新发明新的适应措施来降低极端气候的不利影响。因此，未来关于适应能力和潜力的研究应该从更宽泛的视角和更长的时间维度上进行，而且所有适应措施所额外消耗的资源都应当被看作气候变化的经济成本。

附表

附表 3-1　天气因子对农业部门的影响（备择区间）

变量	（1） ln（第一产业增加值）	（2） ln（粮食产量）	（3） ln（棉花产量）	（4） ln（油料产量）	（5） ln（肉类产量）
<-15℃	0.000 73 （0.000 56）	0.000 01 （0.000 75）	0.001 99 （0.003 74）	-0.000 29 （0.001 51）	-0.001 61*** （0.000 61）
[-15，-12）℃	0.000 05 （0.000 68）	-0.001 33 （0.000 91）	-0.005 69 （0.003 71）	0.000 79 （0.001 82）	-0.000 20 （0.000 74）
[-12，-9）℃	0.001 43*** （0.000 54）	0.000 37 （0.000 75）	0.000 38 （0.003 17）	0.001 21 （0.001 54）	0.000 28 （0.000 65）

续表

变量	（1）ln（第一产业增加值）	（2）ln（粮食产量）	（3）ln（棉花产量）	（4）ln（油料产量）	（5）ln（肉类产量）
[-9, -6)℃	0.000 73 (0.000 53)	-0.000 12 (0.000 70)	-0.002 02 (0.002 69)	0.001 99 (0.001 39)	-0.000 74 (0.000 63)
[-6, -3)℃	0.000 96** (0.000 42)	0.000 13 (0.000 56)	-0.002 60 (0.002 37)	0.004 45*** (0.001 16)	-0.000 34 (0.000 51)
[-3, 0)℃	0.001 21*** (0.000 37)	0.000 17 (0.000 51)	-0.005 88*** (0.001 95)	0.003 34*** (0.000 97)	-0.000 53 (0.000 47)
[0, 3)℃	0.000 40 (0.000 27)	-0.000 06 (0.000 39)	-0.002 47 (0.001 61)	0.003 49*** (0.000 82)	-0.000 15 (0.000 37)
[3, 6)℃	0.000 91*** (0.000 25)	-0.000 28 (0.000 34)	-0.000 67 (0.001 46)	0.002 43*** (0.000 68)	-0.000 08 (0.000 33)
[6, 9)℃	0.000 35 (0.000 23)	-0.000 03 (0.000 31)	-0.002 01 (0.001 33)	0.000 32 (0.000 63)	-0.000 04 (0.000 32)
[9, 12)℃	0.000 14 (0.000 23)	-0.000 01 (0.000 32)	-0.001 69 (0.001 38)	0.000 33 (0.000 60)	0.000 12 (0.000 30)
[15, 18)℃	0.000 05 (0.000 22)	-0.000 37 (0.000 31)	-0.004 28*** (0.001 31)	-0.001 30** (0.000 63)	0.000 37 (0.000 30)
[18, 21)℃	-0.000 01 (0.000 25)	-0.000 15 (0.000 37)	-0.001 42 (0.001 49)	-0.000 97 (0.000 67)	0.000 26 (0.000 35)
[21, 24)℃	-0.001 25*** (0.000 31)	-0.001 91*** (0.000 44)	-0.004 91*** (0.001 62)	-0.002 45*** (0.000 77)	0.000 28 (0.000 37)
[24, 27)℃	-0.002 27*** (0.000 31)	-0.003 45*** (0.000 50)	-0.003 20* (0.001 65)	-0.003 50*** (0.000 84)	0.001 25*** (0.000 38)
[27, 30)℃	-0.003 25*** (0.000 35)	-0.004 65*** (0.000 55)	-0.004 82*** (0.001 84)	-0.004 47*** (0.000 96)	0.000 96** (0.000 43)
≥30℃	-0.004 90*** (0.000 44)	-0.006 72*** (0.000 63)	-0.010 66*** (0.002 03)	-0.006 61*** (0.001 13)	0.000 41 (0.000 58)
(0, 10]mm	0.000 68*** (0.000 17)	0.000 74*** (0.000 24)	0.002 17** (0.000 93)	0.002 72*** (0.000 49)	0.000 28 (0.000 22)
(10, 20]mm	0.001 06*** (0.000 33)	0.001 75*** (0.000 47)	0.004 75*** (0.001 79)	0.002 02** (0.000 89)	0.000 66 (0.000 47)
(20, 30]mm	-0.000 34 (0.000 52)	0.002 32*** (0.000 67)	0.004 37 (0.003 10)	0.000 39 (0.001 38)	0.001 72** (0.000 79)
(30, 40]mm	0.000 11 (0.000 69)	-0.001 18 (0.001 01)	0.002 53 (0.003 82)	-0.001 30 (0.001 80)	0.000 66 (0.001 03)
(40, 50]mm	-0.002 58** (0.001 04)	-0.003 43** (0.001 49)	-0.003 83 (0.005 13)	-0.006 96*** (0.002 64)	-0.000 51 (0.001 60)
>50mm	-0.002 24*** (0.000 86)	-0.008 96*** (0.001 17)	-0.011 90** (0.004 70)	-0.004 61* (0.002 42)	0.001 09 (0.001 35)
样本量	18 289	18 155	7 454	16 677	17 765
r^2	0.979 75	0.968 24	0.973 03	0.935 05	0.971 75

*、**、***分别代表在10%、5%、1%的水平上显著

注：所有回归方程都控制了滞后温度、降水区间、县（市）固定效应和年度固定效应。括号中报告了估计系数的稳健标准误，标准误在县（市）和省份、年份两个维度进行了聚类处理。所有回归方程的参照温度区间和降水区间分别为12~15℃和0mm

附表 3-2　天气因子对非农业部门的影响（备择区间）

变量	（1）ln（第二产业增加值）	（2）ln（规模以上工业总产值）	（3）ln（第三产业增加值）	（4）ln（非农业部门产业增加值）
<-15℃	0.000 37 （0.000 72）	0.005 64*** （0.001 79）	-0.000 44 （0.000 53）	0.000 03 （0.000 51）
[-15, -12)℃	0.000 75 （0.000 86）	-0.000 57 （0.002 04）	-0.000 23 （0.000 62）	0.000 36 （0.000 57）
[-12, -9)℃	0.001 72** （0.000 80）	0.003 87** （0.001 96）	0.000 65 （0.000 55）	0.001 13** （0.000 53）
[-9, -6)℃	0.000 66 （0.000 77）	-0.000 07 （0.001 71）	-0.000 24 （0.000 55）	0.000 43 （0.000 53）
[-6, -3)℃	-0.000 78 （0.000 62）	0.001 92 （0.001 45）	-0.001 04** （0.000 46）	-0.000 42 （0.000 41）
[-3, 0)℃	0.000 56 （0.000 56）	0.000 92 （0.001 20）	-0.000 64 （0.000 40）	-0.000 01 （0.000 37）
[0, 3)℃	-0.000 50 （0.000 48）	0.000 84 （0.000 96）	-0.000 83** （0.000 33）	-0.000 52* （0.000 30）
[3, 6)℃	-0.000 29 （0.000 41）	0.000 12 （0.000 86）	-0.000 32 （0.000 28）	-0.000 09 （0.000 27）
[6, 9)℃	0.000 02 （0.000 39）	0.000 96 （0.000 78）	-0.001 02*** （0.000 25）	-0.000 49** （0.000 23）
[9, 12)℃	-0.000 02 （0.000 37）	0.000 26 （0.000 78）	-0.000 65*** （0.000 25）	-0.000 40* （0.000 23）
[15, 18)℃	-0.000 62* （0.000 34）	0.000 99 （0.000 76）	-0.000 30 （0.000 23）	-0.000 42** （0.000 21）
[18, 21)℃	-0.000 15 （0.000 37）	0.001 12 （0.000 77）	-0.000 72*** （0.000 25）	-0.000 52** （0.000 23）
[21, 24)℃	-0.000 22 （0.000 39）	0.001 27 （0.000 84）	-0.000 97*** （0.000 26）	-0.000 89*** （0.000 25）
[24, 27)℃	0.000 05 （0.000 43）	0.001 34 （0.000 95）	-0.000 23 （0.000 30）	-0.000 45 （0.000 28）
[27, 30)℃	0.000 34 （0.000 48）	0.001 03 （0.001 11）	-0.000 55 （0.000 36）	-0.000 34 （0.000 33）
≥30℃	0.001 75*** （0.000 62）	0.001 47 （0.001 46）	-0.000 55 （0.000 47）	0.000 68 （0.000 43）
(0, 10]mm	0.001 03*** （0.000 28）	0.001 24** （0.000 60）	0.000 85*** （0.000 19）	0.000 73*** （0.000 18）
(10, 20]mm	0.001 26** （0.000 53）	0.000 05 （0.001 10）	0.001 29*** （0.000 36）	0.001 06*** （0.000 35）
(20, 30]mm	0.001 48* （0.000 82）	0.002 28 （0.001 66）	-0.000 06 （0.000 54）	0.001 00* （0.000 53）
(30, 40]mm	0.001 40 （0.001 17）	0.004 20* （0.002 25）	0.001 63** （0.000 76）	0.002 00*** （0.000 73）
(40, 50]mm	-0.000 70 （0.001 81）	0.003 29 （0.003 32）	0.001 21 （0.001 13）	0.000 70 （0.001 07）

续表

变量	(1) ln（第二产业增加值）	(2) ln（规模以上工业总产值）	(3) ln（第三产业增加值）	(4) ln（非农业部门产业增加值）
>50mm	0.003 56*** （0.001 25）	0.005 60** （0.002 77）	0.000 13 （0.000 86）	0.002 04** （0.000 83）
样本量	18 232	16 088	17 555	17 555
r^2	0.978 07	0.944 89	0.983 45	0.984 46

*、**、***分别代表在10%、5%、1%的水平上显著

注：所有回归方程都控制了滞后温度、降水区间、县（市）固定效应和年度固定效应。括号中报告了估计系数的稳健标准误，标准误在县（市）和省份、年份两个维度进行了聚类处理。所有回归方程的参照温度区间和降水区间分别为12~15℃和0mm

附表3-3　农业县和非农业县的农业产出对极端天气的响应

变量	农业县			非农业县		
	(1) ln（粮食作物）	(2) ln（棉花）	(3) ln（油料作物）	(1) ln（粮食作物）	(2) ln（棉花）	(3) ln（油料作物）
<−15℃	−0.003 11* （0.001 66）	−0.000 37 （0.008 88）	0.001 48 （0.003 51）	0.005 89*** （0.001 95）	−0.002 14 （0.007 49）	0.006 68** （0.002 93）
[−15, −10)℃	−0.001 48 （0.001 66）	−0.002 18 （0.007 00）	0.004 78 （0.003 21）	0.001 00 （0.001 76）	0.009 15* （0.005 17）	0.001 34 （0.002 65）
[−10, −5)℃	−0.000 61 （0.001 31）	−0.007 65 （0.005 89）	0.006 60** （0.002 69）	0.002 31* （0.001 21）	−0.000 72 （0.004 01）	−0.001 10 （0.002 03）
[−5, 0)℃	0.000 18 （0.001 03）	−0.006 93 （0.004 79）	0.005 77*** （0.002 06）	0.002 16* （0.001 13）	−0.002 45 （0.003 23）	0.002 35 （0.001 59）
[0, 5)℃	−0.000 79 （0.000 72）	−0.005 95* （0.003 41）	0.003 29** （0.001 43）	0.001 39* （0.000 74）	0.002 30 （0.002 20）	0.004 36*** （0.001 14）
[5, 10)℃	0.000 14 （0.000 54）	0.000 06 （0.002 67）	0.001 34 （0.001 14）	0.000 80 （0.000 56）	−0.001 10 （0.001 98）	0.000 46 （0.001 00）
[15, 20)℃	0.000 81 （0.000 53）	0.006 27** （0.002 55）	−0.002 36** （0.001 20）	−0.000 93 （0.000 64）	−0.002 59 （0.002 29）	−0.001 92** （0.000 97）
[20, 25)℃	−0.000 00 （0.000 93）	0.004 35 （0.003 54）	−0.006 24*** （0.001 62）	−0.002 84*** （0.000 93）	−0.003 74 （0.003 14）	−0.004 51*** （0.001 35）
[25, 30)℃	−0.001 89 （0.001 16）	0.002 26 （0.003 90）	−0.006 79*** （0.001 97）	−0.006 26*** （0.001 37）	−0.004 67 （0.003 59）	−0.006 29*** （0.001 76）
≥30℃	−0.003 74** （0.001 66）	0.005 07 （0.005 58）	−0.006 43** （0.002 93）	−0.012 89*** （0.002 00）	−0.013 52*** （0.004 52）	−0.013 46*** （0.002 61）
(0, 5]mm	0.001 45** （0.000 63）	0.003 17 （0.002 34）	0.000 12 （0.001 28）	−0.000 48 （0.000 60）	0.001 85 （0.001 98）	0.001 70* （0.000 98）
(5, 10]mm	0.001 50* （0.000 85）	0.005 94 （0.003 91）	−0.001 96 （0.001 76）	−0.000 88 （0.001 02）	0.003 48 （0.003 28）	0.001 23 （0.001 56）
(10, 15]mm	0.002 93** （0.001 14）	0.003 56 （0.005 47）	−0.002 89 （0.002 67）	−0.000 21 （0.001 34）	0.000 01 （0.004 21）	0.001 05 （0.002 16）
(15, 20]mm	0.003 65** （0.001 42）	−0.007 43 （0.006 53）	−0.003 93 （0.003 21）	0.000 69 （0.001 60）	−0.000 92 （0.005 67）	−0.001 35 （0.002 74）

续表

变量	农业县			非农业县		
	（1）ln（粮食作物）	（2）ln（棉花）	（3）ln（油料作物）	（1）ln（粮食作物）	（2）ln（棉花）	（3）ln（油料作物）
(20, 25]mm	0.003 09* (0.001 62)	0.016 59** (0.007 59)	-0.001 25 (0.003 79)	-0.000 19 (0.002 14)	0.006 44 (0.008 27)	0.006 89* (0.003 82)
(25, 30]mm	0.002 34 (0.002 12)	-0.006 26 (0.010 21)	-0.005 48 (0.004 62)	0.001 87 (0.002 52)	0.009 72 (0.009 00)	-0.002 97 (0.004 47)
(30, 35]mm	0.001 82 (0.002 42)	-0.001 30 (0.011 04)	-0.001 01 (0.005 36)	-0.002 38 (0.003 00)	0.018 95* (0.010 15)	-0.001 03 (0.005 13)
(35, 40]mm	0.000 21 (0.002 83)	0.016 45 (0.012 80)	-0.007 70 (0.006 16)	0.000 41 (0.003 47)	0.010 45 (0.012 51)	-0.001 06 (0.006 53)
(40, 45]mm	-0.000 27 (0.003 15)	0.017 13 (0.017 47)	-0.014 57** (0.007 30)	0.002 02 (0.005 47)	0.000 69 (0.014 72)	0.012 31 (0.009 58)
(45, 50]mm	-0.000 60 (0.003 80)	-0.003 38 (0.018 65)	-0.008 12 (0.007 76)	-0.004 20 (0.006 48)	-0.006 77 (0.015 00)	-0.013 66* (0.008 28)
>50mm	-0.009 46*** (0.002 21)	0.000 50 (0.009 99)	-0.002 96 (0.004 40)	0.000 14 (0.002 83)	0.008 54 (0.008 51)	0.007 81 (0.005 31)
样本量	4 055	1 256	3 789	4 146	1 929	3 824
r^2	0.974 11	0.984 08	0.936 68	0.968 47	0.976 93	0.953 09

*、**、***分别代表在 10%、5%、1%的水平上显著

注：所有的模型设定都控制了县（市）固定效应、因变量和天气因子的滞后一期。括号中报告了估计系数的稳健标准误，我们对标准误在县（市）和省份、年份两个维度进行了聚类处理。其中，10~15℃和 0mm 分别为参照温度区间和参照降水区间

第4章 农业温室气体排放概况

温室气体是引发全球气候发生变化的重要因素，影响着整个地球生态系统，对农业生产及粮食安全也有着重要影响。为将全球温度升幅控制在 2℃的关键上限以内，2050 年全球温室气体排放量必须减少 70%（联合国粮食及农业组织，2016）。根据 IPCC 报告分类，源于"农业、林业和其他土地用途"的年度人为温室气体排放约占全球排放总量的 21%（联合国粮食及农业组织，2016），农业是温室气体重要的排放源，因此，实现减排目标需要农业部门做出贡献。农业减排，在应对全球气候变化的同时，也将对粮食安全起到积极的作用。基于农业减排的重要意义，2016 年联合国粮食及农业组织年度报告将主题定为"气候变化、农业和粮食安全"，较为详细地介绍了农业减排、气候变化及粮食安全之间的关系，本章在参考该报告的基础上，阐述了气候变化对农业的影响及农业排放的现状。

4.1 气候变化对农业的影响

温室气体的增加会导致气候变化，造成全球升温，增加极端天气发生的频率和强度，部分地区将面临干旱和缺水的挑战。此外，气候变化还将引发病虫害等问题，这将对农业生产及粮食安全带来冲击。气候变化对世界不同地区的冲击并不一致，甚至短期内部分地区将从气温升高中获益（表 4-1）。但总体来看，到 2030 年之前，预计全球变暖对作物、畜牧、渔业和林业生产率的影响有好有坏，具体情况取决于地点和条件。2030 年之后，气候变化对农业产量的不利影响在各个区域都将日益严峻（联合国粮食及农业组织，2016）。Rosenzweig 等（2013）的研究表明，在高排放气候模拟情景中，2100 年玉米单产将降低 20%~45%，小麦降低 5%~50%，稻米降低 20%~30%，大豆降低 30%~60%。

表 4-1　气候变化对各区域的种植业和畜牧业的潜在影响

地区	影响
北美	（1）主要作物单产到 21 世纪中叶前小幅下降，此后到 2100 年下降幅度加大； （2）气候有利于五大湖区的水果生产，但季末的高温胁迫将影响美国的大豆单产； （3）灌溉需求扩大的同时降水量的缩减限制了水资源的可用量； （4）高温胁迫和牧草质量下降，降低牛奶产量，影响畜群增重
拉丁美洲及加勒比	（1）温带地区的大豆、小麦和草场生产率提高； （2）土壤变干和高温胁迫，造成热带和亚热带地区生产率下降； （3）智利和巴西的干旱地区盐碱化和荒漠化趋势加剧； （4）半干旱地区的雨养农业面临更大的作物损失
欧洲	（1）温带和极地地区受益于气候变化； （2）随着温度升高，中纬度国家受到的影响从最初的积极转为消极； （3）在南欧和中欧，气候引起的小麦产量波动增大； （4）高温和潮湿增加牲畜死亡风险
撒哈拉沙漠以南非洲	（1）整个区域的谷物，尤其是玉米，将受到不利影响； （2）极干和极湿年份的出现频率增加； （3）南部非洲很多地区更加干旱，但东非和西非降水量增多； （4）萨赫勒地区草场退化和干旱降低牧草生产率
近东及北非	（1）升温将威胁北非的小麦产量和整个北非及近东地区的玉米单产； （2）水资源可用量总体减少，但苏丹以及埃及南部有小幅增长； （3）在中纬度地区，温度升高使得草场的牧草生长更加茂盛，畜牧产量因此提高； （4）暖冬有利于畜牧生产，但夏季的高温胁迫将带来不利影响
亚洲	（1）由于南亚、东亚和东南亚淡水资源可用量减少，农业区域向北推移； （2）在亚洲很多地区，水稻在关键生长阶段遭遇高温，导致单产下降； （3）干旱和半干旱地区灌溉用水需求大幅增加； （4）高温胁迫制约牲畜数量的增加
大洋洲	（1）到 21 世纪 30 年代，新西兰的小麦单产略有增长，但畜牧产量下降； （2）在澳大利亚，土壤退化、水资源短缺和杂草滋长将降低草场生产率； （3）在太平洋岛屿，干旱期延长，但降水量也加大； （4）温度升高增加甘蔗的用水需求

资料来源：联合国粮食及农业组织（2016）

此外，气候变化还会通过对农业的作用进而对农民收入、地区经济产生影响。气候变化不仅对粮食生产率存在影响，而且还会推高粮食价格，给地区经济带来不确定性。世界银行的一项研究比较了最坏情况与比较乐观情况，即不发生气候变化的情景，确认了农业在支持大多数贫困人群生计方面的重要作用，也凸显了贫困人群面对气候变化的特殊脆弱性。气候变化影响大、人口增速快且经济停滞的情景表明，到 2030 年，陷入极端贫困的人口将新增 1.22 亿人（Hallegatte et al., 2015）。

4.2　世界农业温室气体排放现状

农业是重要的温室气体排放源，直接或间接促进了 CO_2、CH_4 和 N_2O 等主要温室气体的排放。根据 IPCC 报告分类，源于"农业、林业和其他土地用途"的年度人为温室气体排放增加主要由砍伐森林、畜牧业生产，以及土壤和养分管理所致。此类排放估计占全球排放总量的 21%（图 4-1）。并且，在 IPCC 的报告中，"农业、林业和其他土地用途"排放类别中未包括现代食品供应链产前和产后阶段产生的温室气体。后者被列为源自其他部门的排放，主要涉及工业、能源和运输部门。此类排放包括化肥等农资的生产、化石能源的使用（如用于驱动农用机械）产生的排放以及产后运输、加工和零售部门的排放等（Smith et al., 2014）。如果加上农业食品链直接和间接产生的排放，则"农业、林业和其他土地用途"排放类别占总排放量的比例将增至三分之一（联合国粮食及农业组织，2016）。

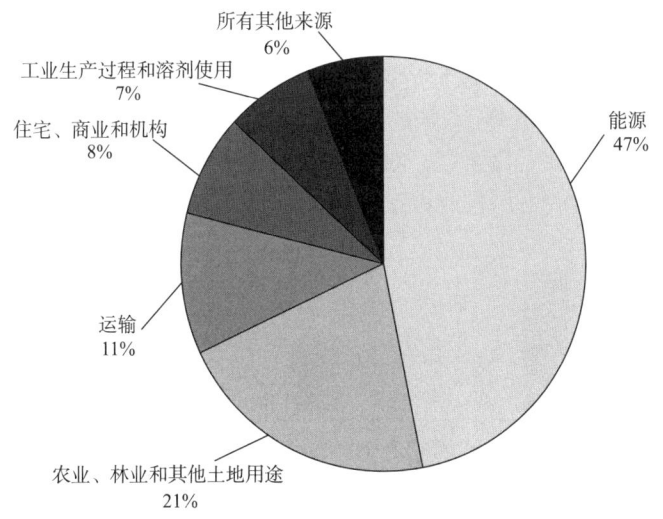

图 4-1 各经济领域温室气体排放占比

能源领域的排放包括工业、制造业和无组织排放。"所有其他来源"包括了航空航海舱载燃料、废弃物和其他来源

资料来源：联合国粮食及农业组织（2016）

"农业、林业和其他土地用途"的人为温室气体排放主要包括 CO_2、CH_4 和 N_2O。2014 年，该领域的温室气体排放量高达 107 亿 t 二氧化碳当量。其中 CO_2、CH_4 和 N_2O 分别为 52 亿 t 二氧化碳当量、32 亿 t 二氧化碳当量和 23 亿 t 二氧化碳当量。在"农业、林业和其他土地用途"造成的温室气体排放中，CO_2 占 48.7%，CH_4 占 29.7%。而从总体人为排放来看，二者分别占 13.7% 和 42.7%。N_2O 的排放量在"农业、林业和其他土地用途"所排放温室气体中占比较小，但在 N_2O 总体人为排放中，其占比高达 74.2%（表 4-2）。

表 4-2 "农业、林业和其他土地用途"领域主要温室气体的排放量和清除量

类别	所有领域	农业、林业和其他土地用途	农业	林业和其他土地用途	农业、林业和其他土地用途在总排放量中的占比	农业、林业和其他土地用途排放量中各类温室气体占比
排放量/亿 t						
CO_2	380	52	—	52	13.7%	48.7%
CH_4	75	32	29	3	42.7%	29.7%
N_2O	31	23	22	1	74.2%	21.6%
其他	8	—			0	0
总排放量	494	107	51	56	21.7%	100%
清除量（碳汇）/亿 t						
CO_2	—	−26		−26	—	—

注：表中数值所引原始材料可能因小数点问题有误差
资料来源：联合国粮食及农业组织（2016）

而从农业的温室气体排放情况来看，农业的排放占到"农业、林业和其他土地用途"总排放量的 51.19%，净排放的 62.45%。而从近年温室气体排放的变化情况来看，从 20 世纪 90 年代至今，农业的温室气体排放量在增加，而由于对林地作用的重视，林地用途改变后排放占比有所下降。各类温室气体排放变化见图 4-2。

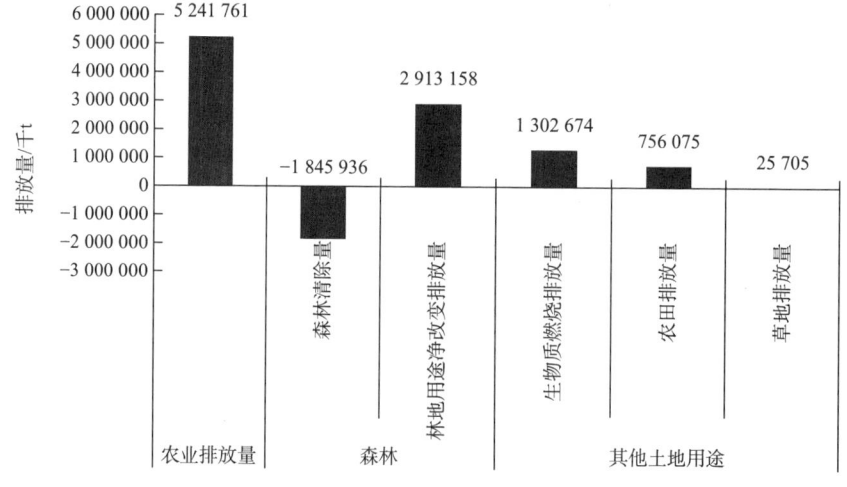

图 4-2 各类温室气体排放变化
温室气体的排放量以二氧化碳当量计

就农业的温室气体排放源而言，从全球范围来看，反刍动物的肠道发酵是农业温室气体排放的最大来源，占二氧化碳当量的 39.77%；其次是草场粪便，占到 16.13%；然后是化肥，占到了 12.57%；而稻米种植则占了农业总排放的 9.97%。从发展中国家和发达国家的对比来看，肠道发酵、稻米种植等在发展中

国家农业温室气体排放中的占比相对更高（表4-3）。

表4-3 2014年农业各排放源温室气体排放量（单位：千t）

区域	世界		发展中国家		发达国家	
肠道发酵	2 084 835	39.77%	1 617 857	40.73%	466 978	36.77%
作物残余燃烧	29 732	0.57%	21 721	0.55%	8 011	0.63%
有机土壤耕作	132 815	2.53%	65 465	1.65%	67 350	5.30%
作物残余	211 685	4.04%	133 883	3.37%	77 803	6.13%
稀树草原燃烧	213 438	4.07%	165 043	4.16%	48 395	3.81%
稻米种植	522 790	9.97%	500 039	12.59%	22 752	1.79%
化肥	658 744	12.57%	440 522	11.09%	218 222	17.18%
土壤粪肥	191 495	3.65%	116 462	2.93%	75 033	5.91%
粪便管理	350 874	6.69%	198 919	5.01%	151 955	11.97%
草场粪便	845 353	16.13%	712 007	17.93%	133 347	10.50%
总计	5 241 761	100%	3 971 918	100%	1 269 846	100%

注：温室气体排放量以二氧化碳当量计
资料来源：联合国粮食及农业组织（2016）

从不同区域排放源的对比情况来看，对于发达区域国家，排名前三的排放源分别为肠道发酵、化肥和粪便管理，分别占了农业排放的37%、17%和12%。而从我国所在的东亚及东南亚地区的情况来看，稻米种植则是最主要的农业温室气体排放源，占到了农业总排放的26%，其次分别为肠道发酵和化肥，分别占到了农业排放的24%和17%（表4-4）。

表4-4 2014年各区域农业温室气体排放三大主要来源

排序	发达区域国家	东亚及东南亚	拉丁美洲及加勒比	北非及西亚	大洋洲（不包括澳大利亚和新西兰）	南亚	撒哈拉沙漠以南非洲
1	肠道发酵（37%）	稻米种植（26%）	肠道发酵（58%）	肠道发酵（39%）	有机土壤耕作（59%）	肠道发酵（46%）	肠道发酵（40%）
2	化肥（17%）	肠道发酵（24%）	草场粪便（23%）	草场粪便（32%）	肠道发酵（14%）	稻米种植（15%）	草场粪便（28%）
3	粪便管理（12%）	化肥（17%）	化肥（6%）	化肥（18%）	粪便管理（14%）	化肥（15%）	稀树草原燃烧（21%）

资料来源：联合国粮食及农业组织（2016）

4.3 中国农业温室气体排放现状

4.3.1 农业温室气体排放量

我国是农业大国，农业温室气体的排放量比较大。2014年我国农业温室气体排放约为 7.08 亿 t 二氧化碳当量，是全球农业排放量的 13.50%，占到了发展中国家和地区农业排放量的 17.82%。此外，与美国相比，就"农业、林业和其他土地用途"排放量来看，我国是美国的 1.32 倍，但就农业来看，我国农业温室气体的排放是美国的 2 倍①（表 4-5）。

表 4-5 2014 年"农业、林业和其他土地用途"温室气体净排放量和净清除量（单位：千 t）

区域	农业排放量	林业		其他土地用途		
		森林排放量和清除量	林地用途净改变排放量	生物质燃烧排放量	农田排放量	草地排放量
世界	5 241 761	-1 845 936	2 913 158	1 302 674	756 075	25 705
发展中国家和地区	3 971 916	-617 225	2 786 785	1 047 486	504 550	17 946
美国	351 475	-192 867	0	66 783	72 180	1 828
中国（不包括港澳台地区）	707 640	-313 720	0	1 422	1 052	164

注：排放量与清除量以二氧化碳当量计
资料来源：联合国粮食及农业组织（2016）

而从农业的排放源来看，以 2014 年为例，中国农业温室气体最主要的排放源为肠道发酵，占到总排放的 28.82%，其次是化肥，占到了农业温室气体排放的 21.83%，再次是稻米种植，占到 15.95%（表 4-6）。由此可见，在不考虑养殖业的情况下，降低中国农业的温室气体排放，要重点关注化肥的投入和水稻种植模式的改变。

表 4-6 2014 年中国农业各排放源温室气体排放量

排放源	排放量/千 t	占比
肠道发酵	203 958	28.82%
化肥	154 453	21.83%
稻米种植	112 860	15.95%
草场粪便	82 777	11.70%
粪便管理	73 639	10.40%
土壤粪肥	38 049	5.38%
作物残余	35 899	5.07%
作物残余燃烧	5 011	0.71%
有机土壤耕作	883	0.12%
稀树草原燃烧	112	0.02%

注：排放量以二氧化碳当量计
资料来源：http://faostat3.fao.org/browse/G1/*/E

---

① 如果考虑到人均排放水平的话，我国农业人均温室气体排放水平要远低于美国。

4.3.2 农业温室气体排放的动因

中国农业温室气体的高排放来自多方面的原因,既有化学外源物质投入方面的原因,也有耕作制度的原因等。例如,2002~2013 年,中国化肥使用量呈现不断增长的趋势,从 2002 年的 287.5kg/hm^2,增加到 2013 年的 364.4kg/hm^2(表 4-7)。

表 4-7　2002~2013 年中国化肥施用量（单位：kg/hm^2）

年份	2002	2003	2004	2005	2006	2007
数量	287.5	295.6	306.9	308.5	325.8	332.2
年份	2008	2009	2010	2011	2012	2013
数量	335.6	342.7	349.3	357.3	372.6	364.4

资料来源：联合国粮食及农业组织数据库

中国每 hm^2 平均使用的化肥和杀虫剂数量大大高于美国、英国、日本、澳大利亚、巴西等国家的使用水平（表4-8、表4-9）。大量且不断增加的农药化肥投入,间接带来大量且不断增加的温室气体排放和以高碳为特征的农业快速发展。另外农膜、能源等投入也不断增加,这自然也增加了农业的碳排放。

表 4-8　2002~2010 年部分国家平均化肥投入量（单位：kg/hm^2）

国家	中国	美国	巴西	印度	加拿大	墨西哥	日本
数量	245	67	32	79	35	81	112
国家	韩国	澳大利亚	俄罗斯	英国	德国	西班牙	法国
数量	180	20	8	175	81	50	14

资料来源：联合国粮食及农业组织数据库

表 4-9　1992~2010 年部分国家杀虫剂平均投入量（单位：kg/hm^2）

国家	中国	美国	巴西	印度	加拿大	日本	墨西哥	德国
数量	8.43	2.36	0.76	0.27	0.79	4.05	3.31	2.84
国家	韩国	澳大利亚	俄罗斯	英国	意大利	法国	西班牙	埃及
数量	13.31	2.53	0.20	4.33	9.05	4.50	1.73	1.71

资料来源：联合国粮食及农业组织数据库

在生产过程中,水稻田管理落后,CH$_4$ 排放水平也居高不下,N$_2$O 因为传统的耕作制度等因素,排放量也不断增加。

从 1990 年到 2013 年中国温室气体排放细分的变化来看，种植业碳排放增长迅速，从 1990 年的 12 275.33 万 t 增加到 2013 年的 19 085.08 万 t（图 4-3）。其中与投入相关的碳排放从 5 022.16 万 t 增加到 10 221.58 万 t；与稻田相关的碳排放从 5 174.77 万 t 增加到 6 562.66 万 t；与土壤相关的碳排放从 1 538.22 万 t 增加到 2 300.84 万 t。世界银行数据库的资料显示：1981 年中国农业 CH_4 排放占中国全部排放的比重为 60.3%，2008 年这一比重变为 37.6%。中国农业 N_2O 排放占中国全部排放的比例 1981 年为 72.1%，2008 年变为 74.7%。可见，与投入相关的 CO_2 排放增长迅速，N_2O、CH_4 排放处于高水平状态，农业是中国 CH_4 和 N_2O 最主要的排放源。

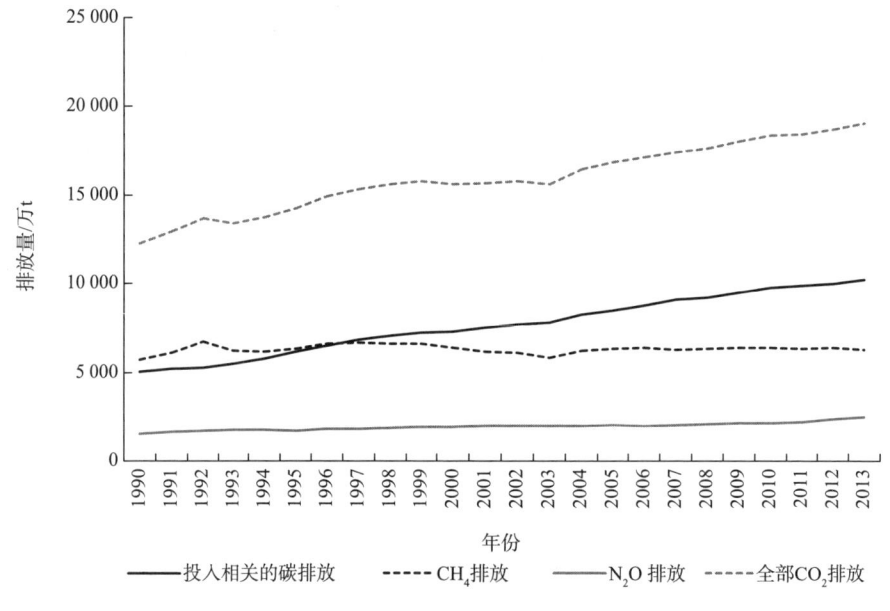

图 4-3 中国种植业温室气体排放趋势及构成

（1）本图是课题组根据相关年鉴资料计算；（2）计算仅考虑能源、化肥、农药和农膜投入引起的间接 CO_2 排放，水稻田的 CH_4 排放，农地和化肥引起的 N_2O 的排放；（3）CH_4、N_2O 排放量以二氧化碳当量计

因此，减少排放 CO_2 较多的农业投入品是低碳农业发展的要务，尤其要减少农药使用、农膜投入、化肥投入以及化石能源投入，代之以清洁能源。鉴于农业 N_2O 的来源与土地利用和化肥施用相关，因此，在控制化肥投入的同时，还要施加反硝化剂，以减少该类气体排放。

若进一步从更长阶段的农畜牧业（种植农业+畜牧业）看，1961~2014 年，中国农畜牧业的排放总量及各部门的绝对量都在不断增加，由 2.54 亿 t 增加到 7.12 亿 t。其中化肥施用、牲畜肠道发酵排放和稻田排放是最主要的碳源；但稻田排放占比从 1961 年的 39% 逐步下降到 2014 年的 16%，化肥投入引起的排放占比从1961年的1.4%上升到1996年的24.9%，后降到2014年的21.8%，牲畜肠道发酵排放占比从1961年的30.4%下降到2014年的28.7%，粪便管理和牧场粪便带来的排放占比分别从1961年的8.3%、11.2%上升到2014年的10.5%和11.7%，非燃烧秸秆和秸秆燃烧引起的碳排放占比从1961年的4.6%和1.2%变为2014年的5.1%和0.7%（联合国粮食及农业组织，2016）（图4-4）。

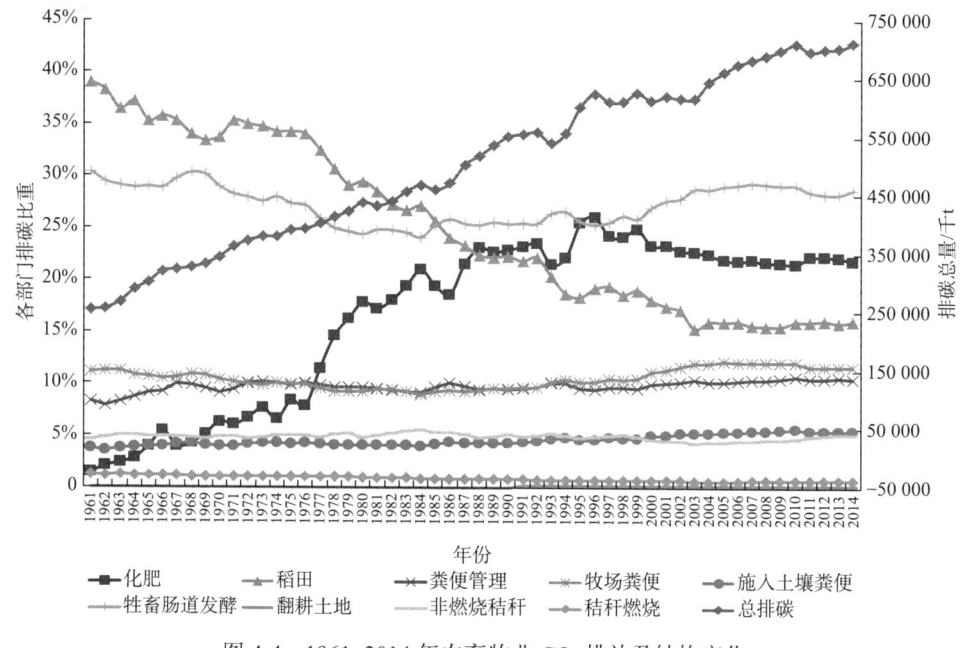

图4-4　1961~2014年农畜牧业CO_2排放及结构变化

资料来源：http://faostat3.fao.org/browse/G1/*/E

可见，降低农业温室气体排放，除了需要关注化肥、稻田管理外，还需要关注畜牧业。虽然秸秆引起的碳排放在农业中所占比重较低，燃烧引起的碳排放也在不断下降，但秸秆的有效利用会得到双重红利，析出清洁能源或有机肥，同时能减轻污染、美化环境，带来生态价值。

若再进一步考虑到农业、农民与农村的密切关系，由于改革开放以来农村经济发展很快，农民收入提高，其生活方式也在不断变化，农村能源消费的商业化不断加强，农村的化石能源使用不断增加，由此引起的CO_2排放不断增加。从1991年农村消费能源7 028.54万t标煤至2014年上升到19 805.27万t标煤，增加了181.78%；而同期农业消费能源从5 099.21万t标煤增长到8 054.8万t标煤，增长了58%（图4-5）。可见农村能源消费量的增长大大快于农业。因此，低碳农业发展也需要关注农业增长及农村和农民消费结构转变及其引起的CO_2排放的增加。

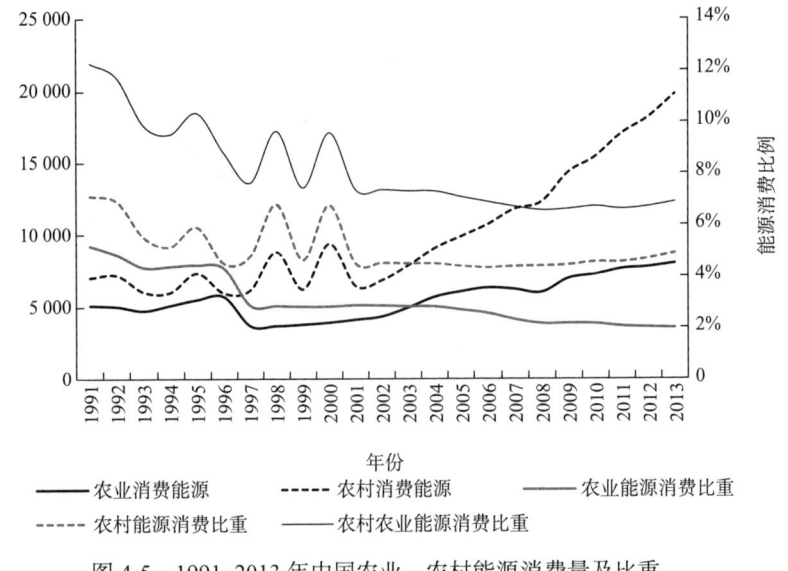

图 4-5　1991~2013 年中国农业、农村能源消费量及比重

4.4　本章小结

本章简要论述了气候变化对农业的影响，并从全球视角及中国层面分析了农业温室气体排放的情况。总体来看，气候变化与农业有着重要的关联性，农业活动所排放的温室气体使全球升温，导致了气候变化，而气候变化又将对农业生产产生重大的影响。根据联合国粮食及农业组织的预测，2030 年之前，全球变暖对作物、畜牧、渔业和林业生产率的影响有好有坏，具体情况取决于地点和条件；2030 年之后，气候变化对农业产量的不利影响在各个区域都将日益严峻。全球气候变化将进一步增加极端天气发生的概率，不仅会影响农业产出，而且会影响粮食的价格，对粮食安全造成威胁，此外，气候变化还将导致贫困发生率增加。

从农业温室气体排放情况来看，根据 IPCC 报告，源于"农业、林业和其他土地用途"的年度人为温室气体排放占各经济领域温室气体排放的 21%，如果加上农业食品链直接和间接产生的排放，则"农业、林业和其他土地用途"排放类别占总排放量的比例将增至三分之一。从全球范围来看，反刍动物的肠道发酵是农业温室气体排放的最大来源，占二氧化碳当量的 39.77%，其次是草场粪便，占到 16.13%，然后是化肥。而从东亚及东南亚地区农业温室气体的排放源情况来看，稻米种植、肠道发酵和化肥分别为排放源的前三位。我国是农业大国，农业温室气体的排放量也比较大。2014年我国农业温室气体排放约为7.08亿t二氧化碳当量,是全球农业排放量的13.50%,占到了发展中国家和地区农业排放量的17.82%。从排放源情况来看,以2014年为例,我国农业温室气体最主要的排放源为肠道发酵、化肥和稻米种植,分别占到农业温室气体排放的28.82%、21.83%和15.95%。由此可见,在不考虑养殖业的情况下,降低我国农业的温室气体排放,要重点关注化肥的投入和水稻种植模式的改变。

第5章 我国不同区域农业温室气体的排放与驱动因素

5.1 农业温室气体的范围及计算方法

5.1.1 农业温室气体的范围

根据《2006年IPCC国家温室气体清单指南》中第4卷"农业、林业和其他土地利用"所述,农业温室气体的范围主要包括农田作物的排放、牲畜以及粪便管理的排放,管理土壤中的N_2O排放以及对管理土壤施用石灰和尿素有关的CO_2排放。本章主要聚焦狭义的农业温室气体概念,即不包括牲畜及其粪便产生的温室气体,只考虑农作物种植带来的温室气体排放,主要涉及农田、转化为农田的土地排放,以及水稻种植中的CH_4排放等。

IPCC的温室气体清单中仅包括了农业生产中产生的温室气体排放,但是这并不能反映全部的因农业活动而产生的温室气体。本章在对农业温室气体进行计算时还另外考虑了农业活动中的生产投入物引起的排放,如化肥、农膜、农药、农用柴油和电力等。因为这些投入物全部由农业活动最终消耗,所以,其生产过程中产生的温室气体排放也应该计入农业活动的温室气体排放。具体来说,本章所要核算的农业温室气体包括:水稻种植过程中排放的CH_4、稻田因施用化肥排放的N_2O、土壤管理中直接及间接排放的N_2O、施用化肥过程中排放的N_2O、投入物所包含的CO_2排放。

5.1.2 农业温室气体的计算方法

本章计算农业温室气体排放的方法为:在IPCC推荐方法计算出温室气体排

放的基础上，再加上投入物的排放量。

计算水稻排放的 CH_4 时采用了 IPCC 推荐的方法 1，稻田的 CH_4 排放量按照式（5-1）计算：

$$CH_4 = \sum_{i,j,k}\left(EF_{i,j,k} \times A_{i,j,k}\right) \tag{5-1}$$

式中，

CH_4 =水稻种植年度的 CH_4 排放，单位为 kg/yr；

$EF_{i,j,k}$ =在 i，j 和 k 条件下的排放因子，单位为 kg/hm²；

$A_{i,j,k}$ =在 i，j 和 k 条件下的水稻年收获面积，单位为 hm²/yr；

i，j，k 分别代表不同的生态系统、水分状况和有机添加量，以及其他可以引起水稻 CH_4 排放变化的条件。

管理土壤中 N_2O 的直接排放量按式（5-2）计算：

$$N_2O\text{-}N_{直接} = F_{SN} \times EF_1 + F_{SNFR} \times EF_{1FR} + F_{OS,\ TEMP} \times EF_{2CG,\ TEMP} \tag{5-2}$$

式中，

F_{SN} =每年施用于土壤的化肥氮量，单位为 kg N/yr

EF_1 =氮投入引起的 N_2O 排放的排放因子，单位为 kg N_2O-N/kg N 投入

EF_{1FR} =氮投入稻田引起的 N_2O 排放的排放因子，单位为 kg N_2O-N/kg N 投入

$F_{OS,\ TEMP}$ =管理有机土壤的年度面积，单位为 hm²（TEMP 指温带）

$EF_{2CG,\ TEMP}$ =管理有机土壤中 N_2O 排放的排放因子，单位为 kg N_2O-N/（hm²·yr）

管理土壤中 N_2O 的间接排放量按式（5-3）计算：

$$N_2O\text{-}N_{间接} = F_{SN} \times Frac_{GASF} \times EF_4 \tag{5-3}$$

式中，

N_2O-N=每年管理土壤中挥发氮大气沉积产生的 N_2O-N 的量，单位为 kg N_2O-N/yr

F_{SN} =每年施用于土壤的化肥氮量，单位为 kg N/yr

$Frac_{GASF}$ =以 NH_3 和 NO_x 形式挥发的化肥氮比例，单位为每一千克挥发的 N/kg 施用氮

EF_4 =土壤和水面氮大气沉积的 N_2O 排放的排放因子，单位为 kg N_2O-N/（挥发的 kg NH_3-N+NO_x-N）

投入物的 CO_2 排放量以投入物的使用量与排放因子相乘得到。根据 IPCC 及相关学者的整理（郭旋等，2016），主要排放源排放因子见表 5-1。

表 5-1　主要排放源排放因子

名称	排放因子	单位	来源
EF_1	0.01（缺省值）	kg N_2O-N/kg N 投入	IPCC
EF_{1FR}	0.003（缺省值）	kg N_2O-N/kg N 投入	IPCC

续表

名称	排放因子	单位	来源
$EF_{2CG,\ TEMP}$	8（缺省值）	kg N_2O-N/（hm^2·yr）	IPCC
$Frac_{GASF}$	0.1（缺省值）	kg 挥发 N/kg 施用氮	IPCC
EF_4	0.01（缺省值）	kg N_2O - N/（挥发的 kg NH_3 - N+NO_x-N）	IPCC
化肥生产的排放因子	2.209 1	kg C/kg 化肥	（Wood and Cowie，2004）
农药生产的排放因子	18.091 7	kg C/kg 农药	美国橡树岭实验室（West and Marland，2002）
农膜生产的排放因子	18.199 3	kg C/kg 农膜	南京农业大学农业资源与生态环境研究所（伍芬琳等，2007）
农用柴油生产的排放因子	2.173 2	kg C/kg 农用柴油	IPCC

以上文献中给出的排放因子的单位为 kg C/hm^2、kg C/kg、kg N/kg，本章在使用时转化为 kg CH_4/hm^2、kg CO_2/kg、kg N_2O/kg。按式（5-4）计算：

CO_2 排放因子=C 排放因子×44/12

N_2O 排放因子=N 排放因子×44/28　　　　　（5-4）

CH_4 排放因子=C 排放因子×16/12

各省市的水稻种植面积、其他作物播种面积、化肥施用量、农药和农膜等投入物的使用量的数据来自《中国统计年鉴》、各省市的统计年鉴；农业活动中各类能源的消耗量数据来自《中国能源统计年鉴》。

本章在计算农业碳排放总量时，需要将 CH_4、N_2O 的排放量折算为 CO_2 当量。根据《中华人民共和国气候变化第二次国家信息通报》，如果以 100 年为时间尺度，单位质量的 CH_4 和 N_2O 的 GWP 分别是 CO_2 的 21 倍和 310 倍。

5.2 基于 DNDC 模型修正的排放因子

5.2.1 DNDC 模型

上文中计算温室气体排放时所采用的排放因子，部分采用了 IPCC 提供的缺省值，不能反映我国的情况，也不能体现出我国各地区气候、土壤条件的差异带来的影响。因此，本书采用 DNDC 模型的模拟结果对排放因子进行了修正。本章中所用到的 DNDC 模型的区域模拟功能是基于原有的格点模拟功能扩展而来，这一功能得以实现的关键是需要建立包括土壤性质、气候、农作物信息、田间管理等信息在内的数据库，区域模型模拟结果的准确性直接取决于数据库所包含信息的完整性以及内含数据的准确性。

5.2.2 中国地区数据库的构建

中国各地区之间气候、土壤条件差异较大,李长生教授团队由此将全国划分成 2 743 个格点。要利用 DNDC 模型的区域模拟功能核算在全国范围内的农业温室气体排放量,需要事先获取整个区域内所有格点的信息,并将它们以数据的形式存储在数据库特定位置中。总的来说,数据库中包含两种数据:地理信息系统(geographic information system,GIS)和气象数据。GIS 数据应包含全部待模拟区域的格点,具体来说,包括各个格点的地理位置信息、各种作物种植面积、土壤性质、气象数据、灌溉信息、有机肥施肥量、作物收获日期、轮作情况等信息;气象数据库包含了从气象站获取的每日气象数据。本章所要利用的模型中,GIS 数据为 2007 年的数据,但是数据库于 2010 年完成构建,因此搜集的气象数据为 2010 年获得的数据。由于气象的变化在一年中存在规律性,而这种规律在历年中被不断地近似重复,所以 GIS 数据与气象数据在时间上的不一致并不会对模拟结果造成太大影响。

此外,还需要根据实际情况对系统中的一些默认值做出修改。近年来,我国气候变化现象比较突出,《中国气候公报(2015 年)》指出,2015 年为自 1951 年开始有完整气象记录以来至 2015 年平均气温最高的年份,全年平均温度较之常年高出 0.95℃,由此,本部分设定气温增减度数为 1℃;鉴于近年来大气环境中二氧化碳浓度不断上升,根据美国国家海洋和大气管理局地球系统研究实验室的全球 CO_2 浓度观测数据,2010 年全球 CO_2 浓度的月均值为 390×10^{-6},因此将系统中默认的大气中 CO_2 浓度值由 370×10^{-6} 修改为 390×10^{-6};鉴于中国农村地区的秸秆还田率普遍不高,将秸秆还田率参数修改为 0.7;由于我国普遍存在过量施肥的情形,根据国家统计局的氮肥折纯量统计数据,将化肥施用量增加倍数设置为 1.47 倍。

5.2.3 排放因子的修正结果

DNDC 模拟结果的报告分为两份:一份是在零灌溉情景下的模拟结果;另一份是在全灌溉情景下的模拟结果。为了得到符合实际的温室气体排放结果,需要对所得到的两份结果进行后续处理,用各格点的灌溉率作为权重将两份报告中的对应数据合并。

由于各地的农作物种植结构各年之间差异较大,而本章的 GIS 数据为 2007 年数据,直接利用模拟结果计算出的地区总排放量与地区总播种面积得出的各地排放因子并不适用于所有年份。因此,本章利用各省、区、市的主要农作物分别的排放量数据及其播种面积得出各省、区、市每一种主要农作物的排放因子。该排放因子包含了管理土壤过程中淋溶、沉降、化肥施用引起的 N_2O 排放等的综合影响。

本章利用 GIS 数据库中各格点的作物种植面积、灌溉情况等信息，模拟了我国 30 个省、区、市（将重庆的数据信息包含在四川内；不包括港澳台地区）的农业温室气体排放。并根据式（5-5）计算各省、区、市主要农作物温室气体实际排放因子。

区域某农作物温室气体实际排放因子=全灌溉下区域该农作物温室气体实际排放因子×区域灌溉率+零灌溉下区域该农作物温室气体实际排放因子×（1-区域灌溉率）

（5-5）

具体排放因子如表 5-2 所示。

表 5-2 我国 30 个省、区、市主要农作物的排放因子（单位：kg/hm^2）

区域	水稻 CH_4 排放系数	水稻 N_2O 排放系数	春小麦 N_2O 排放系数	冬小麦 N_2O 排放系数	玉米 N_2O 排放系数	蔬菜 N_2O 排放系数
北京	276.22	5.75	—	4.44	6.70	1.91
天津	505.71	11.50	—	4.34	4.68	5.80
河北	612.46	15.30	—	7.61	8.54	7.04
山西	536.88	13.41	—	11.97	13.98	8.97
内蒙古	522.71	24.75	38.83	—	28.06	38.33
辽宁	427.20	15.74	17.61	—	23.65	24.08
吉林	352.54	35.40	11.10	—	36.28	138.21
黑龙江	316.36	40.42	25.82	—	34.09	122.38
上海	953.36	15.38	—	11.93	4.73	13.13
江苏	867.00	13.74	—	13.39	11.97	13.79
浙江	584.78	9.00	—	14.13	20.94	10.25
安徽	446.72	8.91	—	12.47	15.22	9.44
福建	579.13	12.59	—	21.93	19.81	13.18
江西	693.73	15.39	—	16.86	26.60	16.19
山东	1 115.14	13.04	—	12.01	11.73	11.55
河南	1 351.38	17.49	—	14.83	16.00	15.11
湖北	718.08	12.02	—	20.00	24.43	14.52
湖南	764.96	14.70	—	21.02	34.62	15.13
广东	1 173.01	22.54	—	48.96	43.54	24.99
广西	954.75	20.31	—	30.09	40.02	23.28
四川	524.17	9.69	—	14.37	17.45	10.43
贵州	351.29	12.47	—	37.10	39.12	22.26
云南	565.47	12.52	—	23.60	28.87	16.41

续表

区域	水稻 CH_4 排放系数	水稻 N_2O 排放系数	春小麦 N_2O 排放系数	冬小麦 N_2O 排放系数	玉米 N_2O 排放系数	蔬菜 N_2O 排放系数
西藏	120.79	10.98	—	17.85	12.57	33.59
陕西	600.59	15.78	—	15.64	17.35	21.46
甘肃	386.62	11.51	9.85	—	11.35	8.13
青海	68.25	2.22	—	24.72	12.74	64.86
宁夏	538.00	12.35	—	26.72	29.65	42.47
新疆	654.94	8.14	5.49	7.94	4.67	7.11
海南	1 890.62	28.71	—	—	34.82	29.68

区域	大豆 N_2O 排放系数	马铃薯 N_2O 排放系数	花生 N_2O 排放系数	棉花 N_2O 排放系数	甘蔗 N_2O 排放系数	油菜 N_2O 排放系数
北京	4.17	8.97	9.56	2.96	—	—
天津	2.04	8.45	6.28	4.79	—	—
河北	6.13	19.49	9.20	8.03	—	12.85
山西	7.13	18.19	11.69	16.41	—	10.01
内蒙古	47.38	44.80	4.25	1.83	—	91.15
辽宁	16.18	24.34	18.72	23.51	—	13.96
吉林	48.17	46.94	10.03	7.85	—	—
黑龙江	40.25	43.74	16.99	—	—	48.82
上海	—	—	2.55	8.77	3.58	13.08
江苏	7.44	15.29	18.70	11.42	14.20	11.82
浙江	16.53	27.03	22.17	17.42	26.61	19.92
安徽	9.09	13.70	16.39	17.08	27.20	13.00
福建	18.60	23.74	21.68	21.67	25.85	18.47
江西	17.38	27.58	27.13	15.94	34.40	17.21
山东	8.14	22.01	16.95	9.08	—	21.80
河南	9.97	19.71	18.38	11.26	18.59	21.00
湖北	17.93	25.28	20.97	21.52	34.45	21.09
湖南	26.77	38.22	36.70	23.19	43.57	21.89
广东	32.47	47.31	42.25	—	52.90	36.18
广西	29.48	34.07	39.73	32.99	47.50	28.71
四川	18.01	19.32	12.34	3.81	21.23	14.40
贵州	29.74	34.63	35.65	32.32	81.75	30.94
云南	25.22	30.93	27.66	21.70	29.55	24.97
西藏	15.65	27.28	9.23	—	—	8.71
陕西	13.71	25.59	19.13	8.97	—	18.23

续表

区域	大豆 N_2O 排放系数	马铃薯 N_2O 排放系数	花生 N_2O 排放系数	棉花 N_2O 排放系数	甘蔗 N_2O 排放系数	油菜 N_2O 排放系数
甘肃	9.11	12.88	3.74	1.29	—	9.03
青海	10.60	17.63	—	—	—	20.14
宁夏	9.40	21.57	—	—	—	11.87
新疆	3.99	7.84	8.95	4.70	—	5.94
海南	27.56	43.76	45.45	—	45.18	—

5.3 农业温室气体排放量

基于修正排放因子可计算得到各地区 1996~2014 年的农业温室气体总排放量。如图 5-1 和表 5-3~表 5-6 所示：1996~2014 年，除东部地区外，其他地区的农业温室气体排放量均有所上升。2014 年，东部地区总排放量相比 1996 年下降了 7.59%；西部地区总排放量相比 1996 年上升 37.14%；中部地区总排放量上升 17.95%；东北地区总排放量上升 52.44%。东部地区温室气体总排放量下降主要是因为农作物的种植面积下降。

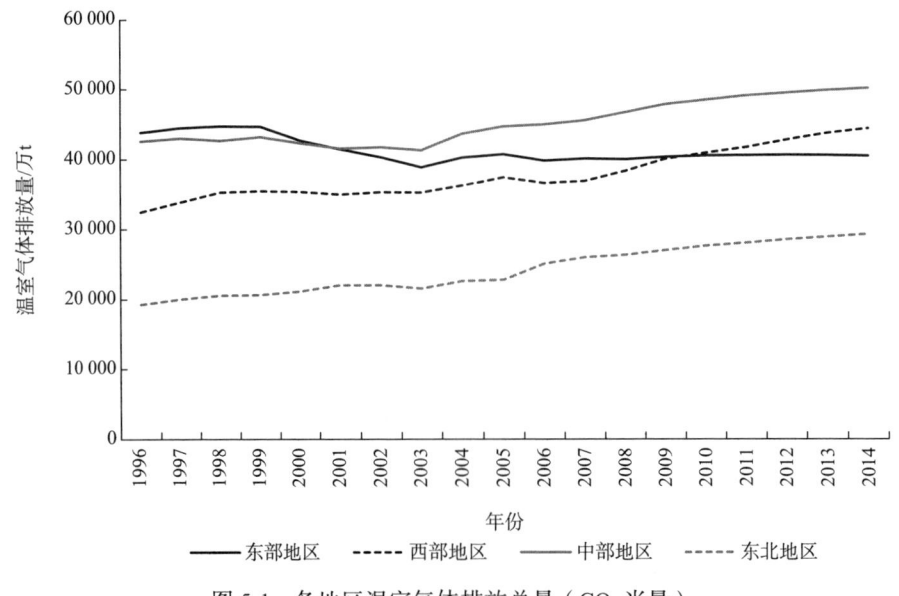

图 5-1 各地区温室气体排放总量（CO_2 当量）

表 5-3　1996~2014 年东部地区农业温室气体总排放量

年份	CH₄ 总量/万 t	CH₄ CO₂ 当量/万 t	CH₄ 比重	N₂O 总量/万 t	N₂O CO₂ 当量/万 t	N₂O 比重	CO₂ 总量/万 t	CO₂ 比重	总排放量/万 t
1996	922.64	19 375.37	44%	50.63	15 694.72	36%	8 778.85	20%	43 848.94
1997	923.42	19 391.87	44%	51.08	15 834.18	36%	9 273.48	21%	44 499.53
1998	910.36	19 117.64	43%	51.96	16 106.60	36%	9 513.92	21%	44 738.16
1999	896.33	18 822.99	42%	51.65	16 011.52	36%	9 871.33	22%	44 705.84
2000	818.61	17 190.82	40%	50.56	15 673.28	37%	9 889.03	23%	42 753.13
2001	754.00	15 833.95	38%	49.75	15 422.53	37%	10 249.77	25%	41 506.25
2002	708.42	14 876.74	37%	48.37	14 995.18	37%	10 487.08	26%	40 359.00
2003	654.35	13 741.44	35%	46.72	14 482.09	37%	10 691.40	27%	38 914.93
2004	687.81	14 444.06	36%	46.69	14 475.05	36%	11 382.87	28%	40 301.98
2005	688.37	14 455.75	35%	47.11	14 603.69	36%	11 726.02	29%	40 785.46
2006	659.72	13 854.16	35%	45.30	14 041.72	35%	11 955.39	30%	39 851.27
2007	656.15	13 779.23	34%	45.41	14 077.68	35%	12 279.00	31%	40 135.91
2008	657.66	13 810.86	34%	46.34	14 364.97	36%	11 896.60	30%	40 072.43
2009	661.70	13 895.70	34%	46.77	14 499.06	36%	11 980.76	30%	40 375.52
2010	659.24	13 844.04	34%	47.16	14 621.11	36%	12 112.32	30%	40 577.47
2011	654.71	13 748.97	34%	47.52	14 731.39	36%	12 144.67	30%	40 625.03
2012	650.98	13 670.63	34%	47.76	14 806.03	36%	12 184.15	30%	40 660.81
2013	643.92	13 522.41	33%	48.06	14 897.22	37%	12 199.36	30%	40 618.99
2014	641.17	13 464.49	33%	48.00	14 878.66	37%	12 176.59	30%	40 519.74

注：本表数据进行过舍入修约，故比重总和并不总为100%

表 5-4　1996~2014 年西部地区农业温室气体总排放量

年份	CH₄ 总量/万 t	CH₄ CO₂ 当量/万 t	CH₄ 比重	N₂O 总量/万 t	N₂O CO₂ 当量/万 t	N₂O 比重	CO₂ 总量/万 t	CO₂ 比重	总排放量/万 t
1996	330.87	6 948.20	21%	65.13	20 189.56	62%	5 292.61	16%	32 430.36
1997	341.59	7 173.30	21%	68.76	21 314.75	63%	5 389.94	16%	33 878.06
1998	340.52	7 150.90	20%	72.61	22 508.29	64%	5 592.51	16%	35 251.78
1999	335.52	7 045.90	20%	73.35	22 738.34	64%	5 663.06	16%	35 447.30
2000	333.29	6 999.10	20%	72.59	22 504.45	64%	5 857.82	17%	35 361.37
2001	342.69	7 196.50	21%	70.23	21 770.48	62%	6 010.19	17%	34 977.17
2002	339.95	7 139.00	20%	71.15	22 057.00	62%	6 133.89	17%	35 329.89
2003	329.39	6 917.10	20%	70.89	21 976.18	62%	6 355.56	18%	35 248.84
2004	332.62	6 985.10	19%	72.89	22 596.98	62%	6 684.49	18%	36 266.57

续表

年份	CH₄ 总量/万 t	CH₄ CO₂ 当量/万 t	CH₄ 比重	N₂O 总量/万 t	N₂O CO₂ 当量/万 t	N₂O 比重	CO₂ 总量/万 t	CO₂ 比重	总排放量/万 t
2005	332.87	6 990.20	19%	75.59	23 432.85	63%	7 040.46	19%	37 463.51
2006	315.51	6 625.80	18%	73.11	22 663.44	62%	7 357.60	20%	36 646.84
2007	302.90	6 360.90	17%	73.49	22 782.63	62%	7 780.22	21%	36 923.75
2008	305.83	6 422.30	17%	76.55	23 731.70	62%	8 219.46	21%	38 373.46
2009	307.89	6 465.60	16%	80.58	24 979.86	62%	8 663.85	22%	40 109.31
2010	303.40	6 371.40	16%	82.21	25 485.38	62%	9 086.22	22%	40 943.00
2011	302.98	6 362.50	15%	83.48	25 879.07	62%	9 544.23	23%	41 785.80
2012	301.66	6 334.70	15%	85.39	26 470.74	62%	10 051.97	23%	42 857.41
2013	302.42	6 350.70	15%	87.13	27 010.51	62%	10 416.55	24%	43 777.76
2014	300.51	6 310.60	14%	88.03	27 288.53	61%	10 876.90	24%	44 476.03

注：本表数据进行过舍入修约，故比重总和并不总为100%

表 5-5　1996~2014 年中部地区农业温室气体总排放量

年份	CH₄ 总量/万 t	CH₄ CO₂ 当量/万 t	CH₄ 比重	N₂O 总量/万 t	N₂O CO₂ 当量/万 t	N₂O 比重	CO₂ 总量/万 t	CO₂ 比重	总排放量/万 t
1996	861.46	18 090.60	42%	58.29	18 068.50	42%	6 417.62	15%	42 576.72
1997	864.54	18 155.20	42%	58.58	18 158.20	42%	6 694.42	16%	43 007.82
1998	828.30	17 394.20	41%	59.13	18 330.10	43%	6 970.34	16%	42 694.64
1999	843.47	17 712.70	41%	59.53	18 452.80	43%	7 039.60	16%	43 205.10
2000	797.60	16 749.60	40%	59.62	18 481.00	44%	7 138.87	17%	42 369.47
2001	761.88	15 999.50	38%	58.78	18 221.60	44%	7 370.45	18%	41 591.55
2002	757.09	15 898.80	38%	59.15	18 335.10	44%	7 556.67	18%	41 790.57
2003	732.37	15 379.70	37%	58.91	18 260.80	44%	7 703.70	19%	41 344.20
2004	800.95	16 819.90	38%	60.51	18 759.10	43%	8 114.78	19%	43 693.78
2005	821.48	17 251.10	39%	61.54	19 076.80	43%	8 416.71	19%	44 744.61
2006	843.31	17 709.50	39%	60.02	18 604.60	41%	8 710.51	19%	45 024.61
2007	842.02	17 682.40	39%	60.99	18 907.20	41%	9 025.61	20%	45 615.21
2008	850.28	17 855.70	38%	62.89	19 497.20	42%	9 390.02	20%	46 742.92
2009	867.32	18 213.60	38%	64.44	19 975.30	42%	9 706.54	20%	47 895.44
2010	870.40	18 278.50	38%	65.31	20 246.60	42%	10 024.30	21%	48 549.20
2011	873.27	18 338.70	37%	66.32	20 558.20	42%	10 271.23	21%	49 168.13
2012	875.40	18 383.30	37%	66.92	20 745.60	42%	10 430.98	21%	49 559.88

续表

年份	CH$_4$			N$_2$O			CO$_2$		总排放量/万 t
	总量/万 t	CO$_2$ 当量/万 t	比重	总量/万 t	CO$_2$ 当量/万 t	比重	总量/万 t	比重	
2013	880.22	18 484.50	37%	67.31	20 866.20	42%	10 550.10	21%	49 900.80
2014	887.32	18 633.70	37%	67.75	21 003.40	42%	10 584.08	21%	50 221.18

注：本表数据进行过舍入修约，故比重总和并不总为 100%

表 5-6　1996~2014 年东北地区农业温室气体总排放量

年份	CH$_4$			N$_2$O			CO$_2$		总排放量/万 t
	总量/万 t	CO$_2$ 当量/万 t	比重	总量/万 t	CO$_2$ 当量/万 t	比重	总量/万 t	比重	
1996	77.74	1 632.56	8%	50.14	15 543.10	81%	2 068.76	11%	19 244.42
1997	91.21	1 915.34	10%	51.35	15 918.25	80%	2 179.93	11%	20 013.52
1998	98.80	2 074.87	10%	52.45	16 260.90	79%	2 223.94	11%	20 559.71
1999	101.25	2 126.33	10%	52.59	16 303.28	79%	2 216.25	11%	20 645.86
2000	104.71	2 198.98	10%	53.94	16 721.72	79%	2 202.33	10%	21 123.03
2001	107.47	2 256.79	10%	56.39	17 481.41	79%	2 284.40	10%	22 022.60
2002	107.92	2 266.26	10%	56.26	17 440.08	79%	2 337.46	11%	22 043.80
2003	90.06	1 891.19	9%	55.81	17 301.07	80%	2 350.13	11%	21 542.39
2004	106.20	2 230.28	10%	57.13	17 711.53	78%	2 654.85	12%	22 596.66
2005	111.54	2 342.33	10%	57.42	17 799.83	78%	2 665.89	12%	22 808.05
2006	128.01	2 688.30	11%	63.22	19 599.14	78%	2 836.34	11%	25 123.78
2007	140.77	2 956.20	11%	64.57	20 016.23	77%	3 057.13	12%	26 029.56
2008	146.19	3 070.06	12%	65.00	20 149.71	76%	3 122.72	12%	26 342.49
2009	149.18	3 132.87	12%	66.24	20 533.77	76%	3 345.29	12%	27 011.93
2010	163.46	3 432.75	12%	66.65	20 660.22	75%	3 553.87	13%	27 646.84
2011	171.07	3 592.50	13%	66.93	20 748.75	74%	3 737.23	13%	28 078.48
2012	176.80	3 712.76	13%	67.50	20 925.80	73%	3 903.78	14%	28 542.34
2013	181.82	3 818.22	13%	68.18	21 134.76	73%	4 005.56	14%	28 958.54
2014	181.06	3 802.29	13%	69.15	21 437.11	73%	4 097.50	14%	29 336.90

注：本表数据进行过舍入修约，故比重总和并不总为 100%

从表 5-3~表 5-6 可见，除东北地区外，1996~2014 年，其他地区水稻排放的 CH$_4$ 占总排放量的比例均呈下降趋势。

各地区 N$_2$O 排放量占总排放量的比重在各年间基本保持不变。投入物排放

的 CO_2 占总排放量的比重均呈上升趋势且上升幅度较大。2014 年，相对于 1996 年，东部地区上升 38.70%，西部地区上升 105.51%，中部地区上升 64.92%，东北地区上升 98.07%。虽然投入物造成的排放所占比重及绝对量持续上升，但是这些投入物的使用不仅提高了粮食的品质，而且提高了粮食的单位面积产量，从而节约了土地，减少了耕地面积，降低了由土壤引起的温室气体排放。

5.4 区域农业温室气体排放驱动因素

本章还运用 Kaya 恒等式，研究了各地区农业温室气体排放的驱动因素。

5.4.1 Kaya 恒等式

Kaya 恒等式最初由日本学者 Yoichi Kaya 在 IPCC 的一次研讨会上提出，它将社会、经济发展、能源消费等宏观因子与碳排放量之间的关系以简单的恒等式关系形式进行描述，可以用来考察国家、地区及各部门层面温室气体排放量变化的驱动因素（袁路和潘家华，2013）。Kaya 恒等式最初的表达形式如下：

$$\text{GHG} = \frac{\text{GHG}}{\text{TOE}} \times \frac{\text{TOE}}{\text{GDP}} \times \frac{\text{GDP}}{\text{POP}} \times \text{POP} = f \times e \times g \times P \qquad (5\text{-}6)$$

GHG、TOE、GDP、POP 分别代表温室气体的总排放量、一次能源的总消耗量、国内生产总值和总人口。等式右边的几项分别表示能源碳强度（f）、单位 GDP 能源强度（e）、人均 GDP（g）以及人口规模（P），它们构成了碳排放的四个驱动因素。其中能源碳强度反映的是能源结构，单位 GDP 能源强度反映的是技术进步以及产业结构的因素，人均 GDP 代表了经济发展水平因素，人口规模反映了规模效应。

Kaya 恒等式的原理清晰直接，形式简单明了，由其分解得到的驱动因素具有较好的可观测性、可控性以及可解释性，囊括了碳排放的主要影响因素。因此，Kaya 恒等式及其各种扩展形式在各个国家和地区及各个部门碳排放量的历史波动变化和驱动因素分析中均有着广泛的应用。

目前学者在利用 Kaya 恒等式进行研究时，多在其原始形式上进行适当的修改，根据实际的研究对象引入其他驱动因素，运用更复杂的分解方法解决残差项的问题或与其他的因素研究方法综合运用。但是 Kaya 恒等式本身存在着一定的局限性。首先，Kaya 恒等式得到的分解结果并不能反映各影响因素与农业温室气体排放量之间的因果关系以及复杂的作用机制，因此，其背后的经济学含义较弱，不能简单地根据分解的结果提出政策建议；其次，Kaya 恒等式包含的驱动因素较为宽泛，而碳排放量的实际作用机制复杂，有许多因素的影响未被包含在模型中，因此，分解出的因素对碳排放总量的实际效果难以确定；最后，Kaya 恒等式的分解结果并不能得出各驱动因素与碳排放量的相关程度，部分驱动因素可能影响较大但与碳排放的关联度较低，需要结合其他模型进一步考虑。

5.4.2 模型构建

本章结合农业生产活动碳排放的实际情况，在 Kaya 恒等式的原始形式上加以改进，使之能更加契合所要研究的问题。将碳排放因素分解为能源碳强度、能源效率、产业结构、经济发展水平、人口五个方面，以此构建农业碳排放的数学表达式：

$$AC = \frac{AC}{TOE} \times \frac{TOE}{AY} \times \frac{AY}{Y} \times \frac{Y}{P} \times P = CI \times EI \times I \times G \times P$$

$$CI = \frac{AC}{TOE} \quad EI = \frac{TOE}{AY} \quad I = \frac{AY}{Y} \quad G = \frac{Y}{P}$$

（5-7）

式中，AC 为农业生产的碳排放总量；TOE 为农业能源消费量；AY 为农业总产值；Y 为地区生产总值；P 为当地总人口数。CI 为农业能源碳强度因素；EI 为能源效率因素；I 为总体产业结构因素；G 为当地经济发展水平。残差项的存在，使式（5-7）难以很好地解释 CO_2 排放的变化。为了去除残差项的影响，本书对上述 Kaya 恒等式进行了一定的改进。

$$\Delta AC = \Delta CI + \Delta EI + \Delta I + \Delta G + \Delta P \quad (5-8)$$

ΔCI、ΔEI、ΔI、ΔG、ΔP 分别表示 $T-1$ 年到 T 年仅有其中一个因素改变，而其他四个因素保持 $T-1$ 年的水平不变时，相对于基年的碳排放量。

$$\begin{aligned}
\Delta AC &= CI_1 \times EI_1 \times I_1 \times G_1 \times P_1 - CI_0 \times EI_0 \times I_0 \times G_0 \times P_0 \\
\Delta CI &= (CI_1 - CI_0) \times EI_0 \times I_0 \times G_0 \times P_0 \\
\Delta EI &= CI_1 \times (EI_1 - EI_0) \times I_0 \times G_0 \times P_0 \\
\Delta I &= CI_1 \times EI_1 \times (I_1 - I_0) \times G_0 \times P_0 \\
\Delta G &= CI_1 \times EI_1 \times I_1 \times (G_1 - G_0) \times P_0 \\
\Delta P &= CI_1 \times EI_1 \times I_1 \times G_1 \times (P_1 - P_0)
\end{aligned} \quad (5-9)$$

5.4.3 分解结果

根据以上构建的模型，将各地区的农业碳排放总量分解为五个因素，分解结果中所列数值为相对于基年（1996 年）该因素对农业碳排放的累积影响。从分解结果中可以看出（表 5-7~表 5-10），在各地区，能源碳强度因素、能源效率因素、产业结构因素对农业碳排放增加的累积效应为负效应，经济发展水平因素、人口因素对农业碳排放增加的累积效应为正效应。

总体来看，经济增长均为最重要的促进碳排放增长的驱动力。1997~2014 年，经济发展水平均为各地区农业碳排放增加的最主要增长因素，且对各地区农业碳排放的贡献大致均为持续增加。这说明：各地区经济增长对农业碳排放的提升驱动力还会持续存在。按照环境库兹涅茨曲线的原理，长期而言，经济发展与环境压力两者之间呈现倒 U 形曲线关系。当前阶段，我国仍处在倒 U 形曲线的左侧。能源碳强度和能源效率因素均有明显的减排效果，各地区 1997~2014 年能源碳强度因素的累积效应均为负，但其间出现波动，负向的影响也未出现明显增长的趋势。这说明：能源结构的调整未取得突破性的重大进展。能源效率的提升能够促进农业碳减排，但是各地区的能源效率因素并不能够持续地发挥农业碳减排的作用。这说明：技术的进步并非一直在农业碳减排方面发挥优势作用，可能是由于技术水平的提高并非专门针对农业能源。

各地区人口数量的增长也起到了促进碳排放增长的作用，但是都远远小于经济发展带来的正效应。这说明：单纯的人口数量上升或许不是人口因素引起农业碳排放增加的主要原因，可能是我国有大量的流动人口，特别是农村近些年人口流动量更大，农村大量劳动力进入城市就业，间接导致能源消耗的增长。产业结构的调整同样起到了抑制农业碳排放的增长，但是效果并不明显。各地区 1997~2014 年产业结构对农业碳排放增加的累积影响为负，但这 18 年的历年影响均出现了先负后正的情形。这说明：产业结构的调整还没有对碳减排起到决定性作用。可能是由于能源结构的调整以及与能源相关技术的提升相对容易且迅速，而产业结构的转变相对较为困难，需要较长的一段时间调整。这也表明：未来与产业结构相关的驱动力提升仍然具有巨大的减排空间。

从东部地区来看（表 5-7），减排最重要的驱动力为能源效率因素，该因素与技术进步相关，东部地区技术水平发展迅速，由此，能源效率的提升对农业碳减排的作用最为明显。值得关注的是，东部地区的农业碳排放在 1997~2000 年出现了明显的下降，经济发展水平对碳排放的增加效应相比其他年份较低，从 2008 年开始，经济发展水平因素对碳排放的影响出现小幅度波动。这说明：东部地区已逐渐接近环境库兹涅茨曲线的拐点，经济的发展即将开始促进农业碳排放量的下降。东部地区人口因素对碳排放的正向效应远远大于其他地区，可能由于东部地区是全国人口最密集的地区，且常住人口仍在快速增长，这给农业生产带来了巨大压力。

表 5-7 基于 Kaya 恒等式东部地区农业生产碳排放分解

年份	能源碳强度因素	能源效率因素	产业结构因素	经济发展水平因素	人口因素
1997	2 619.61	-3 501.62	-5 195.98	8 921.81	832.62
1998	-1 995.07	-302.05	-9 373.60	14 270.64	1 678.92
1999	-6 773.26	1 856.48	-13 487.30	18 069.33	2 435.91
2000	-11 684.00	3 924.08	-18 530.60	22 291.72	5 044.59
2001	-14 867.00	2 041.31	-19 846.40	26 580.97	5 543.50
2002	-19 899.40	3 938.47	-22 477.30	30 708.27	6 126.59
2003	-19 495.70	516.47	-24 616.00	37 158.15	7 043.04
2004	-11 154.70	-14 987.90	-22 643.40	44 179.15	8 177.31
2005	-14 851.50	-15 019.70	-23 772.90	48 935.06	9 039.27
2006	-21 161.10	-14 373.20	-24 015.40	47 151.19	9 280.76
2007	-19 835.50	-20 184.30	-22 172.50	51 570.28	10 729.88
2008	-21 752.10	-22 350.20	-20 091.30	55 549.39	12 226.23
2009	-23 238.80	-23 767.00	-19 089.00	53 816.58	12 741.43
2010	-23 305.90	-28 480.40	-16 836.60	52 991.50	13 848.61
2011	-26 621.40	-28 082.40	-15 231.00	56 360.78	14 923.36
2012	-29 252.90	-27 456.60	-14 127.00	56 540.33	15 391.89
2013	-25 366.00	-33 572.50	-12 942.70	55 704.36	15 502.86
2014	-27 241.10	-32 784.90	-12 532.20	55 500.79	15 823.02

从西部地区来看（表 5-8），减排最重要的驱动力为能源碳强度因素，该因素与能源结构相关。西部地区发展相对较为落后，对煤炭能源的依赖较为严重，因此，能源消费结构的转变对农业碳减排的作用最为明显。此外，在 2012 年之前，人口数量上升对农业碳排放起到负向的作用，之后人口数量增长对农业碳排放的累积效应为正，开始对农业碳排放起到正向的促进作用。这可能是由于农村劳动力的比例在持续下降，人口的增长已不足以抵消劳动力比率的下降，但随着农业生产活动开始更多地依赖农用机械，耗费的能源带来了碳排放的上升。

表 5-8 基于 Kaya 恒等式西部地区农业生产碳排放分解

年份	能源碳强度因素	能源效率因素	产业结构因素	经济发展水平因素	人口因素
1997	-14 999.70	14 741.17	-2 224.96	5 762.03	-49.16
1998	-16 488.80	17 348.84	-4 541.92	9 887.87	-342.30
1999	-8 627.87	11 184.91	-8 720.06	13 151.87	-967.74
2000	-9 389.16	12 259.59	-11 737.10	17 652.07	-1 281.63
2001	-10 351.20	11 935.22	-13 647.20	21 637.74	-1 308.53
2002	-10 578.80	10 499.51	-14 726.70	25 866.89	-1 105.57

续表

年份	能源碳强度因素	能源效率因素	产业结构因素	经济发展水平因素	人口因素
2003	−13 631.20	11 497.73	−14 876.20	32 255.63	−761.92
2004	−17 399.20	8 351.69	−12 485.40	39 714.94	−653.27
2005	−20 580.10	8 914.05	−13 386.00	46 092.76	−986.80
2006	−23 260.80	7 900.94	−14 613.10	47 864.91	−754.54
2007	−23 239.60	2 637.54	−12 149.30	54 478.47	−654.82
2008	−22 563.50	−1 181.52	−11 508.70	61 037.36	−370.97
2009	−23 302.90	−1 455.58	−12 300.40	61 063.34	−63.83
2010	−23 760.90	−5 569.29	−10 621.70	61 801.26	−693.92
2011	−21 876.00	−10 129.40	−9 593.74	66 567.58	−404.57
2012	−24 205.70	−9 778.49	−8 724.28	67 392.01	24.93
2013	−25 460.40	−9 777.07	−8 227.69	68 660.46	462.25
2014	−23 799.90	−12 503.90	−7 782.65	68 696.40	877.97

从中部地区来看（表 5-9），减排最重要的驱动力为能源效率因素。从 1999 年起，中部地区的能源效率因素对农业碳排放的影响持续为负，这表明在中部地区，技术的进步对农业碳减排起到持续的促进作用。

表 5-9 基于 Kaya 恒等式中部地区农业生产碳排放分解

年份	能源碳强度因素	能源效率因素	产业结构因素	经济发展水平因素	人口因素
1997	−3 281.70	2 136.02	−3 174.39	7 821.49	574.18
1998	−4 744.55	3 314.81	−7 094.64	12 022.91	1 120.94
1999	1 416.90	−8 785.96	−5 433.29	14 392.50	1 592.54
2000	−258.75	−8 187.27	−9 391.62	19 753.77	1 521.46
2001	210.48	−12 057.00	−11 304.30	23 540.37	1 922.05
2002	−5 357.53	−7 930.49	−13 321.70	27 813.49	2 317.07
2003	−9 611.90	−323.63	−17 894.50	36 429.56	2 951.02
2004	246.71	−22 415.30	−12 281.60	45 172.41	3 535.14
2005	−11 604.20	−11 830.80	−15 337.60	54 719.82	1 858.52
2006	−14 455.00	−12 964.40	−17 729.70	54 875.57	1 839.16
2007	−13 489.90	−18 914.00	−15 858.70	63 450.69	2 068.76
2008	−14 204.20	−22 437.80	−13 871.70	72 724.36	2 704.03
2009	−17 661.50	−21 637.10	−13 837.40	71 127.28	2 933.31
2010	−21 212.00	−23 741.70	−12 008.90	70 552.78	3 014.81
2011	−23 964.80	−23 225.70	−11 563.50	76 650.47	3 412.97
2012	−26 095.20	−22 982.60	−10 889.60	77 442.74	3 744.33
2013	−19 462.90	−30 737.90	−10 586.30	79 216.64	4 193.10
2014	−18 732.90	−32 436.50	−10 352.00	79 791.69	4 642.06

从东北地区来看（表5-10），减排最重要的驱动力为能源效率因素。经济增长对农业碳排放的正向效应非常显著，东北地区的经济发展对农业生产依赖显著，农业产值在地区GDP中所占比重自2010年起开始有小幅回升趋势，耕地面积的增加与农业机械使用的增加都会带来碳排放的上升。

表5-10　基于Kaya恒等式东北地区农业生产碳排放分解

年份	能源碳强度因素	能源效率因素	产业结构因素	经济发展水平因素	人口因素
1997	3 267.13	−1 501.27	−2 845.43	14 108.40	211.78
1998	−10 976.40	10 645.49	−2 909.09	20 926.26	389.51
1999	2 785.32	−956.61	−5 693.08	27 858.70	466.25
2000	3 120.82	4 077.82	−11 478.80	42 220.30	992.89
2001	3 086.65	962.86	−10 120.90	50 325.96	1 083.02
2002	4 085.83	−2 163.86	−9 833.98	58 529.42	1 158.67
2003	1 523.91	−166.14	−9 395.74	75 058.29	1 336.42
2004	1 761.99	−4 407.80	−6 634.30	93 878.03	1 506.91
2005	−1 760.78	−3 090.74	−7 207.01	111 052.50	1 619.88
2006	−600.20	−4 877.17	−8 629.25	124 088.80	1 940.20
2007	−1 070.75	−7 151.72	−7 282.87	147 445.10	2 295.08
2008	1 610.42	−12 414.10	−6 576.54	168 417.30	2 559.40
2009	4 906.45	−15 985.70	−6 714.51	183 358.30	2 898.84
2010	3 802.77	−17 376.00	−6 765.51	188 692.80	3 108.38
2011	−1 650.83	−14 977.70	−5 552.67	198 675.30	3 205.03
2012	−5 294.58	−13 789.30	−4 364.10	194 771.7	3 121.30
2013	−5 284.48	−15 303.80	−3 679.52	192 268.10	3 057.70
2014	−5 586.71	−15 407.40	−3 592.24	194 577.50	3 071.92

5.5　碳排放关联度分析

本章在上文利用Kaya恒等式识别出驱动因素的基础上，进一步运用灰色关联度模型研究各驱动因素与碳排放的关联度，以进一步探讨各地区农业温室气体减排最有效的措施。

灰色系统理论结合数学方法，将一般系统论、信息论以及控制论中的相关观点和方法延伸到经济、社会、生态等抽象系统，主要解决在系统研究中所获得的信息带有不确定性的问题。通过对少量部分已有信息的研究，获取与系统相关的信息，从而达到正确描述、有效监控系统的整体运行轨迹、演变规律的目的。灰色关联分析是灰色系统理论中的一个重要组成部分，是指通过对系统的动态变化过程进行量化分析，进而研究系统内部各个因素相互之间的相关程度，是一种综合运用定量与定性分析的方法（孙玉刚，2007）。

5.5.1 农业碳排放灰色关联度模型的构建

基于上文中 Kaya 恒等式的分解结果，可以把农业碳排放看作经济发展水平、人口因素以及能源消费量共同作用的结果。在此基础上，本章在进行关联度分析时，选取地区常住人口、人均 GDP、农业结构、产业结构、人均能源消耗、能源效率为原始数据序列，农业生产碳排放为特征母序列。具体为以下三个步骤。

（1）确定关联分析的参考序列，即农业碳排放量，记为 y_0，$y_0 = \{y_0(1), y_0(2), \cdots, y_0(n)\}$，六个比较序列记为 x_i，$x_i = \{x_i(1), x_i(2), \cdots, x_i(n)\}$，$i=1$，2，3，$\cdots$，6。由于各序列的单位各不相同，直接计算关联度会受到量纲的影响，因而需要对序列进行均值化变换，从而得到无量纲化的系统特征母序列 Y_0 和原始数据序列 X_i。

（2）根据式（5-10）计算关联系数 $\xi_i(k)$：

$$\xi_i(k) = \frac{\min\left(\min|y_0(k) - x_i(k)|\right) + \rho \max\left(\max|y_0(k) - x_i(k)|\right)}{|y_0(k) - x_i(k)| + \rho \max\left(\max|y_0(k) - x_i(k)|\right)} \quad (5\text{-}10)$$

式中，$\xi_i(k)$ 为 Y_0 与 X_i 在 k 时刻的关联系数；ρ 为分辨系数，取值一般在 0~1，通常情况下取 0.5；$|y_0(k) - x_i(k)|$ 为第 k 个时刻比较曲线 Y_i 与参考曲线 X_i 的绝对差值；$\min\left(\min|y_0(k) - x_i(k)|\right)$ 是第二级最小差，$\max\left(\max|y_0(k) - x_i(k)|\right)$ 是第二级最大差。

（3）因为关联系数数量众多，所表达的信息过于分散，不便于进行整体的比较。因此采用将各年的关联系数取平均值的方法来进行集中处理，用来表示特征母序列和原始数据序列之间的关联程度。可以根据式（5-11）确定关联度 R_i。

$$R_i = \frac{1}{n}\sum_{k=1}^{n}\xi_i(k)(k=1,2,3,\cdots,n) \quad (5\text{-}11)$$

R_i 越接近 1，说明因素之间相关性越大，特征母序列和原始数据序列之间的关系越密切。

5.5.2 关联度分析结果

按前部分所述步骤可得到农业碳排放量与各因素之间的关联度及其排序。具体如表 5-11 所示。从灰色关联分析结果可以看出,东部地区农业碳排放相关程度最高的驱动因素是农业结构,关联度已接近 1;其次是常住人口、能源效率。由于传统种植业的利润较低,东部地区部分农业资源已逐渐转向传统农业以外,因此,东部地区的农业碳排放与农业结构相关程度较高。此外,东部地区常住人口增长迅速,对农业的压力随之增大,要求农业有更高的单位面积产量,这使得同一块耕地轮作次数增加且施用的化肥、农药量上升,引起了碳排放的增加。由于东部地区技术发展水平较高,农业机械化程度高,能源需求大,能源效率的高低直接与农业生产活动的碳排放量相关。产业结构因素与农业碳排放的关联度也在 0.7 以上,二者具有较好的协调性。

表 5-11 农业碳排放量与各因素之间的关联度及其排序

指标	东部		西部		中部		东北	
	关联度	排序	关联度	排序	关联度	排序	关联度	排序
常住人口	0.892 650	2	0.914 774	1	0.933 879	1	0.859 209	1
人均 GDP	0.572 308	6	0.597 694	6	0.593 603	6	0.602 623	6
农业结构	0.976 926	1	0.868 347	2	0.890 261	2	0.767 818	3
产业结构	0.740 000	4	0.748 973	3	0.735 809	3	0.761 634	4
人均能耗	0.650 781	5	0.678 596	5	0.723 006	4	0.639 195	5
能源效率	0.785 392	3	0.738 724	4	0.691 783	5	0.781 020	2

西部和中部地区农业碳排放相关程度最高的驱动因素为常住人口,关联度均为 0.9 以上,其次是农业结构、产业结构。人均能耗、能源效率与农业碳排放的关联度均在 0.7 左右,二者与农业碳排放均有较好的协调性。

东北地区农业碳排放相关程度最高的驱动因素为常住人口,其次是能源效率、农业结构。由于东北地区地处平原,地势平坦,农田规模较大,机械化程度较高,能源消耗量较大,因此,能源利用的效率与农业碳排放量关联度较高。与其他各地区相同,东北地区的人均 GDP 与农业碳排放的关联度最低,但仅有东北地区的关联度超过了 0.6,根据灰色关联分析原则,说明二者还是具有密切的关联。

5.6 本章小结

本章主要分为两个部分，第一部分在 IPCC 推荐方法的基础上，通过 DNDC 模拟结果修正排放因子，估算了我国各地区的农业温室气体排放量；第二部分核算了各地区不同驱动因素对农业温室气体的影响。本章的主要研究结论如下：

（1）1996~2014 年，除东部地区的农业温室气体排放量有所下降外，其他地区的农业温室气体均有所上升，东部地区下降 7.59%，西部地区上升 37.14%，中部地区上升 17.95%，东北地区上升 52.44%。其中，东、中、西部的 CH_4 排放占总排放量的比重有所下降，东北地区的 CH_4 排放占总排放量的比重有所上升；各地区 N_2O 排放量占总排放量的比重在不同年份之间基本保持不变，投入物及能源相关的 CO_2 占总排放量的比重均持续大幅上升。

（2）在各个地区，经济发展水平均为农业碳排放增长最重要的驱动力，且对农业碳排放的贡献基本均为持续地增加。除西部地区人口因素对农业碳排放存在先负后正的效应外，其他地区人口因素均持续存在正效应。能源碳强度因素与能源效率因素均有明显的碳减排效果，除西部地区最主要的碳减排驱动力为能源碳强度因素外，其他地区最重要的减排驱动力均为能源效率因素。产业结构因素对农业减排也有一定的作用，但效果相对较弱。

（3）1997~2014 年，各地区的各驱动因素与农业碳排放的相关程度表现出了明显的差异。东部地区与农业碳排放关系最密切的是农业结构因素，其次是常住人口和能源效率因素；中、西部地区关联度顺序大体相同，关联度最高的是常住人口，其次是农业结构和产业结构因素；东北地区关联度最高的是常住人口，其次为能源效率和农业结构。各地区经济发展虽然明显地促进了农业碳排放的增长，但二者并未表现出明显的相关关系，仅有东北地区的经济发展和农业碳排放的关联较为密切。

第 6 章 低碳农业发展的推动系统与制约因素

6.1 低碳农业的关键维度及变化趋势

农业经济活动的温室气体排放源主要包括四个组成部分：一是农业源温室气体排放，包括水稻种植排放、牲畜肠道发酵排放、施肥（氮肥）引致的农地排放；二是农业生产直接能源消耗带来的碳排放，包括农用一次能源如煤炭和柴油等的排放；三是化肥、农药、农膜生产运输过程中隐含的碳排放；四是农业生产废弃物处置导致的温室气体排放，包括秸秆焚烧排放，粪便及其他废弃物引致的排放。

低碳农业的运行基本覆盖了上述四个方面的农业碳减排及整个农业产业链的低碳化系统活动。例如，节省和降低农用资料投入（包括化肥、农药、农膜、电力、柴油、汽油、建材等），以在节省成本的同时降低碳排放；注重生产过程的低碳管理（包括肥水使用方式、时间管理、稻田管理、粪便管理等）；优化产出结构（一方面增加期望产出，另一方面减少 CO_2 及其他非期望产出）等。若从影响的结果来看，低碳农业可以概括为如下几个关键维度，即成本、产量、碳减排能力、生态安全、经济收益、社会效益和福利变化等（图 6-1）。

一般而言，在推进低碳农业发展的过程中，随着减碳能力的加强，成本会降低，到达一定值后就会逐步增加，在强低碳阶段成本上升加速，在大面积的零排放或净碳汇农业的实施中成本可能将变得十分高昂，对收益或福利造成巨大影响。

就农产品产量看，在低碳农业的低级阶段有不断增加的可能性，然后产量会逐步下降，在强低碳战略不断推进中，农产品的产量可能明显减少，低碳能力增强可能成为整体福利增加缓慢或倒退的负向力。

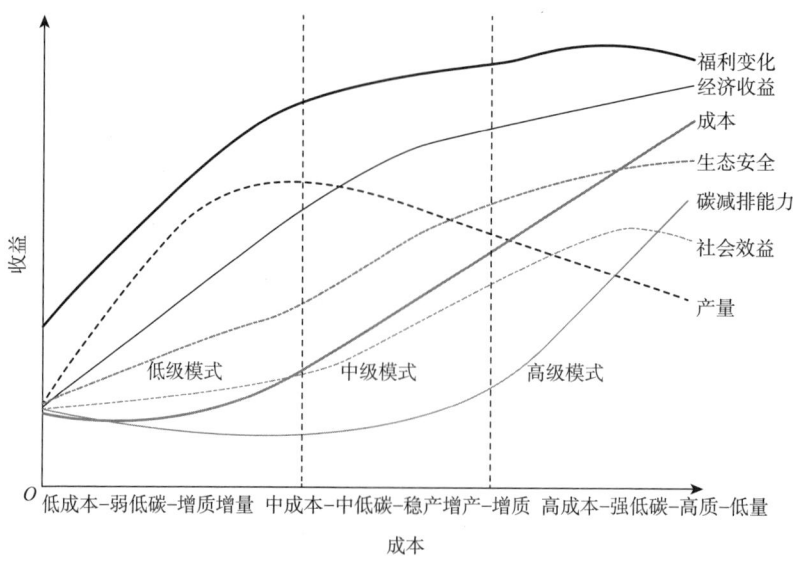

图 6-1 低碳农业的推进程度及关键维度变化

就生态安全而言，随着低碳农业推进和低碳水平提高，低碳农业的生态安全会逐步增强。

就社会效益而言，关键要处理好农业、农民和农村的关系。低碳农业一方面可以提高对城市的保障水平：输送包括有机产品和绿色产品在内的粮食和农副产品。另一方面，随着社会经济发展与进步，农民生产生活发生很大变化：①石油动力、电力等替代人力、畜力，农民生产的机械化程度不断提高；②居家耗电耐用消费品不断增加；③薪柴、秸秆等传统家庭能源消费减少，代之以煤气、煤炭、电力、柴油、汽油等消费不断增长，农村能源消费呈现商品化能源比重不断提高；④消费内容不断丰富，对环境宜居性要求不断提高。例如，农民在不断扩大居住面积，关注居住宅院美化和周围的生态环境安全。因此，低碳农业要助力降低农业碳排放，还必须处理好农业、农民和农村现代化和美丽乡村建设。从长远角度来看，要提高农民对农村自然生态资源价值的认知程度，转变使用、保护生态资源的意识和低碳意识，改变粗放使用、无偿使用、破坏性开发农村自然环境与资源的行为。同时也要注重对农村环境的改善和污染修复，为城乡居民提供生态保障、生态旅游休闲娱乐场所；促使农村解决洁净能源、水资源等问题，减少碳排放和废弃物排放，提高垃圾资源化和无害化处理率，促使农村居住环境改善，从而加快美丽乡村建设。

就经济收益而言，由于经济收益是决定低碳农业发展最直接最重要的因素，农户最直接的目标就是增加经济收益，提高可支配收入水平。在低碳农业的低级和中级阶段，显然会由于农业生产的自然环境的改善，农产品的绿色或有机比重增加，价格升高，而产量依然会增加，经济收益也不断增加。但随着低碳农业的深入推进，降低农业排放的成本快速增加，导致经济收益增长减缓甚至零增长和负增长。

就整体福利而言，随着低碳农业的推进，整体福利会增加，但在强低碳农业阶段，会由于农业的大面积减产，带动整体福利的下降。可见，灵活、积极地推动低碳农业发展战略，形成适应、适度的低碳农业水准，是保证增大福利的基本取向。

总体而言，低碳农业在这个过程中存在：低成本-弱低碳-增质增量、中成本-中低碳-稳产增产-增质、高成本-强低碳-高质-低量三个作用区段。低碳农业较好地反映了低碳经济在农业层面的核心作用和衍生效应，在农户、农村、地区、国家和全球等层面都存在一定的福利效应。但可以肯定的是，只要决策科学，可以存在和找到适应、适度的低碳农业发展战略，保证农户、农村、地区、国家及全球性的最大化福利。

6.2 低碳农业发展的推动力量

6.2.1 环境倒逼压力

农业经济在增长中不断增加投入，导致温室气体排放增加，而且引致土壤、水环境恶化等，所有这些构成了推动低碳农业发展的环境倒逼压力。

1. 农业温室气体排放引致的气候暖化压力增大，呼唤低碳农业发展

如前文所述，农业已成为温室气体的重要排放源，总排放量占到了 20%以上，若考虑产前及产后整个食物链环节，则涉农温室气体排放约占经济活动领域人为温室气体排放的三分之一。近年来，中国农业集约化的发展模式、不断增长的化肥等外源物资投入、不合理的田间管理等，也使我国农业温室气体排放量不断增加。中国农业温室气体排放（以二氧化碳当量计算）从 1990 年的 11.03 亿 t，上升到 2016 年的 13.82 亿 t，其中，CO_2 排放由 5.51 亿 t 上升到 6.91 亿 t，CH_4 的排放量由 2.86 亿 t 上升到 3.05 亿 t，N_2O 的排放量由 2.65 亿 t 上升到 3.86 亿 t（图 6-2）。温室气体排放的增加，对气候变化造成严峻的挑战，而要降低温室气体的排放，离不开农业的参与。

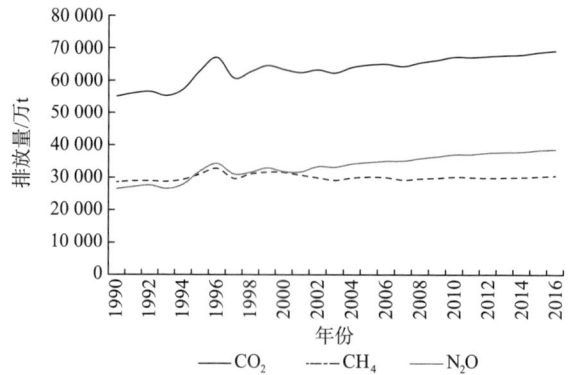

图 6-2 1990~2016 年中国农业温室气体排放
温室气体排放量以二氧化碳当量计
资料来源：http://www.fao.org/faostat/en/#data/GT

2. 农业生产引致的土壤与水污染加重，倒逼低碳农业发展

化肥的大量投入导致环境污染。大量化肥流失，汇入河流水域，导致形成化学需氧量（chemical oxygen demand，COD）、氨氮、总氮、总磷的污染。中国农业来源的 COD、总氮、总磷占全部排放的 50%以上，而这些排放主要来自化肥的大量使用和流失，肥效低下。根据第一次全国污染源普查公告数据，2007 年农业源共排放总氮 27 046 万 t，总磷 28 万 t，COD 1 324 万 t，分别占全国水污染排放总量的 57%、68%和 36%，远高于工业和生活源。近年来，中国农业污染物排放量出现一些不平衡变化，但总体仍然处于高水平排放状态，对水体污染日趋严重。例如，2011~2014 年，COD 排放从 1 186.10 万 t 下降到 1 102.40 万 t；氨氮从 82.70 万 t 下降到 75.50 万 t；总氮从 424.80 万 t 增长到 456.10 万 t；总磷从 54.20 万 t 下降到 53.40 万 t（表 6-1）。而且长期以来，大量使用化肥片面追求粮食产量的高碳农业，使得土壤环境受到了严重的破坏。化肥成品总会带进一些重金属元素或有毒物质，过量施肥会造成农田土壤中重金属积累，通过食物链不断在生物体内富集，最终危害人类健康。

表 6-1 中国农业污染物排放（流失）总量

年份	COD/万 t	氨氮/万 t	氨氮中来自种植业的占比	总氮/万 t	总氮中来自种植业的占比	总磷/万 t	总磷中来自种植业的占比
2011	1 186.10	82.70	15.14%	424.80	49.53%	54.20	11.60%
2012	1 153.70	80.60	15.16%	469.80	57.82%	54.90	10.87%
2013	1 125.80	77.90	15.21%	463.10	56.58%	54.40	10.60%
2014	1 102.40	75.50	15.23%	456.10	59.06%	53.40	10.79%

资料来源：中华人民共和国环境保护部（2014）

农药的大量使用也严重污染了土壤和水。2014年，中国农药使用量为180.69万t，是世界平均水平的2.5倍。农药的过量施用不但对环境造成了污染，引起了温室气体的大量排放，农药残留也将对食品安全构成威胁。此外，农膜及秸秆焚烧引致污染加重。目前，作为大棚、地膜覆盖物，各种农用塑料薄膜被广泛使用。据统计，2014年中国使用农膜达到258.02万t。如果管理、回收不善，大量残膜碎片散落田间，会造成农田"白色污染"。部分地区仍然存在季节性部分秸秆焚烧，没有对其充分利用。2014年中国农作物秸秆产生量近9亿t，尚未利用的达2亿t，其中很大一部分被焚烧处理。焚烧秸秆会释放大量CO_2等温室气体，增加了农业温室气体的排放。

因此，高碳主线的如此巨大的农业污染压力，日趋逼迫低碳农业战略的推进，以形成低碳主导下的农业安全、可持续发展及总体生态安全与改善。

6.2.2 技术创新驱动

当前，技术研发创新领域已经积累了许多成熟的或即将成熟的低碳技术，它们若在农业中应用推广可能会创造出可观的收益。这些技术主要包括秸秆利用等生物能源和有机肥生产技术、新型植保技术、配方施肥技术、土壤改良与绿肥有机肥养地技术、耕作技术与轮作技术等。而所有这些技术都有利于促进良好的低碳农业效应。此外，采用多种低碳集成技术也是实施低碳农业的重要策略。例如，在上海崇明东滩低碳农业试验中，通过同时使用快速秸秆厌氧发酵制沼气技术、沼气发电技术、配方施肥技术、水稻-西瓜-绿肥轮作技术、激素诱导捕虫技术、有机肥生产技术、减量投入技术、低碳建筑技术等综合集成，产生了良好的农产品增产增质、减污染、美化环境、减少CO_2排放等诸多效应。

6.2.3 低碳政策影响

迄今，我国出台了一系列的相关政策，为推进低碳农业发展战略的实施提供了支持。中国作为最大的CO_2排放国，2009年在哥本哈根会议上承诺，到2020年单位GDP排碳减少40%~45%。2015年在巴黎气候变化大会上，中国政府又宣布，到2030年中国碳排放减排60%~65%。并且中国还明确声明，中国二氧化碳排放到2030年左右将达到峰值并努力尽早达峰等一系列行动目标，并将行动目标纳入国家整体发展议程。在此背景下，近年来中国出台了一系列的相关减排政策与规划，如《国家应对气候变化规划（2014-2020年）》等，拟出台《中华人民共和国应对气候变化法》。《全国农业可持续发展规划2015-2030年》《中共中央 国务院关于加快推进生态文明建设的意见》《国务院办公厅关于加快转变农业发展方式的意见》等也都对低碳农业的发展提出了要求。在一系列计划、规划目标的制定并逐步付诸实施的同时，我国政府还出台了绿色金融政策，并推出了有机肥补贴、稳产高产田补贴和绿色无公害农产品生产基地补贴等，所有这些均有利于低碳农业的发展。

在此背景下，许多地区充分响应国家相关政策，推行低碳农业，促进生态化、低碳化现代农业发展，并取得了明显成效。例如，在各类国家相关低碳政策的支持下，上海相继出台了《上海市循环经济试点工作实施方案》，争取到国家将崇明列为国家生态文明先行示范区，制定实施了《崇明建设世界级生态岛发展"十三五"规划》等，致使该地区低碳农业进展较快。其低碳农业主要表现为：更新强化低碳农业理念、不断采用低碳技术、减少化肥农药使用、增加有机肥、加强田间管理和耕作技术改进等，推进以生态农业、有机农业为主线的低碳农业战略发展，并取得显著效果。以2014年为例，当年东滩农业园区的农作物秸秆综合利用率、畜禽粪便资源化利用率、农业灌溉水有效利用系数、生活垃圾资源化利用率分别为82.9%、84%、0.745、28.8%。按试验计划，2020年将进一步提高到90%、95%、0.8和80%；化肥、农药使用强度将分别下降到342kg/hm^{2}和8.5kg/hm^2；可再生能源发电装机容量为19.66万千瓦时；环保投入占财政收入的4.33%。2011~2014年，该地区化肥、农药使用分别从111 924t和1 313t下降到89 475t和1 225t，粮食产量从30.6万t增长到32.6万t，农业总产值从55.3亿元增长到64.2亿元。

6.2.4 国际承诺责任

目前，地球气候不断暖化是不争的事实。美国国家海洋和大气管理局2016年发布的《2015年气候状况》显示，2015年地球平均气温创下历史新高，比历史温度最高的年份高0.1℃，比工业化之前的最高平均气温高1℃。2015年多项气候纪录被打破，其中地球平均气温达到历史新高，除南极外，所有大陆都经历了创纪录或接近最高纪录的高温。此外，2015年大气中CO_2、CH_4、N_2O等主要温室气体浓度同样创历史新高。

造成地球暖化的原因主要是人为温室气体的大量排放，减少温室气体排放被认为是控制气候暖化的必由之路。为了应对全球气候变化，将21世纪全球平均气温上升幅度控制在2℃以内，并将全球气温上升控制在前工业化时期水平之上的1.5℃以内，2015年12月12日在巴黎气候变化大会上通过的《巴黎协定》，为2020年后全球应对气候变化行动做出了安排。中国于2016年9月加入《巴黎协定》，并承诺到2030年（在2005年基础上），碳强度降低60%~65%。

中国目前已成为碳排放的第一大国，2017年碳排放占全球的28%。在《巴黎协定》中，中国承诺至2030年碳排放达到顶峰。未来十年中国将需要大幅提高国际减排份额，中国的减排任务和国际压力之大将是空前的。可见，减少农业碳排放，发展低碳农业也是不可忽视的减排温室气体的重要内容。

6.2.5 国家战略要求

党的十八大报告指出，必须把生态文明建设放在突出位置。党的十八届三中全会通过的《中共中央关于全面深化改革若干重大问题的决定》又进一步提出，实行最严格的源头保护制度、损害赔偿制度、责任追究制度，完善环境治理和生态修复制度，用制度保护生态环境。党的十九大报告指出"加快建立绿色生产和消费的法律制度和政策导向，建立健全绿色低碳循环发展的经济体系"[1]。随着中国进入中等收入国家行列，中国经济发展的总战略也将转向产业结构逐步高级化、能源逐步清洁化、经济逐步生态化和环境逐步美化的可持续发展战略。其中低碳化是生态化和可持续发展的重要支持因素，而推行低碳农业，促进化肥农药减量化或零用量、耕作制度优化、土壤及水环境净化、乡村环境美化则是国家未来发展战略的重要内容。我国总体农业发展战略对低碳农业的发展提出了要求。

6.2.6 振兴乡村举措

当前，实施乡村振兴战略已成为我国全面实现小康目标，解决"三农"问题的总抓手。如何通过实施乡村振兴战略提高农民收入、减少贫困人口、实现农业农村现代化、缩小城乡差距、促进农业持续发展和保护环境，是当前"三农"领域面临的重要课题。而低碳农业发展则涵盖了这些领域，具有助力解决农村脱贫、转变农民发展观念、促进农业农村现代化和美丽乡村建设的功用。发展低碳农业同样也是振兴乡村的重要举措。

6.3 低碳农业发展的制约因素分析

6.3.1 温室气体减排的价值显化和变现困难

首先，由于收入水平和传统消费观念的制约，多数消费者更看重的是农产品

---

[1] 习近平：决胜全面建成小康社会 夺取新时代中国特色社会主义伟大胜利——在中国共产党第十九次全国代表大会上的报告. http://www.gov.cn/zhuanti/2017-10/27/content_5234876.htm, 2017-10-27.

的数量和低廉的价格，为低碳产品溢价支付的意愿有限。部分愿意为低碳农产品溢价支付的消费者也会由于市场的不完善而影响支付的积极性。由于市场的不完善，劣质产品和假冒产品的低违法成本，造成了"柠檬市场"的存在，以致市场难以支持低碳产品的发展。因此，尽管低碳农产品物有所值，价格也处于大多数消费者能接受的范围内，但鉴于当前消费者心理和市场原因，难以将低碳产品较为顺畅地货币化。

其次，CO_2 减排的环境价值可从需求曲线体现出来。然而，总需求曲线是个人需求曲线的垂直加总，CO_2 减排的价值决定于 CO_2 减排影响范围内的个人对环境需求的加总。这种需求支持下的正确定价需要完善的全球碳交易市场支持。但当前全球碳交易市场尚没有很好地建立起来，全国的统一市场亦尚未形成，地方市场也尚未建立或处于缓慢建立的过程之中。即使在试建的地方市场上，由于碳交易较少，兼以碳泄露严重，也很难在此发现 CO_2 减排的价值，故此 CO_2 减排的价值往往不断被低估。尤其是目前的碳交易没有反映地方之外对全国和全球范围内环境需求对 CO_2 减排价值的贡献。政府对农户的补贴仅仅弥补了少部分正外部性价值，致使农户的收益仅仅很少一部分被变现。因此，让农户自主减排 CO_2 的环境价值完全显化十分困难。当前 CO_2 交易价格处于低水平而且不断走低，如 2014 年，中国大部分地区 CO_2 的交易价格不足 40 元/t（图 6-3），无法弥补外部性的损失，而且总体趋于价格不断下降，迄今曾下降到最低时 9 元/t，致使低碳农业的价值显化和变现更是难以实现，这严重扭曲了低碳农业实践者的价值，长此以往，必将严重挫伤该战略的实施和推广。

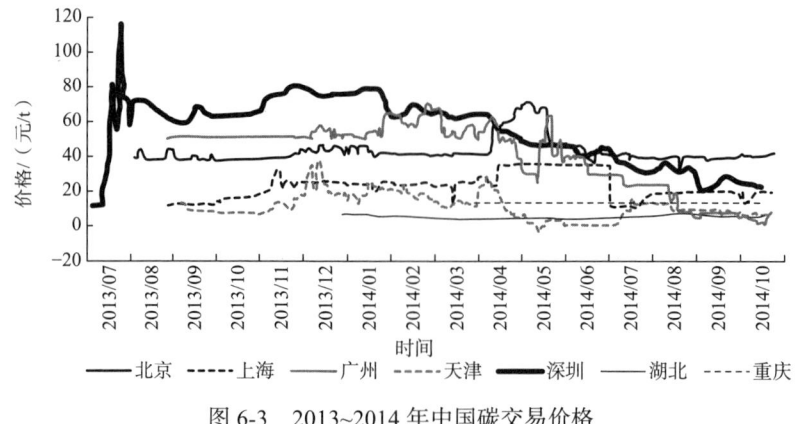

图 6-3　2013~2014 年中国碳交易价格

6.3.2　传统生产消费行为的惯性制约

长期以来，面对农产品的较低价格弹性和不发达的全国统一大市场，无论是生产者的生产行为抑或是消费者的消费行为，均有着根深蒂固的习惯与惯性。从生产方面看，面对消费者对大数量和低价格的需求，农民养成了传统的耕作习惯和经营惯性，以降低成本、增加产量为基本目标，即主要通过大量投入化肥农药、焚烧秸秆等手段降低成本，增加收益。从消费方面来看，多数消费者的消费习惯是更看重产品的价格和数量，而不是产品的质量。例如，对低碳化有机蔬菜而言，该类食品通常具有健康而且富有营养、支持环境保护和生态平衡、口味好等优点。但由于低碳农业下生产的农产品价格相对较高，消费者的购买积极性并不高。因此，要推进低碳农业发展，不仅需要改变农民的农业活动惯性，使其形成发展低碳农业的积极性和自我约束性，还需要着力培育消费者消费低碳农产品的习惯和兴趣。

6.3.3 低碳设施匮乏

常规农业需要基础设施的支撑，如水利设施、电力设施、科研设施等，而因其巨大的外部性，这些设施主要通过政府提供。目前，我国低碳农业发展所需要政府提供的低碳基础设施，如秸秆-沼气-发电设施、低碳农业综合集成技术研发设施、低碳技术共享平台、分布式电网、储能设施、生物天敌与杀虫诱捕设施、低碳农业灌溉设施、低碳文化设施、农业碳汇交易设施、低碳技术设施等，都十分匮乏。而且，低碳农业所具有的调节气候、支持生态旅游、消纳人畜粪便垃圾等生态设施的功能，亦尚未有效纳入生态基础设施建设内容。

6.3.4 金融支持不足

低碳技术的广泛采用短期内会提高成本，而农业的微利弱性使其对成本的负荷能力十分有限，这冲淡了低碳农业的直接收益，让许多实践者望而却步。因此，较为深化的低碳农业发展需要充足的基础设施支持和相关补贴。也就是说，低碳农业实施需要外在的补贴、碳减资金和外部性补偿等金融支持。如果没有低碳金融支持，一个私人投资者难以实施或持续实施低碳农业。

6.3.5 支持制度与政策的缺位以及风险规避乏力

当前中国出台了一系列节能减排政策，但以工业生产领域为主，专门针对低碳农业的政策以及足够支持低碳农业发展的政策、制度还比较缺乏。良好的农业环境政策可以激励农户自发进行农业低碳经营，从而降低农业碳排放。当前，我国对农业的支持力度越来越大，但大多是基于粮食安全及农户收入增长下的补贴与激励政策，纳入环境与低碳考量的支持政策还不多。在此条件下，农户便缺乏进行低碳生产经营的动力。此外，为了进一步释出劳动及追求产量，而不断加大对化肥、农药等外源物质的投入，进而增加了农业温室气体的排放。

在我国，农户之所以过量投入农药、化肥，部分原因还在于缺乏风险规避机制。由于农业保险的不完善，部分农户通过过量的农药、化肥投入来应对生产过程中的不确定性，以保证产量。此外，对于农户来说，当前进行低碳生产还面临着收益的不确定，在缺乏政策支持下，这种低碳经营的风险难以得到有效规避。

6.3.6 低碳农业的复杂性和高风险性

从宏观层面来看，低碳农业的发展涉及低碳技术的研发、低碳设施的建设、低碳标准的推广等，是一个庞大的系统，包含了农业生产的方方面面，而这一系统的推进，在缺乏政府强力支持下，很难实现相应的回报，社会资本进入的积极性不高。从微观层面来看，低碳农业最终要落脚到农户层面，而农户行为的改善，不仅需要相应的经济激励，还需要对相应作业标准及相关技术的掌握。基于我国农业分散、小农经营的现实，促使农户按预期低碳标准进行生产经营还面临较大的挑战。

6.4 本章小结

低碳农业的发展，既存在着推动力量，也存在着制约因素，两种力量的作用，影响着社会对低碳农业的关注及最终低碳农业的发展。成本、产量、碳减排能力、生态安全、经济收益、社会效益作为低碳农业的关键维度，影响着低碳农业的总体福利及发展。本章从环境倒逼压力、技术创新驱动、低碳政策影响、国际承诺责任、国家战略要求、振兴乡村举措等方面论述了我国发展低碳农业的主要推动力量，分析了我国发展低碳农业面临的主要困境，如温室气体减排的价值显化和变现困难、传统生产消费行为的惯性制约、低碳设施匮乏、金融支持不足等。

第7章 推进低碳农业发展的福利效应

7.1 低碳农业基本福利的空间结构效应

发展低碳农业的福利效应从横向上可以分为 4 个层次,即农村—地区—国家—全球。首先,使参与低碳农业的农户及所在农村村域收益增加,构成福利的核心内容;其次,可以惠及推动低碳农业发展的县域或市域的地方层次;再次,各地方的低碳农业发展促进国家福利的增加;最后,低碳农业的国家实践,促使全球食品更加安全,全球温室气体减排更具成效,进而促进了全球福利的增加(图 7-1)。

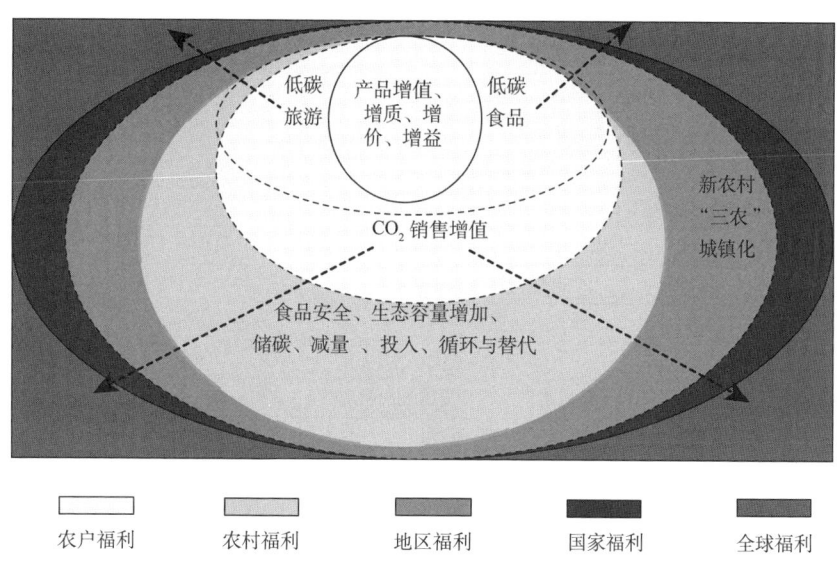

图 7-1 低碳农业基本福利的空间结构示意图

在这样的福利结构中,低碳与农业结合后,虽然给农户带来的直接收益占全部低碳农业收益的比重不大，更多的收益，尤其是大部分的环境与社会收益都外部化了，或在一定程度上影响农户参与和推进低碳农业的积极性，却可以为农业经济及地区、国家和全球的未来发展带来巨大好处。因此，地区政府、国家及若干国际组织对低碳农业应积极倡导并着力支持。若从低碳农业的非农户影响看，其对所在的农村地域的影响最为深刻，对更大范围的地区、国家和国际社会的影响逐渐减小。这种影响正好契合了当前"三农"问题的解决、美丽乡村的建设、乡村振兴战略的实施和城乡发展一体化的目标规划。例如，在上海崇明的低碳农业发展中，化肥和农药的投入在 2014 年就控制在了 $342kg/hm^2$ 和 $8.5kg/hm^2$ 的水平，农作物秸秆综合利用率达 82.9%，生活垃圾资源化利用率为 28.8%。预计到 2020 年，化肥和农药的投入将进一步下降为 $300kg/hm^2$ 和 $8kg/hm^2$，农作物秸秆综合利用率将超过 95%，生活垃圾资源化利用率超过80%，其他指标也将有所改善，产业结构大幅度升级（表7-1）。与此同时，随着收入的不断增加，农民的现代农业科学素养也不断提高，"农民"正在趋向职业化。所有这些，自然会促进"三农"问题的解决，并有助于美丽乡村建设以及乡村振兴和城乡发展一体化。

表 7-1 崇明低碳、循环、绿色经济的各项指标

指标分类	序号	指标	2014 年	2020 年目标
综合利用	1	农作物秸秆综合利用率	82.9%	>95%
	2	畜禽粪便资源化利用率	84%	95%
	3	农业灌溉水有效利用系数	0.745	0.745
	4	城镇污水集中处理率	85%	>85%
	5	农村生活污水集中处理率	—	75%
	6	生活垃圾资源化利用率	28.8%	80%
生态环境保护	7	化肥施用强度/（kg/hm^2）	342	300
	8	农药施用强度/（kg/hm^2）	8.5	8
	9	生态保护地面积比例	—	83.1%
	10	农田土壤内梅罗指数	0.56	0.70
	11	自然湿地保有率	73.78%	38%
	12	骨干河道水质达到Ⅲ类水域比例	—	95%
	13	人均公共绿地面积/m^2	13	15
	14	占全球种群数量1%以上水鸟物种数/种	—	≥10
	15	森林覆盖率	21.6%	28%
	16	空气质量指数（air quality index，AQI）达到优良天数比例	77%	80%以上
	17	非化石能源占一次能源消费比重	23%	30%

续表

指标分类	序号	指标	2014 年	2020 年目标
生态环境保护	18	可再生能源发电装机容量/千瓦时	196 600	400 000~500 000
	19	新建民用建筑绿色建筑比例	11.56%	100%
	20	水资源开发利用率	49.1%	60%
循环型社会文化培育	21	节水器普及率	81.7%	90%
	22	二级及以上能效家电产品市场占有率	62%	67%
	23	政府采购有关绿色产品比例	21.9%	25%
	24	资源节约和生态环保投入占财政支出比例	4.33%	5%
	25	生态文明知识普及率	—	90%以上
	26	公众对环境满意率	—	>95%
经济	27	经济增长率	7.9%	7%以上
	28	乡村旅游直接收入年均增长率	12.5%	10%以上
	29	第三产业增加值占 GDP 比重	41.6%	>60%
	30	无公害食品认证率	30%	90%

资料来源：根据《上海市崇明统计年鉴（2015 年）》《崇明世界级生态岛发展"十三五"规划》《崇明区"十三五"循环经济发展规划》

7.2 低碳农业经济、生态、社会的纵向解构效应

低碳农业的效应包括直接效应和间接效应，即低碳农业在保证和促进粮食安全的同时，存在巨大的生态的和社会的溢出效应。

7.2.1 可观的经济效应

低碳农业生产的低碳农产品与通过过量化肥、农药使用生产的高污染的农产品比较，具有产品安全、品质更好的特性，因此售价更高，单位农产品收益更大。同时，低碳农业工程在低碳水平的低级或中级阶段，可以同时带来产品产量的增加（图 6-1）。因此，如果价格效应和产量效应都增加，必然给低碳农业带来良好的增值效应。如果价格效应大于产量效应，也会带来增值。例如，在上海崇明东滩低碳农业园区的试验中，产量效应和价格效应都已显现，其产值由 500 多万元增加到 925 万元。当然，随着低碳水平的提高，可能带来产量的减少。这时，如果价格效应低于产量减量效应，就可能带来增值减少，此时低碳农业在更大程度上带来的是生态效应及社会效应。总之，合理的低碳农业发展可以带来农业生产的增质、增值，进而产生直接可观的经济效应。

7.2.2 显著的生态效应

首先,低碳农业具有节约投入与减排控污效应。低碳农业的关键措施之一就是减少过量的化肥和农药投入,其直接效应即表现为节省成本,并带来明显的 CO_2 减排效应。上海崇明东滩低碳农业园区的试验表明:使用配方施肥和科学管理技术后,2011 年玉米、小麦、水稻等作物在 2008 年的基础上减少了 30%的化肥投入,但没有减少产出水平,这自然降低了成本。同时,减少化肥投入带来了 16.85t CO_2 当量 t 氮肥、8.21t CO_2 当量 t 磷肥和 4.18t CO_2 当量 t 钾肥的碳排放。2011 年由于有机肥替代、有机肥和化肥配施,节省或减少化肥施用,园区比 2008 年减少了 975.93t 由化肥施用所带来的 CO_2 当量排放。另一项初步计算同样表明,上海实施化肥、农药减量化的低碳农业措施以来,取得了很好的成效。2014年,上海的农药、化肥使用相较于1999年分别减少了65.90%和50.34%,单位耕地排放的 CO_2 也相应地减少了40%,而单位耕地的粮食明显增产,收益也明显增加。此外,低碳农业的推进还会逐步控制农业面源污染,进一步提高环保投资能力、农村污水废气及生活垃圾的达标排放率与处理控制能力。

其次,低碳农业具有资源循环利用及减排增值效应。低碳农业的另一基本特征是充分利用秸秆及相关农业废弃物,开发生物能源、有机肥,替代化石燃料和化肥,从而降低成本,减排 CO_2。上海崇明东滩低碳农业园区的试验表明,将秸秆、畜禽粪便、厨房垃圾等纳入 CPU(central processing unit,中央处理单元),可产生沼气、电力、有机肥,进而构造循环通道。如此,可减少 CO_2 排放 3 355.28t,并通过生产沼气、有机肥等带来 70 多万元的经济效益。而且,从长期来看,有机肥的使用可以增强土壤肥力,平衡营养,减少土壤化学污染和土壤板结,进而促进农作物增产。因此,预计东滩地区未来的农作物还会增产5%~10%。循环减排还可以从绿肥养地技术中得到体现。东滩绿肥生物养地试验的结果表明,种植绿肥能够不同程度地提高土壤有机质含量,其中紫云英、蚕豆、豌豆、黑麦草、黄花苜蓿翻埋还田后,土壤有机质含量分别比对照土壤中含量多 2.00g/kg 左右。这表明:种植紫云英、蚕豆、豌豆、黑麦草等绿肥更有利于农田土壤固碳,它们每年每 hm^2 可固定 CO_2 19 500kg。而绿肥生物养地技术应用后,下茬水稻每 hm^2 可减少氮肥投入 10%~30%(折合纯氮 22.5~67.5kg),可间接减少 450~1 350kg CO_2 排放。

再次,低碳农业具有土壤减排增汇及总体碳排放控制效应。总体而言,中国 20 世纪 80 年代以前农户的农业生产主要以绿肥、农家肥等为主要肥料,化肥仅作为辅助。80 年代后期以来,农户逐步减少费时费力的有机肥使用,替代以化肥，致使土壤贫瘠，储碳能力减弱。通过重新增加有机肥使用，可减少因化肥使用所带来的不断增多的碳排放，同时增加土壤储碳能力。

最后，低碳农业具有促进环境安全效应。农业田间管理是低碳农业发展的重要内容。一方面，通过稻田管理等可以减少化肥、农药的使用，进而改善土壤环境，提高地表水和地下水水质，增加物种多样化；另一方面，加强投入管理可以减少过量灌溉，节省电力，进而助力大气环境和噪声污染的解决。

综上所述，发展低碳农业可以促进整体环境质量与安全水平的提高。

7.2.3 良好的社会效应

低碳农业可以促进城镇化的发展、"三农"及若干社会问题的解决。例如，低碳农业作为少肥少药的新农业，可以为城市提供绿色安全食品，保障城镇生活；作为少耕的新农业，减少了农村耕地占用和劳动力需求，不仅可为城市建设储备土地，还可以为城镇发展提供劳动力和常住人口，推动城镇化发展；作为具有提供绿色基础设施功能的新农业，减少了风沙、洪涝和大气污染等，可以为城市提供绿色、安全的休闲空间，有利于推动生态农业旅游的发展，进而增加收益和就业。而对于都市农业而言，发展低碳农业，更为城市低碳科技发展创造了条件，农业废物利用美化和优化了城市景观，提升了不动产价值，这在实施乡村振兴战略、推进美丽乡村建设的同时，也部分地解决了"三农"问题，增强了城镇竞争力。

以上海崇明为例，自生态岛和生态农业战略推进以来，上海崇明岛的生态村、低碳社区、低碳农业、生态农业发展迅速。自 2013 年上海生态农业发展有限公司成立以来，确立了崇明生态农产品在上海市场的品牌效应，当年在市区新开设门店 205 家，崇明农产品在上海市区销售额达 7 亿元。与此同时，崇明的生态休闲旅游业亦稳步发展，据2015 年资料统计，崇明共接待游客466.8 万人次，实现营业收入 10.0 亿元左右，比上年增长 34.9%。

7.3 低碳农业发展的实证分析：以崇明东滩低碳农业园区为例

7.3.1 案例概述

崇明东滩低碳农业园位于崇明岛东片区。该园区毗邻东滩湿地，环境良好，农地的适应性高，具有建设低碳农业的理想条件。该区总占地 200hm²，其中耕种面积为 166.7hm²，是上海市科学技术委员会在 2008 年正式委托上海实业东滩投资开发（集团）有限公司研究并建设的生态低碳岛项目和循环经济现代农业项目。该园区分为生态农业种植区、生物质能系统示范工程区（中心处理单元）、农业展示休闲区、基本物质循环与流动区（图 7-2），是一个典型的低碳农业的试验项目。

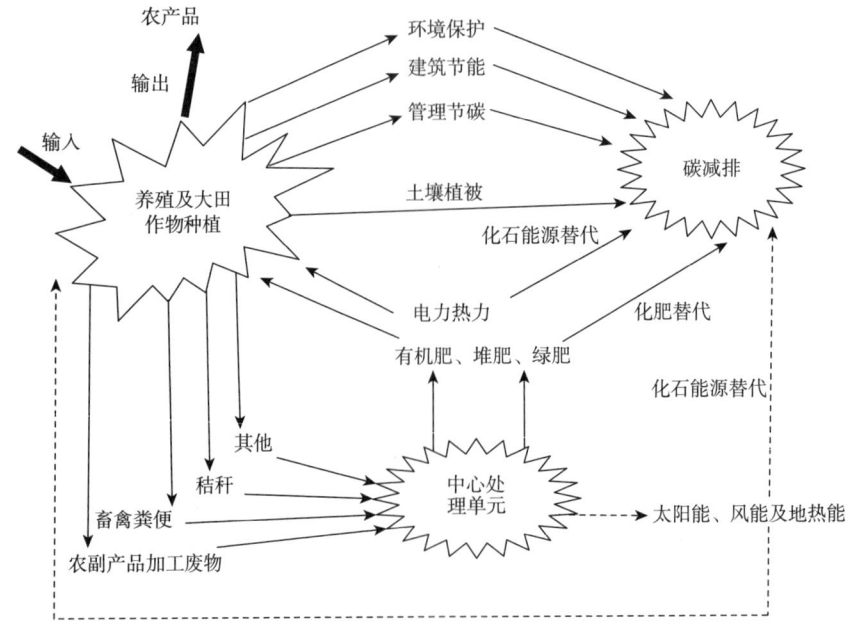

图 7-2　东滩低碳农业园区的基本物质流动结构示意图

该项目以低碳集成技术与农业密切结合为核心，其基本内容主要是，以低碳集成技术，如秸秆快速厌氧发酵沼气生产技术、秸秆和沼渣及畜禽粪便有氧发酵和快速翻倒有机肥生产技术、生物养地技术、有机肥-化肥配施技术、生物及物理农作物病虫害控制技术、增加土壤碳汇技术、化肥农药减量投入技术、低碳建筑技术、低碳管理技术、控耕免耕技术、清洁能源替代技术等装备农业，以低碳理念为引导，以试验和示范为目标，以政府研发资金为支持，构造低碳农业实践。

7.3.2　低碳农业的评估体系

诚如前文所述，低碳农业具有多方面的效应，其福利分属于农户、农村、地区、国家和全球层次。衡量、识别和解构这些效应对调控和发展低碳农业十分重要。虽然这种解构可以用福利、效用、收益等综合指标衡量，但它们不能体现具体的解构和性质。鉴于此，为了反映更丰富的低碳农业效应水平，本部分研究以东滩试验前后数据的对比，利用多指标法中的层次分析法（analytic hierarchy process，AHP）（详见 7.3.3 节），对东滩试验园区低碳农业的效应进行分析评价。

基于上述关于低碳农业的效应分析，遵从代表性原则、简洁性原则、全面性原则和非重复性原则，研究初步选择了由 43 个指标构成的比较宽泛的指标体系，然后征询专家意见，确定了 33 个二级指标，6 个一级指标，以之构成衡量低碳农业效应的指标体系（图 7-3），最后利用 AHP 对低碳农业的效应进行了分析评价。具体如下所示。

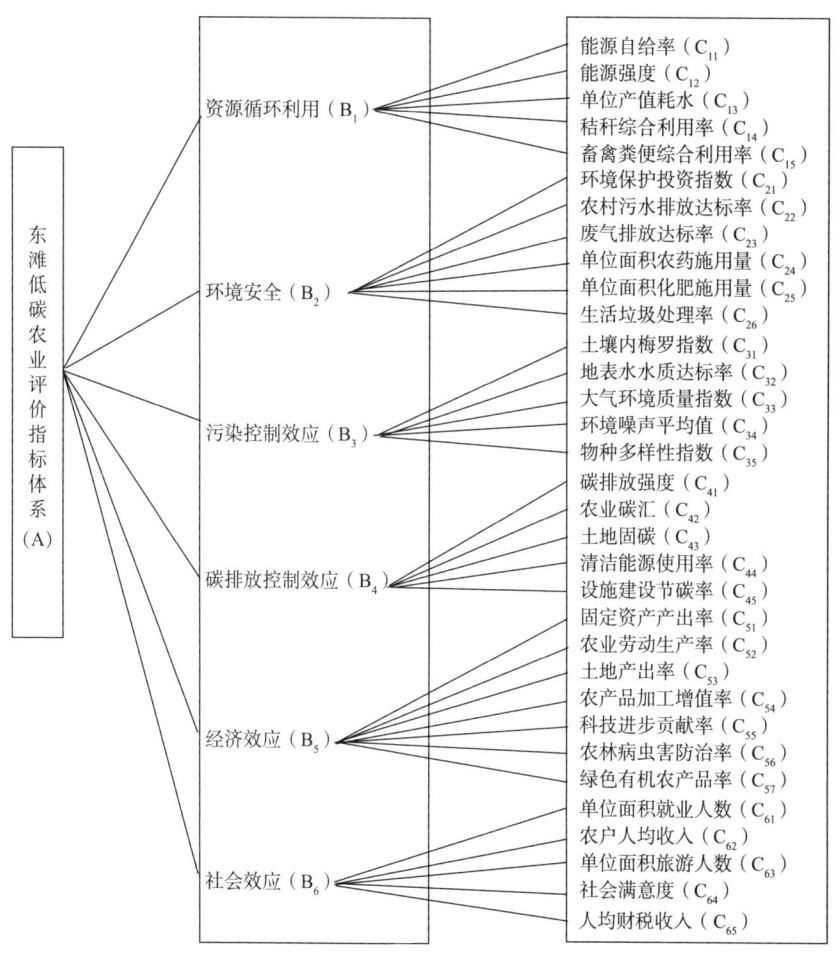

图 7-3　低碳农业效应评价层次结构图

（1）资源循环利用，具体表达指标：能源自给率（C_{11}），能源强度（C_{12}），单位产值耗水（C_{13}），秸秆综合利用率（C_{14}），畜禽粪便综合利用率（C_{15}）等。

（2）环境安全，具体表达指标：环境保护投资指数（C_{21}）；农村污水排放达标率（C_{22}）；废气排放达标率（C_{23}）；单位面积农药施用量（C_{24}）；单位面积化肥施用量（C_{25}）；生活垃圾处理率（C_{26}）等。

（3）污染控制效应，具体表达指标：土壤内梅罗指数（C_{31}），地表水水质达标率（C_{32}），大气环境质量指数（C_{33}），环境噪声平均值（C_{34}），物种多样性指数（C_{35}）等。

（4）碳排放控制效应，具体表达指标：碳排放强度（C_{41}），农业碳汇（C_{42}），土地固碳（C_{43}），清洁能源使用率（C_{44}），设施建设节碳率（C_{45}）等。

（5）经济效应，具体表达指标：固定资产产出率（C_{51}）；农业劳动生产率（C_{52}），土地产出率（C_{53}），农产品加工增值率（C_{54}），科技进步贡献率（C_{55}），农林病虫害防治率（C_{56}），绿色有机农产品率（C_{57}）等。

（6）社会效应，具体表达指标：单位面积就业人数（C_{61}）；农户人均收入（C_{62}）；单位面积旅游人数（C_{63}）；社会满意度（C_{64}）；人均财税收入（C_{65}）等。

这些指标的逻辑结构见图 7-3，其中（1）~（4）可以归结为环境效应。

7.3.3 权重计算

本书采用 AHP 模型计算权重。AHP 首先由 Saaty 提出，它是一种将决策者对复杂系统的决策思维过程模型化的方法，其步骤为以下三步。

（1）弄清决策目标与需要遵循的准则和主要约束，确定主要的表达指标，构造层次结构图（图 7-3）和判断矩阵。

（2）层次单排序及一致性检验：设某个判断矩阵为 A，$\lambda_{\max}$ 是 A 的最大特征值，W 是相应的特征向量，即 $AW = \lambda_{\max} W$，它的解 W 是层次单排序的结果。

如果指标 $CR = CI/RI < 0.10$，则可认为该判断矩阵有满意的一致性。其中，$CI = (\lambda_{\max} - M)/(M-1)$，式中 M 为判断矩阵的阶数，RI 为判断矩阵的随机平均一致性指标，是一个只随判断矩阵阶数变化的常数。

（3）层次总排序及一致性检验：设 $K-1$ 层上 $N^{(K-1)}$ 个元素相对于总目标的排序权重向量为 $(W_1^{(K-1)}, W_2^{(K-1)}, \cdots, W_{N(K-1)}^{(K-1)})$，第 K 层上 $N^{(K)}$ 个元素对 $K-1$ 层上第 j 个元素

的排序权重为 $\left(p_{1j}^{(K)}, p_{2j}^{(K)}, \cdots, p_{N(K)j}^{(K)}\right)$，则第 K 层上元素对总目标的合成权重为

$$\left(W_i^{(K)} = \sum_{j=1}^{N^{(K-1)}} (p_{ij}^{(K)} W_i^{(K-1)})\right), \quad i = 1, 2, \cdots, n$$

判断矩阵的一致性指标 $\text{CR} = \text{CI}/\text{RI}_j$，其中，$\text{CI} = \sum_{j=1}^{N^{(K-1)}} \left(W_j^{(K-1)}\right) \text{CI}_j$，$\text{RI} = \sum_{j=1}^{N^{(K-1)}} \left(W_j^{(K-1)}\right) \text{RI}_j$，则 $\text{CR} = \sum_{j=1}^{N^{(K-1)}} \left(W_j^{(K-1)}\right) \text{CI}_j \Big/ \sum_{j=1}^{N^{(K-1)}} \left(W_j^{(K-1)}\right) \text{RI}_j$，若 $\text{CR}<0.10$，则认为有满意的一致性。

7.3.4 数据处理

由于各指标量纲不同，本书通过最大值-最小值标准化来实现各指标的可加性。各指标的最大值和最小值对绩效指数绝对值影响很大，为保证其科学合理，最大值和最小值主要按照国家的相关标准及有关参考值而确定，涉及标准和参考数据很多，在此不逐一列出。

由于指标具有正向、负向和中性之分，正向指标与目标之间关系表现为越大越好，在原始数据标准化过程中采用如下公式处理：

$$X_i' = (X_i - X_{i\min})/(X_{i\max} - X_{i\min}) \ (i = 1, 2, \cdots, n)$$

式中，X_i' 为指标标准化数值；X_i 为第 i 个指标原始值；$X_{i\max}$ 和 $X_{i\min}$ 分别为第 i 个指标原始值中最大和最小的数值（下同）。若指标为逆向指标，它与目标之间关系表现为越小越好，在原始数据标准化过程中可以用如下公式处理：

$$X_i' = (X_{i\max} - X_i)/(X_{i\max} - X_{i\min}) \ (i = 1, 2, \cdots, n)$$

若指标为中性指标，指标值越趋近某一目标值就越好。处理方法为

$$X_{jz} = |X_j - X_{jz}|, \quad X_{jz}' = (X_{jz\max} - X_{jz})/(X_{jz\max} - X_{jz\min}) \ (j = 1, 2, \cdots, n)$$

式中，X_j 为第 j 个指标的原始值；X_{jz} 为第 j 个指标的最佳值；X_{jz}' 为第 j 个指标的标准化值；$X_{jz\max}$、$X_{jz\min}$ 分别为第 j 个指标中的最大值与最小值。

7.3.5 综合绩效计算

利用标准化指标数据和相对权重数值，就可计算综合绩效指数。为充分体现基层指标的独立性和高层指标的可互替与可融合性，构造如下计算公式：

$$R_i = \sum_{i=1}^{n} W_i \times X_i'' \quad (i=1,2,\cdots,n)$$

式中，W_i 为指标权重；X_i'' 为各指标标准化数值；R_i 为综合指数。

7.3.6 结果及分析

基于构建指标体系，利用专家系统建立判断矩阵，计算出图 7-3 所示各指标的权重（表 7-2、图 7-4），并进一步计算出低碳绩效（表 7-3）。

表 7-2 A-B 层指标权重

指标	B_1	B_2	B_3	B_4	B_5	B_6
权重	0.171 7	0.131 1	0.138 2	0.206 2	0.262 0	0.089 7

注：CR≤0.10，则认为有满意的一致性；本表数值进行过舍入修约，故总和并不为 1

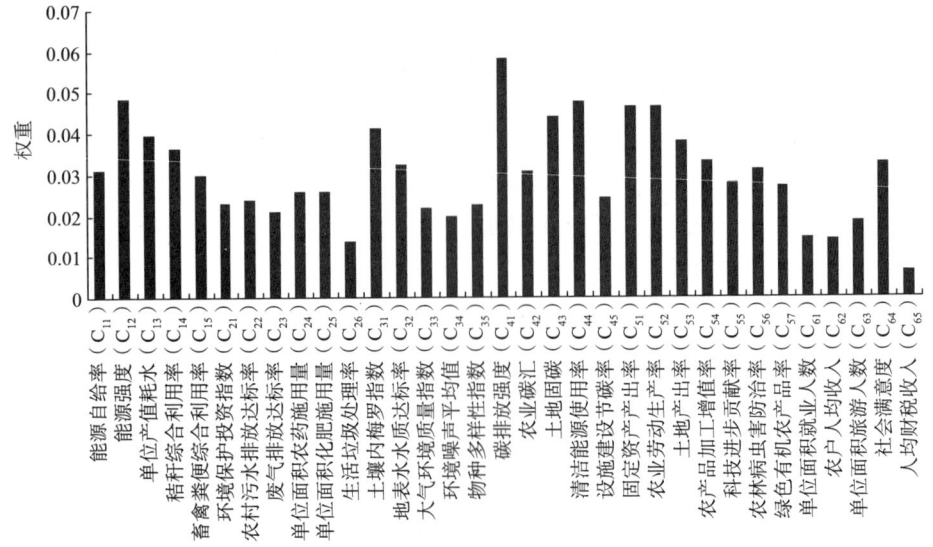

图 7-4 A-C 层指标权重图

表 7-3 各指标的最终得分及综合绩效指数

指标	园区本底绩效分数	园区运行后绩效分数	上海常碳绩效分数
能源自给率（C_{11}）	0	3.12	0.23
能源强度（C_{12}）	4.85	4.85	4.01
单位产值耗水（C_{13}）	1.99	1.99	1.99
秸秆综合利用率（C_{14}）	1.41	3.66	2.66

续表

指标	园区本底绩效分数	园区运行后绩效分数	上海常碳绩效分数
畜禽粪便综合利用率（C_{15}）	3.00	3.00	1.92
环境保护投资指数（C_{21}）	2.23	2.32	2.32
农村污水排放达标率（C_{22}）	0	2.40	2.27
废气排放达标率（C_{23}）	0	2.10	1.18
单位面积农药施用量（C_{24}）	1.99	2.05	1.74
单位面积化肥施用量（C_{25}）	1.66	2.04	1.20
生活垃圾处理率（C_{26}）	0.25	1.36	0.72
土壤内梅罗指数（C_{31}）	4.11	4.11	4.11
地表水水质达标率（C_{32}）	1.82	2.93	1.82
大气环境质量指数（C_{33}）	2.08	2.08	1.63
环境噪声平均值（C_{34}）	2.00	2.00	0.62
物种多样性指数（C_{35}）	1.88	2.26	1.51
碳排放强度（C_{41}）	5.42	5.84	3.39
农业碳汇（C_{42}）	2.14	2.37	1.18
土地固碳（C_{43}）	1.77	3.54	0.83
清洁能源使用率（C_{44}）	0	4.79	1.83
设施建设节碳率（C_{45}）	0	1.89	2.42
固定资产产出率（C_{51}）	1.94	3.30	2.46
农业劳动生产率（C_{52}）	4.17	4.67	2.46
土地产出率（C_{53}）	1.79	3.22	2.88
农产品加工增值率（C_{54}）	2.21	3.31	2.21
科技进步贡献率（C_{55}）	1.95	2.74	1.95
农林病虫害防治率（C_{56}）	2.78	2.96	2.43
绿色有机农产品率（C_{57}）	2.59	2.71	0.83
单位面积就业人数（C_{61}）	0.10	0.12	0.75
农户人均收入（C_{62}）	1.13	1.41	0.88
单位面积旅游人数（C_{63}）	0	0.29	1.79
社会满意度（C_{64}）	1.09	2.99	2.94
人均财税收入（C_{65}）	0	0	0.47
综合绩效得分	58.36	88.41	61.61

资料来源：原始数据来自上海实业东滩投资开发（集团）有限公司

表7-3显示，东滩低碳园区运行后的综合绩效指数为88.41，比58.36的常规

农业综合绩效指数高了 30.05 个百分点，比整个上海郊区常碳绩效分数高出了 26.80 个百分点，这充分显示了低碳农业所带来的明显正效应。

在具体的低碳农业效应中（表 7-2），环境效应比重最高，达到 64.72%（$B_1+B_2+B_3+B_4$）；其次为经济效应（B_5），占 26.20%；最后是社会效应（B_6），占 8.97%。其中的经济效应主要归农户所有，其他效应主要以外部性形式呈现，这也反映了在巨大的外部性面前，要发展低碳农业困难重重。而从低碳农业的角度出发，我们又可以发现，重视其广泛的溢出效应，从更多受益者的角度支持农业低碳化发展，具有更重大的意义。

计算结果还显示，能源自给率（C_{11}）、能源强度（C_{12}）、单位产值耗水（C_{13}）、秸秆综合利用率（C_{14}）、地表水水质达标率（C_{22}）、土壤内梅罗指数（C_{31}）、碳排放强度（C_{41}）、农业碳汇（C_{42}）、土地固碳（C_{43}）、清洁能源使用率（C_{44}）、固定资产产出率（C_{51}）、农业劳动生产率（C_{52}）、土地产出率（C_{53}）、农产品加工增值率（C_{54}）、农林病虫害防治率（C_{56}）、社会满意度（C_{64}）等指标的权重都大于 0.03，表明这些指标对低碳农业综合效应的贡献非常大（图 7-4）。

进一步分析各个 C 层指标可以发现，除了少数几个指标外，低碳技术集成运用于农业发展后，大部分指标都有了不同程度的提高。这表明：低碳农业通过采用秸秆-沼气-电力热力综合生产技术，促进了生物质能源开发与资源循环利用。同时，集成技术的采用还促使能源强度、排碳强度等有了很大幅度的下降，CO_2 的减排成效显著（图 7-5）。目前，园区可减排 CO_2 10 156.21~12 156.12t/yr，平均每亩（1 亩≈666.67m^2）土地可减少CO_2排放 4.05~4.86t/yr。相较于本地常碳农业每生产万元增加值必须付出排放 11.78t CO_2 的代价，运行后每生产万元增加值会增加 10.98~13.14t CO_2/万元的碳汇，基本实现了零碳排放或较少的碳汇。

经济效益的明显提高具体表现为，相对原有状态，增加值增加了 66.85%。农业劳动生产率、土地产出率、农产品加工增值率、科技进步贡献率、农林病虫害防治率、绿色有机农产品率都有了明显的提高。从东滩低碳农业园区运行后各绩效指标的得分率看，主要指标的得分率都很高，这表明：低碳农业的经济效益得到很大提高，污染控制能力和环境质量提高明显。

社会满意度、人均财税收入等得分很高，而单位面积就业人数、单位面积旅游人数等指标得分率较低，但也有了一定的提高。这也表明社会效应良好，具体可表现为居民享受到更多的社会福利；这同时也有利于推进新型城镇化，增加居民收入，有利于实施乡村振兴战略，解决"三农"问题。

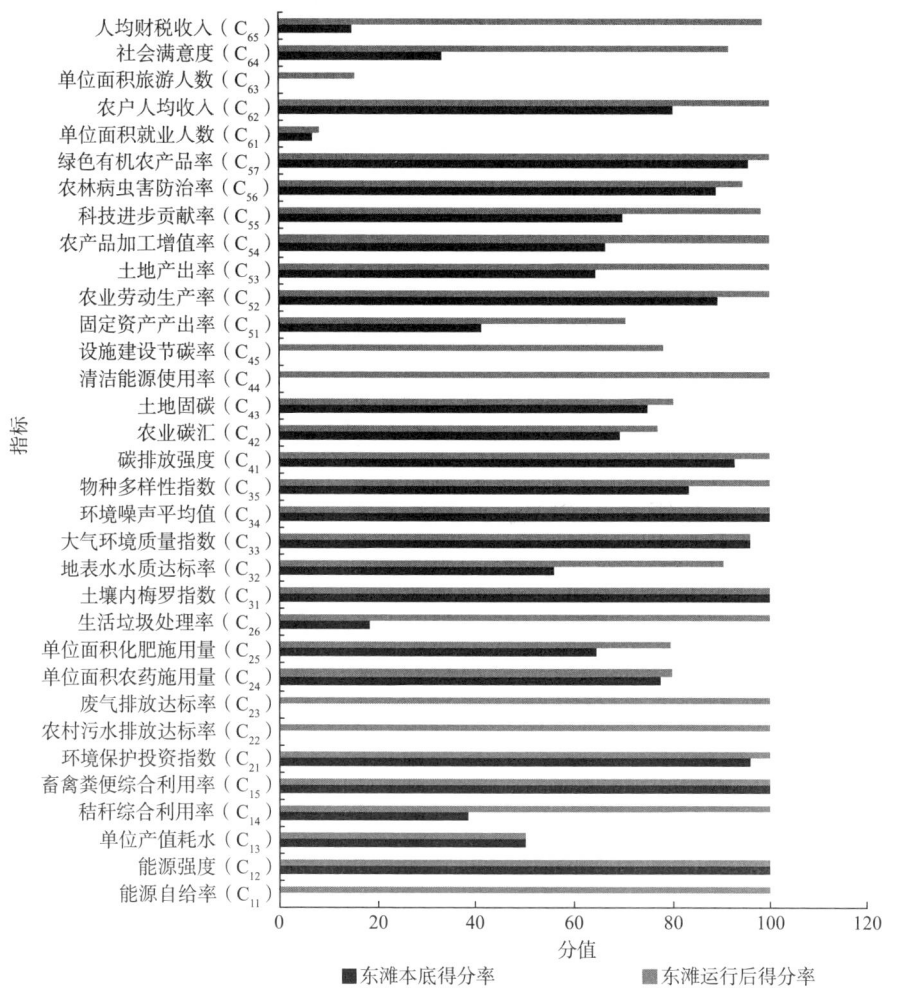

图 7-5 低碳农业效应的细分指标变化

总体而言，适度的低碳农业将大幅度推动农业劳动生产率提高，在明显增加粮食产量和加强粮食安全的基础上，产生巨大的期望溢出效应，明显增加国民福利和长远的可持续发展福祉。

7.4 本章小结

推进低碳农业发展、降低农业温室气体排放，最终的目标在于提高总体的福利水平。发展低碳农业不仅是应对全球气候变化的被动性措施，还可以带来不同层面的收益。总体来看，低碳农业的推进，对于农户、农村、地区、国家以及全球都存在着巨大的影响，具有较强的正外部性。本章分别从经济、生态以及社会层面较为详细地论述了发展低碳农业的潜在福利效应，进一步说明了发展低碳农业的重大意义。在此基础上，本章还以崇明东滩为例，实证分析了低碳农业对地区发展的影响，进一步具体分析了低碳农业的福利效应。

第三篇
农业减排潜力与路径：以稻田为例

第8章 有机肥对稻田 CH_4 排放量影响的测度

8.1 稻田与温室气体排放

水稻是世界上最主要的粮食作物之一,全球有超过三分之一的人口以稻米作为主食(van Nguyen and Ferrero, 2006)。全球有 113 个国家种植水稻,水稻总面积约为 $1.6×10^8 hm^2$[①]。水稻生产区域主要集中在亚洲,亚洲的水稻产量约占世界总产量的 90%(Leung et al., 2002)。中国水稻种植历史悠久,稻田面积约占全国耕地总面积的 1/4,约占世界稻田面积的 20%。由于稻田在我国农业温室气体排放中占有较高的比重,因此,发展低碳农业需要对稻田温室气体排放予以重点关注。本书的第三篇将聚焦于稻田温室气体排放,以传统的野外观测试验为基础,研究不同施肥方式下稻田系统的温室气体排放特征。此外,还将应用 DNDC 模型,进行一系列的稻田温室气体排放情景模拟试验。第三篇(第 8 章至第 13 章)主要是在保证水稻产量的前提下,研究稻田温室气体减排的潜力与路径。而本章(第 8 章)将重点阐述气候变化背景下稻田 CH_4 的减排潜力。

目前气候变化的主要原因是大气中温室气体浓度的不断增加,其中 CO_2、CH_4 和 N_2O 是三种最重要的温室气体,而稻田生态系统及其特殊的湿地环境则是这三种温室气体的主要排放源(徐华,2000)。除了水稻生长过程中呼吸作用产生的 CO_2 外,稻田长期处于淹水状态,使得土壤、水层与大气缺乏足够的气体交换,从而引起一系列的生物化学反应,产生 CH_4 和 N_2O 等温室气体。CH_4 和 N_2O 的排放对全球气候变化的贡献占温室气体总贡献的 30%左右,在水稻耕种期间,除了水层、土层及根际微环境具有氧化层外,其余大部均为无氧状态。复杂的

[①] 美国农业部 2014 年数据。

有机质大分子在无氧环境下被微生物利用分解形成低分子物质，并在厌氧条件下，被产甲烷菌所利用，进一步还原形成 CH_4，随后一部分被甲烷氧化菌吸收利用，剩下的通过水体或植株传至大气中，即稻田 CH_4 排放包括产生、氧化和传输三个过程。CH_4 排放量取决于厌氧环境中 CH_4 的产生和"好氧-厌氧"界面中 CH_4 的氧化以及传输效率（Conrad et al., 2007；张广斌等，2011）。CH_4 的增温效果相当于 CO_2 的 28 倍（D'Imperio et al., 2017），稻田 CH_4 排放量的多少将对全球气候变化产生重要的影响。

众所周知，为了提高水稻产量，满足人类需求，化肥被长期大量地施用于农田，但随之人们也逐渐认识到长期使用化肥会导致土壤酸碱度失衡、改变土壤结构、影响土壤速效养分和降低土壤有机质含量等（Linquist et al., 2012）。近年来，为了保持土壤肥力，保证粮食产量和品质，化肥的施用量正在逐步减少。而有机肥种类纷繁，如传统的厩肥、商品有机肥、绿肥和沼液等，取材便宜，对土壤的改良效果显著，越来越受到大面积推广（Das and Adhya, 2014；Smith et al., 2014）。与此同时，有机肥施用所引起的温室气体排放的变化，也引起了人们的关注（Diacono and Montemurro, 2010；Malyan et al., 2016）。大量田间试验结果表明，施用有机肥会显著增加稻田生态系统的 CH_4 排放量（Linquist et al., 2012；Zhao et al., 2016；刘红江等，2016；纪洋等，2017）。为了更加深入地探讨有机肥对稻田 CH_4 排放的影响，在全球气候变化大背景下减少稻田 CH_4 排放量，本书一方面基于田间试验站，长期实时观测稻田 CH_4 排放量，另一方面通过稳定同位素示踪，结合室内监测，综合剖析有机肥影响稻田 CH_4 排放的原因，以期寻找减少稻田 CH_4 排放的途径。

8.2 试验方法与数据处理

8.2.1 田间试验

1. 田间试验地概况

本部分的大田试验地位于上海市青浦区水利技术推广站香花桥测坑试验站（东经 121.12°，北纬 31.15°），地处黄浦江上游，属亚热带潮湿型季风气候，年平均气温 16.7℃，年平均降水量 1 087.3mm。该地区为中国南方典型的稻作农区，种植模式以稻麦轮作为主，水稻品种为"花优 14"，小麦品种为"杨麦 5"，种植方式为移栽。田间水分管理采用"淹灌+中期烤田"的方式，田面水高度保持在 5cm 左右，烤田时间为 10 天左右，其他农事操作参照当地习惯。

该试验站始建于 1998 年，2009 年开始在站内进行多年肥料定位试验监测，每个测坑面积 $6m^2$（2m×3m），共 16 个测坑，测坑内土壤深度为 2.5m，设有犁底层，坑与坑之间以水泥埂隔开，以防止肥水串流，水泥埂深入土壤 2.5m 并高出土壤表面 0.2m。如图 8-1 左图所示，每个测坑埋有 50cm、80cm、110cm 和 150cm 四个水平管道，用于采集这四个不同深度的土壤剖面水，另设有一组高出土壤表面 10cm 的垂直管道（采集地表径流水）和一组单独的管道（收集渗漏水）。站内建有地下控制室，用于采集渗漏水和径流水时，记录排水量。坑内填埋土壤为当地原状土——湖沼相沉积物起源的青紫泥水稻土，填完后即开始种植作物，以保持土壤性状的稳定。

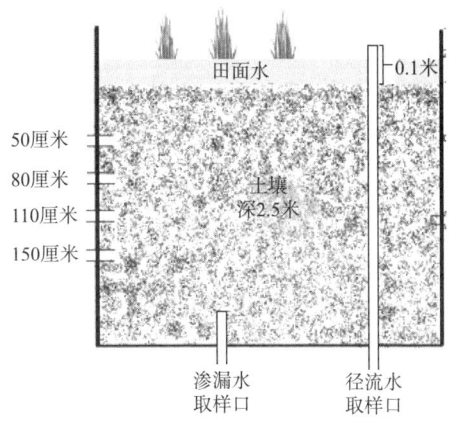 

图 8-1　试验站和地下控制室

2. 田间试验设计

2015~2016 年，试验共设 4 个处理，每个处理重复三次，共计 12 个小区，小区面积 $6m^2$（2m×3m），随机区组排列。

（1）不施肥对照处理（CK）。

（2）化肥对照处理（CT）：氮肥的纯氮量为 300 kg N/hm^2，参照当地农民习惯氮肥施用量。施用尿素（含氮量 46%），按基追比 6∶2∶2 分别在水稻移栽前、孕穗前、灌浆前三次施入稻田。磷肥为 P_2O_5，总量为 60kg/hm^2；钾肥为 K_2O，总量为 60kg/hm^2；二者均在水稻移栽前施入土壤。

（3）混施肥处理（MT）：纯氮量按照 20%有机肥+80%化肥处理进行配比使用。每次施肥前，采集有机肥测定其氮、磷、钾、含水量，对比 CT 处理，补给磷钾含量。

（4）有机肥处理（OT）：有机肥为以鸡粪为原料发酵生产的商品有机肥，水分含量20.11%~23.40%，含氮量1.89%~2.25%，含碳量20.20%~25.89%，含磷量1.30%~2.15%，含钾量2.16%~3.01%。有机肥均以基肥的方式在水稻移栽前一次性施入土壤。

MT处理与OT处理中的有机肥一致，具体施肥方案见表8-1，田间布局见图8-2。

表 8-1　稻田小区试验各处理施肥方案（单位：kg/hm²）

处理	基肥		追肥1	追肥2
	化肥	有机肥	化肥	化肥
CK	0	0	0	0
CT	180	0	60	60
MT	120+60+60	60	80	20
OT	0	300	0	0

注：尿素和有机肥的平均含氮量分别为46.00%和2.07%

图 8-2　田间小区分布图

测坑内土壤与当地土壤类型一致，2015年5月中旬麦季结束后，采集未翻耕的耕层土壤（0~20 cm），进行相关基本理化性质的测定，土壤本底值见表8-2。其间主要农事活动见表8-3，其他田间操作参照当地农作习惯，包括育苗、锄草、灭虫等。稻田水分管理采用"淹灌+中期烤田"的方式，田面水保持在5cm，每次烤田为一个星期。

表 8-2　稻田土壤基本理化性质（本底值）

处理	pH	EC	Density	TN	TC	AP	AK
CK	7.65 ± 0.19	0.07 ± 0.01	1.31 ± 0.10	0.14 ± 0.01	1.13 ± 0.06	28.07 ± 0.26	56.44 ± 0.51
CT	7.87 ± 0.16	0.09 ± 0.01	1.29 ± 0.13	0.15 ± 0.02	1.19 ± 0.07	21.96 ± 0.70	53.89 ± 0.15

续表

处理	pH	EC	Density	TN	TC	AP	AK
MT	7.86±0.16	0.08±0.02	1.30±0.20	0.16±0.01	1.29±0.03	31.04±0.32	56.42±0.23
OT	7.92±0.07	0.08±0.01	1.28±0.09	0.20±0.02	1.83±0.05	64.92±0.51	90.33±0.18

注：EC——电导率（mS/cm）；Density——容重（g/cm^3）；TN——全氮（%）；TC——全碳（%）；AP——速效磷（mg/kg）；AK——速效钾（mg/kg）。后同

表 8-3 稻田主要农事活动时间表

水稻生育期	时间段（天数）		农事活动	日期	
	2015 年	2016 年		2015 年	2016 年
移栽前	05/29~06/10	05/27~06/15	翻地	06/05	06/07
			灌水	06/08	06/10
			施肥	06/10	06/13
返青期	06/11~06/30（20 天）	06/16~07/01（16 天）	移栽	06/11	06/16
分蘖期	07/01~07/18（18 天）	07/02~07/19（18 天）	追肥	07/16	07/22
拔节期	07/19~08/02（15 天）	07/20~08/05（17 天）	晒田	08/02	07/28
孕穗期	08/03~08/19（17 天）	08/06~08/20（15 天）	灌水	08/07	08/02
抽穗/扬花期	08/20~09/11（23 天）	08/21~09/13（24 天）	追肥	—	09/10
灌浆期	09/12~10/02（21 天）	09/14~10/05（22 天）	追肥	09/26	—
			晒田	09/28	09/20
			灌水	10/03	09/26
成熟/收获期	10/03~12/04（63 天）	10/06~11/15（41 天）	自然干涸	10/15	10/20
			暂停采集气体	10/20	10/25
			收获	12/04	11/15

3. 田间样品的采集与测定

1）田间气体采集

气体采集从移栽前一天开始，到移栽后第 132 天结束。气体的采集与分析测定采用两段式静态暗箱-气相色谱法，采样频率为每周 1 次，烤田和施肥时则连续 5 天采样，采样时间均为上午 8:00~9:00。水稻成熟后期，田间开始自然干涸，2015 年和 2016 年，试验田分别在 10 月 15 日和 10 月 20 日干涸。第一年气体采集在 10 月 20 日结束，总共采样 132 天。为了保证两年采样时间段一致，第二年气体采集在 10 月 25 日结束。此时，水稻均可收获，但最终收获期由青浦水利技术推广站决定。采样时每隔 5 分钟采集 1 次，连续采集 5 次，根据气体浓度与时间的变化，计算排放速率。田间采样见图 8-3。温室气体的采集与分析测定采用静态暗箱-气相色谱法进行。采样频率为每周 1 次，当稻田水分和养分管理发生变化时（如烤田和施肥等）则增加采样频率，为 1~2 天 1 次。采样所使用的静

态暗箱为不透明的方形两段式组合型暗箱。规格如下：50cm×50cm×100cm（高为两个 50cm 的箱体叠加）；箱体材料为有机玻璃，外覆铝箔和塑料泡沫，用于反光隔热，以防止太阳光对箱内气温造成影响；箱体内安装直径为 12cm 的风扇，用于箱内气体的混匀；箱体开有气压平衡口、温度探测口和采样口，温度探测口用于采样过程中箱内气体温度的测定，采样口与乳胶管和三通阀相连，用于气体样品的采集。同时，样地中埋设有回字形不锈钢底座，深入土壤 20cm，采样时将静态暗箱放入底座并用水进行液封，等箱体稳定数分钟后进行气体样品的采集。采样工具为 100ml 的医用注射器，气体样品用专用气袋存储并带回实验室，进行三种温室气体浓度的分析测定。温室气体浓度的分析测定采用 Agilent 6890D 气相色谱仪［图 8-3（d）］进行，该气相色谱仪的进样系统、分析气路和阀驱动系统经过特殊改装，能够同时检测气体样品中的 CO_2、CH_4 和 N_2O 三种温室气体的浓度。测定时，CO_2 和 CH_4 采用火焰离子检测器测定，N_2O 采用电子捕获检测器测定，检测器温度分别为 200℃和 330℃；分离材料为 PQ 填充柱，柱温为 55℃；载气为高纯 N_2，燃气为 H_2，助燃气为空气，标准气体由国家标准物质中心提供。

（a） （b）

（c） （d）

图 8-3　田间小区和 Agilent 6890D 气相色谱仪

（a）、（b）图拍自移栽前，四方底座于采样前固定在每个小区田块中间；（a）图拍自分蘖期，稻苗长至 0.5m 前，均用一段静态暗箱（高 0.5m）采集气体；（c）图拍自拔节后期，稻苗高于 0.5m 后，全加一层（共高 1.0m）进行采样；（d）图为 Agilent 6890D 气相色谱仪

2）田间气象数据收集

本试验使用的气象数据包括日均大气温度、日均土壤 20cm 温度、降水量、地面蒸发量 4 个数据，均来自青浦区水利技术推广站自动监测记录系统。2015~2016 年，该地年均气温为 16.8℃，年均最高气温为 21.3℃，年均最低气温为 7.16℃，年均水气压为 16.85 百帕，年均相对湿度为 77.85%，年均降水量为 1 447mm，年均日照时数为 1 407 小时，年均 1.5m 风速为 0.9m/s。水稻生长季（稻季）从 5 月 31 日至 10 月 31 日，具体温度和降雨情况见图 8-4。其中，2015 年，稻季平均气温 24.3℃，平均最高气温 28.5℃，平均最低气温 15.0℃，平均降水量 12.5mm/d；而 2016 年，稻季平均气温 25.6℃，平均最高气温 29.7℃，平均最低气温 16.2℃，平均降水量 12.7mm/d。

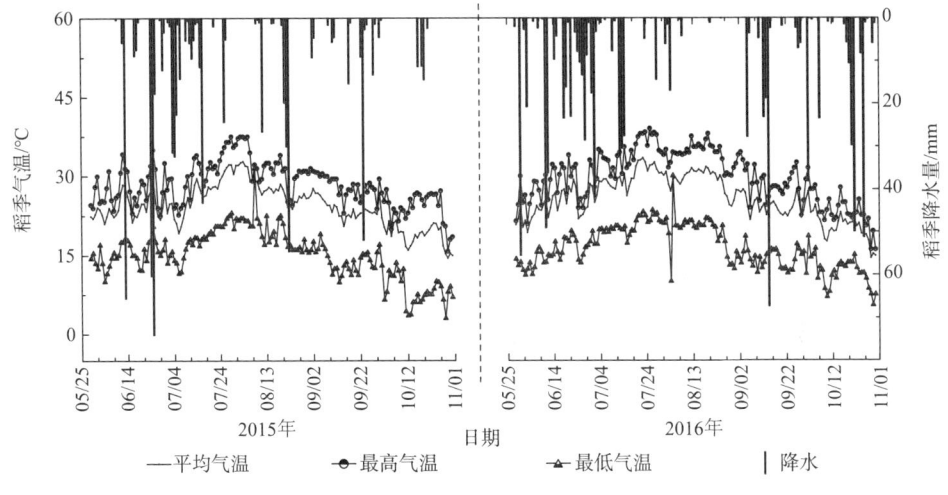

图 8-4 水稻种植期气温和降水量（2015～2016 年）

3）田间植株采集

分别在水稻返青期、分蘖期、拔节期、孕穗期、抽穗/扬花期、灌浆期、成熟期 7 个不同生育期采集植株，每次采集 2 穴长势均匀的水稻植株，仅留地上部分，混合，带回实验室，洗净，烘干至恒重，称量。最后，在水稻收获时，将田块内所有籽粒全部收割，晒干后称重，计为产量。

4. 相关指标及其计算方法

1）气体排放速率（F）

$$F=\rho \times H \times dC/dt \times 273/(273+T) \qquad (8-1)$$

式中，F 为气体排放速率（或气体排放通量），单位 g/(m²·h) 或 μg/(m²·h)；ρ 为标准状态下气体的密度，CO_2 为 1.816kg/m³，CH_4 为

0.714kg/m³，N_2O 为 1.964kg/m³；H 为采样箱高度，前期 0.5m，后期 1m；dC/dt 为采样过程中采样箱内 CH_4 浓度变化率（ppmv/h 或 ppmb/h），连续采集 5 次气体，通过与时间的线性比率进行计算得出；T 为采样时箱内的平均温度，273 为气态方程常数。

2）气体季节排放量（E_m）

$$E_m=\sum(F_{i+1}+F_i)/2\times24\times(d_{i+1}-d_i) \quad (8\text{-}2)$$

式中，E_m 为气体季节排放量，单位为 kg/hm²；F 为气体排放通量；d 为日期；i 为移栽天数。分别计算水稻返青期、分蘖期、拔节期、孕穗期、抽穗/扬花期、灌浆期、成熟期 7 个不同生育期的气体季节排放量，其中，从移栽第一天到停止采集气体，共 132 天。

3）全球增温潜能（GWP）

$$GWP = CH_4\times25+N_2O\times298 \quad (8\text{-}3)$$

式中，GWP 可用于描述三种温室气体对于全球气候变化的综合贡献，单位为 t/hm²；25 和 298 为 100 年尺度上 CH_4 和 N_2O 的 GWP 系数。由于本试验采用暗箱采集气体，收集到的 CO_2 不包含植物的光合作用对 CO_2 的消耗，因此，GWP 的计算仅考虑 CH_4 和 N_2O 的综合效应。

4）水稻地上部分生物量（M）

$$M=m/2\times156/6 \quad (8\text{-}4)$$

式中，M 单位为 g；"2"为水稻采样穴数；"156"为水稻种植穴数，即 13 穴×12 穴；"6"为小区面积（单位为 m²）。

5）水稻地上部分生物量积累速率（Biomass）

$$\text{Biomass}=(M_1-M_0)/(T_1-T_0) \quad (8\text{-}5)$$

式中，Biomass 单位为 g/(m²·d)；T_1 为移栽天数；T_0 为前一移栽时间；M_1 和 M_0 分别为 T_1 和 T_0 时间的单位面积地上部分水稻生物量积累量。

6）水稻产量（Yield）

$$\text{Yield}=W/142\times156/6\times10\,000/1\,000 \quad (8\text{-}6)$$

式中，Yield 单位为 kg/hm²；"142"为收获时所剩穴数，共采样 14 穴，原 156 穴，156−14=142，故收获时还剩 142 穴；"156"为水稻种植穴数；"6"为小区面积（单位为 m²）；"10 000"为 m² 换算为 hm² 系数；"1 000"为 g 换算为 kg 的系数。

7）单位产量增温潜势（GWP/Yield）

$$\text{GWP/Yield} = \text{GWP} / \text{Yield} \times 100\% \quad (8\text{-}7)$$

式中，GWP 为全球增温潜能；Yield 为水稻产量。

8.2.2 室内稳定同位素标记试验

1. 试验设计

2016年10月至2017年8月，试验在上海交通大学农业与生物学院温室大棚内进行。共设 4 个处理：不施肥（CKN）、不施肥 + $^{13}CO_2$（CKY）、有机肥（OTN）、有机肥+$^{13}CO_2$（OTY），每个处理重复三次。有机肥的施肥水平参照大田小区试验，施氮总量为 300kg N/hm^2。盆栽土壤采自上海市青浦区水利技术推广站基地（同大田小区试验），水稻移栽前土壤 pH、EC、容重、全氮、全碳、速效磷和速效钾含量分别为 7.71、0.11 mS/cm、1.43 g/cm^3、0.43%、1.78%、19.53 mg/kg 和 84.34 mg/kg。移栽前两天施入有机肥，然后选择长势一致的幼苗，按照每盆种三穴，每穴三株水稻苗进行移栽。在水稻返青期、分蘖期、孕穗期分别独立进行，共准备 50 盆水稻同时种植，方便后期选择长势一致的水稻苗进行标记试验。

（1）水稻移栽后，次日套上密封箱，进行标记，第 9 天结束标记。

（2）第 10 天，进行分蘖期标记试验，重新选择的水稻苗要与分蘖期标记试验中的水稻长势一致，方能进行下一批标记，第 36 天结束。

（3）第 37 天，同样，选择长势一致的未标记的水稻盆栽进行孕穗期标记试验，第 69 天结束。

盆栽试验密封箱示意图见图 8-5。

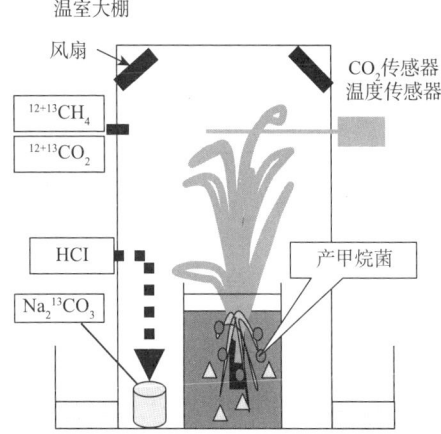

图 8-5 盆栽试验密封箱示意图

用 $Na_2^{13}CO_3$（纯度 99.8%）与稀盐酸溶液反应制备 $^{13}CO_2$，进行示踪标记。$Na_2^{13}CO_3$ 在箱体罩住前置入体系中。当箱内水稻适应箱体环境后，开始注射稀盐酸，注射时，缓慢地一滴滴加入，同时观测箱内 CO_2 浓度的上升情况。培养环境在温室大棚内，温度变化在20~35℃，每天保证至少12小时充足的光照。密封箱为透明硬质薄膜罩体，箱体积为490L（70cm×70cm×100cm），盆直径30cm，高30cm。大棚 CO_2 浓度在 350×10^{-6}~600×10^{-6}（ug/L），根据水稻光合作用需要至少 400×10^{-6} CO_2 浓度的要求，投放 10g $Na_2^{13}CO_3$（纯度 99.8%）和相应的盐酸，密封箱内含 $^{13}CO_2$ 质量为 4.20 g，浓度为 8.57mg/L。

2. 试验样品采集及相关指标测定

（1）气体采集：返青期，前三天每隔 6 小时采集一次气体，随后分别在第 4、第 5、第 7 和第 9 天进行采集；分蘖期和孕穗期，每隔 5 天采集一次气体。采样方法同前（详见 8.2.1），测定指标包括 $^{13}CH_4$、$^{13}CO_2$、$^{12+13}CH_4$ 和 $^{12+13}CO_2$。每次气体样品分为两个部分，一部分用于常规气体检测，一部分用于稳定同位素气体检测。

（2）植株采集：分别在返青期、分蘖期和孕穗期标记试验水稻植株，烘干粉碎过筛后，进行植株 ^{13}C 和 $^{12+13}C$ 的监测。植株和土壤碳均采用元素分析同位素质谱仪进行测定。

（3）土壤采集：包括移栽前、返青期、分蘖期和孕穗期土壤，风干磨碎过筛后，进行土壤 ^{13}C 和 $^{12+13}C$ 的监测。

（4）土壤微生物 DNA 提取：在水稻分蘖期，采集水稻根围和非根围土壤，分别为不施肥处理的非根围土壤（CK_Non root）、不施肥处理的根围土壤（CK_Root）、有机肥处理的非根围土壤（OT_Non root）、有机肥处理的根围土壤（OT_Root）。装袋后置于-70℃冰箱，用于测定微生物多样性。土壤总 DNA 的提取及 16SrRNA 测序，采用高通量测序。

3. 相关指标及其计算方法

1）$^{12+13}CH_4$ 和 $^{12+13}CO_2$ 的排放速率

$$F[g/(m^2\cdot h)] = \rho\times h\times dC/dt\times 273/(273+T) \quad (8\text{-}8)$$

式中，$F[g/(m^2\cdot h)]$ 为排放通量；ρ 为 CH_4 在标准状态下的密度 $1.813kg/m^3$；h 为采样箱高度，前期为1m；dC/dt 为采样过程中采样箱内 CH_4 浓度变化率（ppmv/h），根据3次采集的样本数据与时间的线性比率计算所得；T 为采样时箱内的平均温度，273 为气态方程常数。

2) $^{12+13}CH_4$ 和 $^{12+13}CO_2$ 的季节排放量

$$E(kg/hm^2) = \sum (F_{i+1}+F_i)/2 \times 24 \times (d_{i+1}-d_i) \quad (8-9)$$

式中，F 为排放通量；d 为日期；i 为移栽后的天数。分别计算水稻返青期、分蘖期和孕穗期 $^{13}CH_4$ 的季节排放量。

3) $\delta^{13}C$ 丰度

$$\delta^{13}C(‰) = 1\,000 \times (R_{sample}-R_{standard})/R_{standard} \quad (8-10)$$

式中，$\delta^{13}C(‰)$ 表示物质的同位素组成；R_{sample} 为待测样品中 C 元素的重轻同位素丰度之比 $^{13}C_{sample}/^{12}C_{sample}$；$R_{standard}$ 为国际通用 C 同位素分析标准物的重轻同位素丰度之比 $^{13}C_{standard}/^{12}C_{standard}$，通常采用拟箭石化石（Pee Dee Belemnite，PDB）中 $^{13}C/^{12}C$ 的比值。^{12}C 和 ^{13}C 的自然丰度分别为 98.89% 和 1.11%。CO_2 碳同位素比值测定外部设备为 PreCon 气体与浓缩系统，其原理是样品经 PreCon 富集和纯化 CO_2，质谱仪通过检测 CO_2 的 ^{13}C 与 ^{12}C 比率，并与国际标准物 PDB 比对后计算出样品的 $\delta^{13}C$ 值，测定精度：$\delta^{13}C\pm<0.3‰$。CH_4 碳同位素比值测定外部设备也为 PreCon 气体与浓缩系统，其原理是样品经气体预浓缩（PreCon）高温反应转化为 CO_2，质谱仪通过检测 CO_2 的 ^{13}C 与 ^{12}C 比率，并与国际标准物比对后计算出样品的 $\delta^{13}C$ 值，测定精度 $\delta^{13}C\pm<0.5‰$。

4) $\delta^{13}C$ 丰度日变化速率

$$V(‰/d) = (V_2-V_1)/t \quad (8-11)$$

式中，V_2 和 V_1 分别为各时期标记第 1 天后和最后一天的 $\delta^{13}C$ 丰度；t 为各时期标记天数，返青期、分蘖期和孕穗期分别为 8 天、26 天和 32 天。其中，$\delta^{13}CO_2$ 丰度日变化速率，即为 $\delta^{13}CO_2$ 丰度消减速率。

5) 最终稻田 $\delta^{13}CH_4$ 丰度

$$Final\ \delta^{13}C(‰) = \delta^{13}C_{mark}-\delta^{13}C_{non} \quad (8-12)$$

式中，Final $\delta^{13}C(‰)$ 为最终的稻田 $\delta^{13}CH_4$ 丰度；$\delta^{13}C_{mark}$ 为含 ^{13}C 标记处理的丰度，包括 CKY 和 OTY；$\delta^{13}C_{non}$ 为未标记处理的丰度，包括 CKN 和 OTN。

6) ^{13}C 原子百分比

$$^{13}C(\%) = {}^{13}C/{}^{12+13}C \times 100\% \quad (8-13)$$

式中，^{13}C 为 $^{13}CH_4$ 或者 $^{13}CO_2$ 的原子量；$^{12+13}C$ 为 CH_4 或者 CO_2 中的 C 原子总量。

8.2.3 主要试验材料和仪器设备

（1）采样静态暗箱：50cm×50cm×100cm，由上海华岳有机玻璃制品有限公司（中国）制造提供。

（2）气相色谱仪：型号 Agilent 6890D，产自安捷伦公司（美国）。
（3）有机肥：由上海森农环保科技有限公司（中国）提供。
（4）化肥：由鲁西化工集团股份有限公司（中国）提供。
（5）试剂盒：来自天根生化科技（北京）有限公司（中国）。
（6）高通量测序：由上海派森诺生物科技股份有限公司（中国）完成。
（7）元素分析同位素质谱联用仪：型号 Vario EL Ⅲ/Isoprime，产自安捷伦公司（美国）。
（8）同位素比率质谱仪：DELTA V Advantage，产自赛默飞世尔公司（美国）。

8.2.4 数据处理

田间观测数据和室内指标测定数据，首先用 Excel 进行记录，分析数据间的变异规律，然后利用 SAS 9.0（SAS，美国）和 SPSS 软件 16.0 版本（美国）进行方差分析（analysis of variance，ANOVA）、显著性检验（significance test，$p<0.05$）、个别变异数据剔除等。CH_4 排放量与温度、水稻生物量和有机肥氮投入量的线性回归分析利用 Origin 8.0（OriginLab，美国）进行。本章所有图均用 Origin 8.0 画出。

8.3 研究结果与分析

8.3.1 稻田 CH_4 排放情况

1. 大田试验

由图 8-6 可知，2016 年 CH_4 排放速率高于 2015 年；不同施肥处理对 CH_4 排放速率的影响不一样；随着时间的推移，CH_4 排放速率呈现高低不同的变化；稻田干湿交替显著影响 CH_4 的排放速率。具体来看，2015 年，随着稻苗逐渐生长，CH_4 排放速率逐渐增加，移栽后第 53 天，达到最大值。随后，CH_4 排放速率降低。烤田期，CH_4 排放速率骤然下降，趋于零。烤田结束后，CH_4 排放速率缓慢回升。第 110 天时，CH_4 排放第二次达到最大值。成熟期，随着稻田逐渐干涸，CH_4 排放速率日趋为零。2016 年的 CH_4 排放速率趋势与 2015 年类似，其中，在第 36 天达到最大值，后期排放速率有所下降，但是依然保持较高的排放速率。烤田期，CH₄ 排放速率也趋于零，稻田恢复淹灌后，CH₄ 排放速率缓慢回升。第二次峰值出现在第 99 天，但其速率显著低于第一次峰值，随后排放速率逐渐下降，日趋为零。2015 年，OT、MT、CT 和 CK 的稻田 CH₄ 排放速率平均依次为 2.24、1.16、0.83 和 0.47 mg/（m²·h）；2016 年，OT、MT、CT 和 CK 则依次为 6.11、4.17、3.20 和 1.52 mg/（m²·h）。整体来看，有机肥处理 CH₄ 的年均排放速率，比混施肥、化肥和不施肥处理分别提高了 69.44%、129.77%和 337.79%。

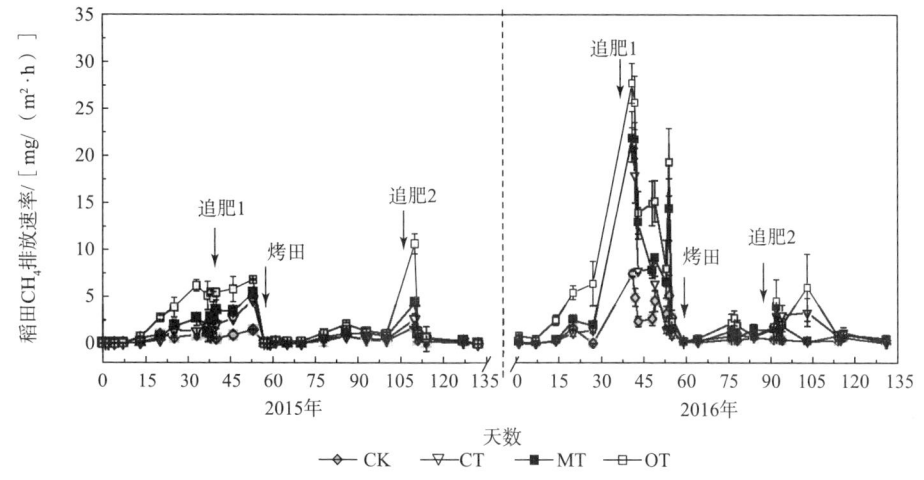

图 8-6 不同处理的稻田 CH₄ 排放速率

图中数值中间的点代表的是中值，其上的线段为观测值的置信区间，后同

由图 8-7 可知，稻田 CH₄ 季节排放量随着水稻生长阶段的变化而变化，2015 年，拔节期（15 天，14.23kg/hm²）>分蘖期（18 天，9.69kg/hm²）>灌浆期（21 天，8.49kg/hm²）>孕穗期（17 天，3.01kg/hm²）>成熟期（45 天，2.64kg/hm²）>返青期（20 天，1.84kg/hm²）>抽穗期（23 天，1.72kg/hm²）。2016 年，拔节期（17 天，33.98kg/hm²）>分蘖期（18 天，22.38kg/hm²）>灌浆期（22 天，9.44kg/hm²）>抽穗期（24 天，6.71kg/hm²）>孕穗期（15 天，6.37kg/hm²）>返青期（16 天，3.29kg/hm²）>成熟期（41 天，2.84kg/hm²）。可见，稻田 CH₄ 季节累计排放量在拔节期最大，其次为分蘖期和灌浆期。拔节期的稻田 CH₄ 排放量占稻田排放总量的 38.07%，而分蘖期则为 25.33%，灌浆期为 14.16%，孕穗期为 7.41%，抽穗期为 6.66%，成熟期为 4.33%，以及返青期为 4.05%。此外，处理间差异显著，均表现为有机肥处理最大，随后依次为混施肥、化肥和不施肥处理。

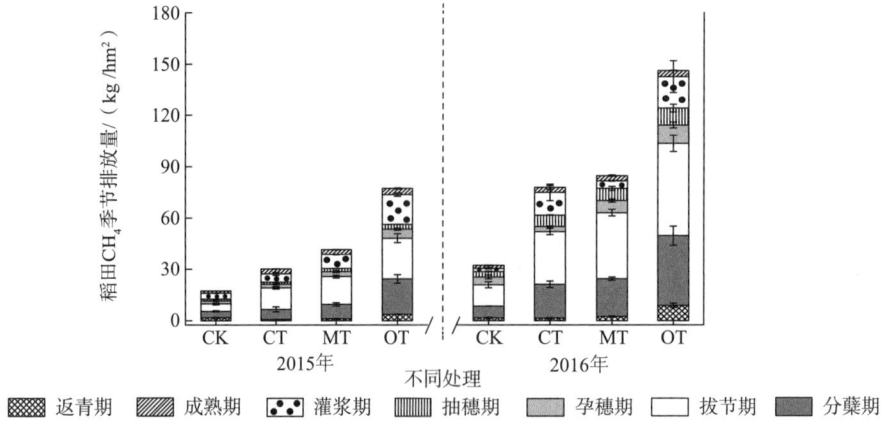

图 8-7 不同处理的稻田 CH_4 季节排放量

2. 室内稳定同位素盆栽试验

由图 8-8 可知,返青期(0~9 天),CKN、OTN、CKY 和 OTY 的稻田 $^{12+13}CH_4$ 排放速率变化较大,平均依次为 −0.30、0.12、−0.21 和 0.15mg/($m^2 \cdot h$),可见,有机肥处理的稻田 $^{12+13}CH_4$ 排放速率比不施肥处理高。分蘖期(10~36 天),各处理大致呈现先增加后降低的趋势,在第 30 天达到最大值,CKN、OTN、CKY 和 OTY 处理的稻田 $^{12+13}CH_4$ 排放速率依次为 0.20、0.46、0.12 和 0.46mg/($m^2 \cdot h$),依然是有机肥处理显著高于不施肥处理。孕穗期(37~69 天),有机肥处理先增加后降低,而不施肥处理先降低后增加,其中,CKN、OTN、CKY 和 OTY 的稻田 $^{12+13}CH_4$ 排放速率依次为 −0.17、0.09、−0.16 和 0.12mg/($m^2 \cdot h$)。整体来看,有机肥处理比不施肥处理的稻田 $^{12+13}CH_4$ 排放速率高出 0.40mg/($m^2 \cdot h$)。

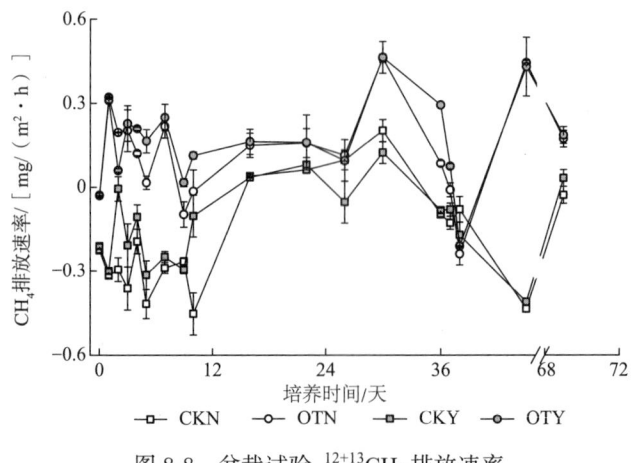

图 8-8 盆栽试验 $^{12+13}CH_4$ 排放速率

稻田 $^{12+13}CH_4$ 的季节排放量，具体结果见表 8-4。在水稻返青期，两个有机肥处理的稻田 $^{12+13}CH_4$ 排放量最高，OTY 和 OTN 处理分别为 $0.32kg/hm^2$ 和 $0.24kg/hm^2$，平均为 $0.28kg/hm^2$；两个不施肥处理，CKN 和 CKY 二者无显著差异，平均为 $0.12kg/hm^2$。可见，有机肥处理比不施肥处理增加了 55.56% 的稻田 $^{12+13}CH_4$ 排放量。到分蘖期，稻田 $^{12+13}CH_4$ 排放量比返青期整体增加了 $0.60kg/hm^2$；OTY 和 OTN 处理依然无显著差异，平均为 $1.27kg/hm^2$，显著大于不施肥处理。孕穗期，稻田 $^{12+13}CH_4$ 排放量继续增加，平均为 $1.75kg/hm^2$，处理间无显著差异。整体来看，在整个盆栽试验期间，有机肥处理的稻田 $^{12+13}CH_4$ 排放总量平均为 $3.51kg/hm^2$，而不施肥处理则平均为 $2.00kg/hm^2$，有机肥处理比不施肥处理增加了 75.50% 的稻田 $^{12+13}CH_4$ 排放量。

表 8-4　盆栽试验 $^{12+13}CH_4$ 的季节排放量

处理	时期			总排放量
	返青期	分蘖期	孕穗期	
CKN	0.10±0.09c	0.50±0.07b	1.49±0.39a	2.08±0.55b
OTN	0.24±0.04b	1.12±0.18a	1.94±0.50a	3.31±0.72a
CKY	0.14±0.05c	0.17±0.02c	1.60±0.36a	1.91±0.43b
OTY	0.32±0.04a	1.41±0.10a	1.98±0.50a	3.71±0.64a
平均	0.20	0.80	1.75	2.75

注：不同小写字母代表处理间差异达到 $p<0.05$ 显著水平，后同

由图 8-9 可知，返青期（0~9 天），稻田 $\delta^{13}CH_4$ 丰度较低，在 -36.51‰~-28.34‰，处理间差异不显著；通过式（8-11）计算，CKN、OTN、CKY 和 OTY 的稻田 $\delta^{13}CH_4$ 丰度日变化速率依次为 -0.11‰、0.03‰、-0.02‰ 和 0.11‰。分蘖期（10~36 天），没有同位素标记的 CKN 和 OTN 处理，稻田 $\delta^{13}CH_4$ 丰度呈现逐渐降低的趋势。第 22 天，含同位素标记的 CKY 和 OTY 两个处理的稻田 $\delta^{13}CH_4$ 丰度均达到最大值，分别为 935.99‰ 和 981.11‰，有机肥处理比不施肥处理提高了 4.82% 的稻田 $\delta^{13}CH_4$ 丰度。随后，CKY 和 OTY 处理的稻田 $\delta^{13}CH_4$ 丰度骤然下降，第 30 天时又逐渐增加。第 36 天，CKN 处理的稻田 $\delta^{13}CH_4$ 丰度为 -42.02‰，比第 10 天下降了 35.11%；而 OTN 处理的稻田 $\delta^{13}CH_4$ 丰度在第 36 天为 -40.24‰，比第 10 天下降了 27.62%。通过式（8-11）计算，CKN、OTN、CKY 和 OTY 处理的稻田 $\delta^{13}CH_4$ 丰度日变化速率依次为 -0.42‰、-0.34‰、14.77‰ 和 34.33‰。孕穗期（37~69 天），CKN 和 OTN 处理的稻田 $\delta^{13}CH_4$ 丰度较低，依次为 -38.47‰ 和 -32.91‰；而 CKY 和 OTY 处理的稻田 $\delta^{13}CH_4$ 丰度呈现逐渐增加的趋势。整体来看，孕穗期的日变化速率有所下降，CKN、OTN、CKY 和 OTY 处理依次为 0.10‰、0.40‰、4.44‰ 和 5.59‰。最终的稻田 $\delta^{13}CH_4$ 丰度等于标记处理的丰度与未标记处理之差，经计算，有机肥处理最终的稻田 $\delta^{13}CH_4$ 丰度为 171.19‰，比

不施肥处理（141.05‰）提高了 21.37%，即有机肥处理的光合作用产物介导的稻田 CH_4 排放量比不施肥处理提高了 21.37%。

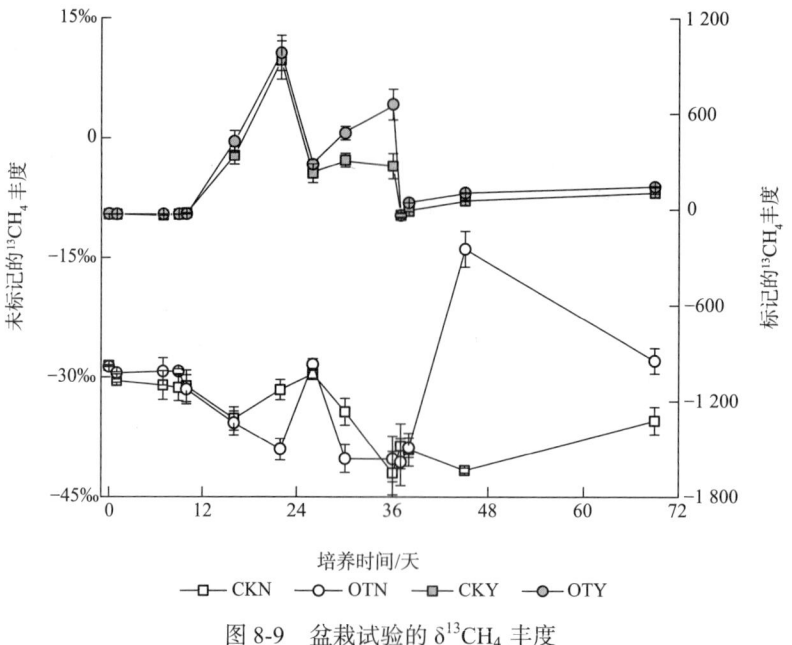

图 8-9　盆栽试验的 $\delta^{13}CH_4$ 丰度

由表 8-5 可知不同处理对稻田 CH_4 排放中 ^{13}C 原子占所有 C 原子总量百分比的影响。其中，不含稳定同位素 ^{13}C 标记的两个处理，CKN 和 OTN，在整个水稻培养期间，稻田 $^{13}CH_4$ 百分比均为 1.07%。而含稳定同位素 ^{13}C 标记的两个处理，CKY 和 OTY，返青期，稻田 $^{13}CH_4$ 百分比较低，为 1.07%；分蘖期，稻田 $^{13}CH_4$ 百分比增加，CKY 和 OTY 处理分别为 1.55% 和 1.64%，二者无显著差异；孕穗期，CKY 和 OTY 处理的稻田 $^{13}CH_4$ 百分比均有所下降，分别为 1.12% 和 1.17%，二者亦无显著差异。此外，分蘖期，不施肥和有机肥处理分别有 44.80% 和 53.31% 的稻田 CH_4 排放量是通过 ^{13}C 标记产生的；而孕穗期，由于标记时间较长，仅有 5.23% 和 4.52% 的稻田 CH_4 排放量是通过 ^{13}C 标记产生的。

表 8-5　盆栽试验 $^{13}CH_4$ 原子百分比

处理	返青期	分蘖期	孕穗期
CKN	1.07±0.00a	1.07±0.01b	1.07±0.00b
OTN	1.07±0.00a	1.07±0.01b	1.07±0.02b
CKY	1.07±0.01a	1.55±0.45a	1.12±0.02a
OTY	1.07±0.00a	1.64±0.37a	1.17±0.06a

8.3.2 影响稻田 CH_4 排放的因素分析

1. 稻田 CH_4 排放与水稻生物量积累速率

由图 8-10 可知，水稻地上部分生物量积累速率随着水稻生长阶段的变化而变化。2015 年，抽穗期［23 天，22.12g/（m²·d）］>灌浆期［21 天，15.18g/（m²·d）］>拔节期［15 天，10.74g/（m²·d）］>孕穗期［17 天，8.81g/（m²·d）］>成熟期［45 天，8.63g/（m²·d）］>分蘖期［18 天，5.44g/（m²·d）］>返青期［20 天，1.17g/（m²·d）］。而 2016 年，灌浆期［22 天，21.04g/（m²·d）］>拔节期［17 天，17.08g/（m²·d）］>孕穗期［15 天，16.15g/（m²·d）］>成熟期［41 天，12.68g/（m²·d）］>分蘖期［18 天，10.18g/（m²·d）］>抽穗期［24 天，6.43g/（m²·d）］>返青期［16 天，0.27g/（m²·d）］。可见，灌浆期的年均水稻地上部分生物量积累速率最大，其次为拔节期和孕穗期。此外，混施肥和化肥处理的生物量积累速率差异不显著，整体大于有机肥处理和不施肥处理。

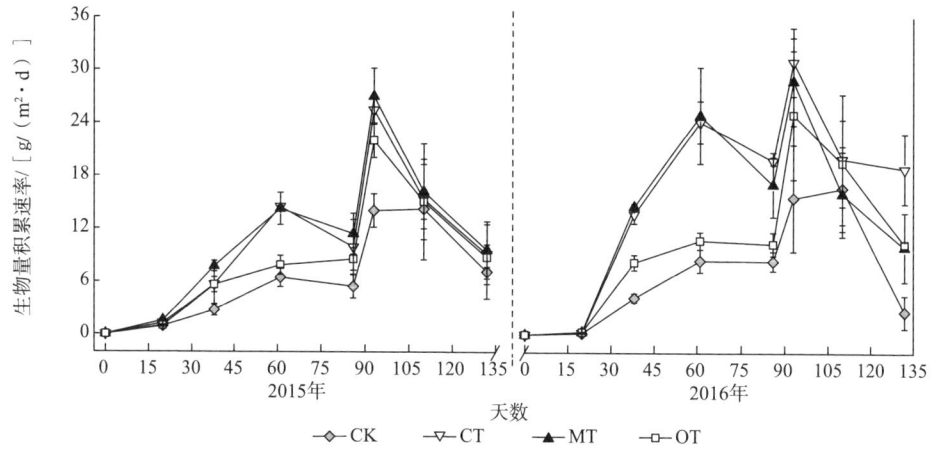

图 8-10　不同处理的水稻地上部分生物量积累速率

通过相关性分析，由图 8-11 可知，2015 年和 2016 年水稻地上部分生物量积累速率与 CH_4 排放速率的线性相关方程分别为

$$y=0.46+1.05x \quad (r^2=0.89,\ n=14,\ p<0.01) \quad (8-14)$$

$$y=0.41+1.25x \quad (r^2=0.74,\ n=15,\ p<0.01) \quad (8-15)$$

式中，x 为水稻地上部分生物量积累速率；y 为 CH_4 排放速率。可见，二者满足方程：$y=ax+b$，即当水稻地上部分生物量积累速率增加时，稻田 CH_4 排放速率随

之增加，二者有显著的正相关关系。

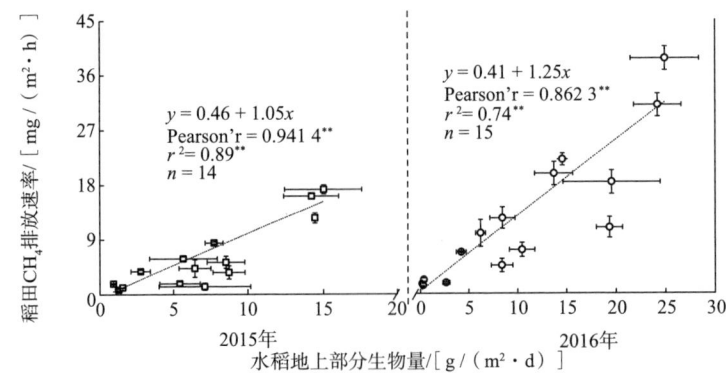

图 8-11　稻田 CH_4 排放速率与水稻地上部分生物量的相关性分析

Pearson'r：皮尔逊相关系数，后同

2. 稻田 CH_4 排放与温度的关系

由图 8-12 可知，稻田 CH_4 排放速率与采样箱内的平均温度和稻田大气平均温度的线性方程分别为

$$y=28.20+2.05x\ (r^2=0.52,\ n=45,\ p<0.01) \quad (8\text{-}16)$$

$$y=25.25+1.21x\ (r^2=0.40,\ n=45,\ p<0.01) \quad (8\text{-}17)$$

可见，稻田 CH_4 排放速率与温度满足方程：$y=ax+b$。其中，x 为 CH_4 排放速率；y 为温度。当温度在 20~45℃内逐渐增加时，稻田 CH_4 排放速率逐渐增加，二者有显著正相关关系。

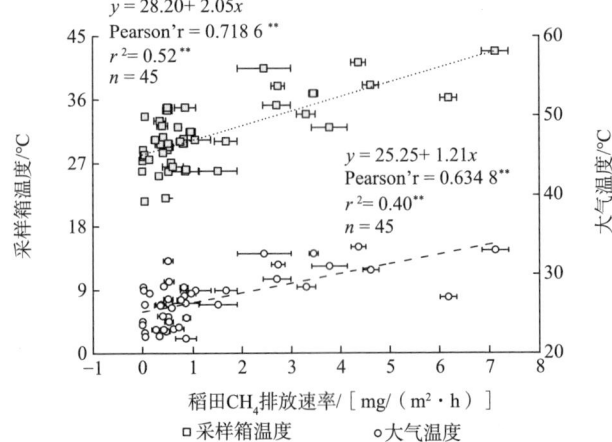

图 8-12　稻田 CH_4 排放速率与气温的相关性分析

稻田 CH_4 排放速率是 2015~2016 年对照处理（CK）的数据

3. 稻田 CH_4 排放与土壤有机碳

由图 8-13 可知，土壤有机碳与稻田 CH_4 排放速率满足对数函数（logarithm）中的布拉德利（Bradley）方程：$y=a\times[b\times\ln(x)]$。式中，y 为 $\ln(CH_4Fluxes)$，x 为 $\ln(SOC)$，即纵坐标和横坐标分别为 CH_4 排放速率和有机碳含量的自然对数。各处理拟合方程的相关系数均达到显著水平（$r>0.90$）。

$$\text{CK 处理：} y=4.45\times[3.54\times\ln(x)] \quad (8\text{-}18)$$
$$\text{CT 处理：} y=6.71\times[3.22\times\ln(x)] \quad (8\text{-}19)$$
$$\text{MT 处理：} y=7.87\times[3.32\times\ln(x)] \quad (8\text{-}20)$$
$$\text{OT 处理：} y=1.93\times[3.30\times\ln(x)] \quad (8\text{-}21)$$

整体来看，随着 $\ln(CH_4Fluxes)$ 的增加，$\ln(SOC)$ 亦逐渐增加。此外，有机肥处理的 $\ln(SOC)$ 要大于其他三个处理，与 $\ln(CH_4Fluxes)$ 的非线性拟合曲线相对平缓。

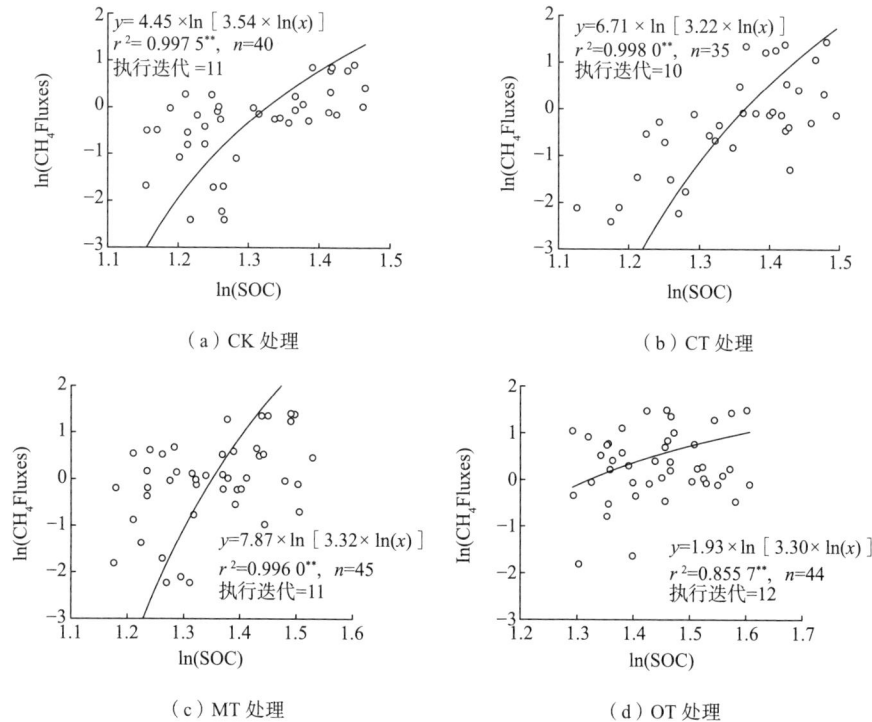

图 8-13 稻田 CH_4 排放速率与有机碳的回归分析

$\ln(CH_4Fluxes)$ 是 CH_4 排放速率取自然对数；$\ln(SOC)$ 是土壤有机碳取自然对数。Bradley 方程 $y=a\times[b\times\ln(x)]$ 中系数 a 和 b 见表 8-6，$p<0.01$，达到显著水平

从表 8-6 中可以看出，有机肥处理的方程中系数 a 值为 1.93，显著低于混施肥、化肥和不施肥处理。而对于系数 b 来说，四个方程差异较小，取值范围在 $-3.60\sim-3.22$。可见，a 值的大小可能与有机肥的施入有关，而 b 的生物学意义还需要进一步的探索。从方程来看，控制 a 值，可以降低稻田 CH_4 的排放量。然而，对于二者函数关系的研究比较分散，直接用线性方程拟合的研究较多。但是土地变化是一个复杂的过程，线性拟合的局限性较大，稻田 CH_4 排放量与土壤有机碳的关系应该是一个指数增长关系，对此，两年的数据所得出的结论比较有限，再加上是点位试验，因此还需要收集大量的数据，进行进一步的分析和验证。

表 8-6 Bradley 方程拟合参数表

处理	a				b				统计指标	
	值	误差	t 值	$p>|t|$	值	误差	t 值	$p>|t|$	简化的卡方检验	调整的拟合系数 r^2
CK	4.45	0.94	4.75	<0.01	−3.54	0.12	−30.41	<0.01	0.005	0.99
CT	6.71	1.31	5.11	<0.01	−3.22	0.09	−34.26	<0.01	0.005	0.99
MT	7.87	2.34	3.36	<0.01	−3.33	0.11	−30.24	<0.01	0.008	0.99
OT	1.93	0.81	2.39	0.02	−3.60	0.79	−4.53	<0.01	0.180	0.85

4. 稻田 CH_4 排放与土壤 mcrA 和 pmoA 基因

不同施肥处理对稻田土壤产甲烷菌 mcrA 和甲烷氧化细菌 pmoA 基因拷贝数的影响见图 8-14。由图可知，mcrA 和 pmoA 的基因拷贝数在水稻整个生育期有两个波峰，分别在分蘖期和灌浆期。具体来看，返青期，mcrA 基因拷贝数，CK 处理最大，其次为 CT 处理，MT 和 OT 处理最小，且二者无显著差异。分蘖期，处理间差异不显著，mcrA 基因拷贝数比返青期拷贝数有所增加。拔节期，mcrA 基因拷贝数降低，此时 CT 处理显著高于其他三个处理。从孕穗期到抽穗期，mcrA 基因拷贝数持续增加，OT 处理最大，MT 处理次之，CT 和 CK 处理最小。灌浆期，mcrA 基因拷贝数逐渐降低，OT 处理降幅最大。成熟期，处理间 mcrA 基因拷贝数无显著差异。整体来看，CK、CT、MT 和 OT 四个处理的 mcrA 基因平均拷贝数依次为 2.82×10^2、2.91×10^2、2.93×10^2 和 2.87×10^2 拷贝数/g 干土，处理间差异较小。

而对于 pmoA 基因拷贝数，返青期，处理间差异不显著。分蘖期，pmoA 基因拷贝数达到最大值，此时，OT>MT>CT>CK。各处理达到峰值后，pmoA 基因拷贝数显著降低，直到孕穗期。晒田时，处理间 pmoA 基因拷贝数差异显著，表现为：OT>MT>CK>CT。到抽穗期，CT 处理的 pmoA 基因拷贝数增幅明显，与 OT 和 MT 处理无显著差异，CK 处理最低。灌浆期，OT 和 MT 处理的 pmoA 基因拷贝数持续增加,而 CT 和 CK 处理则开始下降,处理间差异显著,此时,OT>MT>CT>CK。成熟期,pmoA 基因拷贝数显著下降,处理间无显著差异。整体来看,CK、CT、MT 和 OT 四个处理的 pmoA 基因平均拷贝数依次为 1.02×10^3、1.43×10^3、1.81×10^3 和 2.09×10^3 拷贝数/g 干土,有机肥处理略高于混施肥、化肥和不施肥处理。

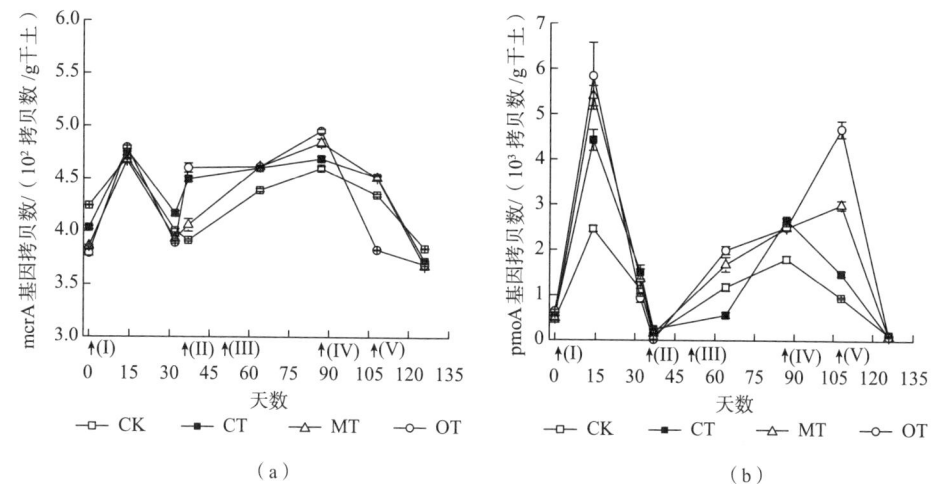

图 8-14 不同处理的稻田 mcrA 和 pmoA 基因拷贝数
图中罗马数字代表水稻不同生育期

通过 Pearson 相关性分析,得到稻田 CH_4 与 mcrA 和 pmoA 基因拷贝数的相关系数表,如表 8-7 所示,稻田 CH_4 排放速率和 CH_4 季节排放量均与两个基因有显著的相关性,且均为负相关。通过计算 mcrA 和 pmoA 基因的比率,分析两个基因的比率与稻田 CH_4 排放的关系,发现它们之间呈显著的正相关关系,即当 mcrA 的相对丰度越大,pmoA 的丰度越小,二者比率越大时,稻田 CH_4 排放量越大。

表 8-7 稻田 CH_4 与 mcrA 和 pmoA 的相关性分析

不施肥	CH_4 通量	CH_4 排放	mcrA	pmoA	mcrA / pmoA
CH_4 通量	1.00	—	—	—	—
CH_4 排放	0.81**	1.00	—	—	—
mcrA	−0.44**	−0.39**	1.00	—	—
pmoA	−0.43**	−0.43**	0.36**	1.00	—
mcrA / pmoA	0.41**	0.57**	0.03	−0.33**	1.00

*、**分别表示显著水平 $p<0.05$、$p<0.01$($n=72$)
注:数据源于对水稻返青期、分蘖期、拔节期、孕穗期、抽穗/扬花期和灌浆期的监测

5. 稻田 CH_4 排放与 $\delta^{13}C$ 分布

由图 8-15（a）和图 8-15（b）可知，返青期，有机肥处理，密封箱内有 94.77%的稻田 $\delta^{13}C$ 来自 CO_2，水稻和土壤分别占有 5.18%和 0.05%；不施肥处理，密封箱内有 92.08%的稻田 $\delta^{13}C$ 来自 CO_2，水稻和土壤分别占有 7.83%和 0.09%；其中，有机肥处理和不施肥处理的稻田 CH_4 排放中的 $\delta^{13}C$ 相对丰度均不足 0.01%。到分蘖期，CO_2 的 $\delta^{13}C$ 相对丰度有所下降，而 CH_4、水稻和土壤中的稻田 $\delta^{13}C$ 相对丰度均显著增加，且达到峰值。具体来看，有机肥处理，CH_4、CO_2、土壤和水稻植株的稻田 $\delta^{13}C$ 相对丰度依次为 7.28%、26.06%、0.50%和 66.16%；不施肥处理，则依次为 5.78%、31.14%、0.30%和 62.78%。可见，有机肥处理比不施肥处理消耗了更多的 $^{13}CO_2$。孕穗期，水稻植株吸收了大部分的 $^{13}CO_2$，土壤中 $\delta^{13}C$ 的相对丰度也在继续增加；CH_4 排放中的 $\delta^{13}C$ 相对丰度比前一时期有所降低，其中，不施肥处理的稻田 $\delta^{13}CH_4$ 相对丰度比有机肥处理高；而 $\delta^{13}CO_2$ 相对丰度也在继续下降；此时，有机肥处理中，CH_4、CO_2、土壤和水稻植株的稻田 $\delta^{13}C$ 相对丰度依次为 2.19%、5.35%、1.08%和 91.38%，而不施肥处理的稻田 $\delta^{13}C$ 分布则依次为 2.98%、9.92%、0.62%和 86.49%。

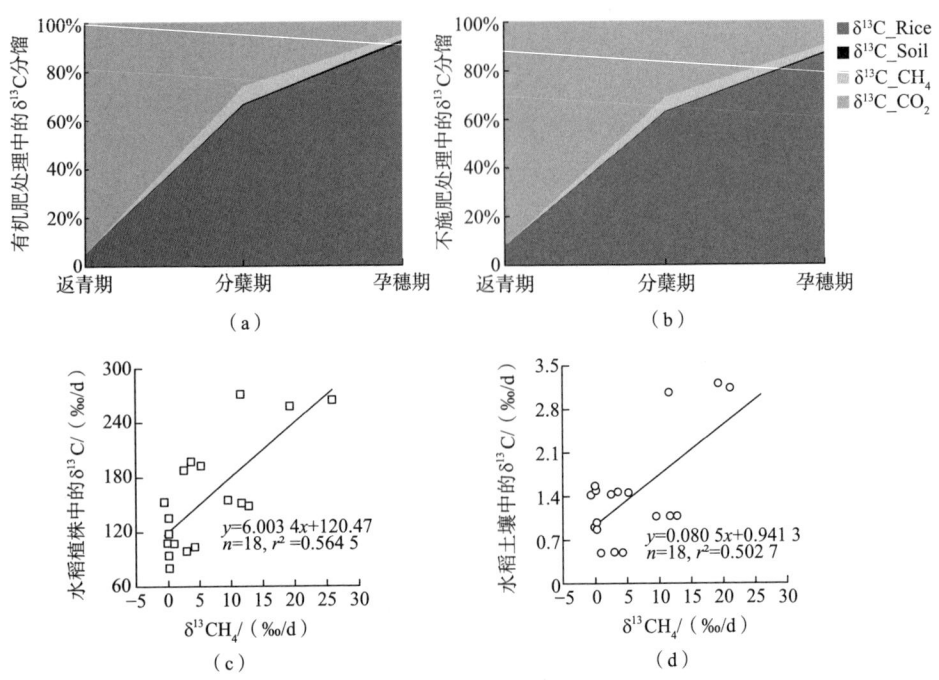

图 8-15 盆栽试验 $\delta^{13}C$ 的结构组成

此外，将水稻植株和土壤的 $\delta^{13}C$ 变化速率与 $\delta^{13}CH_4$ 变化速率做线性回归分析，由图 8-15（c）和图 8-15（d）可知，二者均有显著的正相关关系。

水稻植株：
$$y=6.0034x+120.47\ (r^2=0.5645,\ n=18,\ p<0.01) \quad (8-22)$$
式中，y 为水稻植株中 $\delta^{13}C$ 的变化速率；x 为 $\delta^{13}CH_4$ 的变化速率。

水稻土壤：
$$y=0.0805x+0.9413\ (r^2=0.5027,\ n=18,\ p<0.01) \quad (8-23)$$
式中，y 为水稻土壤中 $\delta^{13}C$ 的变化速率；x 为 $\delta^{13}CH_4$ 的变化速率。

可见，稻田光合作用产物介导的 CH_4 排放速率与水稻植株的干物质积累速率和土壤的固碳能力均有显著的正相关关系。式（8-22）和式（8-23）自变量（x）的系数倒数分别为 0.17 和 12.42，可以看出，CH_4 排放速率对土壤的固碳速率响应更快。

通过 ^{13}C 示踪，发现水稻光合作用产物介导的碳源是稻田 CH_4 排放的主要碳素来源之一，此外，还包括有机肥带入的碳和土壤本身的碳。经分析，在水稻分蘖期，CH_4 中约 49.06% 的碳素来源于水稻光合作用的产物，另外约 50.94% 的碳素来源于有机肥或土壤本身。有机肥的平均含碳量为 23.05%，平均含氮量为 2.07%。若施氮量为 300kg N/hm^2，按照盆面积（直径 30cm）进行计算，则有机肥施入量为 10.24 g，其碳素施入量为 2.36 g；而盆栽土壤的全碳含量为 1.78%，容重 1.43g/cm^3，可得出耕层土（20cm）的碳总量约为 359.67g。经估算，有机肥带入的碳所转化的 CH_4 排放量约占 0.34%，而土壤本身的碳所转化的 CH_4 排放量约占 50.60%。整体来看，水稻光合作用产物介导的碳源和土壤本身的碳是稻田 CH_4 排放的两大碳素来源。对比大田试验，化肥和混施肥处理的植株干物质积累大于有机肥处理。可见，光合作用产物介导的碳素来源尽管是稻田 CH_4 排放的重要来源，但转化过程较慢。综合来看，CH_4 排放速率对土壤的固碳速率响应更快，这表明，土壤本身的碳储量是影响稻田 CH_4 排放最重要的原因。

6. 影响稻田 CH_4 排放的土壤环境因子综合分析

通过将不同时期的土壤样本进行综合分析，从图 8-16 可以看出，第一和第二环境主成分因子得分分别为 63.89% 和 16.70%；有机肥处理多位于坐标轴右侧，与其他三个处理差异显著，土壤速效磷、速效钾、全氮、有机碳和碳氮比是影响有机肥处理 CH_4 排放的主要环境因子，且这五个指标彼此的正相关性关系显著；化肥和混施肥处理交叉较多，差异不显著；而不施肥处理多位于坐标轴下侧。通过计算各环境因子与主成分之间的相关性系数可知（表 8-8），速效磷的贡献率最高，与第一主成分的相关系数为 0.72，其次为速效钾（0.69）和全氮（0.60）。可见，影响稻田 CH_4 排放的第一主成分因子主要是土壤速效养分因子，累积方差贡献率为 63.89%；影响第二主成分的主要环境因子则是 mcrA 基因，二者的相关系数为 0.64，其次为土壤碳氮比（0.44），第二主成分对稻田 CH_4 排放的方差累积贡献率为 16.70%，所占比例也比较高。

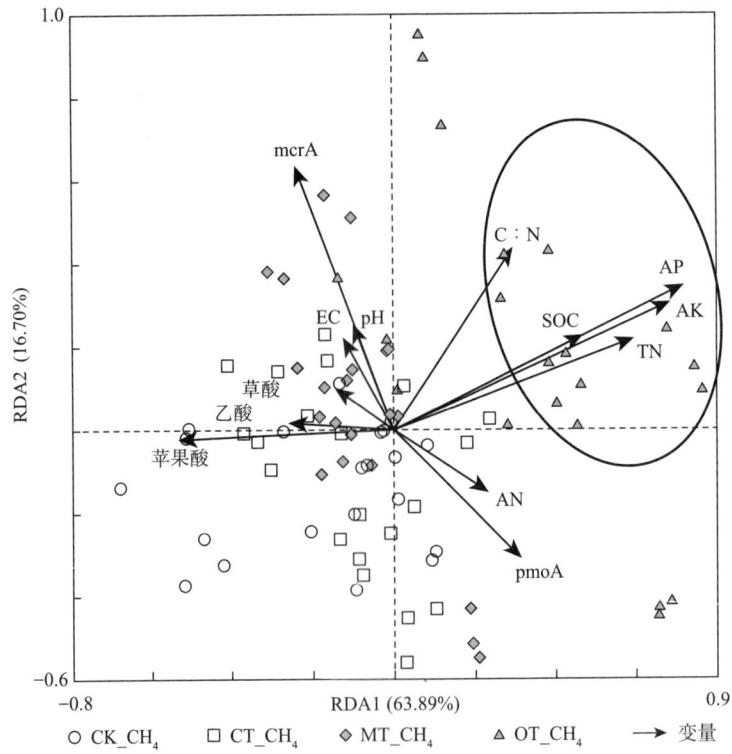

图 8-16　全生育期土壤因子与 CH_4 的 RDA（redundancy analysis，冗余分析）

用于 RDA 分析的数据源于水稻返青期、分蘖期、拔节期、孕穗期、抽穗期、灌浆期和成熟期共 7 个时期，RDA1 和 RDA2 分别表示第一和第二主成分的环境因子方差；AN：土壤铵态氮，后同

表 8-8　土壤环境因子与主成分的相关系数表

主成分	相关系数											
	pH	EC	土壤养分					土壤有机酸			基因	
			AN	AP	AK	TN	C∶N	SOC	草酸	苹果酸	乙酸	mcrA	pmoA
RDA1	−0.10	−0.12	0.23	0.72	0.69	0.60	0.30	0.47	−0.14	−0.53	−0.26	−0.24	0.31
RDA2	0.26	0.22	−0.15	0.35	0.31	0.22	0.44	0.23	0.10	−0.02	0.02	0.64	−0.31

为了更加清晰地看出影响稻田 CH_4 排放的关键环境因子，通过雷达图在同一坐标体系中展示不同处理下土壤环境因子与稻田 CH_4 排放关系的综合情况。由图 8-17 可知，相比 CK、CT 和 MT 处理，全施有机肥显著提高了土壤养分，具

体包括速效磷、速效钾、全氮和有机碳含量和土壤碳氮比,其乙酸、苹果酸和草酸等土壤有机酸浓度及 mcrA 基因拷贝数也较高。通过土壤微生物的综合作用,稻田 CH_4 排放速率和季节排放量增加,有机肥处理显著高于其他三个处理。而 MT 处理的 mcrA 基因拷贝数虽然最高,但其土壤速效磷、速效钾和全氮含量等土壤养分含量低于 OT 处理,最终混施肥处理的稻田 CH_4 排放量次之。在 CT 处理中,多项指标数值低于 OT 和 MT 处理,且 pmoA 基因拷贝数较高,说明化肥处理的 CH_4 氧化能力较高,导致稻田 CH_4 排放量低于有机肥和混施肥处理。对于 CK 来说,虽然土壤有机酸浓度高于其他处理,但其土壤养分和 mcrA 基因拷贝数均较低,最终导致其稻田 CH_4 排放量最低。

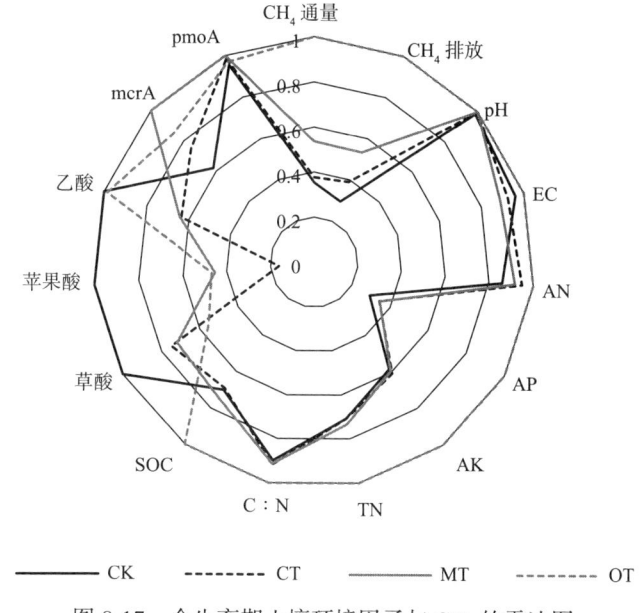

图 8-17 全生育期土壤环境因子与 CH_4 的雷达图

8.3.3 稻田产甲烷菌群落结构

1. 大田试验稻田产甲烷菌群落结构组成分析

从图 8-18 中可以看出,在科 [图 8-18(a)] 的分类水平上,鉴定出六大产甲烷菌:甲烷囊菌科(Methanocellaceae)45.41%、甲烷鬃菌科(Methanosaetaceae)22.16%、甲烷杆菌科(Methanobacteriaceae)10.05%、甲烷规则菌科(Methanoregulaceae)8.13%、甲烷螺菌科(Methanospirillaceae)5.22% 和甲烷八叠球菌科(Methanosarcinaceae)0.96%。相对丰度最大的产甲烷菌群落为

Methanocellaceae，其相对丰度随着有机肥的施入而逐渐降低。相对丰度第二大的产甲烷菌群落为 Methanosaetaceae，其相对丰度在化肥和不施肥处理中无显著差异，但施入有机肥后，相对丰度显著增加。而第三大产甲烷菌群落为 Methanobacteriaceae，不同施肥处理对其相对丰度的影响与第一大产甲烷菌群落趋势一致，均随着有机肥的施入相对丰度下降。第四大产甲烷菌群落为 Methanoregulaceae，含有机肥施入的有机肥处理和混施肥处理显著增加了其相对丰度，与第二大产甲烷菌群落趋势一致。第五大产甲烷菌群落为 Methanospirillaceae，其相对丰度则在化肥处理中最大。至于 Methanosarcinaceae，其相对丰度在不施肥的对照处理中最大。除此之外，还有 8.08%的产甲烷菌没有比对出分类，其中，7.26%属于甲烷微菌纲（Methanomicrobia），0.82%属于甲烷杆菌纲（Methanobacteria）。通过进一步分类，在属［图 8-18（b）］的分类水平上，鉴定出 11 种产甲烷菌，分别为：甲烷胞菌（*Methanocella*，43.54%）、甲烷鬃毛菌（*Methanosaeta*，22.35%）、甲烷杆菌（*Methanobacterium*，10.24%）、*Candidatus Methanoregula*（暂定种，8.34%）、甲烷螺菌属（*Methanospirillum*，5.94%）、甲烷八叠球菌属（*Methanosarcina*，0.78%）、甲烷短杆菌属（*Methanobrevibacter*，0.03%）、甲烷绳菌属（*Methanolinea*，0.01%）、甲烷叶菌属（*Methanolobus*，0.01%）、*Methanosphaera*（<0.01%）和甲烷囊菌属（*Methanoculleus*，<0.01%）。相对丰度最大的 *Methanocella*，属 Methanocellaceae 科，有机肥的施入会降低其相对丰度；而相对丰度次之的 *Methanosaeta*，属 Methanosaetaceae 科，有机肥的施入会显著增加其相对丰度。

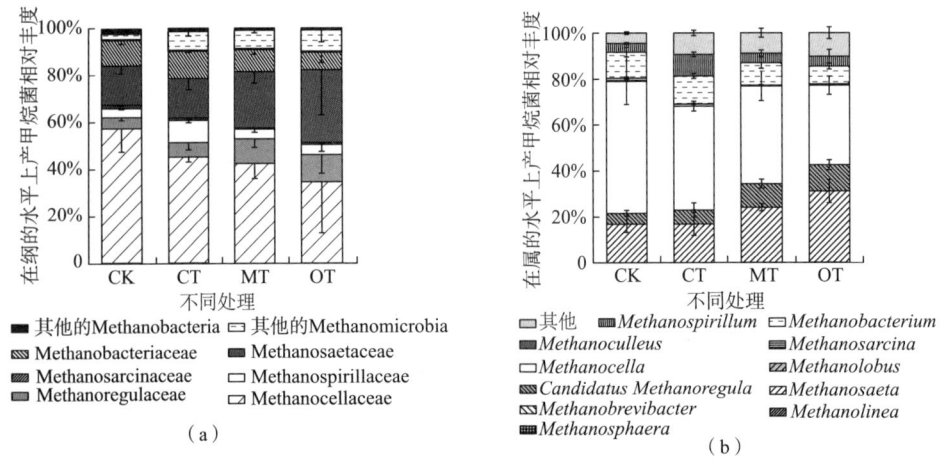

图 8-18　稻田土壤产甲烷菌群落结构

大多数产甲烷菌属于广古菌门，本试验在纲的水平上主要检测出甲烷微菌纲（Methanomicrobia）、甲烷杆菌纲（Methanobacteria）和热原体纲（Thermoplasmata），相对丰度分别为 88.72%、10.95%和 0.18%，可见产甲烷菌相对丰度远大于其他广古菌门古菌，本章重点研究产甲烷菌的群落结构，其他纲内微生物就不做详细比较通过聚类分析，如图 8-19 所示，四个处理分为两大类：含有机肥处理组（MT 与 OT）和不含有机肥处理组（CK 与 CT）。从产甲烷菌群落结构来看，聚为三类：第一类包括 *Methanosphaera*、*Methanolinea*、*Methanobrevibacter*、*Methanosaeta* 和 *Candidatus Methanoregula*，有机肥处理会显著增加其相对丰度；第二类包括 *Methanolobus*、*Methanocella* 和 *Methanosarcina*，其相对丰度在含有化肥的处理中（MT 和 CT）无显著差异，均大于有机肥和不施肥处理；第三类包括 *Methanoculleus*、*Methanobacterium* 和 *Methanospirillum*，纯化肥处理（CT）中的相对丰度大于其他三个处理。

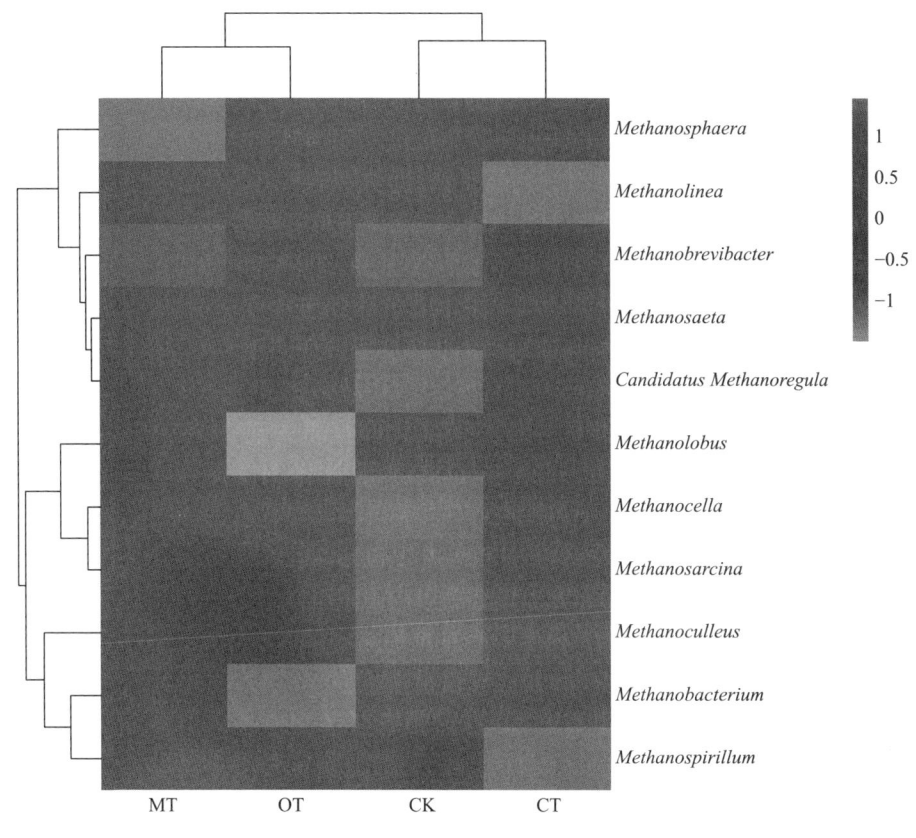

图 8-19 稻田土壤产甲烷菌在属水平上的聚类分析

通过主成分分析（principal components analysis，PCA）线性变换，如图 8-20（a）所示，CT 样本位于坐标北部，与其他样本无交叉，差异显著；CK 样本位于坐标东南部，与其他样本距离较远，差异显著；MT 样本位于横坐标左侧附近，与 OT 样本位置接近，二者有部分交叉，表明两组样本群落结构相似度比其他两组样本高。由于微生物极其多样，不同微生物之间具有特定的系统发育关系，这意味着群落中的各微生物成员［如运算分类单位（operational taxonomic units，OTU）］之间存在某种内在关联。此外，利用非度量多维尺度分析（non-metric multidimensional scaling，NMDS），在新的低维坐标系中对样本重新排序，结果如图8-20（b）所示，与PCA结果类似，CK位于坐标轴东南部，与其他处理距离较远，差异显著；但MT、CT和OT三组样本互有交叉，其中，CT与MT距离相对较近，OT与MT有大量交叉，然而CT与OT距离较远，可见，CT与OT处理的差异较大。综上，三个施肥处理与不施肥处理的群落差异显著，而有机肥处理与混施肥处理的群落差异较小，化肥处理与混施肥处理的群落差异也较小，但有机肥处理与化肥处理的群落差异较大。

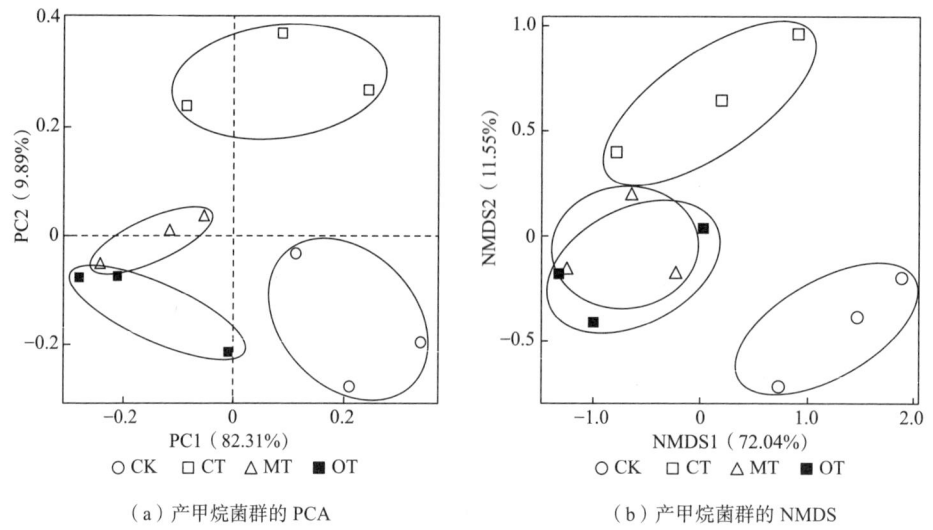

(a) 产甲烷菌群的PCA　　　　(b) 产甲烷菌群的NMDS

图8-20　稻田产甲烷菌群落结构PCA和NMDS分析

每个点代表一个样本，不同形状的点属于不同处理，两点之间的距离越近，表明两个样本之间的微生物群落结构相似度越高，差异越小；坐标轴括号中的百分比代表了对应的主成分所能解释的原始数据中差异的比例

2. 盆栽试验稻田产甲烷菌群落结构组成分析

由图8-21可知，在科［图8-21（a）］的分类水平上，鉴定出四大产甲烷菌微生物，分别为Methanosaetaceae、Methanobacteriaceae、甲烷微菌科（Methanomicrobiaceae）和Methanosarcinaceae，以及一些未知产甲烷菌群，其相对丰度依次为0.06%、6.82%、8.61%、66.23%和18.28%。其中，有机肥处理的Methanosarcinaceae相对丰度大于不施肥处理，其根围土壤的相对丰度高于非根围土壤。不施肥处理的Methanomicrobiaceae相对丰度高于有机肥处理；在无机肥处理中，根围与非根围土壤的相对丰度无显著差异；而在有机肥处理中，非根围土壤的Methanomicrobiaceae相对丰度高于其根围土壤。对于

Methanobacteriaceae 来说，有机肥处理非根围土壤的相对丰度显著高于其他三组土壤样本。通过进一步分类，在属［图 8-21（b）］的水平上共鉴定出八类产甲烷菌微生物，分别为 *Methanosarcina*、*Methanoculleus*、*Methanobacterium*、甲烷食甲基菌（*Methanomethylovorans*）、*Methanosaeta*、*Methanosphaera*、*Methanobrevibacter* 和 *Methanolobus*，相对丰度依次为 63.89%、8.64%、6.42%、1.87%、0.06%、0.04%、0.38%和0.65%。此外，还有许多未知的土壤产甲烷菌，所占比例>18%。盆栽水稻土壤中，相对丰度最大的产甲烷菌为 *Methanosarcina*，有机肥处理根围土壤的 *Methanosarcina* 相对丰度最大，显著高于其他土壤样本。第二大产甲烷菌群为 *Methanoculleus*，施用有机肥会显著降低其相对丰度，其中，有机肥处理根围土壤的相对丰度最低。而第三大产甲烷菌群为 *Methanobacterium*，其相对丰度在不施肥处理的非根围土壤、有机肥处理的根围和非根围土壤中无显著差异，均高于不施肥处理的非根围土壤。其他产甲烷菌相对丰度较小，处理间差异较小。

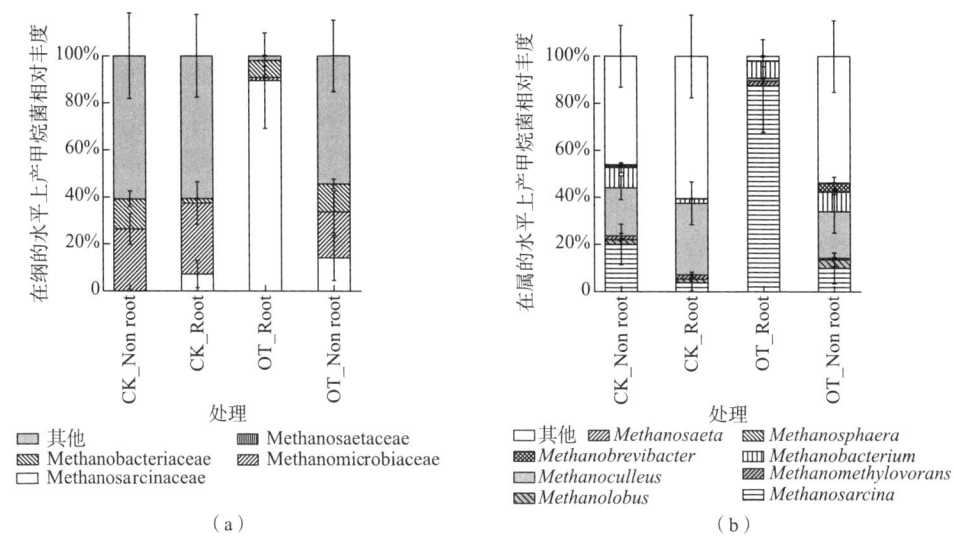

图 8-21　盆栽试验产甲烷菌群落结构组成

通过 PCA，将菌群 OTU 丰度矩阵通过线性变换组合，投影到维度较低的空间坐标系中，展现样本的自然分布。在属的分类水平上，盆栽土壤产甲烷菌群落组成结构的 PCA 和 NMDS 分布图列于图 8-22 中。由图 8-22（a）可知，不施肥处理根围土壤和非根围土壤的散点聚合在坐标的左上角，二者有所交叉，可见二者差异不显著。有机肥处理根围和非根围土壤的群落结构差异比较显著，散点分别位于坐标体系中的右侧和左下角。此外，对于有机肥处理和无机肥处理来说，二者散点无交叉，表明两个处理间的群落结构差异较大。类似地，在图 8-22（b）中，四组土壤样本散点分布无交叉，表明样本间的稻田土壤产甲烷菌群落结构差异显著。为了更加真实地描述样本间的实际情况，选择 PCA 分析，整体来看，有机肥处理的根围和非根围土壤距离较远，差异显著；不施肥处理的根围和非根围土壤距离较近，差异不显著；有机肥处理与不施肥处理的分布离散，差异显著。可见，有机肥的施入会显著影响盆栽水稻土壤的产甲烷菌群落结构分布。

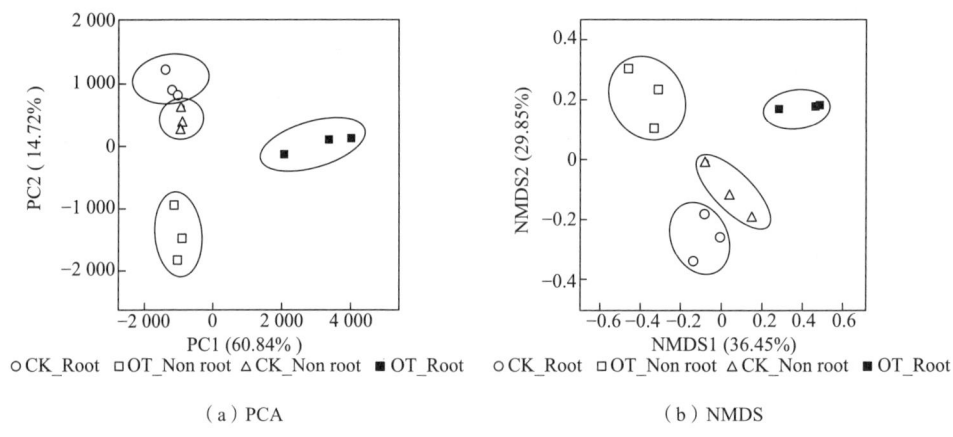

图 8-22　盆栽试验土壤产甲烷菌群落结构 PCA 和 NMDS 分析

3. 大田与盆栽土壤产甲烷菌群落结构对比分析

从表 8-9 可知，通过 16SrRNA 高通量测序，在属的分类水平上，大田土壤中发现了 11 类产甲烷菌微生物，而在盆栽水稻土壤中发现了 8 类。可见，盆栽试验的产甲烷菌群落结构多样性低于大田小区试验，且存在大量未知产甲烷菌属。大田土壤中的 *Methanolinea*、*Candidatus Methanoregula*、*Methanocella* 和 *Methanospirillum* 没有在盆栽土壤中发现；而盆栽土壤中的 *Methanomethylovorans* 没有在大田土壤中鉴定出。此外，大田土壤中的优势菌群为 *Methanocella*，相对丰度平均为 43.54%，属嗜氢产甲烷菌；而盆栽土壤中的优势菌群为 *Methanosarcina*，相对丰度平均为 63.89%，属嗜乙酸产甲烷菌。

表 8-9　大田和盆栽的产甲烷菌相对丰度

产烷生物	类型	大田				盆栽			
		CK	CT	MT	OT	CK_Non root	CK_Root	OT_Non root	OT_Root
Methanosphaera	H	0	0	0.01%	0	0.29%	0	0.05%	0.02%
Methanolinea	H	0.01%	0	0.01%	0.02%	—	—	—	—
Methanobrevibacter	H	0	0.01%	0.02%	0.09%	0.86%	0.21%	6.47%	0.10%
Methanosaeta	A	16.88%	16.89%	24.07%	31.02%	0	0	0	0.07%
Candidatus Methanoregula	H	4.71%	6.08%	10.28%	11.39%	—	—	—	—
Methanolobus	M	0.02%	0.01%	0.02%	0	2.24%	1.94%	2.80%	0.07%
Methanocella	H_2	57.37%	45.23%	42.48%	34.67%	—	—	—	—

续表

产烷生物	类型	大田				盆栽			
		CK	CT	MT	OT	CK_Non root	CK_Root	OT_Non root	OT_Root
Methanosarcina	A/H	1.45%	0.98%	0.38%	0.57%	18.99%	4.94%	9.17%	85.75%
Methanoculleus	H	0	0	0	0	20.97%	29.41%	17.16%	1.32%
Methanobacterium	H	11.24%	12.08%	9.71%	7.72%	8.92%	1.99%	9.90%	8.71%
Methanomethylovorans	H	—	—	—	—	1.39%	2.28%	0.51%	1.83%
Methanospirillum	H	3.82%	9.41%	4.16%	4.29%	—	—	—	—
其他	—	4.50%	9.31%	8.85%	10.21%	46.34%	59.24%	53.94%	2.14%

注：A 表示嗜乙酸产甲烷菌，代谢底物为乙酸；H 表示嗜氢产甲烷菌，代谢底物为 $H_2 + CO_2$；M 表示某些产甲烷菌的代谢底物为 $MeNH_2$；H_2 表示产甲烷胞菌；A/H 表示其代谢底物可以为乙酸和 $H_2 + CO_2$

具体来看，在大田小区试验中，相对丰度最大的产甲烷菌为嗜氢产甲烷菌 *Methanocella*，其在盆栽水稻土壤中没有被发现；盆栽水稻土壤中相对丰度最大的嗜氢产甲烷菌则为 *Methanoculleus*，其在大田土壤中相对丰度较低。然而，两个试验中丰度最大的嗜氢产甲烷菌，即嗜氢产甲烷菌的优势菌群，均随着有机肥的施入相对丰度降低。此外，大田土壤中的 *Methanosaeta*，是该土壤中相对丰度最大的嗜乙酸产甲烷菌，在盆栽水稻土壤中 *Methanosaeta* 相对丰度很低，但盆栽水稻土壤中另一嗜乙酸产甲烷菌 *Methanosarcina* 相对丰度最高。整体来看，丰度最大的嗜乙酸产甲烷菌，即嗜乙酸产甲烷菌的优势菌群，会随着有机肥的施入相对丰度增加。综上，施入有机肥会增加稻田土壤中嗜乙酸产甲烷菌优势菌群的相对丰度，而降低嗜氢产甲烷菌优势菌群的相对丰度。

8.3.4 环境因子与产甲烷群落结构的相关性分析

通过 Pearson 相关性分析，分析了盆栽水稻分蘖期产甲烷菌与环境因子的相关关系。由表 8-10 可知，盆栽水稻土壤相对丰度最大的产甲烷菌群 G1（*Methanosarcina*）与土壤全碳、水稻生物量、CH_4 排放速率、CH_4 排放量、CO_2 排放量和土壤速效钾均有显著的正相关关系，与 CO_2 排放速率存在显著的负相关关系。盆栽水稻土壤相对丰度第二的产甲烷菌群 G2（*Methanoculleus*）仅与 CH_4 排放量和植株碳素含量存在显著的负相关关系。对于相对丰度位于第三的 G3（*Methanobacterium*），其与土壤全碳、CH_4 排放速率、CH_4 排放量、CO_2 排放速率、土壤全氮、土壤铵态氮和土壤速效钾均有显著的相关性。G4（*Methanomethylovorans*）与土壤全碳、CH_4 和 CO_2 排放速率有显著相关性。G5（*Methanolobus*）、G6（*Methanobrevibacter*）和 G8（*Methanosphaera*）没有与其他指标显著相关的系数，因而没有列在表 8-10 中，相对丰度较小的 G7（*Methanosaeta*）与 G1（*Methanosarcina*）呈现类似的相关系数。此外，CH_4 排放速率与土壤全氮、铵态氮、速效磷、速效钾、乙酸、植株碳素含量均有显著的正相关关系。整体来看，土壤全碳和速效钾含量是影响盆栽土壤产甲烷菌相对丰度的关键环境因子，嗜乙酸产甲烷菌 G1（*Methanosarcina*）与 CH_4 排放速率和排放量的相关系数最大，分别为 0.83 和 0.66。这表明，盆栽水稻土壤的 CH_4 排放量受 *Methanosarcina* 的作用最大，其相对丰度的增加会显著增加 CH_4 排放量。

表 8-10 盆栽试验产甲烷菌与环境因子的相关性分析

变量	G1	G2	G3	G4	G7	Soil_C	CH_4_fl	CH_4_em	CO_2_fl	CO_2_em
G3	0.64*	—	—	—	—	—	—	—	—	—
G4	0.91**	—	—	—	—	—	—	—	—	—
G7	0.91**	—	0.60*	0.96**	—	—	—	—	—	—
Soil_C	0.81**	—	0.74**	0.71**	0.71**	—	—	—	—	—
水稻生物量	0.60*	—	—	—	0.60*	0.62*	—	—	—	—
CH_4_fl	0.83**	—	0.77**	0.66**	0.73**	0.86**	—	—	—	—
CH_4_em	0.66*	−0.64*	0.65*	—	0.60*	0.60*	0.92**	—	—	—
CO_2_fl	−0.77**	—	−0.59*	−0.61*	−0.59*	−0.89**	−0.71**	—	—	—
CO_2_em	—	—	—	—	—	0.61*	0.86**	0.94**	—	—
TN	—	—	0.73**	—	—	0.73**	0.83**	0.79**	—	0.81**
AN	—	—	0.66*	—	—	0.66*	0.78**	0.76**	—	0.80**
AP	—	—	—	—	—	0.73**	0.74**	—	—	0.80**
AK	0.73**	—	0.83**	—	0.59*	0.88**	0.89**	0.72**	−0.85**	0.66**
乙酸	—	—	—	—	—	0.78**	0.65*	—	−0.68*	0.65**
Plant_C	—	−0.65*	—	—	—	—	0.71**	0.82**	—	0.79**

*、**分别代表在 5%、1%水平上显著

注：G1：*Methanosarcina*；G2：*Methanoculleus*；G3：*Methanobacterium*；G4：*Methanomethylovorans*；G7：*Methanosaeta*。Soil_C：土壤 $^{12+13}C$。CH_4_fl：$^{12+13}CH_4$ 排放速率。CH_4_em：$^{12+13}CH_4$ 季节排放量。CO_2_fl：$^{12+13}CO_2$ 排放速率。CO_2_em：$^{12+13}CO_2$ 季节排放量。Plant_C：水稻植株 $^{12+13}C$。后同

8.4 主要结论的讨论与建议

8.4.1 稻田 CH_4 排放与温度变化的关系

CH_4 的产生是由厌氧微生物介导的碳循环过程，在这一过程中，温度起着十分关键的作用（Malyan et al., 2016）。Yvon-Durocher 等（2011）研究了气候变化对淡水生态系统的 CH_4 排放量的影响，结果表明，当温度增加时，CH_4 排放量比生态系统的呼吸作用和初级生产力增加速率快，当活化能约为 0.85 电子伏特时（0.95%的置信区间为 0.64~1.02 电子伏特），CH_4 排放速率与温度（1/kT）呈现

显著相关性，二者方程为

$$y=36.52-0.85x\ (r^2=0.43,\ n=131,\ p<0.05)\quad(8\text{-}24)$$

式中，x 为 $1/kT$，y 为 $\ln(CH_4)$，而斜率 0.85 正好是产甲烷菌的活化能。周围环境变暖后，可能会引起作物根系生物量（Tokida et al., 2011）、产甲烷菌群落结构（Lu et al., 2015）、微生物活性（Inglett et al., 2011）和有机物分解速率（Crowther et al., 2016）等与 CH_4 排放相关的代谢和传输途径发生改变，从而导致 CH_4 排放量发生改变。Gill 等（2017）研究泥炭地 CH_4 排放时的结果表明，嗜氢产甲烷菌是泥炭地的优势菌群，但是嗜乙酸产甲烷菌是导致土壤变暖后 CH_4 排放量增加的主要原因。一般情况下，高温促进 CH_4 排放，低温则会抑制 CH_4 产生。低温时，由于木质素等有机物较难分解，土壤有机碳的抗分解能力得到提高，产甲烷菌所需底物供应呈现不饱和状态，产甲烷功能无法得到有效发挥（Gill et al., 2017）。在本书中，六月温度比七八月温度低，此时，CH_4 排放量低于七月，一方面可能与低温环境下土壤微生物活性较低、有机质分解速率受限有关；另一方面，水稻处于幼苗期，根系不发达，所以产生的 CH_4 溢出率也较低（Tokida et al., 2011）。简而言之，温度是影响产甲烷菌代谢速率和底物供应的主要因素之一。

研究表明，产甲烷菌在适宜的生长温度条件下代谢旺盛，生产 CH_4 的速率达到最高。温度变化会导致菌群结构和多样性发生改变。同时，有机物的代谢速率也会下降，最终影响 CH_4 的产量（Lu et al., 2015）。根据产甲烷菌最适生长温度差异，可将产甲烷菌分为嗜冷菌、嗜温菌、嗜热菌和极端嗜热菌 4 类菌群。Nazaries 等（2013）研究表明，产甲烷菌多为嗜温菌，生长温度范围一般为 20~40℃。此外，也有一些产甲烷菌是嗜极性菌群，如甲烷热杆菌属（*Methanothermobacter*）、甲烷嗜热菌（*Methanothermus*）、甲烷热球菌属（*Methanothermococcus*）、甲烷球菌（*Methanocaldococcus*）、甲烷炎菌（*Methanotorris*）和甲烷火菌（*Methanopyrus*）等属，它们能生活在高于 80℃ 的环境条件下。对于甲烷氧化细菌，也分嗜冷菌、嗜温菌、嗜热菌和极端嗜热菌。例如，*Methylobac terpsychrophilus*、*Methylomonas scandinavica* 和 *Methylovulum miyakonense* 是嗜冷菌，常生活在 5~10℃ 的环境中，其生长环境不能超过 20℃；而 *Methylocaldum gracile*、*Methylocaldum szegediense*、*Methylocaldum tepidum*、*Methylococcus capsulatus* 和 *Methylococcus thermophile* 是嗜热菌，常生活在大于 40℃ 的环境中（Serrano-Silva et al., 2014）。可见，土壤微生物在过高或过低的温度中都能生长，但温度的变化会影响稻田优势菌群的群落结构，从而影响 CH_4 的排放量。本书的研究结果表明，不施肥处理的 CH_4 排放速率与温度满足一元一次线性方程：$y=ax+b$。式中，y 为 CH_4 排放速率，x 为温度。可见，CH_4 排放量会随着周围温度的升高而增加，这一结果与国内外许多关于温度影响 CH_4 排放的研究结果类似（Voigt et al., 2017；Walz et al., 2017）。简而言之，随着温度

（20~45℃）的升高，CH_4 排放量在逐渐增加，方程中的系数 a 也可能与产甲烷菌的活化能有关，而系数 b 的生物学意义还需进一步的研究。

8.4.2 稻田 CH_4 排放与水稻生物量积累的关系

稻田 CH_4 排放分三个过程：产生、氧化和传输，前两个过程与微生物代谢活动密切相关，而第三个过程为物理作用，主要通过起泡、扩散和水稻介导等途径把土壤空隙的 CH_4 传输至大气（Jiang et al.，2017）。其中，水稻植株是影响 CH_4 排放的主要因素之一，除了植物的根系分泌物和凋谢物易被发酵微生物分解成产甲烷菌代谢底物外，植株还能通过维管束传输 CH_4，尤其是通气组织发达的维管束植物利用不同组织间强大的压力梯度将土壤中的 CH_4 带到空气中（Malyan et al.，2016）。据报道，这种通过植物介导的 CH_4 传输方式是北方泥炭地最主要的传输方式（Winton and Richardson，2017），植物除了利用通气组织外，还可以通过蒸腾作用将溶解于土壤孔隙水中的 CH_4 带出地面（Pinti et al.，2016）。可见，植物与 CH_4 排放有着密切的关系，假如植物通气组织不发达，则可能会抑制 CH_4 排放。有研究发现在泥炭地种植羊胡子草可以减少 CH_4 排放量（Yu et al.，2017）。稻田 CH_4 排放量与水稻品种关系密切（Jiang et al.，2017；Su et al.，2015）。本书的研究结果表明，2015~2016 年，水稻地上部分生物量积累速率与 CH_4 排放速率满足线性方程：$y=ax+b$，其中，x 为水稻地上部分生物量积累速率，y 为 CH_4 排放速率。当水稻干物质日积累量增加时，稻田 CH_4 排放速率也会随之增加，而方程系数 a 和 b 平均为 0.434 2 和 1.146 5，这两个系数可能与植株的光合作用和通气组织的介导能力有关（Jiang et al.，2017）。Chen 等（2011）的研究表明，CH_4 年均排放量主要受到温度的影响，然而这个排放量与每年的碳储量、表层土的透气性和植物地上部分生物量等因素均有显著的相关关系。Riya 等（2015）和 Zheng 等（2011）也发现水稻地上部分生物量高时，稻田 CH_4 总排放量也高，即 CH_4 排放量与水稻生物量积累之间存在显著的正相关关系。通过 $^{13}CO_2$ 示踪，发现 CH_4 排放量随着水稻植株光合作用的增强而增加（Pump and Conrad，2014），此外，Yuan 等（2012）通过稳定同位素示踪还发现，虽然土壤中碳底物是产生 CH_4 的重要因子，但水稻根部的有机碳也贡献了许多 CH_4 的产生量。

综上，水稻植株对稻田 CH_4 排放的影响主要有三个方面。第一，水稻根系的分泌物和掉落物等为产甲烷菌提供了更多的代谢底物；第二，水稻植株通过蒸腾作用将 CH_4 传输到空气中；第三，水稻利用通气组织将大气中的 O_2 运送至根部，在根际形成富氧微区域而氧化 CH_4（田婷等，2017）。本书结果表明，水稻植株的生物量与 CH_4 排放有显著的正相关关系，可见，想要探究稻田 CH_4 排放量的影响因子，除了土壤本身，还需考虑植株的介导作用（Simmonds et al.，2015），研究低 CH_4 排放量的水稻品种对于减少稻田 CH_4 排放量有着重要意义（葛慧敏等，2015）。

8.4.3 稻田 CH_4 排放与有机肥氮施入量的关系

大量研究表明，不同施肥方式对稻田 CH_4 排放量的影响不同，且差异显著（Fumoto et al.，2007；Bodelier，2011）。肥料种类不同，施入土壤的碳氮形态就有差异，产甲烷菌代谢底物的可利用性随之存在差异，最终决定了不同施肥条件下稻田 CH_4 排放的差异（Das and Adhya，2014；胡敏杰等，2015）。目前，化肥处理对稻田 CH_4 排放量的影响尚存在很多争议，CH_4 排放量可能会增加，也可能会降低。Banger 等（2012）总结了 33 篇关于无机氮肥对 CH_4 排放量影响的研究，结果表明，63%的研究认为氮肥显著增加稻田 CH_4 的排放量，氮肥施用量>140kg N/hm^2 的稻田 CH_4 排放量比氮肥施用量<140kg N/hm^2 的高。本试验结果也表明，化肥处理比不施肥处理的稻田 CH_4 排放量高，这可能与施用无机肥增加土壤速效养分和水稻生物量有很大关系（Zhao et al.，2015）。此外，2015~2016年，有机肥处理的稻田 CH_4 年均排放总量比混施肥、化肥和不施肥处理依次提高了 78.68%、121.29%和 348.40%。可见，有机肥显著增加了稻田 CH_4 排放量，这与大部分研究结果类似，即以外源有机质施入为主的有机肥会显著增加稻田 CH_4 排放量（Das and Adhya，2014）。一般认为，腐熟的有机肥能为产甲烷菌提供极为丰富的产 CH_4 基质，导致土壤产生更多的 CH_4，从而增加其排放量（Riya et al.，2015）。也有一些研究表明，施用经过发酵的沼渣沼液并不能显著增加稻田 CH_4 排放量（Win et al.，2011）。可见，有机肥的种类对稻田 CH_4 排放量的影响差异较大。Das 和 Adhya（2014）的研究发现，在印度的淹水稻田中，当总的施氮量为 120kg N/hm^2 时，尿素（90kg N/hm^2）+秸秆还田（30kg N/hm^2）处理的 CH_4 排放量最高，其次为堆肥（30kg N/hm^2）+尿素（90kg N/hm^2）、家禽堆肥（30kg N/hm^2）+尿素（90kg N/hm^2）和尿素（120kg N/hm^2）处理，这四个处理分别比不施肥处理提高了 82.7%、65.1%、63.4%和 31.9%的稻田 CH_4 排放量。Wang 等（2013）研究了不同有机肥+无机肥配合施用对稻田 CH_4 排放量的影响，包括猪粪堆肥、中药残渣堆肥和菜籽饼堆肥，其碳氮比依次为 9.8、22.5 和 6.8，氮磷钾总量分别为 180 kg/hm^2、126 kg/hm^2 和 144kg/hm^2，猪粪堆肥+化肥、中药残渣堆肥+化肥、菜籽饼堆肥+化肥、化肥和不施肥处理的稻田 CH_4 排放量分别为 131.2 kg C/hm^2、117.1 kg C/hm^2、102.6 kg C/hm^2、61.1 kg C/hm^2 和 65.9kg C/hm^2，可见，三种混施肥之间差异较小，但比

单施化肥提高了 56%~99%的 CH_4 排放量。

本书的研究表明，稻田 CH_4 排放量随着有机肥氮投入量的增加而增加。一方面，施入有机肥增加了稻田土壤的碳素含量，为产甲烷菌代谢提供了更多的底物（Chen et al., 2015），但通过土壤微生物发酵，大部分养分最终还是能被植株吸收利用（Singh et al., 2012）；另一方面施入有机肥可能会增加部分土壤微量元素积累，Yu 等（2016）研究了 Fe、Ni、Co、Cu 和 Zn 等元素对于产甲烷菌的影响，结果表明混合多种营养元素培养后，部分功能产甲烷菌群落丰度被显著增加，如 *Methanosarcina* 和 *Methanoculleus*，而且提高了 7.5%的 CH_4 排放量，即微量元素的积累可能会导致 CH_4 排放量的增加。稻田 CH_4 排放虽然是一个复杂的过程，但是，通过有机氮与稻田 CH_4 排放量的线性回归曲线来看，稻田 CH_4 排放量随着有机氮投入量的增加而增加。由于土壤是一个巨大的产出体，目前还没有发现有机氮施入过多后稻田 CH_4 排放量的饱和值，且本试验处理仅涉及了一种混施肥比例（80%无机肥+20%有机肥），今后可增加对混施肥比例的研究。

8.4.4　光合作用产物介导的稻田 CH_4 排放

从返青期到孕穗期，在大田小区试验中，有机肥处理的 CH_4 排放量为 80.93kg/hm^2，比不施肥处理增加了 63.31kg/hm^2；而在盆栽试验中，有机肥处理的 CH_4 排放量为 3.51kg/hm^2，比不施肥处理增加了 1.52kg/hm^2。可见，虽然大田比盆栽的 CH_4 排放量高出许多，这可能是盆栽土壤的碳储量限制了 CH_4 排放量（Yuan et al., 2012），但二者均表现为有机肥处理的 CH_4 排放量比不施肥处理高。稻田是大气 CH_4 主要排放源之一，水稻光合作用的加强会显著增加稻田 CH_4 排放量（Cheng et al., 2008）。有研究表明，高达 60%的 CH_4 是通过植株光合作用产物介导的，其他部分是由水稻秸秆和土壤有机质驱动的（Tokida et al., 2011; Watanabe, et al., 1999）。光合作用将空气中的 CO_2 带入水稻根际，其部分被产甲烷菌吸收利用，尤其是 Methanocellales 和 Methanosaetaceae（Lu et al., 2005; Zhu et al., 2014）。然而，不是所有的土壤产甲烷菌都能在水稻根系中生存，且利用有机碳底物产生甲烷。例如，甲烷微菌（Methanomicrobiales）在水稻根系的生存能力就不如 Methanocellales，Methanomicrobiales 利用光合作用产物介导的 CH_4 排放量就低于 Methanocellales（Pump and Conrad, 2014）。可见，水稻光合作用对稻田 CH_4 排放量的影响是受水稻根际的产甲烷菌的群落丰度和活动能力影响的。有学者研究发现，$^{13}CO_2$ 标记水稻后，超过 85%的 ^{13}C 聚集在水稻的地上部分，约 10%转移到水稻根系，另外不足 2%的 ^{13}C 转移到了土壤中，仅有 0.3%转移到 CH_4 中，而这部分 CH_4 排放量约一半以上来自 ^{13}C（Pump et al., 2015）。由此可见，水稻光合作用介导的碳素是产甲烷菌重要的代谢底物来源。本书的研究结果也表明，稻田 CH_4 排放量与水稻光合作用能力有显著相关性。返青期，稻田 CH_4 排放量较低，$\delta^{13}CH_4$ 丰度很低。而到分蘖期，有 44.80%~53.31%的 CH_4 排放量是通过 ^{13}C 标记产生的。但是，在水稻孕穗期，$^{13}CH_4$ 排放量低于分蘖期，这可能是由于标记时间过长，超过 30 天后稳定同位素长期在太阳照射下发生了变化（Wu et al., 2009），导致孕穗期有机肥处理和不施肥处理对 CH_4 排放量的影响无显著差异。

一般认为，盆栽试验可能会改变植株根系与土壤之间的关系，使得碳含量发生异位（Kuzyakov and Gavrichkova, 2010）。许多研究表明，植株地上部分会比地下部分更容易吸收碳（Kimura et al., 2004；Ge et al., 2012）。本试验没有将地上部分和根系分开，但通过与土壤含碳量的比较，发现土壤吸收的 ^{13}C 显著低于水稻植株。此外，施用有机肥的 $\delta^{13}CH_4$ 丰度高于不施肥处理，特别是在分蘖期，有机肥处理的 $\delta^{13}CH_4$ 相对丰度（7.28%）比不施肥处理（5.78%）提高了 25.95%。可见，外源有机肥会显著增加水稻植株光合作用产物介导的 CH_4 排放量。整体来看，有机肥处理的最终 $\delta^{13}CH_4$ 丰度（171.19‰）比不施肥处理（141.05‰）增加了 21.37%，即光合作用产物介导的 CH_4 排放量被有机肥提高了 21.37%；而在 70 天内的水稻盆栽试验期间（室内平均温度为 25℃），从返青期到孕穗期，有机肥处理（3.51kg/hm²）比不施肥处理（2.00kg/hm²）提高了 75.50%的 $^{12+13}CH_4$ 排放量，与大田小区试验研究结果类似。虽然，直接通过 $^{13}CO_2$ 示踪有机肥影响稻田 CH_4 排放量的研究较少，但其他类似的稳定同位素标记试验研究结果也表明，稻田土壤 CH_4 排放量会随着碳底物的增加而增加（Zhang et al., 2013）。整体来看，施入有机肥后，土壤中的优势嗜乙酸产甲烷菌会继续增加其相对丰度。

8.4.5 稻田 CH_4 排放与土壤产甲烷菌优势菌群的关系

本书的研究结果表明，*Methanocella* 和 *Methanoculleus* 分别是大田和盆栽土壤中相对丰度最大的嗜氢产甲烷菌菌群，二者在有机肥处理中相对丰度均处于最低，可见有机肥会抑制嗜氢产甲烷菌优势菌群的生长。*Methanocella* 和 *Methanoculleus* 分别属于 Methanocellales 目的 Methanocellaceae 科和 Methanomicrobiaceae 科，在水稻土壤中主要利用电子受体 H_2，按照化学式 $4H_2+CO_2 \rightarrow CH_4+2H_2O$，消耗 135kJ/mol 标准吉布斯自由能，生产 CH_4（Holmes et al., 2017）。Kato 等（2015）通过使用木质素培养稻田土壤内的产甲烷菌，发现 *Methanoculleus* 是可培养的，且其经过一定时间的富集，是厌氧培养土壤中的优势菌群之一。此外，*Methanocella* 还能利用甲酸按照化学式 $4HCOOH \rightarrow CH_4+3CO_2+2H_2O$ 进行代谢，消耗 130kJ/mol 标准吉布斯自由能；而 *Methanoculleus* 则根据化学式 CO_2+

4（CH$_3$）$_2$CHOH→CH$_4$+4CH$_3$COCH$_3$+2H$_2$O 进行代谢，消耗 37kJ/mol 标准吉布斯自由能（Liu et al., 2008）。

此外，大田和盆栽土壤的嗜乙酸产甲烷菌优势菌群则分别为 *Methanosaeta* 和 *Methanosarcina*，二者均在有机肥处理中相对丰度最高，可见有机肥能促进嗜乙酸产甲烷菌优势菌群的生长。*Methanosaeta* 和 *Methanosarcina* 分别属于 Methanosarcinales 目的 Methanosaetaceae 科和 Methanosarcinaceae 科（Alpana et al., 2017）。Methanosarcinales 利用乙酸，根据化学式 CH$_3$COOH→CH$_4$+4CO$_2$，进行代谢产生 CH$_4$，消耗 33kJ/mol 标准吉布斯自由能；或者利用乙酰乙酸，化学反应式为 4CH$_3$COCOOH+2H$_2$O→5CH$_4$+7CO$_2$，消耗 96kJ/mol 标准吉布斯自由能。此外，一些甲基类化合物，如 CH$_3$OH、（CH$_3$）$_2$S、CH$_3$NH$_2$、（CH$_3$）$_2$NH、（CH$_3$）$_3$N 和（CH$_3$）$_3$NCH$_2$CH$_2$OH 等，也能被 Methanosarcinales 目的产甲烷菌利用产生 CH$_4$。产甲烷菌的 CH$_4$ 代谢途径会随着生长环境的变化而发生一定的变化，其产 CH$_4$ 能力也会随之受到影响。

据报道，*Methanosarcina* 属可以同时利用乙酸和 H$_2$+CO$_2$ 代谢产生 CH$_4$（Hernández et al., 2017；Thauer et al., 2008）。Yang 等的研究也表明 *Methanosarcina* 可以利用两种碳底物进行代谢，但通过采集稻田土壤进行室内微生物培养时发现，*Methanosarcina* 的相对丰度随着乙酸供给量的增加而增加（Yang et al., 2017）。此外，研究表明，在可培养的产甲烷菌菌株中，*Methanosarcina* 所占的丰度较高（Holmes et al., 2017）。本书的研究结果表明，盆栽试验中 *Methanosarcina* 的相对丰度在水稻根围土壤中显著高于其他产甲烷菌，可能是因为水稻土壤根围的代谢底物丰富，促进了 *Methanosarcina* 的生长。此外，据报道，*Methanosarcina* 的可被培养能力较大（Alpana et al., 2017），这可能导致了盆栽土壤中的嗜乙酸产甲烷菌 *Methanosaeta* 的相对丰度大于 *Methanosarcina*。Zhou 等（2016）的研究表明，*Methanosaeta* 和 *Methanosarcina* 在添加有机物料的稻田土壤中相对丰度最大，相比一般的有机肥，快速堆肥处理过的有机肥会显著降低二者的丰度，可能是易分解的有机质在快速堆肥处理过程中被固定或消解了。研究表明，*Methanosaeta* 和 *Methanosarcina* 丰度的增加与土壤乙酸含量的增加有密切关系，且由于 *Methanosarcina* 的代谢活动更加活跃，稻田土壤中的 *Methanosarcina* 常比 *Methanosaeta* 丰度大（Holmes et al., 2017；Hernández et al., 2017；Salvador et al., 2017）。

8.4.6 有机肥影响稻田 CH$_4$ 排放的机理探讨

在稻田生态系统中，水稻主要通过光合作用将进入稻田环境的碳素固定下来。进入水体的有机物、水稻植株残体等,与水体底层沉积物混合,逐渐成为稻田土壤有机质的一部分,这是稻田生态系统碳汇功能的主要途径。在厌氧环境下,厌氧微生物通过代谢植株残体及土壤有机质,将大分子有机物一步步转化成小分子化合物,进而通过产甲烷菌的代谢作用产生 CH_4,并最终排放到大气中,稻田整个生态系统碳源和碳汇功能的强弱及其相互转化趋势,对其物质能量循环意义重大,同时也影响着稻田温室气体的排放格局(翟俊等,2017)。稻田 CH_4 的排放是产生、氧化和传输三个过程的净结果,有机肥施入土壤后,养分主要被分为四个部分:滞留在土壤中、被土壤微生物吸收利用、被水稻植株吸收利用,以及散失在大气中。随后,通过微生物复杂的代谢活动,将土壤原有的或新生的有机碳和水稻植株光合作用产物介导的有机碳分解代谢产生小分子含碳化合物,供给产甲烷菌利用。产甲烷菌只能通过产生 CH_4 来获取能量进行生长繁殖。整体来看,CH_4 产生过程主要分为乙酸发酵途径、H_2+CO_2 还原途径和甲基裂解途径。在碳代谢过程中,产甲烷菌通过电子呼吸链来推动形成跨膜 Na^+/H^+ 梯度,再通过 A_1A_0-ATP 酶合成腺嘌呤核苷三磷酸(adenosine triphosphate,ATP),其中铁氧化还原蛋白(ferredoxin,Fd)、甲烷吩嗪(methane phenazine,MP)、细胞色素(cytochrome)、H_2 和辅酶 F_{420} 是电子传递的关键载体,介导电子传递的多酶复合体是重要的功能单元。

图 8-23 列出了稻田的两大 CH_4 产生途径:乙酸发酵途径和 H_2+CO_2 还原途径。在乙酸发酵产生 CH_4 的途径中,嗜乙酸产甲烷菌首先利用 ATP,将乙酸转化成为乙酰磷酸,然后在辅酶 A 的催化作用下脱去磷酸离子,进而利用氧化铁氧还蛋白、甲烷蝶呤辅酶和辅酶 M 等物质,一步步形成 CH_4(Soo et al.,2016)。在乙酸发酵产生 CH_4 的途径中,嗜乙酸产甲烷菌激活乙酸产生乙酰辅酶 A,需要消耗 ATP,其中,*Methanosarcina* 通过乙酸激酶和磷酸转乙酰酶生成乙酰辅酶 A,而 *Methanothrix* 利用乙酸辅酶 A 合成酶和焦磷酸酶活化乙酸。它们再通过 CO 脱氢酶/乙酰辅酶 A 脱羧酶复合体,氧化乙酸上的羧基为 CO_2,转移乙酸中的甲基到辅因子四氢八叠甲烷蝶呤(H_4SPT)上,随后甲基被还原为 CH_4 的过程与 CO_2 还原途径一致(承磊等,2016)。而在 H_2+CO_2 还原产生 CH_4 的途径中,嗜氢产甲烷菌首先利用 H^+ 离子和脱氢酶形成甲酰甲烷呋喃(CHOMFR),然后在甲酰基转移酶、甲酰基环化水解酶、甲酰基脱氢酶、辅酶 F_{420}、Na^+ 泵等物质的作用下逐渐产生 CH_4(Liu et al.,2014)。CO_2 首先被甲酰甲烷呋喃脱氢酶还原为甲酰基,并连接在 C1 载体甲烷呋喃上形成 CHO-MFR,这是一个吸能反应,需要跨膜离子或质子梯度来驱动,此后,CHO 基被转移给 H_4MPT,再依次被还原为次甲基($\equiv CH$)、亚甲基($=CH$)和甲基($-CH_3$),催化这些反应需要 F_{420} 作为电子载体。在 Mtr 酶的作用下,甲基被转移到第 3 个 C1 载体巯基辅酶 M(HS-CoM)上,这个跨膜蛋白与 Na^+ 跨膜传输耦联,从而在还原 CO_2 过程中推

动形成跨膜的 Na^+ 梯度（$\delta\mu Na^+$）。最后，甲基辅酶 M 还原酶（Mcr）将其转化为 CH_4（承磊等，2016）。综上，产甲烷菌的 CH_4 代谢途径需要大量的电子、碳底物和能量支撑，相对于 20%有机肥+80%无机肥的混施肥、化肥和不施肥处理来说，有机肥成分复杂，能提供 CH_4 产生过程中所需的大量能源和底物，最终导致 CH_4 产生量增加。

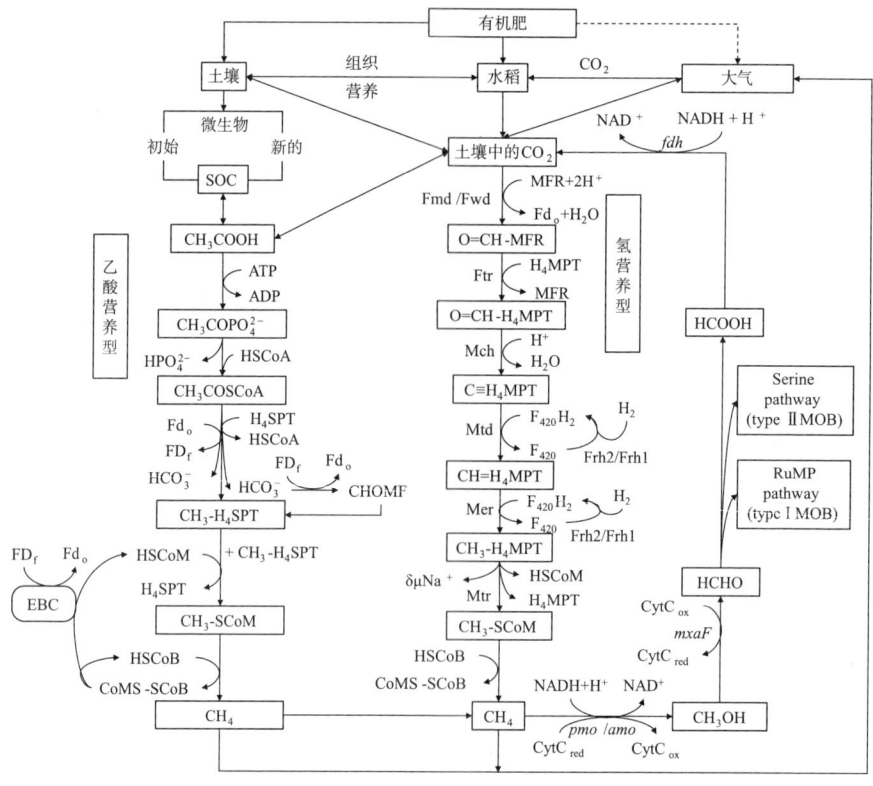

图 8-23　有机肥影响稻田 CH_4 排放的通路

嗜乙酸产 CH_4 途径参考 Soo 等（2016）。SOC：土壤有机碳；CH_3COOH：乙酸；ATP：腺嘌呤核苷三磷酸；ADP：二磷酸腺苷；$CH_3COPO_4^{2-}$：乙酰磷酸；HPO_4^{2-}：磷酸盐离子；HSCoA：辅酶 A；$CH_3COSCoA$：乙酰辅酶 A；Fd_o：氧化铁氧还蛋白；FD_f：还原铁氧还蛋白；H_4SPT：四氢八叠甲烷蝶呤；HCO_3^-：碳酸氢盐离子；CHOMF：甲酰甲烷呋喃；CH_3-H_4SPT：甲基 H_4SPT；HSCoM：辅酶 M；CH_3-SCoM：甲酰辅酶 M；HSCoB：辅酶 B；CoMS-SCoB：异二氧化硫辅酶 M 和 B；EBC：电子分支复合体。嗜氢产 CH_4 途径参考 Liu 等（2014）。Fmd/Fwd：CHO-MFR 脱氢酶；MFR：甲烷呋喃；Ftr：甲酰基转移酶；H_4MPT：四氢甲烷蝶呤；Mch：甲酰基 H_4MPT 环化水解酶；Mtd：甲酰基 H_4MPT 脱氢酶；F_{420}：辅酶 F_{420}；Frh：氢化酶；Mer：甲基 H_4MPT 还原酶；$\delta\mu Na^+$：Na^+ 梯度；Mtr：甲基转移酶。CH_4 氧化途径参考 Cai 等（2016）。NADH：烟酰胺腺嘌呤二核苷酸的还原态，还原型辅酶I；NAD^+：烟酰胺腺嘌呤二核苷酸的氧化态；CH_3OH：甲醇；HCHO：甲醛；HCOOH：甲酸；$CytC_{red}$：细胞色素 C 的还原态；$CytC_{ox}$：细胞色素 C 的氧化态；pmo：甲烷单加氧酶（微粒）；amo：氨氧化酶；mxaF：甲醇脱氢酶；fdh：甲酸脱氢酶；RuMPpathway（type I MOB）：磷酸核酮糖途径（甲烷氧化菌 I）；Serine pathway（type II MOB）：丝氨酸途径（甲烷氧化菌 II）

然而，CH₄产生以后，一部分会被甲烷氧化细菌通过磷酸核酮糖途径（RuMP pathway，type I）或丝氨酸途径（Serine pathway，type II）氧化成 CO_2 或者其他有机物（Cai et al.，2016）。有机肥在增加 CH₄ 产生的同时，也可能增加 CH₄ 的氧化速率（Chen et al.，2014）。据报道，氮输入的化学形态和水平的不同会对 CH₄ 氧化过程产生不同的影响，甲烷氧化菌在低渗透压下氧化活性增加，氮肥（如尿素、KNO_3、NH_4Cl 等）通过增加渗透压，抑制甲烷氧化菌的活性。通过对比，NH_4Cl 对 CH₄ 氧化的抑制作用明显高于 KNO_3，尿素更低，这是因为 NH_4^+ 是 CH₄ 氧化的竞争性抑制剂，通过与甲烷单氧酶的竞争，减少了 CH₄ 的氧化（胡敏杰等，2015；Zhu et al.，2010；Crill et al.，1994）。铵盐对 CH₄ 氧化的抑制作用不仅包括 NH_4^+ 引起的甲烷单氧酶、氨氧化菌以及甲烷氧化菌间的竞争性抑制作用，还包括由 NH_4^+ 氧化引起的羟胺和亚硝酸盐间的非竞争性抑制作用（Veillette et al.，2011）。然而，有机肥中的氮肥为复杂的有机含氮化合物，需要经过微生物的分解，这样，有机肥比尿素对 CH₄ 氧化的抑制作用可能更弱。研究表明，铵盐对土壤表层 CH₄ 氧化的抑制作用强于底层，这是因为铵盐输入土壤后，土壤的表层孔隙水 NH_4^+ 浓度相对较高，导致 CH₄ 浓度就相对较高，而更深处的 NH_4^+ 对 CH₄ 氧化的抑制作用会受到生物有效性的限制（Aronson et al.，2013）。研究认为，土壤无机氮的输入抑制了 CH₄ 氧化，随着氮输入的增加，并伴随着温度和降水模式的转变，这些变化影响了由微生物调节的土壤中的 CH₄，其氧化能力提高。氮输入对非湿地土壤 CH₄ 氧化的抑制作用和促进作用的输入临界值为 $100kg\ N/hm^2$，低于此值会促进土壤中 CH₄ 的氧化吸收，反之则会抑制 CH₄ 的氧化（Aronson et al.，2013）。本试验中，施氮水平为 $300kg\ N/hm^2$，一方面各施肥处理的 CH₄ 氧化作用可能受到了抑制，另一方面有机肥可能增加了甲烷氧化细菌的生长，又促进了 CH₄ 的氧化作用，对此，还需要进一步深入研究。但从最终的 CH₄ 排放量来看，有机肥处理的稻田 CH₄ 排放量显著高于混施肥、化肥和不施肥处理。这表明，稻田 CH₄ 的产生效率远远高于氧化效率。且在有机肥处理中，最终通过液面、水稻植株和气泡等途径排放到空气中的 CH₄ 显著高于混施肥、化肥和不施肥处理。

有机肥施入土壤后，稻田 CH₄ 排放主要有三大碳素来源，其中水稻光合作用产物介导的碳源约占 49.06%，有机肥带入的碳约占 0.34%，而土壤本身的碳则约占 50.60%，可见光合作用产物介导的碳源是稻田 CH₄ 排放的主要来源之一。水稻光合作用产物介导的碳源是指水稻通过光合作用吸收外界 CO_2，转化为有机质。一方面，水稻根系或接触土层界面的部分秸秆通过呼吸作用将有机质转化成 CO_2，在根系周围被土壤微生物利用，最终产生 CH₄；另一方面，稻田土壤微生物直接利用土壤中源自水稻的有机物（如水稻的凋落物和根系分泌物等）产生

CH₄（Yuan et al.，2012）。与有机肥相比，化肥和混施肥处理的水稻植株干物质积累速率较快，产量高，即光合作用产物较多。

尽管化肥和混施肥处理的光合作用强度高于有机肥处理，但最终的 CH₄ 排放量较低，可见，光合作用的产物仅供给了土壤微生物的碳代谢底物，土壤微生物对底物的利用效率才是影响稻田 CH₄ 排放的关键因素（Stiehl-Braun et al.，2011）。整体来看，有机肥促进嗜乙酸产甲烷菌优势菌群的生长，导致乙酸腐解速度增加，CH₄ 产生量增加。另外，嗜氢产甲烷菌优势菌群的丰度降低，H_2+CO_2 还原途径受到影响，土壤中多余的 CO_2 可能被其他微生物吸收利用，转化成有机碳，最后有可能也进入乙酸腐解代谢途径，产生 CH₄（Conrad and Klose，2011）。可见，如果能控制嗜乙酸产甲烷菌的乙酸腐解代谢途径，可能会减少稻田 CH₄ 的排放量，对此仍需进一步研究。

8.5 本章小结

（1）OT 处理的稻田 CH₄ 排放速率和季节排放总量均显著高于 MT、CT 和 CK 处理。2015~2016 年，稻田 CH₄ 排放速率在 0.01~27.73mg/（m²·h），分蘖期和拔节期的排放速率变化较大，OT 处理的年均排放速率为 4.18mg/（m²·h），比 MT、CT 和 CK 处理分别提高了 69.44%、129.77% 和 337.79%。而稻田 CH₄ 年均排放量在 17.36~27.73kg/hm²，拔节期的季节排放量最大，OT 处理的稻田 CH₄ 年均排放量为 111.30kg/hm²，比 MT、CT 和 CK 处理分别增加了 76.30%、105.96% 和 349.15%。

（2）施用有机肥会显著提高土壤全氮、速效磷、速效钾、有机碳、草酸、乙酸和琥珀酸等的含量，引起稻田土壤的产甲烷菌与甲烷氧化细菌的比率发生变化。通过综合分析，土壤有机碳、全氮、速效磷和速效钾是影响稻田生态系统CH₄ 排放的关键土壤环境因子。

（3）稻田土壤产甲烷菌 *Methanosaeta* 和 *Methanosarcina* 分别是大田和盆栽试验中嗜乙酸产甲烷菌的优势菌群，二者均在 OT 处理中相对丰度最大；而 *Methanocella* 和 *Methanoculleus* 则分别是大田和盆栽试验中嗜氢产甲烷菌的优势菌群，随着有机肥的施入其相对丰度降低。可见，施入有机肥会促进嗜乙酸产甲烷菌优势菌群的生长，导致乙酸腐解速度加快，引起稻田生态系统 CH₄ 产生量的增加；而嗜氢产甲烷菌优势菌群丰度降低，H_2+CO_2 还原途径受到影响，土壤中多余的 CO_2 可能被其他微生物利用，最后也可能进入乙酸腐解途径，转化成 CH₄。

（4）有机肥施入土壤后，稻田生态系统的 CH_4 排放主要有三大碳素来源：水稻光合作用产物介导（49.06%）、有机肥引进（0.34%）和土壤本身（50.60%）。其中，土壤本身的碳储量是影响稻田 CH_4 排放最重要的原因，而土壤微生物对碳底物的代谢效率是影响稻田 CH_4 排放的关键因素，倘若能控制嗜乙酸产甲烷菌的乙酸腐解途径，抑制 CH_4 的产生，将会降低稻田 CH_4 的排放量，对此需进一步深入地研究。

综上，在稻田施氮水平为 300N kg/hm^2 时，全施有机肥尽管提高了土壤养分，但会引起稻田 CH_4 的大量排放和产甲烷菌群落结构发生变化。因此，建议当地在确保水稻丰产的前提下，改善稻田施肥方式，如采用有机肥与化肥配合施用，以减少稻田生态系统的 CH_4 排放量。

第9章　不同施肥方式对稻田温室气体排放的试验测度

9.1　施肥与温室气体排放

N_2O 是三种最主要的温室气体之一，虽然在全球气候变暖过程中的贡献没有 CO_2 和 CH_4 高，但其具有更高的全球增温潜能，是 CO_2 的 310 倍，因此农业生态系统中 N_2O 的排放也是人们重点研究的对象。关于稻田 N_2O 排放的研究开始于 20 世纪 90 年代，Masscheleyn 等采用稻田土壤进行了室内培养试验，研究了 N_2O 的产生和氧化还原电位之间的关系，结果表明稻田土壤中的硝化过程和反硝化过程均会产生 N_2O 的排放，而最高的 N_2O 排放速率出现在氧化还原电位为 0 毫伏的反硝化过程当中。他们的研究阐述了稻田 N_2O 产生的机理，为早期研究稻田 N_2O 的排放提供了重要的科学依据（Masscheleyn et al., 1993）。目前，研究稻田 N_2O 排放的方法主要有三种，分别是微气象学法（Wagner-Riddle et al., 1996）、静态暗箱法（Bronson et al., 1997；Cai et al., 1999）和 IPCC 估算法（Yang et al., 2003）。与稻田 CH_4 的产生机理和排放特征相似，不同的农田管理措施也是影响稻田 N_2O 排放的关键因素，其中施肥是影响稻田 N_2O 排放的敏感性因素之一（李香兰等，2009；秦晓波等，2006；Wang et al., 2013）。研究表明稻田 N_2O 的排放与施肥量呈正比例关系，稻田施用缓释肥能够明显降低稻田 N_2O 的排放，但稻田 N_2O 的排放与 CH_4 存在一定的消长关系，如何平衡二者之间的释放是控制稻田综合 GWP 的关键（易琼等，2013；Zhang et al., 2014）。

水分管理也是控制稻田 N_2O 排放的关键因素（汤宏等，2014；Hou et al., 2012）。相关研究表明常规的淹水灌溉可以抑制稻田 N_2O 的排放，但会增加 CH_4 的排放，而间歇灌溉或湿润灌溉可以减少稻田 CH_4 的排放，但会增加 N_2O

的排放（耿春伟和傅志强，2012）。与施肥对稻田温室气体排放的影响类似，不同水分管理条件对稻田 N_2O 和 CH_4 排放的影响也存在一定的消长关系，这主要与二者产生的化学过程有关。生成这两种温室气体所需要的环境条件截然不同，CH_4 主要在厌氧的还原环境中产生，而 N_2O 则易于在干湿交替的临界环境中产生，因此不同的农田管理措施对二者的影响往往表现为此消彼长的现象。不同的水稻轮作模式和冬季填闲作物也会对稻田 N_2O 的排放产生影响（唐海明等，2012）。相关研究表明稻麦轮作系统会比双季稻产生更高的 N_2O 排放，而冬季种植绿肥则可以减少整个系统的 N_2O 排放量。不同的轮作模式对稻田 N_2O 排放的影响可能是由于不同的作物轮作体系中土壤的营养状态和水分条件差异较大，从而导致硝化-反硝化反应的底物和反应发生所需要的条件有较大差别，进而最终导致稻田 N_2O 排放的差异（Kim et al.，2013）。农田管理措施多种多样，对稻田 N_2O 排放的影响也各不相同。很多农田管理措施在影响稻田 N_2O 排放的同时也会影响到 CH_4 的排放，虽然 N_2O 具有更高的全球增温潜能，但稻田 CH_4 的排放量和对温室效应的贡献均远高于 N_2O，因为在水稻生长过程中稻田大部分时间处于淹水状态，厌氧的土壤环境更有利于 CH_4 的产生。因此，在评价不同的农田管理措施对稻田温室气体排放的影响时应该系统考虑对 N_2O 和 CH_4 排放的综合影响，只有稻田生态系统的综合 GWP 降低了，才能真正对全球气候变暖的延缓做出贡献。

本章在第 8 章的基础上，采用静态暗箱采集-气相色谱测定的方法，研究了不同施肥方式对稻田 CO_2、CH_4 和 N_2O 三种温室气体排放特征的影响，重点比较不同施肥方式下稻田 N_2O 对全球气候变暖的贡献，以期为稻田系统中温室气体的减排提供科学依据。此外，利用 DNDC 模型研究，对野外试验进行情景模拟和预测，在大大节省时间和资源的同时提供相对可靠的研究结果。模型研究是对传统野外观测试验的补充和拓展，模拟结果具有一定的参考价值，对实际农业生产具有一定的指导意义。本章使用验证后的 DNDC 模型进行情景模拟试验。首先，模拟了多种不同施肥方式下水稻的产量、稻田的氮素流失及温室气体排放，从而筛选适用于稻田的最佳施肥方式，在保证水稻最大产量的基础上尽可能地减少稻田系统对周边环境的污染压力；其次，构建了上海地区水稻种植业的区域数据库，利用 DNDC 模型的区域模拟功能估算了上海地区水稻生产过程对周边环境的污染输出，同时结合情景模拟试验筛选出最佳施肥方式，分析了上海地区稻田系统的污染减排潜力；最后，模型的敏感性分析对影响水稻产量、稻田氮素流失及温室气体排放的敏感性因素进行了探索，为稻田系统的污染减排提供了科学依据，而模型的不确定性分析则评价了模型模拟结果的可靠性。

9.2 试验方法与数据处理

9.2.1 田间试验

1. 田间试验概况

试验时间为 2012~2013 年,两年稻季的平均气温分别为 25.0℃和 26.3℃,降水量分别为 407.7mm 和 595.3mm,试验条件如图 9-1 所示。水稻品种为"宝农 34",种植方式为移栽。试验地详情和田间管理见 8.2.1 的第 1 小节,2012 年水稻种植前土壤基本理化性质见表 9-1,试验设计同 8.2.1 的第 2 小节,气体样品采集同 8.2.1 第 3 小节。

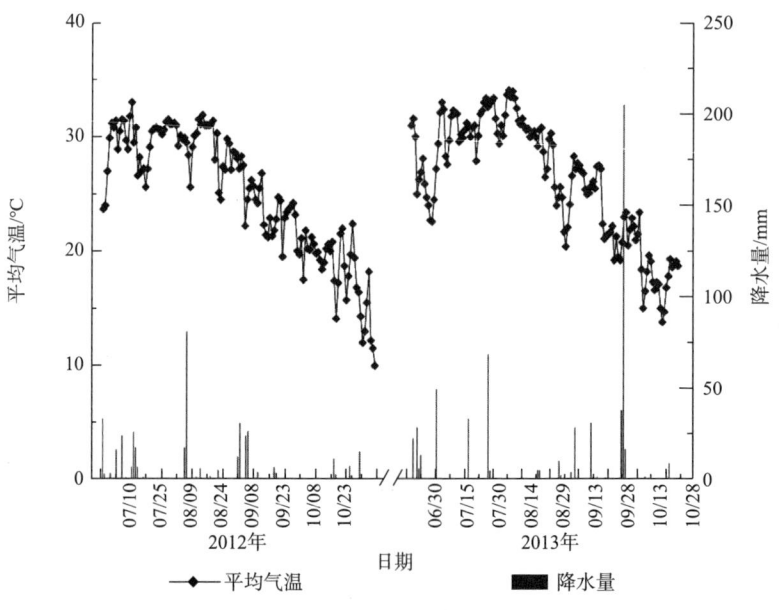

图 9-1 试验期间日平均气温和降水量

表 9-1 测坑内耕层土壤理化性质

处理	总氮/(g/kg)	速效磷/(mg/kg)	速效钾/(mg/kg)	有机质/(g/kg)	pH	容重/(g/cm³)
CK	1.20 ± 0.03	21.36 ± 2.87	38.57 ± 3.55	28.07 ± 2.33	7.06 ± 0.08	1.34 ± 0.03
CT	1.15 ± 0.05	20.84 ± 3.01	43.55 ± 2.75	25.54 ± 1.78	7.18 ± 0.05	1.29 ± 0.02

续表

处理	总氮/(g/kg)	速效磷/(mg/kg)	速效钾/(mg/kg)	有机质/(g/kg)	pH	容重/(g/cm³)
MT	1.23 ± 0.03	25.85 ± 2.45	51.32 ± 4.03	23.72 ± 1.65	7.08 ± 0.06	1.23 ± 0.05
OT	1.46 ± 0.02	33.51 ± 1.98	55.81 ± 3.76	31.33 ± 1.08	7.05 ± 0.05	1.22 ± 0.03

2. 相关指标及其计算方法

（1）温室气体排放通量相关计算公式同式（8-8）和式（8-9）。

（2）稻田氮素流失负荷采用以下公式进行计算：

$$Q_i = C_i \times q_i / 100 \tag{9-1}$$

$$Q = \sum Q_i \tag{9-2}$$

式中，Q_i 为氮素流失负荷，单位为 kg N/hm²；C_i 为水样中 TN 浓度，单位为 mg/L；q_i 为渗漏水或径流水的排水量，单位为 mm；$i=1\sim n$，为渗漏水或径流水的采样次数；100 为单位换算系数。

9.2.2 模型模拟

1. 情景模拟的设计

情景模拟试验以 2013 年上海地区水稻生产过程中实际的土壤条件、气象条件以及农田管理措施作为基础，对 3 种不同施肥情景下水稻的产量、稻田的氮素流失及温室气体排放进行了模拟，以期筛选出适用于稻田的最佳施肥方式。3 种施肥情景具体设计如下。

（1）施用尿素。该情景又分为 1 次施肥（CT_1，只施基肥）和 3 次施肥（CT_3，基肥加两次追肥）两种情况。

（2）施用有机肥（OT）。有机肥均以基肥的方式一次性施入稻田。

（3）尿素和有机肥混合施用（MT）。其中尿素分 3 次施用，有机肥以基肥的方式施用。

上述施肥情景均是目前上海地区水稻田中最常用的施肥方式。在情景（1）和情景（2）的模拟过程中，试验通过不断地改变施肥量来寻找稻田的最佳施肥水平；在情景（3）中，模拟试验保持稻田最佳施肥水平不变，通过不断地改变有机肥和无机肥的配施比例来寻找稻田的最佳施肥配比。本章中所有情景模拟试验模拟的时间尺度均为 50 年，用以预测不同施肥方式对稻田碳氮循环的长期影响。

2. 区域模拟数据库的构建

DNDC 模型的区域模拟功能以点位模拟的原理为核心,通过与区域数据库的结合,来实现对大区域生态系统中碳氮元素循环的模拟。因此,模型在点位上的校准和验证以及情景模拟所获得的结论均适用于区域模拟。DNDC 模型的区域数据库包括以下 10 个数据文件:气象土壤(climate soil)、作物种植面积(crop area)、作物参数(crop parameter)、施肥(fertilization)、淹水灌溉(flooding)、常规灌溉(irrigation)、有机肥施用(manure amendment)、种植收获时间(planting harvest dates)、秸秆还田管理(residue management)以及犁地措施(tillage)。区域模拟也以 2013 年上海地区的水稻种植情况为基础情景。在区域数据库的构建中,气象数据源于上海各区县气象站;土壤数据源于全国第二次土壤普查数据库;其他作物的种植及农田管理措施等数据则源于 2013 年上海市各区县的农业年鉴或实地调研。模拟的对象包括有水稻种植的宝山区、奉贤区、嘉定区、金山区、闵行区、浦东新区、青浦区、松江区及崇明县,模拟的精度精确到各乡镇。

3. 敏感性分析的参数选择

利用 DNDC 模型特有的功能进行敏感性分析,考察模型的模拟结果对于输入参数的敏感性。在试验中,共选择 8 个输入参数进行敏感性分析,包括:降水量、尿素施用量、有机肥施用量、土壤的硝态氮含量、铵态氮含量、有机碳含量、黏土比例以及 pH。敏感性分析试验以 2013 年测坑实验站的实际田间条件作为基础情景,分析方式为单因素试验,即每个输入参数独立地在基值的 ±20% 范围内随机波动来产生模拟情景,每个参数的模拟次数为 500 次。敏感性指数(sensitive index,SI)可用来评价模拟结果对于所选择输入参数的敏感性,计算方法如下所示:

$$SI = [(R_{max} - R_{min})/R_{avg}] / [(P_{max} - P_{min})/P_{avg}] \qquad (9\text{-}3)$$

式中,P_{max}、P_{min} 和 P_{avg} 为所选择输入参数的最大值、最小值和平均值,而 R_{max}、R_{min} 和 R_{avg} 为对应的模拟结果。本章敏感性分析试验计算了 5 个模拟结果的 SI 值,分别为水稻产量(RY)、氮素径流流失(NR)、氮素渗漏流失(NL)、稻田 N_2O 排放以及 CH_4 排放。SI 值越大表示模拟结果对于所选择的输入参数越敏感,正值表示二者呈正相关,负值则表示呈负相关。

9.2.3 数据处理

本书中野外观测数据均以平均值加标准偏差的方式来表示。数据的记录与处理分析采用 Excel 2010 进行；统计分析中处理间的显著性差异检验采用 SPSS 17.0 中的单因素方差分析（one-way ANOVA，$p=0.05$）完成；相关性分析与图的绘制则采用 Origin 8.0 完成，区域图采用 ArcMap 10 进行绘制。

9.3 研究结果与分析

9.3.1 稻田 N_2O 排放情况

稻田 N_2O 的排放是土壤中氮循环相关微生物进行硝化作用和反硝化作用的中间产物。不同施肥方式下稻田 N_2O 的排放动态如图 9-2 所示（图中实线箭头表示施肥时间，虚线箭头之间的区域为烤田期）。图中，稻田 N_2O 的排放与施肥有关，稻田水分管理也是影响稻田 N_2O 排放的重要因素。2012 年和 2013 年水稻季各出现了五次 N_2O 的排放峰，其中，三次出现在施肥之后，一次出现在烤田期，一次出现在水稻黄熟排水之后。两个水稻季 N_2O 的排放规律基本相同，其波动范围为 $-78.88 \sim 624.66 \mu g/(m^2 \cdot h)$，基肥施用后及烤田期的 N_2O 排放峰明显高于其他几次峰值，且最高峰值均出现在水稻烤田期的 CT 处理中，其中，2012 年的最高峰值为 $458.33 \mu g/(m^2 \cdot h)$，2013 年则高达 $624.66 \mu g/(m^2 \cdot h)$。不同处理之间，CT 处理稻田的 N_2O 平均排放通量最高，为 $96.35 \mu g/(m^2 \cdot h)$，MT 处理次之，为 $65.06 \mu g/(m^2 \cdot h)$，而 OT 处理和 CK 处理分别为 $22.12 \mu g/(m^2 \cdot h)$ 和 $13.42 \mu g/(m^2 \cdot h)$。由此可知，施用尿素会明显增加稻田 N_2O 的排放通量，其主要原因可能与肥料的种类和施肥量有关。相对于有机肥来说，无机态的氮较不稳定，易于分解和转化，进而被土壤微生物和植物所吸收利用，而有机态的氮则需要相对较长的时间来进行分解释放，这可能是导致不同施肥处理之间 N_2O 排放差异的主要原因；而不同时期 N_2O 排放的差异则可能是由于基肥和追肥施肥量的不同所引起的。除了施肥之外，稻田水分管理也是影响稻田 N_2O 排放的重要因素。由于 N_2O 是反硝化过程的中间产物，干湿交替的环境最有利于 N_2O 的产生，因此，两个水稻季 N_2O 排放的最高峰值均出现在水稻的烤田期。试验结果表明，施用尿素的稻田其 N_2O 的排放通量最高，而施用有机肥可有效地降低稻田 N_2O 的排放。

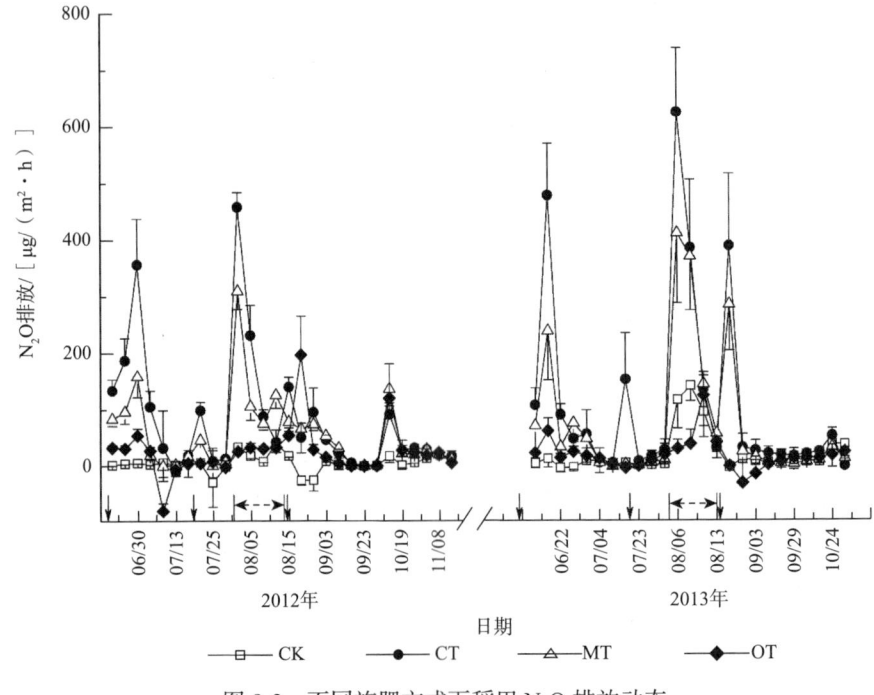

图 9-2　不同施肥方式下稻田 N_2O 排放动态

9.3.2　稻田温室气体季节排放量与水稻产量

结合第 8 章和第 9 章数据，如表 9-2 所示，有机肥处理的年均稻田 CH_4 排放量为 197.16kg/hm²，而化肥、混施肥和不施肥处理则依次为 61.56kg/hm²、113.40kg/hm² 和 35.80kg/hm²，可见有机肥处理的 CH_4 排放量显著高于其他三个处理。对于 N_2O 来说，化肥处理的年均稻田 N_2O 排放量为 1.60kg/hm²，而有机肥、混施肥和不施肥处理则依次为 0.59kg/hm²、1.21kg/hm² 和 0.27kg/hm²，化肥处理和混施肥处理差异较小，均显著高于有机肥处理和不施肥处理。由于采样箱为暗箱，这里的 CO_2 排放量为采样箱体内的植株-土壤-微生物的 CO_2 总呼出量，此时化肥处理的年均 CO_2 排放量为 2.85×10^4 kg/hm²，显著高于其他三个处理。总体来看，通过计算全球增温潜势，发现有机肥处理的年均 GWP 为 5.10 t CO_2/hm²，此时，化肥处理、混施肥处理和不施肥处理则分别为 2.02t CO_2/hm²、3.20t CO_2/hm² 和 0.98t CO_2/hm²。对于水稻籽粒产量来说，混施肥处理最高，为 8.00t/hm²，随后依次为化肥处理（7.73t/hm²）、有机肥处理（6.54t/hm²）和不施肥处理（4.85t/hm²）。单位产量的全球增温潜势依然表现为有机肥处理最高，随后依次为混施肥处理、化肥处理和不施肥处理。可见，化肥处理施用过多会导致稻田

N_2O 排放量过高,而有机肥施用过多会导致 CH_4 排放量过高。整体来看,混施肥处理能减少 N_2O 排放量和 CH_4 排放量。

表 9-2 稻田温室气体排放量和水稻产量

年份	处理	CH_4/(kg/hm²)	N_2O/(kg/hm²)	CO_2/(×10⁴ kg/hm²)	GWP/(t CO_2/hm²)	水稻产量/(t/hm²)	GWP/水稻产量
2012	CK	43.97 ± 6.32a	0.10 ± 0.07a	1.37 ± 0.16a	1.13 ± 0.18c	3.48 ± 0.26c	0.32
	CT	57.34 ± 8.18a	1.52 ± 0.11d	2.59 ± 0.12b	1.89 ± 0.24c	5.15 ± 0.37ab	0.37
	MT	155.20 ± 12.97b	1.27 ± 0.05c	2.72 ± 0.26b	4.26 ± 0.34b	5.71 ± 0.07a	0.75
	OT	329.94 ± 10.28c	0.76 ± 0.15b	2.63 ± 0.23b	8.47 ± 0.30a	4.55 ± 0.39b	1.86
2013	CK	49.68 ± 7.32a	0.48 ± 0.10a	1.16 ± 0.14a	1.39 ± 0.21	4.04 ± 0.15	0.35
	CT	80.83 ± 11.37b	2.10 ± 0.18c	2.48 ± 0.25b	2.65 ± 0.34	7.20 ± 0.13	0.37
	MT	172.15 ± 18.79c	1.32 ± 0.12b	2.51 ± 0.15b	4.70 ± 0.51	7.63 ± 0.18	0.62
	OT	236.09 ± 18.57d	0.34 ± 0.08a	2.73 ± 0.21b	6.00 ± 0.49	5.87 ± 0.17	1.02
2015	CK	17.36 ± 0.31 d	0.23 ± 0.13 d	1.15 ± 0.03 d	0.50 ± 0.05 c	5.59 ± 0.69 d	0.09
	CT	30.20 ± 3.35 c	1.18 ± 0.15 a	3.44 ± 0.08 a	1.11 ± 0.13 b	9.08 ± 2.62 b	0.12
	MT	41.64 ± 2.63 b	1.05 ± 0.26 b	2.89 ± 0.09 b	1.35 ± 0.14 b	9.38 ± 0.67 a	0.14
	OT	77.29 ± 13.82 a	0.66 ± 0.05 c	1.91 ± 0.03 c	2.13 ± 0.36 a	7.28 ± 2.00 c	0.29
2016	CK	32.19 ± 3.13 c	0.27 ± 0.10 d	1.23 ± 0.12 c	0.89 ± 0.11 c	6.28 ± 0.35 b	0.14
	CT	77.88 ± 9.58 b	1.60 ± 0.11 a	2.89 ± 0.15 a	2.42 ± 0.27 b	9.50 ± 1.28 a	0.25
	MT	84.62 ± 5.33 b	1.21 ± 0.05 b	2.72 ± 0.16 ab	2.48 ± 0.15 b	9.28 ± 1.81 a	0.27
	OT	145.31 ± 13.82 a	0.58 ± 0.09 c	2.42 ± 0.15 b	3.81 ± 0.37 a	8.45 ± 3.00 a	0.45
平均	CK	35.80	0.27	1.23	0.98	4.85	0.22
	CT	61.56	1.60	2.85	2.02	7.73	0.28
	MT	113.40	1.21	2.71	3.20	8.00	0.44
	OT	197.16	0.59	2.42	5.10	6.54	0.91

具体来看,2015~2016 年,OT 处理的年均单位产量增温潜势为 37.18%,比 MT、CT 和 CK 处理分别增加了 16.62%、18.33%和 25.62%的年均单位产量增温潜势。具体来说,在 2015 年和 2016 年,OT 处理的稻田 CH_4 季节排放总量分别为 77.29kg/hm² 和 145.31kg/hm²,其年均 CH_4 排放量为 111.30kg/hm²,比混施肥、化肥和不施肥处理分别增加了 76.30%、105.96%和 349.15%。2015~2016 年,CT 处理的稻田 N_2O 年均排放量最高,为 1.39kg/hm²,比 MT 处理年均增加 0.26kg/hm² 的 N_2O 排放量;而 OT 处理的 N_2O 年均排放量为 0.62kg/hm²,比 CT

处理和 MT 处理分别减少了 0.77kg/hm² 和 0.51kg/hm²。而 CT 处理的 CO_2 排放量最高，年均为 31.68t/hm²，随后依次为 MT、OT 和 CK 处理。为了更好地比较不同处理对全球增温潜势的影响，没有将这部分 CO_2 排放量计算在内，根据 GWP 公式，计算出 OT、CT 和 MT 处理的年均 GWP 依次为 2.97t CO_2/hm²、1.77t CO_2/hm² 和 1.91t CO_2/hm²，可见，OT 处理比 CT 处理和 MT 处理分别增加了 1.20t CO_2/hm² 和 1.06t CO_2/hm² 的年均 GWP。此外，对于水稻产量来说，2015 年与 2016 年的水稻产量无显著差异，但不同施肥处理对水稻产量影响不一样，其中，CT 和 MT 处理的产量无显著差异，均显著高于 OT 和 CK 处理。2015 年，OT 处理的水稻产量为 7 279.96kg/hm²，比 MT 和 CT 处理分别降低了 22.39%和 19.86%；2016 年，OT 处理的水稻产量为 8 454.66kg/hm²，比 MT 和 CT 处理分别降低了 8.87%和 10.98%。综合来看，2015~2016 年，MT 和 CT 处理的产量无显著差异，年均为 9 309.28kg/hm²，比 OT 和 CK 处理提高了 18.33%和 56.91%的产量。

9.3.3 稻田最佳施肥方式的情景模拟

1. 稻田单独施用尿素

尿素是我国水稻田中最常施用的肥料，然而我国大部分地区稻田中的尿素施用量处于过量状态。因此，本书的研究采用验证后的 DNDC 模型进行情景模拟试验，探索了两种施肥情景下稻田尿素的最佳施用水平，分别是单次施肥（CT_1）和多次施肥（CT_3）的情景，其中，单次施肥时尿素均以基肥的方式施入稻田，多次施肥则分为基肥和两次追肥（施氮比为 3∶1∶1）。不同尿素施用水平下，水稻产量的模拟结果如图 9-3 所示，施肥水平的模拟范围为 100~500kg N/hm²。从模拟结果可以看出，稻田单次施用尿素的最佳施肥水平为 400kg N/hm² 左右，即在水稻移栽时以基肥的方式一次性投入 400kg N/hm² 的尿素，水稻才能达到最大产量 8 400kg/hm²，这表明：稻田施用尿素时，一次性施肥并不是有效的施肥方式。如果将尿素分三次施入稻田，则模拟结果与单次施肥有着较大差异，此时水稻仅需 250kg N/hm²（即 150+50+50 kg N/hm²）的尿素施用量即可达到最佳产量，氮肥的利用率得到较大提高。此外，模拟结果还表明，稻田长期施用尿素能在一定程度上提高水稻产量，但增产效应并不明显。因此，给稻田施用尿素时，分多次施肥是较为有效的施用方式。目前，上海地区 300kg N/hm² 的尿素施用水平已经超过了水稻生长对氮的实际需求，降低施肥量不仅能够大大减少生产投入量和成本，同时也能够有效地减少稻田氮素流失。

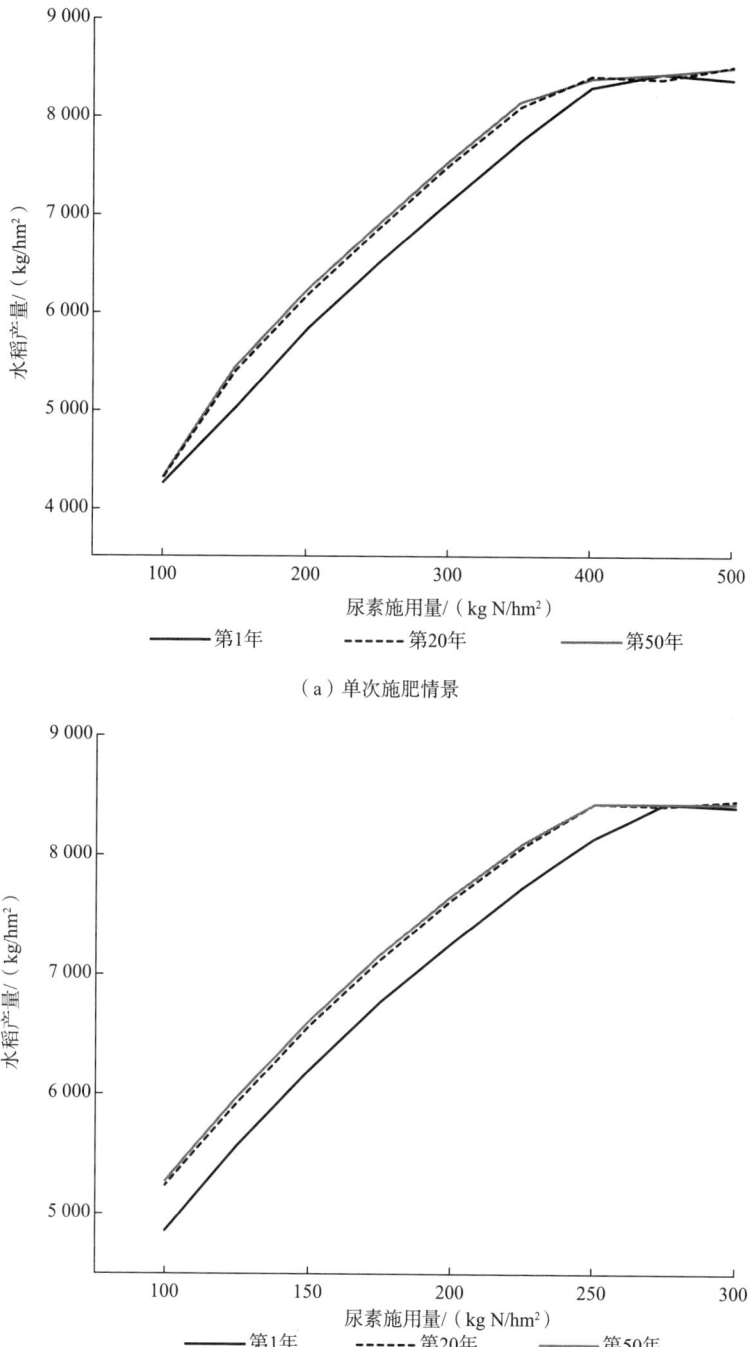

图 9-3　稻田施用尿素的最佳施肥水平模拟

2. 稻田单独施用有机肥

在测坑定位试验过程中,单施有机肥的稻田并未获得最大水稻产量,这表明:300 kg N/hm^2 的有机肥施用量并不能满足水稻生长对氮的需求。因此,情景模拟试验选取了 100~500 kg N/hm^2 的有机肥施肥范围进行了模拟。由于有机肥的肥效较为缓慢,因此只考虑施用基肥的情况,模拟结果如图 9-4 所示。模拟结果表明,在水稻种植初期,450kg N/hm^2 的有机肥施用量才能满足水稻生长对氮的实际需求,若稻田坚持施用有机肥 50 年,则在 20 年之后仅需施用 300 kg N/hm^2 的有机肥,水稻就能达到最佳产量。值得注意的是,300 kg N/hm^2 的有机肥施用量在水稻种植初期会导致一定程度的水稻减产,这也与野外观测到的结果一致。有机肥的肥效较为持久但释放较为缓慢,因此其施肥方式是一种需要长期坚持的施肥方式。

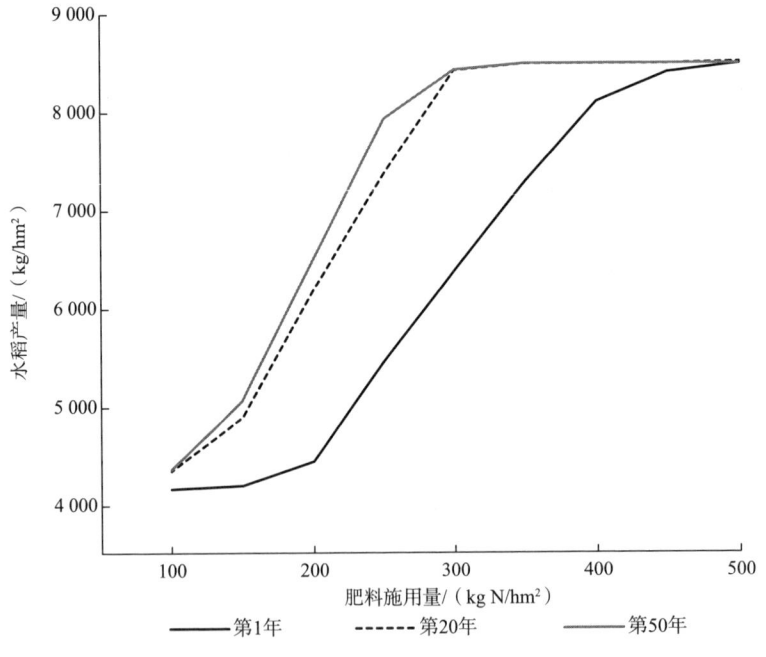

图 9-4 稻田施用有机肥的最佳施肥水平模拟

3. 无机肥和有机肥混合施用

根据稻田单独施用尿素或有机肥的情景模拟结果可知,尿素的肥效较快,而有机肥的肥效则较为持久。由此可知,尿素和有机肥混合施用可能是更加适合于水稻生产的施肥方式。基于尿素分 3 次施肥时的最佳施肥水平(250 kg N/hm^2),试验设计了 M50、M100、M150 和 M200 四种混施肥的情景进行模拟，即分别以 50、100、150 和 200kg 的有机肥替代其中的尿素进行施肥，以此探索稻田中有机无机配施的最佳比例。混施肥的情景模拟结果如图 9-5 所示。模拟结果表明，M50 和 M100 的施肥方式在实行 15 年后即可接近最大水稻产量 8 400kg/hm²，而 M150 和 M200 的施肥方式即使坚持施用 50 年仍未能达到最佳水稻产量，且 M200 施肥方式的减产情况明显，主要原因可能是混施肥中尿素的施用比例过低，在水稻生长初期由于速效氮供给不足而导致水稻减产。

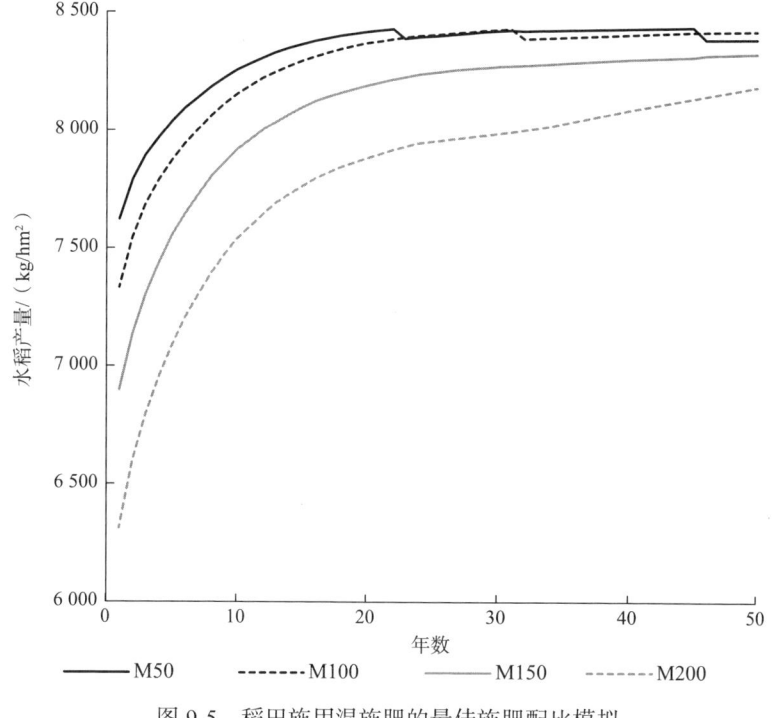

图 9-5 稻田施用混施肥的最佳施肥配比模拟

4. 不同施肥情景稻田的氮素流失负荷

在情景模拟试验中，不同施肥情景下稻田的氮素流失负荷如图 9-6 所示，其中模拟情景 CT_3-300 代表目前上海地区稻田中常规的施肥方式。从模拟结果可以看出，氮素流失负荷最高的施肥情景为 CT_1-400，达 20.36 kg N/hm²，情景 CT_3-300 次之，为 17.87 kg N/hm²。与情景 CT_3-300 相比，若能将尿素施用量降低到 250 kg N/hm² 的最佳水平，则稻田可减少 33.02% 的氮素流失负荷。氮素流失负荷最低的施肥情景为 OT-300，仅为 4.14 kg N/hm²，但稻田只施用有机肥会在水稻种植初期导致一定程度的水稻减产，有机肥的施肥方式需要长期坚持才能获得最大水稻产量。两种混施肥情景 M50 和 M100 的氮素流失负荷均低于只施用尿素的情景，其中又以情景 M100 的流失负荷较低，为 8.18 kg N/hm^2。与常规施肥情景 CT$_3$-300 相比，情景 M100 能够减少 54.22%的稻田氮素流失。

综上所述可知，尿素和有机肥混合施用是更加适用于稻田的施肥方式，不仅能够维持最佳水稻产量，同时也能有效控制稻田氮素流失，其中以施肥方式 M100 的减排效果最佳。

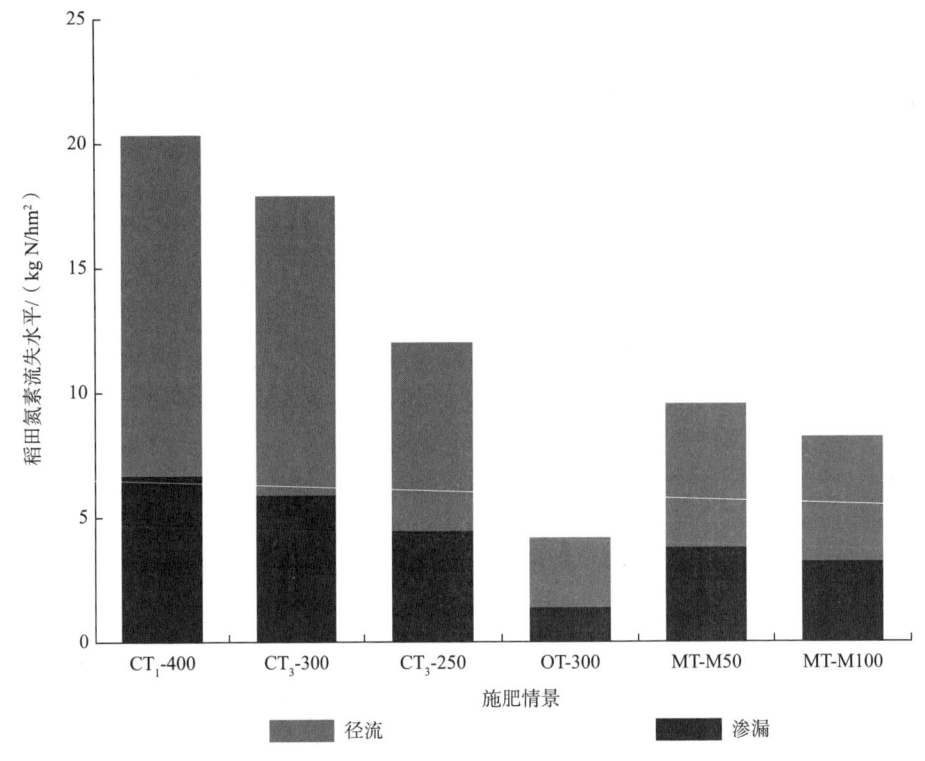

图 9-6　不同施肥情景的稻田氮素流失负荷

9.3.4　上海地区稻田氮素流失现状

根据上海地区水稻种植业的实际情况，本书利用 DNDC 模型的区域模拟功能估算了 2013 年上海地区的水稻田对周边环境的污染输出现状。模拟对象共包括上海种植水稻的 9 个区、102 个乡镇，模拟的施肥情景为常规施肥方式 CT$_3$-300，即 300kg N/hm^2 尿素分 3 次施用。2013 年上海各乡镇稻田氮素流失差异巨大，由于农田管理措施基本一致，氮素流失的差异主要源于土壤质地、气象条件以及水稻种植面积的不同。

由于同一区县内土壤质地和气象条件差异不大，各乡镇单位面积的氮素流失量并无差异，因此，同一区县不同乡镇之间氮素流失的差异主要与水稻种植面积有关。各区县中奉贤区单位面积的氮素流失量最高，达 23.61±12.19 kg N/hm²（标准偏差为模型模拟的不确定性，下同），松江区最低，为 9.51±1.23 kg N/hm²；各乡镇中奉贤区的庄行镇氮素流失总量最高，达 48.85±25.22t，庄行镇 2013 年的水稻种植面积为 2 070hm²，并不是各乡镇最高，水稻种植面积最高的为崇明县的庙镇，为 2 881hm²，而庙镇的氮素流失总量仅为 30.05±1.53t，远低于奉贤区。

根据 DNDC 模型的区域模拟结果，2013 年整个上海地区水稻田通过地表径流和渗漏向周边环境中排放的氮总量为 1 142.48±276.29t，该流失量在总施肥量中所占的比例为 4.32%，如此巨大的氮素流失量将会对周边的水体环境造成严重的污染，加速水体的富营养化进程和地下水的硝酸盐污染程度。

如果上海地区的水稻种植业能够采用情景分析所获得的最佳施肥方式 M100，则与目前农民普遍采用的施肥方式相比，可以减少 458.36t 的稻田氮素流失，这对于上海地区农田周边水环境的保护具有十分重要的意义。

9.3.5 上海地区稻田温室气体排放格局

与稻田氮素流失的特征相似，由于同一区县内农田管理措施、土壤质地以及气象条件一致，因此同一区县不同乡镇之间单位面积的 N_2O 排放强度没有差别，2013 年各区县的排放强度范围为（0.32±0.14）~（3.02±0.73）kg N_2O/hm²，其中金山区最高，宝山区最低。在所有模拟的乡镇中，金山区亭林镇的 N_2O 排放总量最高，达 8.35±2.01t，这与亭林镇较高的水稻种植面积（2 765hm²）有关。2013 年整个上海地区来自水稻田的 N_2O 排放总量为 160.75±63.90t，若以 N 计，则在施肥量中所占的比例约为 0.38%。虽然水稻田中以 N_2O 形式损失的 N 在施肥量中所占的比例并不高，但 N_2O 具有较高的全球增温潜能，在 100 年尺度上，对全球气候变暖的贡献是 CO_2 的 310 倍，是大气温室气体的重要来源之一。依此可知，上海地区水稻田 2013 年 N_2O 的总排放量相当于 4.79 万 t CO_2 的排放。

2013 年上海各区县稻田 CH_4 的排放强度范围为（214.49±75.20）~（406.89±41.03）kg CH_4/hm²，其中宝山区最低，松江区最高。与 N_2O 的排放格局类似，各乡镇之间稻田 CH_4 排放总量最高的也是金山区的亭林镇，达 1 106.02±344.83t，金山区水稻田单位面积的 CH_4 排放强度为 400.01±124.71 kg CH_4/hm²，已接近松江区的最高排放水平。整个上海地区的水稻田 2013 年所排放的 CH_4 总量为 3.10±1.15 万 t，相当于 77.50 万 t CO_2 排放对于全球气候变暖的贡献，由此可见，水稻

田 CH_4 排放对全球气候变暖的贡献远高于 N_2O。

9.3.6 敏感性分析

敏感性试验分析了水稻产量（RY）、氮素径流流失（NR）、氮素渗漏流失（NL）、稻田 N_2O 排放和 CH_4 排放 5 个模拟结果对于所选择输出参数的敏感性，并计算了敏感性指数，分析结果如表 9-3 所示。从敏感性分析的结果可以看出，水稻产量仅与施肥相关，且对于尿素的敏感性高于有机肥，值得注意的是，水稻产量与有机肥施用量呈正相关关系，而与尿素施用量呈负相关关系，这表明 300 kg N/hm^2 的有机肥并不能满足水稻生长对于氮的需求，而 300 kg N/hm^2 的尿素则处于过量状态。该结论与最佳施肥水平的情景模拟结果一致，而且从模拟结果可以看出，过高的尿素施用量甚至会对水稻的生长产生一定的抑制作用。氮的地表径流流失则主要与降雨和施肥有关，降水量和施肥量越高，氮的流失量越大，这与野外观测到的规律一致。氮的渗漏流失除了与降雨和施肥相关以外，也与土壤的硝态氮含量、有机碳含量和黏土含量有关。分析结果表明，稻田氮的渗漏流失对有机肥的施用量和土壤铵态氮的含量不敏感，主要原因可能是有机态的氮和铵态氮易被土壤胶体吸附而不易通过土壤剖面渗入地下。

表 9-3 基于 DNDC 模型的敏感性分析

输入参数	基值	变化范围	敏感性指数（SI）				
			RY	NR	NL	N_2O	CH_4
降水量/mm	1 103.6	882.9~1 324.3	−0.03	0.93	0.28	1.42	−0.04
施氮量——尿素/（kg N/hm^2）	300	240~360	−0.56	0.77	0.74	0.32	0
施氮量——有机肥/（kg N/hm^2）	300	240~360	0.12	0.87	0	−0.03	0.16
土壤硝态氮含量/（mg N/kg）	5.00	4.00~6.00	0	0	0.23	0.32	−0.04
土壤铵态氮含量/（mg N/kg）	7.25	5.80~8.70	0.07	0.01	0.04	0.12	−0.01
土壤有机碳含量/（kg C/kg）	0.015	0.012~0.018	0	0.08	−0.87	0.91	0.52
土壤黏土比例	0.43	0.34~0.52	−0.06	0.01	−0.37	−0.30	−0.24
土壤 pH	7.66	6.13~9.19	0	−0.01	−0.03	−2.64	0.03

影响稻田 N_2O 排放的因素较多，其中 N_2O 的排放与降雨、施肥、土壤碳氮含量呈正相关，而与土壤黏土含量和 pH 呈负相关，土壤的 pH 是影响稻田 N_2O 排放的最敏感因素。稻田 CH_4 的排放则与有机肥的施用量和土壤有机碳含量呈正

比，而与土壤黏土含量呈反比，土壤黏土比例可能会影响到土壤的孔隙度进而影响到 CH_4 产生后的释放过程。综合来看，在水稻生产过程中应主要考虑降雨、施肥、土壤有机碳含量以及土壤黏土比例对于水稻产量和稻田碳氮去向的影响，因为至少有三项模拟结果对于这些因素较为敏感。然而，不同模拟结果对于不同输入参数的敏感程度差异较大，因此，在评价不同的农田管理措施时，应考察它们对水稻产量和稻田碳氮各去向的综合效应。

9.4 主要结论的讨论与建议

9.4.1 稻田温室气体排放比较

稻田生态系统 CO_2 的排放是许多过程综合作用的结果，包括土壤微生物的呼吸排放，作物根茎叶的呼吸排放以及植物光合作用对 CO_2 的消耗等。本书所采用的温室气体采集箱为暗箱，阻挡了太阳光，导致温室气体采样过程中作物的光合作用受阻，因此检测到的 CO_2 排放并不是稻田系统 CO_2 的净排放，而是整个生态系统呼吸作用的综合排放，所以本书无法讨论稻田系统 CO_2 的平衡以及稻田 CO_2 净排放对全球气候变化的贡献。对于稻田系统呼吸作用所产生的 CO_2 排放，不同施肥条件的稻田差异不显著，稻田 CO_2 的呼吸排放特征主要受土壤通气条件和气温的影响。相反，不同的施肥方式对稻田 CH_4 和 N_2O 排放的影响较为明显，不同种类的肥料所包含的碳氮形态差别较大，底物可利用性的差别决定了不同施肥条件的稻田 CH_4 和 N_2O 排放的差异。很多研究也证明了施用有机肥会导致较高的稻田 CH_4 排放，而施用无机肥的稻田其 N_2O 排放较高（Kim et al., 2014a; Pathak et al., 2003; Kim et al., 2014b）。不同的水分条件也是决定稻田 CH_4 和 N_2O 排放的关键因素，因为不同的水分条件决定了稻田水土环境的氧化还原电位，而氧化还原电位的不同直接决定了土壤中产生 CH_4 和 N_2O 的化学过程是否能够发生（Mer and Roger, 2001; Keppler et al., 2006; Kögel-Knabner et al., 2010; Liesack et al., 2000）。CH_4 的产生依赖于厌氧的还原环境，当土壤氧化还原电位足够低的时候产甲烷菌就会分解利用土壤有机碳从而产生 CH_4，这也是在水稻烤田期几乎没有 CH_4 排放的原因。由于中期烤田的增加，我国水稻种植业中水分管理方式的改变已为世界 CH_4 的减排做出了非常重要的贡献（Li et al., 2002; 李长生等, 2003）。与 CH_4 的产生机理不同，N_2O 是硝化作用和反硝化作用的中间产物，而水稻田长期处于淹水的还原环境，氮循环主要以反硝化作用为主（Xing et al., 2002; Ishii et al., 2011）。当稻田处于淹水状态时，氧化还原电位足够低，此时反硝化反应将继续进行，产物为 N_2 而非 N_2O；而当稻田处于曝气状态时，由于氧化还原电位过高，反硝化反应就不会发生，因此干湿交替的过渡态环境才有利于 N_2O 的产生，这也是稻田 N_2O 排放的绝对通量较低的主要原因。

9.4.2 模型讨论

在 DNDC 模型进行区域模拟过程中，区域数据库的精度等问题将会导致模拟结果具有一定的不确定性。本书认为，区域模拟结果的不确定性主要源于以下几个方面。

（1）土壤数据库的精度不足。乡镇为本次区域模拟的最小模拟单元，然而本次模拟试验中所需要的土壤性质数据主要源于第二次全国土壤普查，精度仅精确到各区县，因此土壤数据库的精度不足或许会导致模拟结果的不确定性。

（2）土壤性质的不均匀性。当 DNDC 模型对每一个模拟单元进行模拟时，模型假定地认为每个单元的土壤性质是均匀分布的，模型基于此原则进行区域模拟，这或许会与实际情况存在差异，土壤性质的不均匀性是 DNDC 模型进行区域模拟时结果不确定性的重要来源。因此，在构建区域数据库时，对该部分的不确定性已经被考虑在内，模型要求土壤数据的输入为一个范围，包括每种土壤性质的最大值和最小值，因此，得到的模拟结果也为一个范围（用平均值加标准偏差的方式来表示），用以包含土壤性质不均匀性所产生的不确定性。

（3）农田管理措施的不统一性。在对每种施肥情景进行区域模拟时，本书设定了整个区域的农田管理措施是一致的。然而，在实际生产过程中，有些农民为了获得最大产量或减少生产投入，往往会根据实际情况适当地更改农田管理措施，即整个上海地区水稻田中的农田管理措施是不统一的，这种模拟设定与实际情况之间的差异也不可避免地导致模拟结果的不确定性。

以上所列的不确定性来源均是客观存在的，也是不可避免的，而本书开展的模型研究试图尽可能地去接近客观事实，以期为低碳农业生产过程提供指导。

9.4.3 施肥量的确定

施肥和降雨是影响稻田氮素流失的主要因素。上海地区水稻田中目前的施肥水平为 300 kg N/hm^2，处于过量状态，施肥投入的氮超过了水稻生长对氮的实际需求，因此，降低施肥量是控制上海地区稻田氮素流失的最有效途径。情景模拟试验表明，上海地区水稻田中最佳的尿素施用量为 250 kg N/hm^2，且应分三次施用，施肥量的降低不仅不会造成水稻减产，还能大大减少稻田氮素流失，同时多次施肥也可以避开上海七八月的降雨高峰期，这也是降低稻田氮素径流流失的重要手段。而如果在水稻基肥期施用一定量的有机肥替代尿素，则可以将稻田的氮素流失降至更低，因为有机肥中的氮多以颗粒态或有机态存在，易于沉积在土壤中而不易溶解于水并随水流失，同时有机氮也需要较长的时间来进行分解释放，因而肥效也更加持久。在情景模拟试验中所获得的施肥情景需要进一步的野外试验对其进行补充验证，以此来探索适用于我国水稻田的最佳肥料管理措施。

在 DNDC 模型的区域模拟过程中，上海地区水稻田的氮素流失和温室气体排放在空间格局上表现出较强的变异性，这不仅与各乡镇的水稻种植面积有关，也与各地稻田土壤的质地有关。敏感性分析结果也已显示，不同的土壤性质会显著影响稻田碳氮的去向。此外，区域模拟的结果也具有较高的不确定性，这一方面与区域数据库的精度有关，另一方面也与土壤性质在空间上的不均匀分布有关。在构建区域数据库时，土壤性质的输入参数并非是单一的值，而是最大值和最小值包含的区间，这种输入方式也决定了模拟结果为一个范围，用以涵盖土壤性质不均匀性所产生的不确定性，不确定性越高表明该地区土壤性质的变异程度越大。DNDC 模型的区域模拟方式已将土壤性质的不均匀性考虑在内，因此，构建精度更高的区域数据库是未来模型研究的重要方向。土壤性质不仅与模型模拟的准确性密切相关，同时也是影响稻田碳氮去向的关键因素，在选择稻田最佳肥料管理措施的过程中，应充分考虑土壤这一因素，选择适用于当地土壤条件的施肥措施。目前，上海地区的水稻种植业已经对周边的环境产生了巨大的压力，应该结合野外观测和模型模拟的结果，因地制宜，制定相应的减排措施，尽可能地减少水稻生产对周边环境造成的污染。

9.5 本章小结

（1）施肥和灌溉是影响稻田 N_2O 排放的关键因素。与施用有机肥相比，施用尿素会显著增加稻田 N_2O 的排放通量，其中，全部施用尿素的 CT 处理其稻田 N_2O 的季节排放通量最高，为 1.81 kg/hm^2；稻田 N_2O 的排放通常出现在施肥之后或田间水分管理发生变化时，其中最高排放峰值均出现在水稻烤田期。

（2）GWP 的计算结果显示，三种施肥稻田的 GWP 均显著高于不施肥的稻田；不同施肥处理的稻田之间 GWP 差异显著；与传统的施用尿素方式相比，施用有机肥会显著增加稻田生态系统的 GWP 和单位产量的 GWP，整个试验期间，OT 处理的 GWP 最高，为 $5.10 \text{ t } CO_2/hm^2$，单位产量 GWP 为 0.91。

（3）若稻田单独施用尿素则最佳施肥量为 250 kg N/hm^2，且应分三次施用；若长期坚持施用有机肥则最佳施肥水平为 300 kg N/hm^2；稻田最佳施肥方式为 150kg N/hm^2 的尿素和 100 kg N/hm^2 的有机肥混合施用（M100），这不仅能够维持最大水稻产量 8 400 kg/hm^2，同时还能最大限度地降低稻田氮素流失对周边水环境造成的污染。

（4）施肥、降雨和土壤性质均会影响水稻的产量和稻田碳氮去向，其中，水稻产量对施肥较为敏感，氮的地表径流则主要与降雨和施肥有关，CH_4 的排放主要受有机肥施用和土壤性质的影响，而氮的渗漏和 N_2O 的排放则对各因素均较为敏感。在稻田最佳肥料管理措施的选择过程中，应全面考虑各因素对水稻生长和碳氮各去向的综合效应，以此寻求水稻生产和生态环境之间的平衡。

第10章 氮肥减量化对稻田温室气体排放的影响：观测与模拟

10.1 氮肥施用量增加及潜在影响

为减轻人口增加带来的粮食安全压力，长期以来，我国一直将提高粮食单位面积产量作为农业管理的首要任务，而氮肥的大量施入是保证农作物产量的主要途径之一。据统计，2018年我国化肥的消耗量达到5 653万t，其中氮肥消耗量约占40%。从1985年到2015年，我国化肥与氮肥总体呈现波动增长的趋势。2015年以后，我国化肥施用总量有所降低。氮肥施入农田后，一部分被作物吸收利用，一部分残留在土壤中，还有很大一部分通过淋溶、径流及气体挥发进入水体或大气中。目前我国稻田氮肥吸收利用率波动范围为9%~72%，平均利用率为30%~41%。根据N同位素标记氮肥进行的田间试验表明水稻生长季节氮肥损失率高达30%~70%（丁维新和蔡祖聪，2003）。

氮肥施用量为225kg N/hm^{2}时，水稻产量将会达到较高的水平（张满利等，2010）。上海地区施肥量约为300kg N/hm^2，氮肥的大量损失不仅造成了国家资源的浪费和增加了农民的投入成本，而且直接或间接地引起一系列的环境问题，氮素的表面径流和淋溶损失导致水体污染及富营养化的出现。由于稻田释放的CH_4和N_2O可能增加大气中温室气体的浓度，引起全球气候变化加快，因此在施用氮肥时，需要兼顾氮肥带来的农业效益以及环境问题，寻找合适的平衡点，即在保证粮食安全的基础上，寻找对生态环境有益的施肥管理措施，以确定科学合理的氮肥施用量。

1985~2018年，我国化肥施用量增长了2.18倍；虽然氮肥施入是提高农作物产量的重要途径之一，但其急剧增长也是农田温室气体排放总量逐年增加最主要的因素（朱兆良，2000）。肥料施用的种类和数量直接影响CH_4和N_2O的排放。

施用化肥可能影响土壤 pH、Eh 等,从而引起 CH_4 和 N_2O 排放量的增减。由于研究结果受到施入化肥的浓度、土壤质地、环境因子及土壤细菌群落等因素影响,故不同试验条件下的研究结果不尽相同。Ma 等(2007)的研究结果表明,在 N0kg/hm²、N200kg/hm² 及 N270kg/hm² 的尿素施用水平上,稻田 CH_4 排放量最低时其施用量为 200kg/hm²。

一般情况下,稻田 CH_4 和 N_2O 的排放随着氮肥施用量的增加而增加。易琼等(2013)的研究表明,随着氮肥施用量的增加,稻田 CH_4 和 N_2O 的排放均呈现增加趋势。Linquist 等(2012)研究发现,在低氮肥施入水平下(平均为 79kg N/hm²),CH_4 排放比无氮肥施入增加了 18%,而高氮肥施入(平均为 249kg N/hm²)将会降低 15% 的 CH_4 排放量;N_2O 的排放量随着氮肥施用量的增加而显著增加,在低氮肥施入水平下 N_2O 排放通量为 0.24kg N/hm²;在高氮肥施入水平下 N_2O 排放通量为 0.63kg N/hm²(Linquist et al., 2012)。Zou 等(2010)在南京稻田的试验表明,与施肥水平 150kg N/hm² 相比,300kg N/hm² 和 450kg N/hm² 施肥水平下的 CH_4 排放量分别降低了 58% 和 76%,N_2O 排放量分别增加了 63% 和 130%。

耕作方式对稻田碳循环有着较大影响。Smith 和 Conen(2004)认为,稻田耕作方式不同,使得温室气体排放与吸收平衡发生偏移,少耕、免耕等保护性耕作技术作为保护性农业的重要技术,对于节能减排具有重要作用。通过对作物生长期翻耕和免耕的农田温室效应比较发现,翻耕的温室总效应比免耕高 36%(胡立峰,2006)。白小琳等(2009)在湖南宁乡通过静态暗箱法对双季稻田不同耕作方式进行研究的结果表明,免耕比翻耕或旋耕碳排放减少 61.69kg C/hm² 及 35.70 kg C/hm²,而免耕同时促进了稻田土壤碳固定,减少了含碳农资的投入,有利于固碳及增加稻田生态系统服务价值。

免耕不施肥与翻耕不施肥相比,可以显著提高 CH_4 的排放量并降低 N_2O 的排放量;免耕施肥与翻耕施肥相比可以降低 CH_4 的排放量并略微提高 N_2O 的排放量。针对稻田综合温室效应分析表明,免耕施肥与翻耕施肥相比可以降低综合温室效应(代光照,2009)。但是在免耕条件下,还未有关于不同施肥量对稻田温室气体排放影响的研究。因此,基于以上背景,本书选取上海崇明作为试验基地,研究不同施肥水平下稻田温室气体排放的动态变化格局,探讨在保证水稻产量的前提下,通过减少化肥施入量,以降低温室气体排放量的可行性。

10.2 试验数据与方法

10.2.1 试验地区

试验于2011年6月至2011年12月在上海市崇明岛竖新镇大东村沐雨农场（北纬31.61°，东经121.62°）进行。崇明岛位于西太平洋沿岸中国海岸线中点地区，地处长江入海口，是中国第三大岛，且是中国面积最大的河口冲积岛。全岛面积1 267km^2，东西长80km，南北宽13~18km，岛上地势平坦，西北部和中部略高，西南部和东部略低。岛屿地处北亚热带，气候温和湿润，年平均温度为15.2℃，年平均降水量为1 025mm，日照充足，四季分明。2011年试验年度平均气温为16℃，年降水量为951mm，日照时数为1 935.5小时（图10-1）。

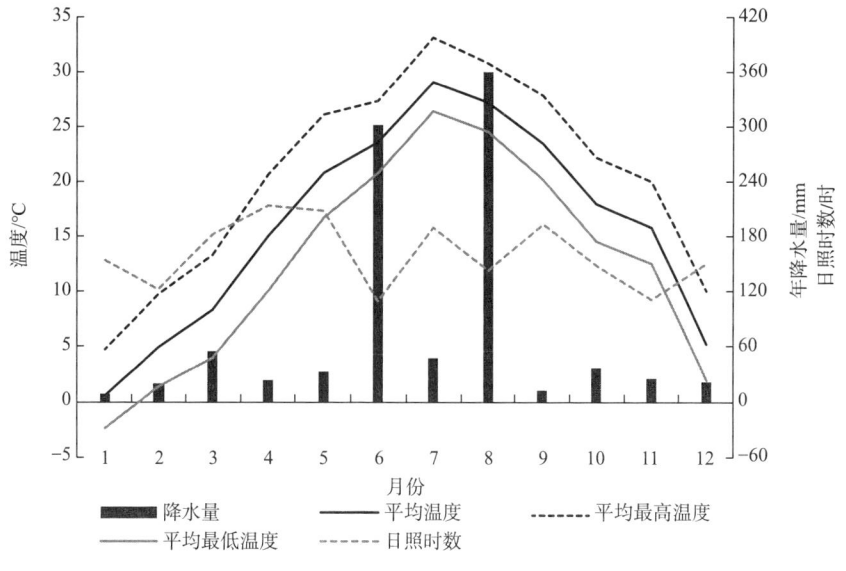

图10-1　2011年上海市崇明地区气象数据

10.2.2 试验方法及样品分析

试验地（图10-2）常年进行水稻-绿肥轮作，排灌设施及农田管理措施良好。试验采用随机区组设计，设置3个处理，每个处理3个重复样地。样地小区面积均为5m×15m，在每个样地中设置3个温室气体取样点。

图 10-2　试验地实景图

试验时间从 2011 年 6 月至 2011 年 12 月，供试水稻品种为秀水 128，该品种是大东村免耕稻田的主栽品种，冬季绿肥为蚕豆。本试验处理设置如下：处理 1 为按照当地稻田施肥水平施氮肥 300kg N/hm^2；处理 2 为氮肥施用量减少 30%，即氮肥施入量为 210kg N/hm^2；处理 3 为氮肥施用量减少 50%，即氮肥施入量为 150kg N/hm^2。试验地长期进行水稻-绿肥轮作，其排灌设备及农田管理水平良好，除按照试验设计进行施肥管理外，其他田间管理均按照当地传统进行管理。稻田试验地土壤的理化性质见表 10-1。

表 10-1　稻田试验地土壤理化性质

轮作方式	有机质/（g/kg）	全氮/（g/kg）	速效磷/（mg/kg）	速效钾/（mg/kg）	土壤 pH	土壤容重/（g/cm^3）
水稻-蚕豆	15.65	1.28	41.2	111	7.7	1.4

1. 温室气体排放通量观测

本试验采用静态暗箱-气相色谱法，进行田间温室气体测定，仪器设备如图 10-3 所示。在水稻种植期，每 2 周进行 1 次温室气体样品的收集，同时实时记录采集每个样品时的箱内温度、样地土壤 5cm 及 10cm 深处的温度。静态暗箱由底座及采样箱箱体组成。采样箱箱体分为两部分，延长箱和顶箱，尺寸为 50cm×50cm×50cm，其中延长箱无顶部，顶箱有顶部。其采用有机玻璃制成，外贴有铝箔纸及隔热材料来避免太阳辐射对箱内温度的影响，箱内装有风扇，外置蓄电池提供驱动力。采样箱底座采用不锈钢材料制成，底面积为 50cm×50cm×20cm。在布置进行温室气体采样点时，将采样箱底座插入土壤 20cm 深处（采样箱内含 6 株左右水稻），直到试验完全结束，移除底座。

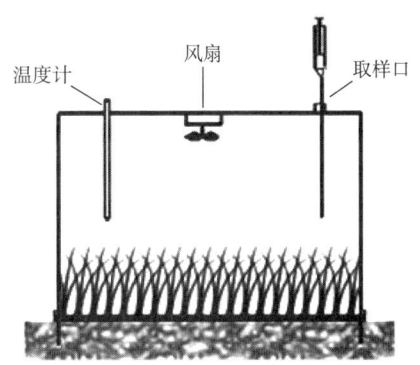

图 10-3　静态采样箱及气相色谱仪

在观测时将采样箱缓慢罩住观测区域并放入底座，底座采样箱接口处以水密封，隔绝箱内气体与外界空气的交换。采样时间为上午 9：00~12：00，罩箱半个小时后进行取样，分别于 0、10、20、30 及 40 分钟时用注射器抽取 100ml 气体注入预先被抽真空的铝箔袋中。并利用便携式数字温度计（JM-624，中国）实时记录箱内及土壤深 5cm 及 10cm 处温度。将样品带回实验室，尽快利用气象色谱仪（Agilent 6890N，美国）测定每个样品的 CH_4 及 N_2O 温室气体浓度，由此计算出被测气体的排放通量。

本试验所采用的气相色谱仪由中国科学院大气物理研究所改装。利用温室气体进样仪取代普通色谱的进样设备，通过微机程序控制电磁阀开关，改变管线中压缩空气的方向，用以驱动汽缸转动进样阀，达到气相色谱仪分析气路系统自动进样、分析和清洗，从而在短时间内完成温室气体的同时分析。色谱仪分析测定样品条件见表 10-2。采用外标法定量分析各气体的浓度，标准气体由上海伟创标准气体有限公司提供，其中 CH_4 和 N_2O 的标准气体浓度分别为 2.0×10^{-6} 和 0.3×10^{-6}。通过对每组五个目标样品与其相对应的采样间隔时间（0 分钟、10 分钟、

20分钟、30分钟、40分钟)进行直线拟合后求得样品气体的排放速率。

表 10-2　温室气体测定仪分析参数

目标化合物	CH_4	N_2O
色谱柱	Col_1：SS-2m×2mm 13XMS（60/80目）	Col_3（前置柱）：SS-1m×2mm, Porapak Q（80/100目） Col_4（分析柱）：SS-3m×2mm, Porapak Q（80/100目）
载气流量/（cm^3/min）	高纯 N_2/30	高纯 N_2/25
柱箱温度/℃	55	55
转化器及温度/℃	—	—
检测器及温度/℃	火焰离子检测器：200	电子捕获检测器：350
空气及高纯 H_2 流量/（cm^3/min）	空气：400；H_2：40	—
尾吹气流速/（ml/min）	—	N_2：2.0

2. 土壤理化性质分析

在进行气体采样的同时，利用多点法进行土壤样品的采集，利用土钻钻取 0~10cm 及 10~20cm 的土壤样品，利用干湿法（烘干温度 105℃）测定土壤含水量。

10.2.3　数据分析

1. 温室气体排放量计算方法

假定采样箱底面积为 A，有效高度为 H，箱内体积为 $V=A\times H$，则稻田中温室气体 CH_4 及 N_2O 排放通量计算如式（10-1）所示。

$$F=\frac{dC}{dt}\times\frac{\rho V}{A}=\frac{dC}{dt}\times\frac{mP}{R(273+T)}\times\frac{V}{A}=H\times\frac{dC}{dt}\times\frac{mP}{R(273+T)} \quad (10\text{-}1)$$

式中，F 为气体排放通量［CH_4 单位为 mg CH_4/（m·h），N_2O 为 μg N_2O/（m·h）］；dC/dt 为采样箱采样时间段内气体浓度变化率［μL/（L·min）］；ρ 为气体在标准状态下的密度；m 为气体的摩尔质量（CH_4 及 N_2O 的摩尔质量分别为 16 g/mol 及 44 g/mol）；R 为普适气体常数［8.314 J/（mol·K）］；P 为采样点大气压力（通常视为标准大气压）；H 为采样箱高度（cm）；T 为采样箱采样时间段内平均温度（黄耀，2003）。

带入相关常数整理可得

$$F=60H\times\frac{dC}{dt}\times\frac{m\times 1.013}{8.314\times(273+T)} \quad (10\text{-}2)$$

式中,常数60为时间单位换算(从分钟转换为小时)。

2. GWP 计算方法

由于 CH_4 及 N_2O 这两种气体具有不同的增温效应,其对全球变暖的贡献也不尽相同,如果同时计算温室气体的温室效应,就必须计算它们增温效应的总和。根据 IPCC 报告,GWP 用于衡量不同温室气体对全球变暖的贡献。以 100 年为尺度,CH_4 的增温潜势是 CO_2 的 21 倍,N_2O 的增温潜势是 CO_2 的 310 倍,计算公式如式(10-3)所示。

$$GWP = E_{CH_4} \times 21 + E_{N_2O} \times 310 \qquad (10\text{-}3)$$

式中,E_{CH_4} 和 E_{N_2O} 分别为该气体的排放总量。

3. 温室气体与作物产量比值

农业生产以及化肥工业生产过程中都会有温室气体的排放。化肥的大量施入会促进作物产量持续增加。本书利用式(10-4)计算单位作物产量所引起的温室气体排放量。

$$\text{Ratio} = \sum CO_2 - eq / Y \qquad (10\text{-}4)$$

式中,Y 为水稻产量;$\sum CO_2 - eq$ 为稻田及化肥生产工程中温室气体排放总量,即全球增温潜势(转化为二氧化碳当量)。

10.2.4 DNDC 模型的验证与应用

模型输入数据主要包括当地气象资料(试验当年即 2011 年逐日最高气温、最低气温以及降水量)、土壤基础参数(土壤质地、容重、黏粒含量、pH 以及土壤有机碳含量等)和农田管理资料(作物播种和收获日期、施肥管理、秸秆还田以及作物信息等)。在输入数据的支持下,运行 DNDC 模型,其中水稻产量、土壤温度(土壤 5cm 和 10cm 处)、CH_4 及 N_2O 排放的模拟结果被用于与实测数据相比较。

为了定量评价 DNDC 模型对点位案例的模拟能力,本书采用平均偏差[MBE,mean bias error,式(10-5)]和均方根误差[RMSE,root mean square error,式(10-6)]来检验模拟结果和观测数据的吻合程度。MBE 用以衡量模型模拟的吻合程度,绝对值代表了模型的表现优劣,其值越低,模型模拟表现越好。RMSE 检验则代表了模拟结果与观测数据的离散程度。

$$MBE = \frac{1}{n}\sum_{i=1}^{n} \frac{Si - Oi}{Oi} \qquad (10\text{-}5)$$

$$\text{RMSE} = \frac{100}{\overline{O}} \sqrt{\frac{\sum_{i=1}^{n}(Si-Oi)^2}{n}} \qquad (10\text{-}6)$$

式中，n 为观测次数；Oi 和 Si 分别为实际观测值和模型模拟值。$\overline{O}$ 和 $\overline{S}$ 分别为观测和模拟的平均值。

10.3 研究结果与分析

10.3.1 作物产量

试验地长期采用免耕直播种植管理模式进行生产。从表 10-3 中可见，在 150kg N/hm²、210kg N/hm² 及 300kg N/hm² 的施肥处理条件下，2010 年的水稻产量分别为 7 224.83kg/hm²、7 640.42kg/hm² 以及 7 982.13kg/hm²，2011 年的水稻产量分别为 6 688.27kg/hm²、7 742.00kg/hm² 以及 7 788.20kg/hm²，最高施肥处理水平下水稻产量最大。氮肥是水稻生长发育中最重要的营养元素，水稻的高产与氮肥的施入密切相关，而本书的研究表明随着氮肥的施入水稻产量增加，但是其增产幅度明显下降。水稻产量与氮肥施入量呈现非线性关系（如图 10-4 所示，$p<0.05$，$r^2=0.82$），水稻产量并未随着氮肥增加呈现线性增加的趋势。

表 10-3 不同施肥处理条件下水稻产量

处理水平	2010 年水稻产量/（kg/hm²）	2011 年水稻产量/（kg/hm²）
150 kg N/hm²	7 224.83	6 688.27
210 ka N/hm²	7 640.42	7 742.00
300 kg N/hm²	7 982.13	7 788.20

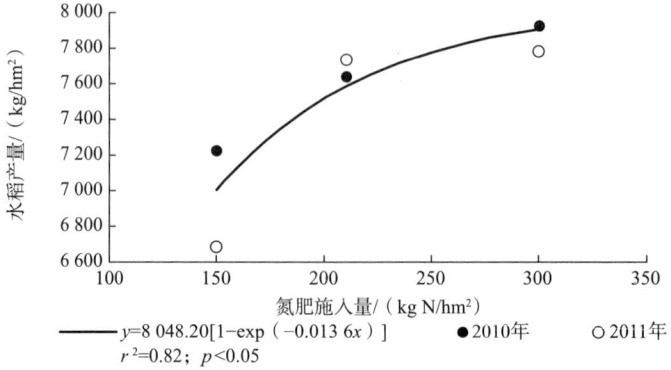

图 10-4 2010~2011 年水稻产量与氮肥施入量之间的相关性

10.3.2 稻田 CH_4 排放特征与总量

试验期间稻田 CH_4 排放格局如图 10-5 所示。从图 10-5 可见，水稻种植期间 CH_4 排放较为平稳，只有一个排放峰值出现在水稻收获前；水稻收获后，CH_4 排放通量降低。

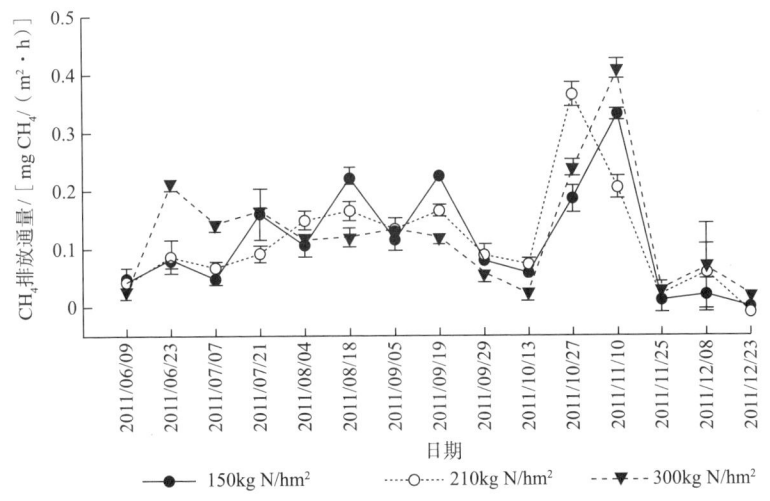

图 10-5　不同氮肥处理水平下稻田 CH_4 的排放格局

在低氮处理水平（150 kg N/hm²）下，CH_4 排放通量范围为-0.71 μg CH_4/（m²·h）至 331.80 μg CH_4/（m²·h）；在中氮处理水平（210 kg N/hm²）下，CH_4 排放通量范围为-11.30 μg CH_4/（m²·h）至 364.30 μg CH_4/（m²·h）；在高氮处理水平（300 kg N/hm²）下，CH_4 排放通量范围为 20.10 μg CH_4/（m²·h）至 407.50 μg CH_4/（m²·h）。在不同氮肥处理水平下（150 kg N/hm²、210 kg N/hm² 及 300 kg N/hm²），CH_4 平均排放通量分别为 112.89 μg CH_4/（m²·h）、113.79 μg CH_4/（m²·h）及 124.83 μg CH_4/（m²·h）。

在不同氮肥施入水平的处理下，CH_4 的排放无明显差异（$p>0.966$），在水稻生长季节，150 kg N/hm²、210 kg N/hm² 及 300 kg N/hm² 氮肥处理下的 CH_4 排放总量分别为 4.14 kg C/hm²、4.09 kg C/hm² 以及 4.37 kg C/hm²（表 10-4）。

表 10-4　不同氮肥处理下水稻生长季节稻田温室气体排放总量

处理水平	CH_4 排放总量/（kg C/hm²）	N_2O 排放总量/（kg N/hm²）
150 kg N/hm²	4.14	0.147
210 kg N/hm²	4.09	0.256
300 kg N/hm²	4.37	0.452

10.3.3 稻田 N_2O 排放特征与总量

试验期间稻田 N_2O 排放格局如图 10-6 所示。高氮施肥处理导致较高的 N_2O 排放。在水稻生长季节，不同氮肥处理水平（150kg N/hm²、210kg N/hm² 及 300 kg N/hm²）下的 N_2O 排放通量变化范围分别为 −36.83 μg N_2O/（m²·h）到 20.80 μg N_2O/（m²·h）、−22.14 μg N_2O/（m²·h）到 32.55 μg N_2O/（m²·h）及 9.12 μg N_2O/（m²·h）到 31.95 μg N_2O/（m²·h），排放总量分别为 0.147 kg N/hm²、0.256 kg N/hm² 及 0.452 kg N/hm²（表 10-4）。

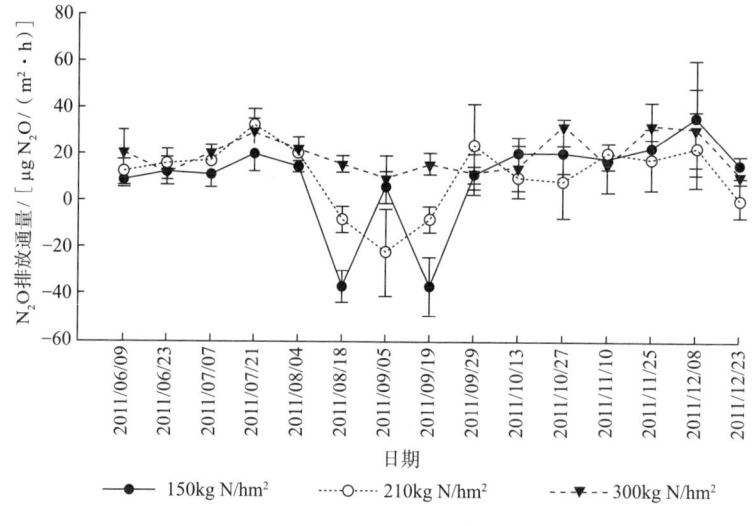

图 10-6　不同氮肥处理水平下稻田 N_2O 的排放格局

10.3.4　土壤温度对稻田温室气体排放的影响

试验中测定了土壤 5cm 和 10cm 深度的温度。Pearson 相关性分析表明，CH_4 与 N_2O 排放与土壤温度没有显著相关性（表 10-5）。

表 10-5　稻田监测时期温室气体排放及其与土壤温度的相关矩阵

指标	5cm 处土温	10cm 处土温	CH_4 排放通量	N_2O 排放通量
5cm 处土温	1	0.996**	0.077	−0.068
10cm 处土温	—	1	0.129	−0.006
CH_4 排放通量	—	—	1	−0.100
N_2O 排放通量	—	—	—	1

**代表在 1%水平上显著

10.3.5 单位水稻产量所产生的温室气体排放总量

水稻生长季节产生的 GWP 结果如表 10-6 所示,在 150 kg N/hm², 210 kg N/hm² 及 300 kg N/hm² 氮肥施用水平下,其 GWP 分别为 427.68kg CO_2-eq/hm²、574.49 kg CO_2-eq/hm² 及 822.63kg CO_2-eq/hm²。在低氮水平下产生的 GWP 显著低于其他处理水平。在水稻生长季节对全球增温潜势贡献最大的为氮肥生产过程中产生的二氧化碳当量,其次为 CH_4(低氮处理水平下)或 N_2O(较高氮处理水平下)。

表 10-6 不同施氮水平下水稻生长季节全球增温潜势及其与产量比

指标	150 kg N/hm²	210 kg N/hm²	300 kg N/hm²
水稻产量/(kg/hm²)	6 688.27	7 742	7 788.20
CH_4/(kg CO_2-eq/hm²)	116.10	114.17	122.29
N_2O/(kg CO_2-eq/hm²)	71.58	124.32	220.34
CO_2/(kg CO_2-eq/hm²)	240.00	336.00	480.00
GWP/(kg CO_2-eq/hm²)	427.68	574.49	822.63
GWP/产量	0.064	0.074	0.106

注:氮肥生产过程中引起的 CO_2 排放计算参数为 1.6 t CO_2/t N(Jenssen and Kongshaug,2003)

本书对单位水稻产量所引起的全球增温潜势进行分析后发现,在高氮(300 kg N/hm²)施肥处理水平下,单位产量的水稻所产生的全球增温潜势最大,而在 150 kg N/hm² 和 210 kg N/hm² 施氮水平下的差别不显著。

10.3.6 DNDC 模型在氮肥减量化稻田上的验证

能可靠地模拟不同施氮水平对水稻生长情况和稻田温室气体排放的影响,是应用 DNDC 模型评价不同施氮水平减排效应的前提条件,其中,水稻产量是水稻生长情况的重要指标,CH_4 和 N_2O 的排放为稻田温室气体排放的主要组成成分。本书利用 2011 年稻田生长季节各施氮水平(150 kg N/hm²、210 kg N/hm² 及 300 kg N/hm²)的水稻产量、土壤温度(土壤 5cm 及 10cm 处)、CH_4 和 N_2O 的排放对 DNDC 模型进行验证。

1. 作物产量的模拟验证

2011 年,在 150 kg N/hm²、210 kg N/hm² 及 300 kg N/hm² 施肥水平处理下,

水稻产量分别为 2 675kg/hm²、3 097kg/hm² 及 3 115kg/hm²；与之对应的模型模拟结果为 2 930kg/hm²、3 020kg/hm² 及 3 072kg/hm²。各处理下模拟结果与观测值的 MBE 和 RMSE 分别为 0.019 和 5.25 %，这表明 DNDC 模型所模拟的各施肥水平下的水稻产量与田间观测结果基本一致（图 10-7）。结果显示，各处理间水稻产量略有差异，其中 150 kg N/hm² 的处理产量最低；模型模拟结果与观测结论一致，即各施肥处理水平下水稻产量略有差别，以 150 kg N/hm² 的处理产量最低。

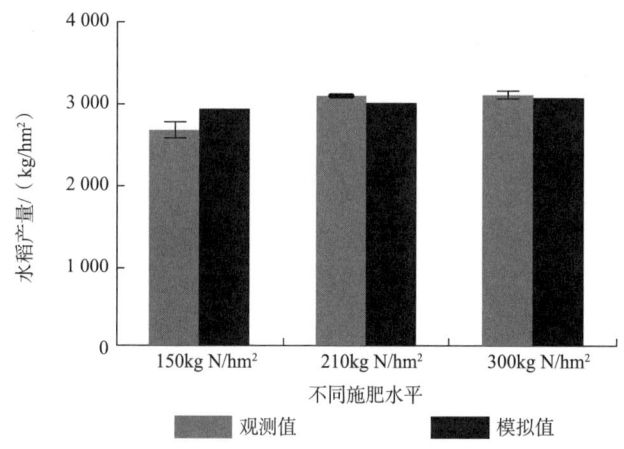

图 10-7 不同施肥水平下水稻产量的模拟值与观测值比较

柱状图上的线段表示观测值的置信区间

2. 土壤温度的模拟验证

温度是控制一切生物活动的重要因素，所有的微生物、植物等生物均有一个理想的最佳生长温度，高于或低于这个温度，其生长代谢过程将会受到抑制。根据所输入的气象数据、土壤质地以及农田管理条件，利用模型对不同土层温度进行模拟计算。2011 年田间观测数据表明，不同施肥处理水平下的土壤温度无明显差异，且稻田土壤 5cm 深处温度较 10cm 深处高 0.5~1.1℃。在水稻生长季节，5cm 深处土壤温度变化范围为 15.4~31.6℃，日平均温度为 24.3℃，10cm 处变化范围为 16.0~29.0℃，日平均温度为 23.6℃。如图 10-8 所示，模型较为准确地模拟了 2011 年稻田土壤 5cm 深处及 10cm 深处的温度，5cm 深处模型模拟的土壤温度变化范围为 15.7~31.2℃，日平均温度为 24.8℃；10cm 处变化范围为 15.9~30.2℃，日平均温度为 23.9℃。各施肥处理水平下 5cm、10cm 处土壤温度的模拟结果与观测值的 MBE 分别为 0.08、0.07 和 0.04，0.07、0.07 和 0.06；RMSE 分别为 14.6%、13.6%和 12.3%，12.9%、13.2%和 12.3%。这表明：与观测结果相比，模型能够较为准确地模拟 2011 年稻田土壤 5cm 和 10cm 深处温度变化动态。

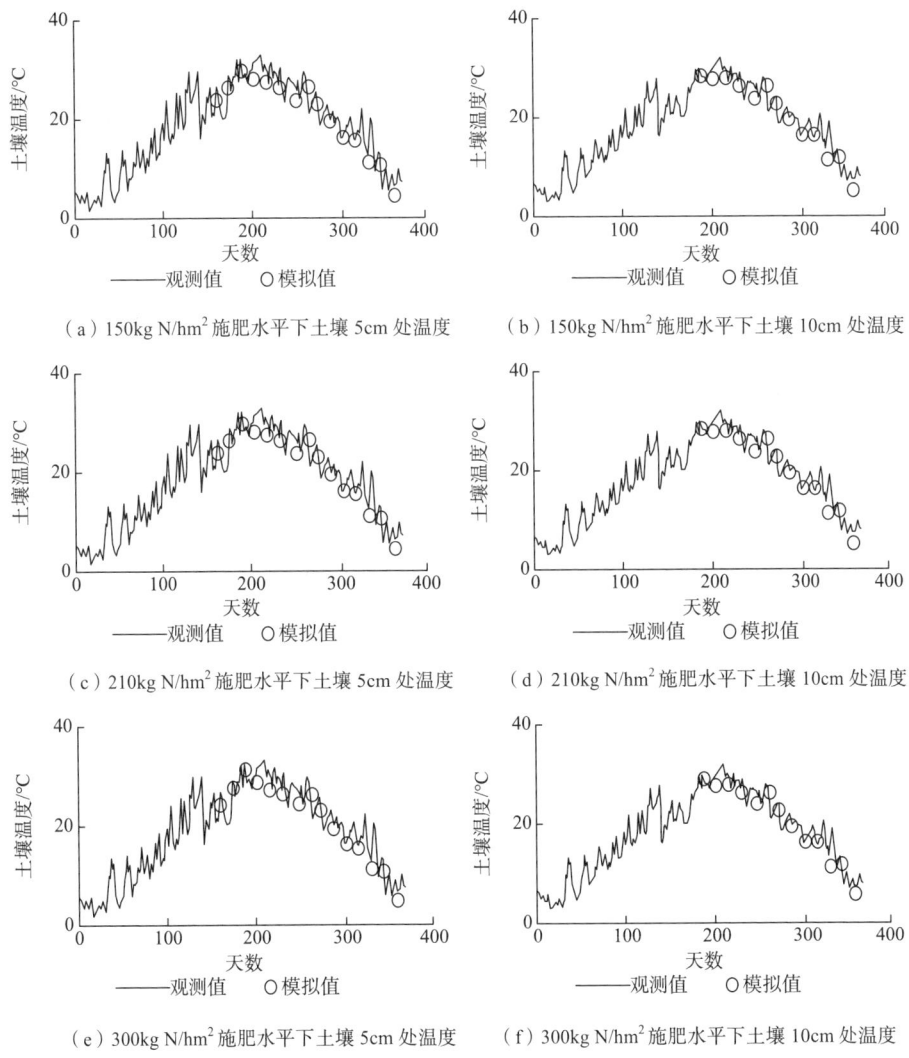

图 10-8　不同施肥水平下稻田土壤温度模拟值与观测值比较

3. CH_4 排放动态的模拟验证

图 10-9 显示了不同施肥处理下的稻田 CH_4 排放实际观测与 DNDC 模型模拟的结果对比。观测结果显示，由于稻田淹灌时间较少，在水稻生长季节 CH_4 排放较低，以及观测频率所限，未能捕捉到 CH_4 排放峰值；但是 DNDC 模型能够较好地模拟 CH_4 排放峰，再现由于施肥、淹灌等驱动导致的 CH_4 排放峰。模型模拟与观测结果的比较表明，DNDC 模型能够很好地模拟各施肥处理水平下的 CH_4 季节排放动态趋势。

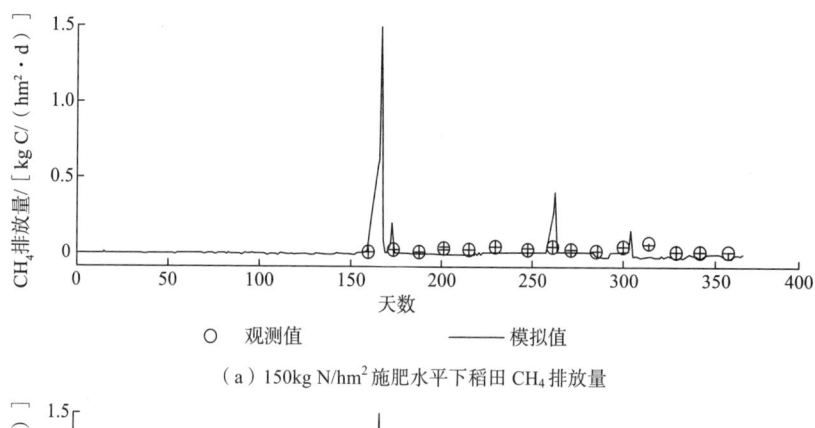

(a) 150kg N/hm² 施肥水平下稻田 CH₄ 排放量

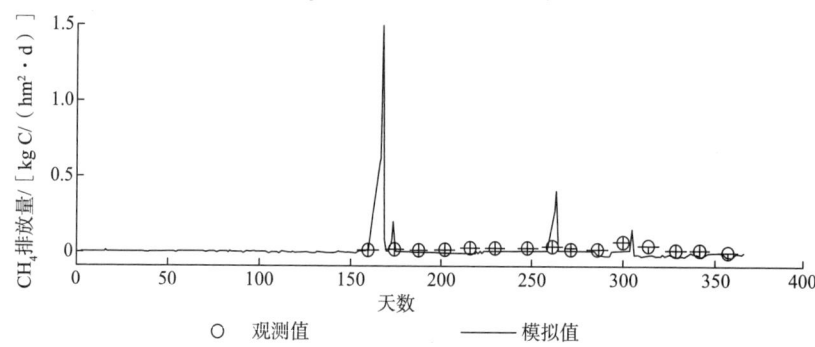

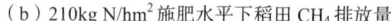

(b) 210kg N/hm² 施肥水平下稻田 CH₄ 排放量

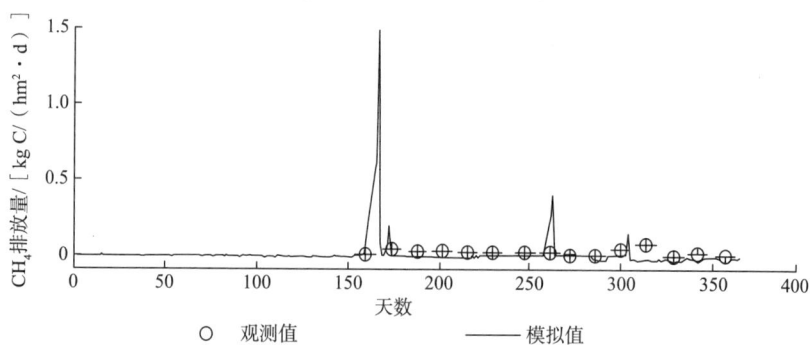

(c) 300kg N/hm² 施肥水平下稻田 CH₄ 排放量

图 10-9　不同施肥水平下稻田 CH₄ 排放模拟值与观测值比较

在 2011 年的 150 kg N/hm²、210 kg N/hm² 及 300 kg N/hm² 处理水平下，稻田 CH₄ 排放总量观测结果分别为 4.25 kg C/hm²、4.30 kg C/hm² 及 4.73 kg C/hm²，相对应的模型模拟结果为 4.28 kg C/hm²、4.30 kg C/hm² 及 4.73 kg C/hm²。模型模拟结果与观测结果接近，各处理的模拟与观测的 MBE 和 RMSE 值分别为-0.78~5.07 和 3.35%~3.47%。模拟值与观测值比较结果显示，DNDC 模型能够准确地模拟不同施氮水平对 CH₄ 排放的影响，与田间原位观测趋势一致。模拟结果表明，降低氮肥输入能够有效减少 CH_4 的排放，因而，可以利用 DNDC 模型可靠地模拟不同施氮水平对稻田 CH_4 排放的影响。

4. N_2O 排放动态的模拟验证

图 10-10 显示了不同施肥处理下稻田 N_2O 排放实际观测与 DNDC 模型模拟的结果对比。在稻田生态系统中，N_2O 排放主要是由施肥和田间水变化引起的，适宜的土壤湿度以及氮肥刺激是导致 N_2O 排放出现峰值的主要原因。模型能够捕捉相应峰值，且模拟的 N_2O 排放总量与观测结果相近。

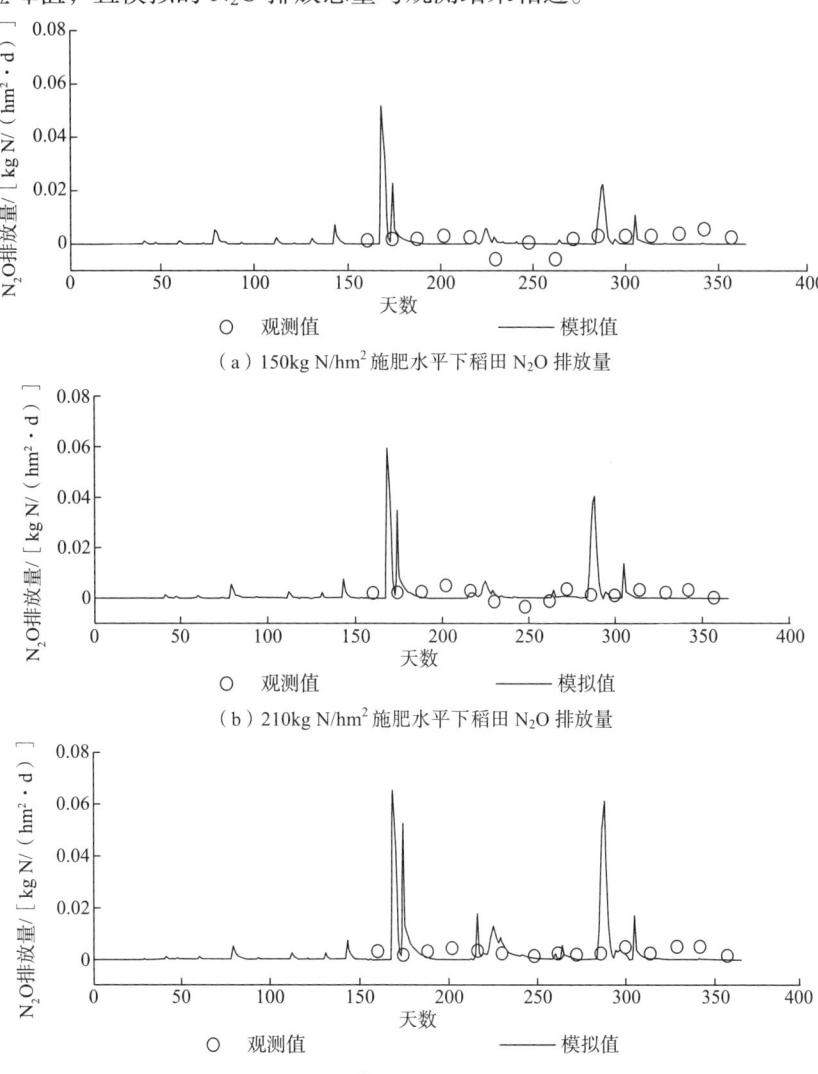

(a) 150kg N/hm^2 施肥水平下稻田 N_2O 排放量

(b) 210kg N/hm^2 施肥水平下稻田 N_2O 排放量

(c) 300kg N/hm^2 施肥水平下稻田 N_2O 排放量

图 10-10 不同施肥水平下稻田 N_2O 排放模拟值与观测值比较

在 2011 年 150 kg N/hm²、210 kg N/hm² 及 300 kg N/hm² 的处理水平下，稻田 N_2O 排放总量观测结果分别为 0.28 kg N/hm²、0.32 kg N/hm² 及 0.59 kg N/hm²，相对应的模型模拟结果为 0.25 kg N/hm²、0.38 kg N/hm² 及 0.61 kg N/hm²。模型模拟结果与观测结果接近，各处理的模拟与观测的 MBE 和 RMSE 值分别为 $-0.78 \sim -0.01$ 和 $1.43\% \sim 2.35\%$。模拟值与观测值比较结果显示，DNDC 模型能够准确地模拟不同施氮水平对 N_2O 排放的影响，再现由于施肥以及排干田间水所导致的 N_2O 排放峰值。与田间原位观测趋势一致，模拟结果表明，降低氮肥输入能够有效减少 N_2O 的排放总量，因而可以利用 DNDC 模型可靠地模拟不同施氮水平对稻田 N_2O 排放的影响。

10.4 主要结论的讨论与建议

不合理地施用氮肥是造成稻田氮素流失、环境污染的主要原因之一。由于稻田淹水的特殊环境，水稻氮肥吸收利用率一般相对较低，在淹水环境下通过氨挥发、反硝化和淋溶径流等作用加速了氮肥的损失。有研究表明（张福锁等，2008；赵宏伟和沙汉景，2014），我国稻田的氮肥吸收利用率一般为 27%~35%，远低于世界的平均水平。而施肥过量是我国氮肥利用率低的主要原因，当稻田施氮量在 225 kg N/hm² 的基础上增加 45%时，稻田的氮肥生理利用率则由 39.8%下降至 26.1%，水稻产量并未有显著增加（张满利等，2010）。氮肥施入的增加为我国粮食作物产量的增加做出了重要贡献，我国氮肥的消耗基本呈现线性增加趋势。我国普遍氮肥施入水平在 150~250kg N/hm²（Fan et al.，2011），而上海地区稻田氮肥平均施入量为 300kg N/hm²。在传统观念"要高产就要多施肥"的指导下，农民大量施入氮肥，致使稻田的氮肥利用率低，土壤氮素流失加剧，并且导致温室气体排放的增加。

10.4.1 稻田 CH_4 排放动态

稻田土壤的有机质底物含量、施肥状况、水分管理及水稻植株状况等均影响 CH_4 的排放格局。对比不同氮肥处理水平下稻田 CH_4 排放总量，300 kg N/hm² 氮肥处理水平下稻田的 CH_4 排放量显著高于 150 kg N/hm² 的处理，而 300 kg N/hm² 处理与 210 kg N/hm² 处理，以及 210 kg N/hm² 处理与 150 kg N/hm² 处理水平之间并未有显著差异。

稻田 CH_4 的排放量是 CH_4 在土壤中产生、氧化及传输三个过程相互作用的结果。世界粮食及农业组织的统计结果表明，在 1990~2010 年我国水稻种植产生的 CH_4 排放量占我国 CH_4 总排放量的 16.8%。按照免耕直播水稻种植管理模式，稻田淹水初期并未出现 CH_4 排放的峰值，这可能与稻田长期免耕有关，土壤孔隙度较小导致 CH_4 排放效率较低；并且在稻田淹水初期植株处于幼期，植株个体较小，对 CH_4 传输的贡献较小。6 月至 10 月稻田长期处于湿润状态，CH_4 排放量高于监测初期 CH_4 的排放通量，主要是由于水稻根部存在大量分泌物，而水稻植株的生长发育为 CH_4 的排放提供了一个良好的排放通道，因此 CH_4 排放出现小幅度增加。

较大的 CH_4 排放峰值出现在水稻收获前期，相应地，这一时期 CH_4 的平均排放速率以及累计排放量也达到峰值，这可能是因为水稻收获前期排干了田面水。在排水初期，土壤依旧处于厌氧状态，成熟期的水稻根系老化、死亡以及根系分泌物为产甲烷菌的活动提供了大量碳源，微生物活动活跃，加之适宜的厌氧环境和良好的排放通道造就了 CH_4 排放高峰。杨光明（2007）的研究同时表明，水稻收割之前排水烤田，出现了较高的 CH_4 排放峰值，主要原因是土壤蓄积库中 CH_4 的释放。

稻田田间水完全排干后开始收获水稻，CH_4 排放迅速下降，其原因主要是土壤蓄积库中的 CH_4 在排干水初期迅速释放到大气中，而后由于氧化作用的增加，CH_4 的排放开始下降。水稻收获后，CH_4 排放量一直维持在较低水平。Yagi 等（1996）的研究表明，间歇灌溉下，当水刚排干时，土壤中积存的 CH_4 迅速排放至大气中，导致 CH_4 排放量急剧增加，稍后又由于氧化作用，CH_4 的排放量下降。

世界 89% 的稻田种植面积集中在东亚、东南亚以及南亚地区。Yan 等（2003）对水稻主栽区内稻田 CH_4 排放通量进行了统计，结果显示，稻田 CH_4 排放通量在 0.03~20.19mg CO_2/($m^2 \cdot h$)。在本书的研究中，稻田 CH_4 排放均值约为 0.14mg CO_2/($m^2 \cdot h$)，在稻田 CH_4 排放通量范围内处于较低水平。影响 CH_4 排放的因素很多，如土壤的理化性质、稻田农业管理措施、水分管理及施肥管理措施等。本书研究的试验地有机质含量较低，仅为 1.565%，而土壤 pH 为 7.7。相关研究表明（图 10-11），稻田 CH_4 排放量与土壤有机质呈现线性正相关关系，与土壤 pH 呈现负相关关系。另外，在本书的研究中稻田在水稻生长季节持续处于湿润状态，而非淹水状态，因而本书研究中的稻田 CH_4 排放通量整体处于较低水平，在 150kg N/hm^2、300kg N/hm^2 及 210kg N/hm^2 的施肥处理水平下，水稻生长季节 CH_4 排放总量分别为 4.14kg C/hm^2、4.09kg C/hm^2 以及 4.37kg C/hm^2。

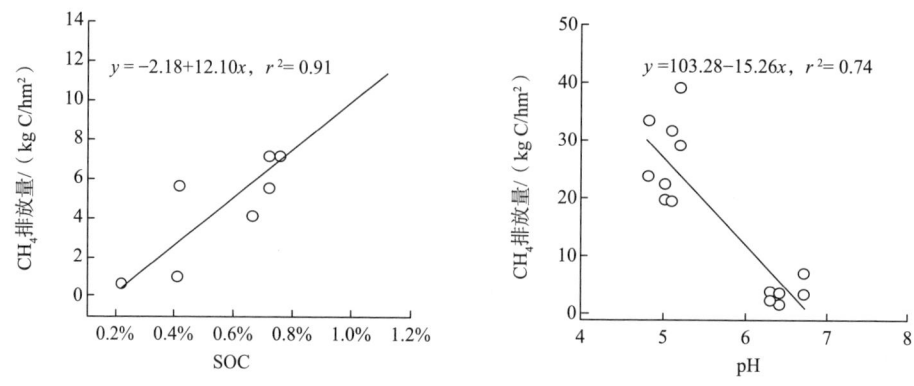

图 10-11 稻田 CH_4 排放量与土壤有机质含量和 pH 之间的相关性
资料来源：Yang 等（2003）

10.4.2 稻田 N_2O 排放动态

稻田中 N_2O 的排放格局由众多因素共同决定。在水稻生长季节，N_2O 排放通量变化较为平稳，偶尔表现为对 N_2O 的吸收；其中在 300kg N/hm^2 的氮肥处理水平下，稻田中 N_2O 高于 150 kg N/hm^2 的处理稻田。稻田 N_2O 的排放主要是由土壤中微生物作用的硝化和反硝化过程产生的。大量研究表明，施用氮肥可以促进土壤中 N_2O 的排放，由于氮肥的施入增加了土壤中的氮，为微生物进行硝化和反硝化作用提供大量的底物 NH_4^+ 和 NO_3^-，而且能够提高 NO_3^- 还原酶的活性，从而增加 N_2O 排放量。

不同的稻田管理措施均会影响温室气体的排放。例如，王效科利用 DNDC 模型对我国土壤 N_2O 排放量进行了估算，当化肥施用量减少到 0 和 50%时，土壤 N_2O 减排量分别减少至当前排放总量的 41%和 22%（王效科等，2003）。Zhao 等（2009）在太湖常熟地区针对不同氮肥施入水平对 N_2O 的排放影响进行了研究，结果显示，氮肥的施入增加了 N_2O 的排放，在无氮（0 kg N/hm^2）、中氮（100 kg N/hm^2）及高氮（300 kg N/hm^2）施肥水平下，N_2O 排放总量分别为 0.13 kg N/hm^2、0.24 kg N/hm^2 及 0.50kg N/hm^2。本书的研究结果表明，在低氮（150 kg N/hm^2）、中氮（210 kg N/hm^2）及高氮（300 kg N/hm^2）施肥处理水平下，N_2O 排放总量分别为 0.147 kg N/hm^2、0.256 kg N/hm^2 及 0.452 kg N/hm^2。

徐华和邢光熹（1999）的研究表明，在水稻生长季节土壤水分状况是影响稻田 N_2O 的主要因素，土壤含水量很低和土壤长期持续淹水都不利于硝化及反硝化细菌的生长，土壤通气性成为微生物活性最重要的制约因素，只有当土壤水分条件适宜时，氮肥及其他因子对稻田 N_2O 排放的影响才能表现出来。

10.4.3 土壤温度对稻田 CH_4 及 N_2O 排放的影响

温度是影响温室气体排放的重要因素，可以通过加快作物的生长发育、提高作物根系的呼吸作用、加速土壤中有机质的分解作用以及提高微生物的活性等影响温室气体的排放动态。

很多研究表明，温度对 CH_4 的产生具有明显的影响；但另有一些研究证明，温度对 CH_4 的排放影响并不显著。丁维新和蔡祖聪（2003）认为，温度主要通过影响土壤中产甲烷菌的优势菌群来改变土壤的产 CH_4 能力，在较高温度下产甲烷菌优势菌落为甲烷八叠球菌，它能够以乙酸、H_2/CO_2 为底物进行分解，土壤具有较高的 CH_4 产生能力；而在较低温度条件下，产甲烷菌以只能利用乙酸的甲烷毛菌为优势菌落，土壤形成 CH_4 的能力较弱。因而温度的提高可以显著增加 CH_4 含量，从而影响 CH_4 的排放。

在本试验中，对土壤温度和 CH_4 排放相关性分析结果显示，土壤温度和 CH_4 排放量之间相关性并不显著。这表明，由于影响稻田 CH_4 排放的因子众多，且各个因子之间存在着复杂的交互作用，当众多环境因子结合在一起时，温度将不再是 CH_4 排放变化的主导因素。

土壤温度对 N_2O 的排放具有一定的影响作用，它主要通过影响土壤微生物活性的强度，影响硝化和反硝化反应的速率，从而达到影响 N_2O 排放的效果。硝化作用、反硝化作用中微生物较为适宜的温度在 5℃，在水稻生长季节，土壤 5cm 处温度一般在 4.5~31.6℃，10cm 处温度在 5.3~29.0℃范围内波动。本书对 N_2O 排放与土壤温度之间的相关性进行了分析，结果表明，二者之间相关性并不显著。

10.4.4 稻田中化学肥料的投入消耗

化学肥料的生产需要消耗大量的能量并且有很多的温室气体排放，其消耗的能量约占全球总能量的 1.2%，而排放的温室气体占全球排放量的 1.2%（Wood and Cowie，2004），生产化肥所造成的温室气体排放量约为 1.6 t CO_2/t N（Jenssen and Kongshaug，2003）。在农田管理中降低化肥的施用量不仅可以减少肥料施用带来的环境污染，还能降低温室气体的排放。

农业中的投入以及农田管理措施的优化如化肥的投入、耕作方式的管理等会增加作物的产量。但是农业中过量的投入会导致大量温室气体的排放。Qiao 等（2012）的研究表明，作物的增产需要一定量的氮肥投入，在对作物产量与氮肥施入水平进行回归分析后发现，最大施肥水平应在 232~257kg N/hm^2。在本书的研究中，低氮肥施入水平下的水稻产量小于较高氮肥施入水平下的产量，而较高氮肥施入水平下其产量没有明显差异，因为氮肥投入的增加并不会导致同等趋势的水稻产量增加。在 210 kg N/hm^2 的施氮水平下的水稻产量与 300 kg N/hm^2 下的产量无显著差异，且产生的温室气体较少。

10.5 本章小结

我国是一个水稻生产大国，水稻种植面积可占世界种植水稻国家的首列，由水稻生产引起的温室气体排放量也很可观，我国稻田中 CH_4 排放总量占全球稻田 CH_4 排放量的 27.4%，单位面积的 CH_4 排放量比全球排放均值要高。本书基于稻田免耕管理条件对温室气体排放进行了观测，持续淹水下稻田的 CH_4 排放通量会高于中期晒田，而中期晒田下的 N_2O 排放通量会增加。在本书的研究中水稻生长期间稻田淹灌时间较短，CH_4 排放较低，N_2O 的排放均较为稳定。

在不同施肥处理水平下，CH_4 排放量以 300 kg N/hm^2 施氮处理水平最高。过量的施肥导致土壤中硝态氮的大量积累，为反硝化细菌的反硝化作用提供了充足的底物。在不同施肥处理水平下，300 kg N/hm^2 施肥处理的 N_2O 排放量显著高于其他水平。在 210kg N/hm^2 施肥水平下的水稻产量与 300 kg N/hm^2 施肥水平下的产量未有显著差异，且温室气体排放量较少，因而通过降低施肥水平的管理措施，减少农田中温室气体排放是可行的。DNDC 模型能够正确模拟不同氮肥施入水平下土壤温度、作物产量及温室气体排放情况，因而应用模型评估稻田氮肥管理减排措施具有一定的可靠性。

全球气候变化的趋势日益明显，降低农业系统中温室气体的排放量对全球气候变化有着不可替代的作用。中国作为一个农业大国，对于农田的施肥一直处于过量状态，而施肥处理水平影响着稻田温室气体的排放。降低肥料施用量不仅能够降低温室气体的排放，而且对土壤有机质的固定没有负面影响。农业生产对温室气体有重要贡献，正确对待施肥用量能为低碳化农业生产提供可行性理论依据。

第 11 章 硝化抑制剂对稻田温室气体排放的影响：观测及模拟验证

11.1 硝化抑制剂及其对温室气体的减排作用

尿素是我国稻田最主要的化肥来源之一，过多的施入量及过低的利用效率是导致农田温室气体增多的一个重要原因。土壤中硝化-反硝化作用以及氨的挥发是农田中氮损失的主要途径，目前我国氮肥利用率为 30%~40%，稻田氮肥利用率仅为 12%~18%（Pan et al., 2009）。如何提高氮肥利用效率，减少由此带来的环境污染，降低温室气体的排放，是今后氮肥施用时要重点关注的问题之一。

硝化抑制剂是一种通过抑制亚硝化单胞菌属细菌活性来抑制硝化作用反应的化合物。它可以通过延长铵态氮在农田中的存在时间，对硝态氮浓度起到一定的抑制作用，为作物吸收创造了条件。硝化抑制剂能够提高肥料利用效率、减少 NO_2^- 和 NO_3^- 的淋溶和反硝化造成的氮肥损失，并降低环境污染。在温度、水分及 pH 等外界环境条件适宜的情况下，土壤的硝化作用会迅速发生。若有能够延缓硝化过程反应链中的任一步或几步反应的化合物（即硝化抑制剂），即可抑制 N_2O 的产生。理想的硝化抑制剂应该具有以下特点：可移动性，持续稳定性，经济以及环境友好性等。

迄今为止，已发现有数百种化合物具有或强或弱的硝化抑制作用。依其来源，可分为天然提取物、无机化学合成产物和有机硝化抑制剂。天然提取物，如印度楝树、十字花科植物降解过程中的次生代谢物等，其产量低且效果不稳定，很难大规模推广使用（Upadhyay et al., 2011）。无机化学合成产物，其以重金属盐类为主，对它的广泛利用与开发受到限制。有机硝化抑制剂以含硫化合物、乙炔及乙炔基取代物、氰胺类化合物及杂环含氮化合物为主。其中，含硫化合的硝化抑制剂进入土壤后可迅速扩散，化学性质不稳定，易挥发易燃，在土壤中存留时间短（Juliette et al.，1993）；乙炔的硝化抑制作用受土壤条件影响很大，当土壤中水分含量过高时，会影响乙炔的扩散，从而影响其硝化抑制效果（Brzezińska et al.，2011）；氰胺类化合物中，最具代表性的硝化抑制剂是双氰胺（dicyandiamide，DCD），其硝化效果较为显著（李香兰等，2008），但其水溶性高，容易发生与 NH_4^+ 分离的现象，从而影响硝化效果，且使用量过大时，易对植物造成毒害，严重影响农产品的食用品质（Chaves et al.，2006）；杂环含氮化合物的硝化抑制作用与环上亚基密切相关，其中，1-羟甲基-3，5-二甲基吡唑硝化抑制效果最好，明显优于3，5-二甲基吡唑（3，5-DMP）、3，4-二甲基吡唑磷酸盐（3，4-dimethylpyrazole phosphate，3，4-DMPP，以下简称DMPP）、DCD、3，5-二甲基吡唑磷酸盐（3，5-DMPP）的硝化抑制作用。曹建明等（2008）的试验结果表明，在相同用量下，硝化抑制作用由强到弱的顺序为3，4-DMPP>3，5-DMP>DCD>3，5-DMPP。DCD/HQ（hydroquinone，氢醌）与尿素混施可以减少稻田 N_2O 17%~56%的排放量（Li et al.，2009）；在不同的温度和水分条件下，DMPP 可减少 23%~45%的 N_2O 排放量（Menéndez et al.，2012）。硝化抑制剂 DMPP 可以降低氮素淋溶，改变水稻根系周围氨氧化细菌（ammonia-oxidizing bacteria，AOB）和氨氧化古菌（ammonia-oxidizing archaea，AOA）的丰度，从而降低 N_2O 的排放量（Kleineidam et al.，2011）。

作为我国广泛使用的化肥——尿素，由于施肥量过大，导致土壤温室气体增多，降低了肥料利用效率。从国内外近几十年的研究（倪秀菊等，2009；曾建华和谢良商，2008；孙志梅等，2008；刘昭兵等，2010）中可见，农业应用硝化抑制剂已经取得了以下多个方面的效果：①可减少氮肥损失，提高氮肥利用率。据了解，日本在肥料中添加硝化抑制剂，占肥料含氮量的 0.5%~5%，可提高肥料利用率 20%。②可提高植株的分蘖数，增加株高，提高产量。例如，水稻土上施用加入硝化抑制剂的氮肥，水稻产量最高可提高 86.2%。③可改造土壤性能，调节土壤酸碱度，降低变酸速度，有利于农作物生长。

DMPP 是由德国巴斯夫股份公司开发的一种较为理想的新型硝化抑制剂。在欧洲进行的多项田间试验证实，DMPP 可以增加肥料利用率，从而提高农作物和园艺作物的产量（Pasda et al.，2001）。DMPP（分子式为 $C_5H_8N \cdot H_3PO_4$）是一种灰白色粉末状的固态物质，其理化性质如表 11-1 所示。毒理学和生态毒理学试验表明，与现有的硝化抑制剂相比，DMPP 具有用量小、在植物中残留少、迁移性低等优点。许多研究已表明，DMPP 能够显著阻碍氨氧化反应过程，降低水稻田面水硝态氮含量（俞巧钢和陈英旭，2011；Zerulla et al.，2001a）。

表 11-1　DMPP 的化学结构及理化性质

指标	结果
化学结构	(3,4-二甲基-1H-吡唑二氢磷酸盐结构式)
化学名称	3,4-二甲基-1H-吡唑二氢磷酸盐
商品名	ENTEC
形态	粉末状
颜色	灰白色
摩尔质量	194.2 g/mol
熔点	165 ℃
密度	1.51 g/cm^3（20 ℃）
容重	440 kg/m^3
溶解性	132 g/L（pH 3，25 ℃）；46 g/L（pH 7，20 ℃）
pH	2.5~3.0（溶解度 132 g/L，25℃）
蒸汽压	<10^{-4}Pa（20℃）；<10^{-4}Pa（25℃）

注：参见 Zerulla 等（2001a）。

作为一种新型、高效硝化抑制剂，DMPP 能显著降低 NO_3^--N 的淋失，减少温室气体 N_2O 的排放，但其硝化抑制效果与土壤 pH、有机碳含量以及全氮含量密切相关（Zerulla et al.，2001a；俞巧钢等，2014）。DMPP 的施用对温室气体的减排具有明显作用。例如，大田试验可使 N_2O 排放量减少 41%~72%，CH_4 排放量减少 25%~55%，CO_2 排放量减少 28%~29%；在室内培养试验中，可使 N_2O 排放量减少 23%~34%，CH_4 排放量减少 25%~55%，CO_2 排放量减少 21%（沈真实等，2011）。在水稻田施用 DMPP，可明显增加水稻有效稻穗数量，提高农产品品质，从而增加农民收入（曾建华和谢良商，2008）。

与 DCD（15~30kg DCD/hm^2）相比，极少量的 DMPP（0.5~1.5kg DMPP/hm^2）具有较好的硝化抑制效果（Chen et al.，2015）。加入氮施入量 1%的 DMPP，氮总矿化速率和氮总硝化速率分别降低了 60.3%和 59.1%（章燕等，2012）；0.89 mg/kg soil 及 1.79 mg/kg soil DMPP 施入量可以抑制 56%~64%的硝化作用（Chaves et al.，2006）；3 mg/kg soil DMPP 施入量可以显著降低硝化作用及 N_2O 的排放（Chen et al.，2010）。

综上所述可知，DMPP 的施用对温室气体的减排具有明显的作用。然而，对于稻田 DMPP 施入剂量及其对温室气体排放效果究竟如何？本书试图通过试验回答这一问题，研究不同水平硝化抑制剂 DMPP 对稻田温室气体排放的抑制作用，并探讨提高氮肥利用率和减少氮素流失的方法。

11.2 试验数据与方法

11.2.1 试验地区

本试验于 2012 年 6 月至 2013 年 12 月在上海市闵行区浦江镇上海交通大学绿谷试验基地（东经 121.49°，北纬 31.04°）进行。闵行区位于上海市中部，耕地面积为 3 771hm^2，约占总面积的 10.17%，其中稻田面积为 1 315hm^2。2012~2013 年试验年平均气温为 17℃，年降水量为 1 233mm，日照时数为 2 033 小时（图 11-1）。

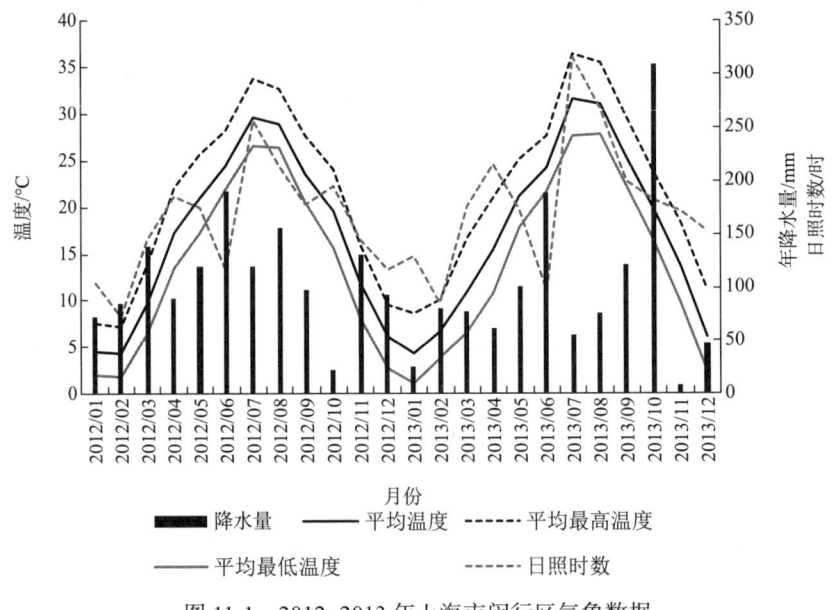

图 11-1 2012~2013 年上海市闵行区气象数据

11.2.2 试验方法及样品分析

1. 试验方法

本试验采用随机区组布点设置处理（图 11-2），每个处理 3 个重复样地，样地小区面积均为8m×8m，在每个样地中设置3个温室气体取样点。试验样地长期进行水稻-绿肥（蚕豆）轮作，其排灌设备及农田管理水平良好，除按照试验设计进行施肥措施管理外，其他田间管理均按照当地传统进行。

图 11-2　试验样地实景图

试验分两年进行，2012年水稻于6月27日移栽，10月26日收获。试验处理为在施氮量 300 kg N/hm² 的基础上添加不同施氮水平量的硝化抑制剂 DMPP，处理分别如下：①尿素 300 kg N/hm²；②尿素 300 kg N/hm² + 0.5 %DMPP；③尿素 300 kg N/hm² + 1% DMPP；④尿素 300 kg N/hm² + 1.5 % DMPP。不同试验处理为不添加 DMPP，添加 DMPP 量分别为施氮量的 0.5%、1%以及 1.5%，共四个处理水平。在施肥前，将尿素与 DMPP 按照相应比例均匀混合后，在水稻移栽后1天（6月28日）施入稻田。在水稻种植期间稻田的田面水维持在10cm高左右，移栽2周后排干田面水，进行中期晒田并持续3天，第4天复水后直至移栽后第104天（10月10日）稻田持续处于淹水状态，移栽后第105天（10月11日）田面水排干直至水稻收获。

水稻收获后于 2012 年 11 月 1 日种植蚕豆，次年 5 月蚕豆全部被翻入地下作为本季水稻的绿肥，在蚕豆生长季节没有肥料的施入。

在2013年的试验处理中，水稻于6月5日种植，10月11日收获。试验处理分别如下：①尿素 300kg N/hm²；②尿素 300kg N/hm² + 0.25% DMPP；③尿素 300kg N/hm²+0.5%DMPP；④尿素 300kg N/hm²+1%DMPP；⑤尿素 300kg N/hm²+1.5%DMPP。与 2012 年相比，2013 年除增加了一组处理外，其他农田管理措施与 2012 年相同。

2. 样品的收集和分析

1)温室气体排放通量监测

本试验采用静态暗箱-气相色谱法进行田间温室气体测定。在水稻种植期,每 2 周进行 1 次温室气体样品的收集,同时实时记录采集每个样品时的箱内温度、样地土壤 5cm 及 10cm 深处的温度。

2)土壤理化性质分析

在进行气体采样的同时,利用多点法进行土壤样品的采集,利用土钻钻取 0~10cm 及 10~20cm 的土壤样品,利用干湿法(烘干温度 105℃)测定土壤含水量。经分析得到的稻田试验地土壤理化性质见表 11-2。

表 11-2 稻田试验地土壤理化性质

轮作方式	有机质/ (g/kg)	全氮/ (g/kg)	速效磷/ (mg/kg)	速效钾/ (mg/kg)	土壤 pH	土壤容重/ (g/cm^3)
水稻-蚕豆	19.00	1.39	9.45	93.00	7.32	1.47

3)稻田田面水铵态氮(NH_4^+-N)和硝态氮(NO_3^--N)的测定

在测定稻田田面水中 NH_4^+-N 和 NO_3^--N 时,分别于水稻移栽后第 1、4、7、10、14、21、28 和 35 天取样。所取田面水样过滤后(滤膜孔径 11μm),将滤液转移至离心管中并在测定前保存在 4℃环境下。本书利用全自动间断化学分析仪(SmartChem 200,Alliance,法国),对田面水水样中的 NH_4^+-N 与 NO_3^--N 进行测定。

11.2.3 数据分析

利用 SPSS(IBM SPSS 分析软件 21)分析本书研究所得数据。Shapiro-Wilk 检验(数据量小于 2 000 时使用该检测方法)用于检验温室气体、土壤温度、土壤湿度和 NH_4^+-N 和 NO_3^--N 是否为中性分布,经检验后发现样品为非中性分布。one-way ANOVA 和邓肯(Duncan)检验用于不同水平处理温室气体排放的均值比较(显著性水平为 0.05);Pearson 相关性和线性回归用于研究温室气体和土壤温湿度、田面水中 NH_4^+-N 和 NO_3^--N 的相关性分析。

11.3 研究结果与分析

输入相关数据,主要包括当地气象资料(试验当年 2012 年逐日最高气温、最低气温以及降水量)、土壤基础参数(土壤质地、容重、黏粒含量、pH 以及土壤有机碳含量等)和农田管理资料(作物播种和收获日期、施肥管理、秸秆还田以及作物信息等),基于 DNDC 模型对稻田温室气体排放进行模拟,模拟结果如下。

11.3.1 稻田 CH_4 排放特征与总量

研究结果表明,添加硝化抑制剂 DMPP 的稻田,CH_4 排放均值显著低于未施加 DMPP 的稻田(表 11-3)。图 11-3 显示,水稻生长季节,在持续淹水状态下,稻田 CH_4 排放持续上升;中期晒田时期 CH_4 排放迅速下降,其排放量趋近于 0;而在稻田复水后 CH_4 排放再次增加。在整个水稻生长季节,共出现了两个 CH_4 排放高峰期:第一个峰期出现在水稻早期快速生长阶段(6 月至 7 月),第二个峰期为水稻繁殖阶段(8 月)。

表 11-3 2012 年 6 月至 2013 年 10 月稻田 CH_4 和 N_2O 排放总量

处理水平	水稻生长季节		蚕豆生长季节	空闲地
	2012 年	2013 年	2012~2013 年	淹水时期
CH_4 排放总量/(kg C/hm^2)				
0.25% DMPP	—	318.23	—	—
0.50% DMPP	250.08	220.26	−0.24	—
1.00% DMPP	246.96	269.42	0.27	—
1.50% DMPP	297.18	253.57	−0.22	—
CK	464.97	478.23	0.49	101.51
N_2O 排放总量/(kg N/hm^2)				
0.25% DMPP	—	0.056	—	—
0.50% DMPP	0.101	0.056	0.025	—
1.00% DMPP	0.050	0.011	0.052	—
1.50% DMPP	0.059	0.030	0.050	—
CK	0.165	0.197	0.099	0.022

注:2012 年和 2013 年水稻生长季节分别为 2012 年 6 月 29 日至 10 月 26 日,2013 年 6 月 14 日至 10 月 11 日。蚕豆生长季节为 2012 年 11 月 1 日至 2013 年 4 月 17 日。蚕豆收获后,空闲地淹水时间从 2013 年 5 月 3 日持续至 5 月 31 日

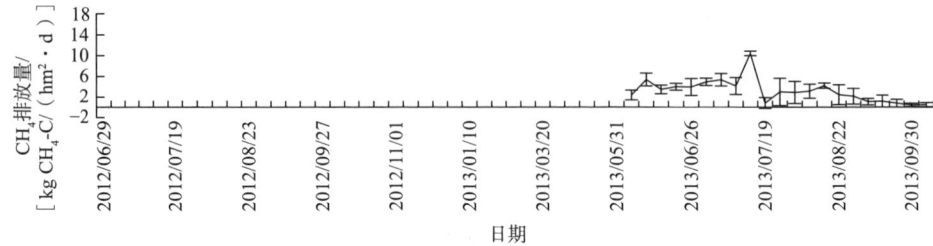

(a) 0.25%DMPP 处理水平

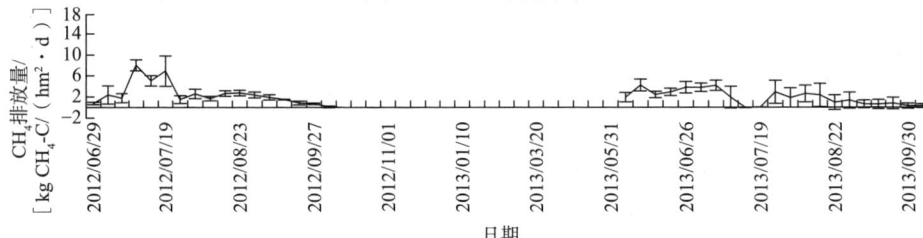

(b) 0.50%DMPP 处理水平

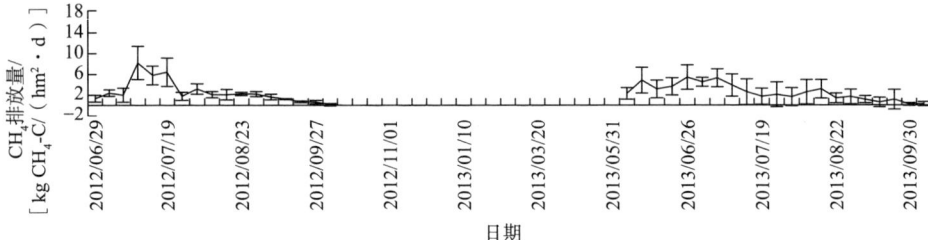

(c) 1.00%DMPP 处理水平

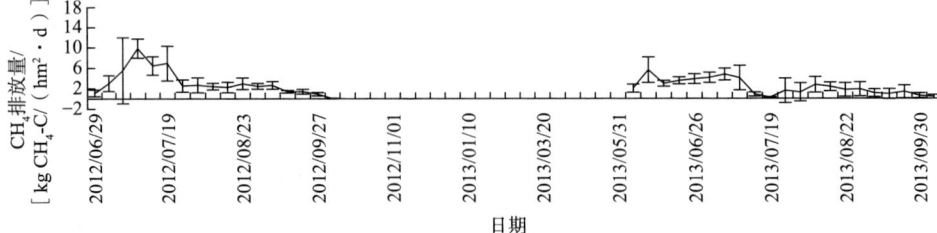

(d) 1.50%DMPP 处理水平

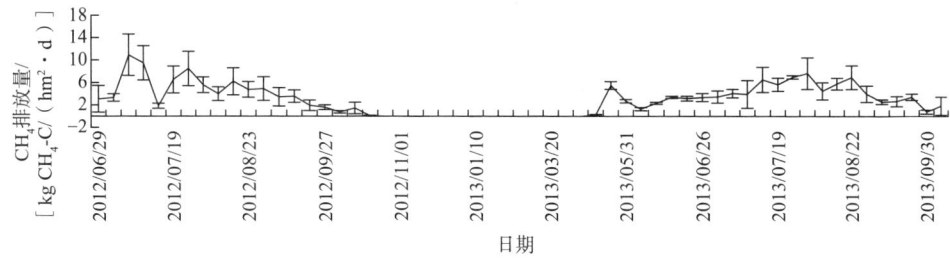

(e) CK 处理水平

图 11-3　2012~2013 年不同 DMPP 处理水平下稻田 CH_4 排放格局

可见，稻田大量 CH_4 排放发生在水稻生长季节，只有极少量的 CH_4 排放出现在蚕豆生长季节。施入 DMPP 可以显著降低 CH_4 的排放量，2012 年和 2013 年 CH_4 的排放总量分别降低了 36%~47% 和 34%~54%。

11.3.2　稻田 N_2O 排放特征与总量

施入硝化抑制剂后，所有处理水平的 N_2O 的排放格局基本一致（图 11-4）。在灌溉或者施肥一周后，N_2O 排放量从 11.98 g N/($hm^2·d$) 迅速降低至 0；N_2O 排放在中期晒田前期增加后又随之持续下降。总体而言，在整个水稻生长季节，DMPP 的施入有助于稻田 N_2O 排放的减少。施加 DMPP 的稻田，尤其是施加含氮量 1.00% 水平 DMPP 的稻田，N_2O 排放显著低于只施入尿素的处理。整个试验期间，0.25%、0.50%、1.00% 和 1.50% DMPP 处理水平下的稻田，N_2O 排放总量分别比不施加 DMPP 的稻田降低了 71.6%、38.8%~71.6%、69.7%~94.4% 和 64.2%~84.8%（表 11-3）。稻田里水稻生长季节所排放的 N_2O 高于蚕豆生长季节，而施加尿素+DMPP 可以减少 N_2O 排放。

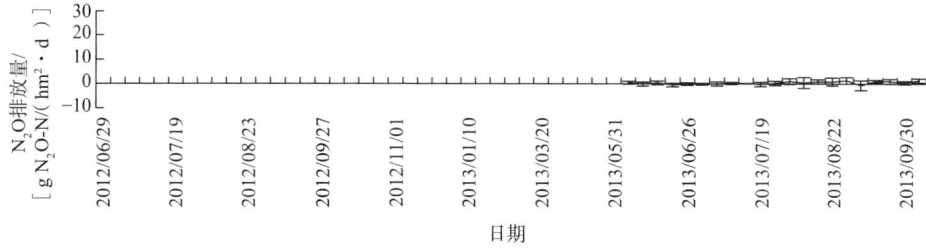

(a) 0.25%DMPP 处理水平

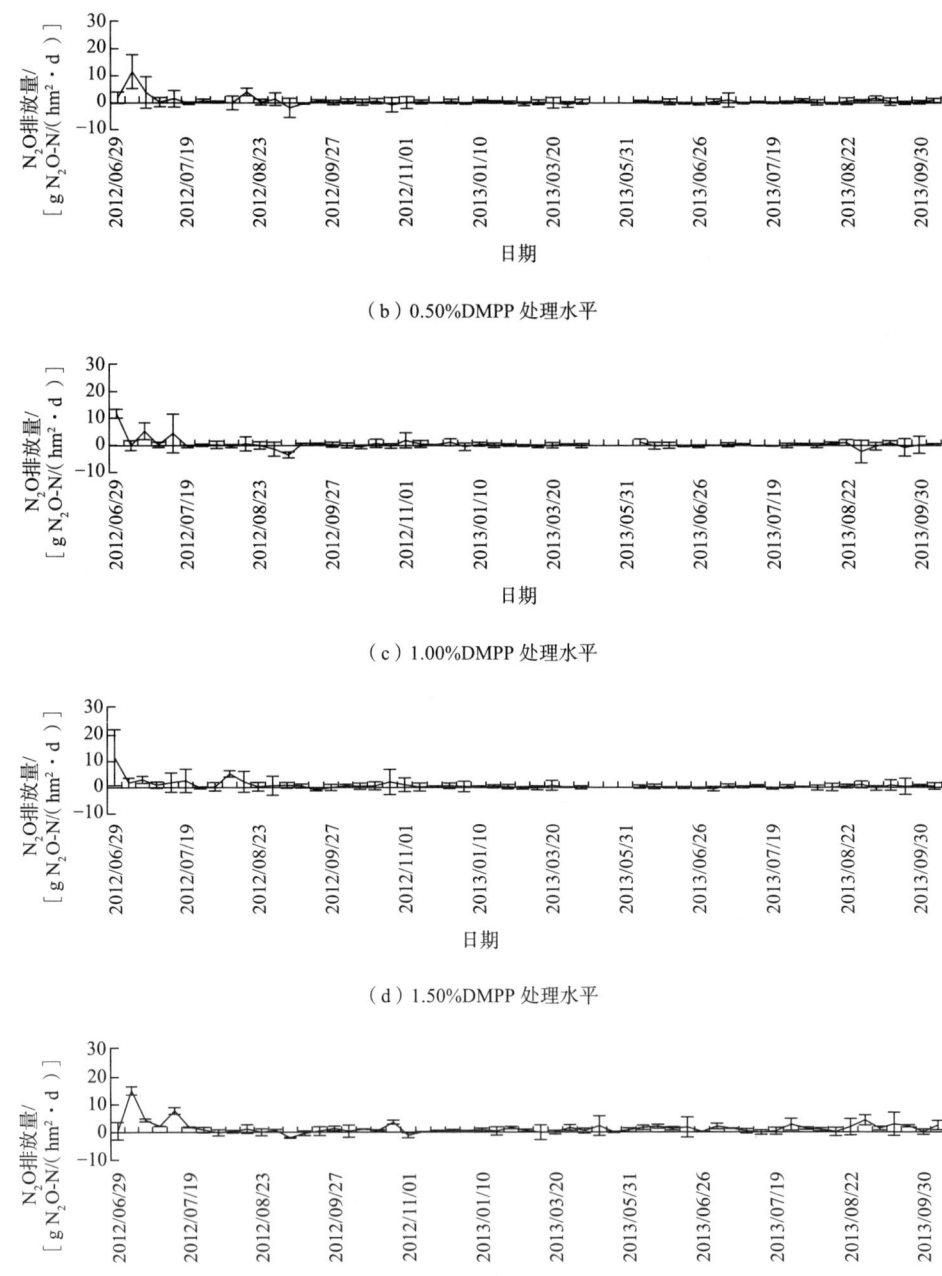

(b) 0.50%DMPP 处理水平

(c) 1.00%DMPP 处理水平

(d) 1.50%DMPP 处理水平

(e) CK 处理水平

图 11-4　2012~2013 年不同 DMPP 处理水平下稻田 N_2O 的排放

11.3.3 土壤温湿度对稻田温室气体排放的影响

利用 Pearson 相关性分析土壤温湿度和温室气体排放量之间的关系，结果表明，CH_4 排放与土壤温度和湿度显著相关（表 11-4），但 N_2O 排放与土壤温湿度之间不具有显著相关性。

表 11-4　土壤温湿度与稻田温室气体排放的相关性分析

指标		CH_4	N_2O	土壤温度		土壤湿度		
				5cm	10cm	0~10cm	10~20cm	20~40cm
CH_4		1.000	0.081	0.763**	0.760**	0.414**	0.612**	0.602**
N_2O		—	1.000	0.112	0.110	0.122	0.143	0.039
土壤温度	5cm	—	—	1.000	0.993**	0.371**	0.539**	0.501**
	10cm	—	—	—	1.000	0.370**	0.540**	0.520**
土壤湿度	0~10cm	—	—	—	—	1.000	0.515**	0.500**
	10~20cm	—	—	—	—	—	1.000	0.580**
	20~40cm	—	—	—	—	—	—	1.000

**代表在 1%水平上显著

11.3.4 田面水中铵态氮和硝态氮变化特征

稻田田面水 NH_4^+-N、NO_3^--N 浓度与温室气体排放具有相关性（表 11-5）。氮肥的施入会增加稻田田面水中 NH_4^+-N 和 NO_3^--N 的含量（图 11-5）。在施加尿素+DMPP 后的两周内，稻田田面水中含有较高浓度的 NH_4^+-N 和较低浓度的 NO_3^--N。施肥四天后，只施加尿素的稻田田面水中含有的 NO_3^--N 的浓度最高。在 0.5%、1.0%、1.5% DMPP+尿素，以及只施加尿素的稻田田面水中 NH_4^+-N 的平均浓度分别为 11.67mg/L、11.68mg/L、12.41mg/L 和 11.39mg/L；NO_3^--N 的浓度分别为 0.19mg/L、0.20mg/L、0.21mg/L 和 0.25mg/L。

表 11-5　稻田田面水中 NH_4^+-N、NO_3^--N 浓度与温室气体排放的相关性分析

指标	NH_4^+-N	NO_3^--N	CH_4	N_2O
NH_4^+-N	1.000	0.582***	−0.330	0.526***
NO_3^--N	—	1.000	0.011	0.384**
CH_4	—	—	1.000	−0.015
N_2O	—	—	—	1.000

、*分别代表在 5%、1%水平上显著

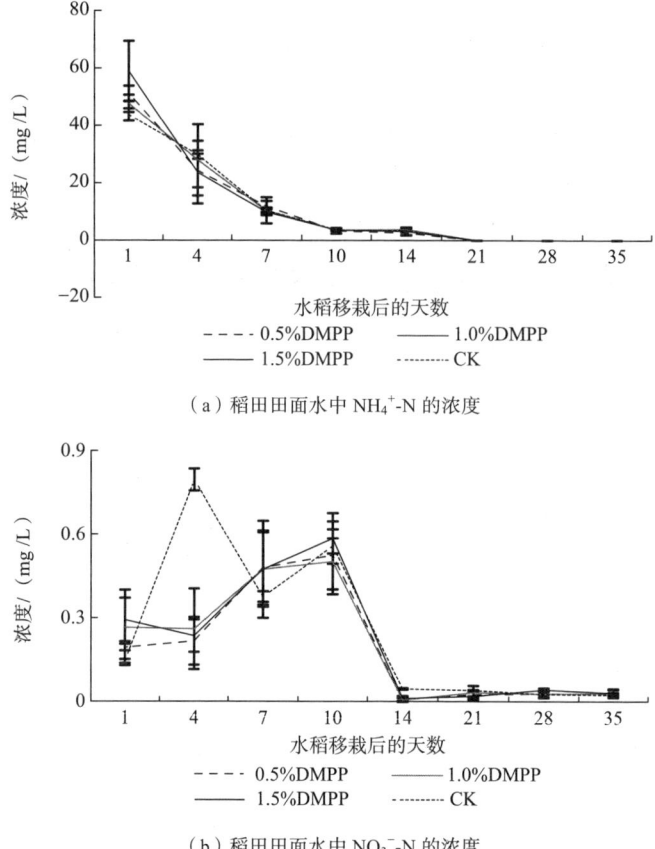

图 11-5　2012 年水稻生长季节稻田田面水中 NH_4^+-N 和 NO_3^--N 的浓度

11.3.5　DNDC 模型在施用硝化抑制剂稻田中的验证

随着越来越多的研究者加入模型的使用与研究中，DNDC 模型作为一个过程模型被不断地完善，并能够精确估测出作物的生长和产量、土壤的气候、温室气体的排放动态、旱地及稻田的氮淋溶等。因此，DNDC 模型有着比较完整的稻田温室气体排放机理，为进一步模拟在硝化抑制剂下 CH_4 及 N_2O 的排放动态提供了良好的基础。本书将硝化抑制剂作为一种农田管理措施，利用稻田观测的温室气体排放数据来验证和校正模型。

在本项试验中，根据 2012~2013 年稻田生长季节各硝化抑制剂处理水平下的（0.5%、1.0%、1.5%DMPP+尿素和只施加尿素）土壤温度（土壤 5cm 及 10cm 深处）、CH_4 和 N_2O 的排放参数等，对 DNDC 模型进行了验证。

1. 土壤温度的模拟验证

DNDC 模型是建立在计算机系统上的一个虚拟生态系统,每一步模拟过程都有生物化学过程理论为依据,其中土壤温度是土壤气候的重要指标。能否正确模拟土壤温度是模型正确模拟作物生长、土壤微生物活性的基本前提。本书利用 DNDC 模型模拟结果显示,不同氮肥施入量下的土壤温度无明显差异。因此,在本书的研究中,取所有处理的平均值作为土壤温度观测值,与模型模拟值相比较(图 11-6)。2012~2013 年的观测数据表明,土壤 5cm 深处温度较 10cm 深处温度约高 0.1℃。由于 2013 年空气温度高于 2012 年,在水稻生长季节,2012 年及 2013 年 5cm 深处日均温度分别为 24.8℃及 26.0℃,10cm 深处分别为 24.7℃及 25.9℃。模型较为准确地模拟了稻田土壤 5cm 深处及 10cm 深处的温度,2012 年及 2013 年土壤 5cm 处温度分别为 24.8℃及 26.1℃,10cm 处温度分别为 24.3℃及 24.7℃,与田间观测值基本一致;5cm、10cm 处土壤温度的模拟结果与观测值的 MBE 分别为 0.17 和 0.12;RMSE 分别为 12.1 %和 12.4 %。这表明:施入硝化抑制剂 DMPP 后,与观测结果相比,模型亦能够较为准确地模拟 2012 年至 2013 年稻田土壤温度的变化动态。

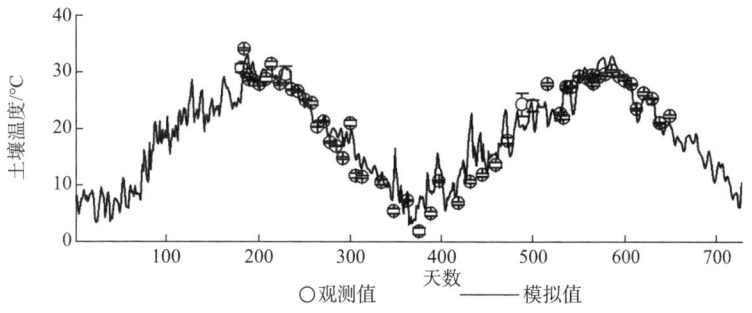

(a)土壤 5cm 深处温度值

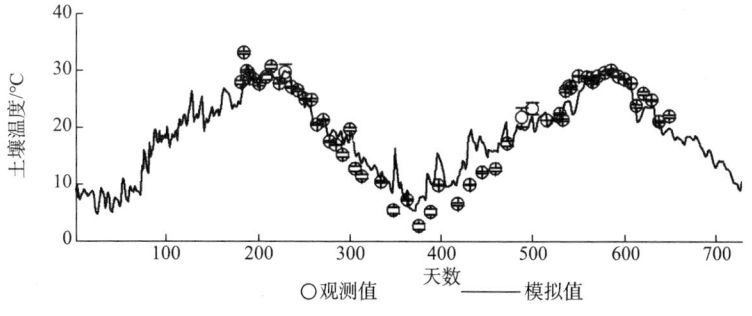

(b)土壤 10cm 深处温度值

图 11-6 不同 DMPP 处理水平下稻田土壤 5cm 和 10cm 深处温度模拟值与观测值比较

2. CH_4 排放动态的模拟验证

DNDC 模型在计算土壤 CH_4 排放量时，主要分为三个步骤。首先，根据模拟土壤 SOC 的分解和作物根系分泌速率计算 DOC 的产量，土壤 DOC 库作为 CH_4 前期底物乙酸和 H_2/CO_2 的产生源，与 CH_4 产生速率共同决定了 CH_4 的产生量；其次，确定被氧化 CH_4 量，CH_4 产生后，大部分扩散至具有较高 Eh（>-150 毫伏）土层（如稻田表层、根系微氧区域）时被氧化；最后，计量 CH_4 的最终排放量，较少部分的 CH_4 通过溶质扩散、气泡排放以及植物管束排放至大气中。

依前所述，施入硝化抑制剂 DMPP 的稻田，其 CH_4 排放显著低于对照处理稻田。由于施入硝化抑制剂 DMPP 后，水稻生长与未施加 DMPP 的对照相比无明显差异（图 11-7），且 CH_4 排放途径较为一致，施入 DMPP 促进了 CH_4 的氧化，从而抑制了 CH_4 的排放。根据田间观测值可知，硝化抑制剂施入 28 天后对 CH_4 的排放开始产生抑制作用，该抑制作用一直持续到水稻收获为止。为了在模型中增加硝化抑制剂施入对 CH_4 排放的影响，假定 DMPP 通过促进 CH_4 氧化起到抑制 CH_4 排放的作用，一个新的公式加入模型中（$CH_{oxidation-rate} = 1 + CH_{increased\ oxidation-rate}$）。根据给定的促进氧化速率及持续时间，模型能够模拟施入硝化抑制剂后 CH_4 的排放动态。通过模拟硝化抑制剂对 CH_4 氧化的影响，DNDC 模型可以计算不同氧化速率下 CH_4 的排放。

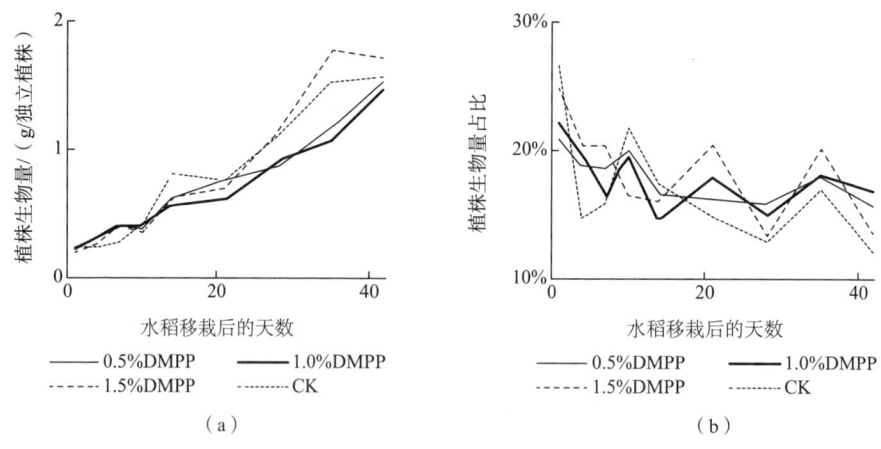

图 11-7 不同 DMPP 处理水平下水稻植株生物量及占比

对不同水平 DMPP 处理下稻田 CH_4 排放观测值与 DNDC 模拟结果进行对比。对比结果显示，2012 年水稻生长季节 CK、0.5% DMPP、1.0% DMPP 及 1.5% DMPP 处理水平下，CH_4 排放总量观测值分别为 464.97 kg C/hm²、250.10 kg C/hm²、246.95 kg C/hm² 及 297.17 kg C/hm²，模型模拟值分别为 477.51 kg C/hm²、246.46 kg C/hm²、246.46 kg C/hm² 及 278.33 kg C/hm²。2013 年水稻生长

季节 CK、0.25% DMPP、0.50% DMPP、1.00% DMPP 及 1.50% DMPP 处理水平下，CH_4 排放总量观测值分别为 478.23 kg C/hm^2、318.23 kg C/hm^2、220.27 kg C/hm^2、271.68 kg C/hm^2 及 253.56 kg C/hm^2，模型模拟值分别为 477.51 kg C/hm^2、318.17 kg C/hm^2、246.46 kg C/hm^2、246.46 kg C/hm^2 及 278.33 kg C/hm^2。改进后的 DNDC 模型模拟结果与田间原位观测趋势一致，能够很好地模拟施加硝化抑制剂的稻田 CH_4 排放，再现 CH_4 排放的动态趋势与峰值。模拟结果同样表明，施加硝化抑制剂后能够有效减少 CH_4 的排放。

3. N_2O 排放动态的模拟验证

土壤中产生的 N_2O 主要来自硝化作用和反硝化作用，硝化作用是微生物将 NH_4^+ 氧化为 NO_3^- 的过程，反硝化作用是微生物将 NO_3^- 转化为 NO_2^-，并进一步转化为气体 NO、N_2O 及 N_2。硝化抑制剂主要通过抑制 NH_4^+ 向 NO_3^- 转化从而对 N_2O 的排放产生抑制作用。

对不同水平 DMPP 处理下稻田 N_2O 排放观测值与 DNDC 模拟结果进行对比，对比结果显示，2012 年水稻生长季节 CK、0.5% DMPP、1.0% DMPP 及 1.5% DMPP 处理水平下，N_2O 排放总量观测值分别为 0.11 kg N/hm^2、0.10 kg N/hm^2、0.05kg N/hm^2 及 0.16 kg N/hm^2，模型模拟值分别为 0.15 kg N/hm^2、0.06 kg N/hm^2、0.03 kg N/hm^2 及 0.08 kg N/hm^2。2013 年水稻生长季节 CK、0.25% DMPP、0.50% DMPP、1.00% DMPP 及 1.50% DMPP 处理水平下，N_2O 排放总量观测值分别为 0.11kg N/hm^2、0.06kg N/hm^2、0.06kg N/hm^2、0.01kg N/hm^2 及 0.03kg N/hm^2，模型模拟值分别为 0.12 kg N/hm^2、0.06 kg N/hm^2、0.07 kg N/hm^2、0.04 kg N/hm^2 及 0.08 kg N/hm^2。改进后的 DNDC 模型模拟结果与田间原位观测值较为一致，能够较好地模拟稻田 N_2O 排放。

11.4 主要结论的讨论与建议

11.4.1 稻田 CH_4 及 N_2O 排放的影响因子

1. 轮作系统对稻田 CH_4 及 N_2O 排放动态的影响

我国农田多进行轮作。稻田轮作模式一般为水稻和旱作作物轮作。在农田轮作系统中，种植不同的作物对温室气体的排放具有不同影响。一般而言，稻田中 CH_4 的产生主要集中在水稻生长季节。例如，在日本水稻生长季节，CH_4

最大排放量和最小排放量分别为 4.25kg C/（hm²·d）和 0.0062kg C/（hm²·d）（Kanno et al., 1997）；中国河北水稻生长季节的 CH_4 排放在 0.17~0.63kg C/（hm²·d）（Li et al., 2012）。对不同的轮作系统而言，非水稻种植季节的 CH_4 排放量可占全年排放总量的 16%~49%（Jiang et al., 2006）。

在旱地或稻田种植旱作作物期间，N_2O 的排放值在 0.001 7~0.029 6 g N/（hm²·d），水稻种植期间 N_2O 的排放均值约为 0.011 9g N/（hm²·d）（Xing, 1998）。水稻种植期间 N_2O 的排放量较少，而水稻收获后其排放量较高。一般水稻生长季节，N_2O 的排放量仅占稻田排放的 25%~39%（Xing et al., 2009；Liu et al., 2010）。

相关研究表明，在水稻收获后的稻田，CH_4 的排放量仅为水稻生长季节排放量的 1%，而 N_2O 的排放量可占年排放总量的 40%~50%（Liang et al., 2007）。在本书的研究中，稻田轮作系统为水稻-蚕豆的轮作，在水稻生长季节 CH_4 和 N_2O 的平均排放量分别为 2.03~4.06kg C/（hm²·d）和 0.56~1.73g N/（hm²·d），而在非水稻生长季节 CH_4 和 N_2O 的排放范围分别在-0.000 1~0.003kg C/（hm²·d）和 0.17~0.48g N/（hm²·d）（表11-3）。而水稻生长季节大量 N_2O 的排放主要是由于化肥的施入。

2. 土壤温湿度对稻田 CH_4 及 N_2O 排放动态的影响

本书的研究结果表明，稻田 CH_4 和 N_2O 排放与土壤质地和土壤环境密切相关，其中土壤温度和湿度是其主要影响因子。由于稻田长期处于淹水环境下，土壤理化性质、含水量以及土壤微生物活性与旱地相比具有一定的特殊性，其特殊性为 CH_4 和 N_2O 的产生和氧化提供了较为特别的环境（Hou et al., 2000；Conrad, 1996）。由于 CH_4 和 N_2O 是微生物生存的副产物，影响微生物活性的因子均可影响 CH_4 和 N_2O 的排放（Li, 2007；Jiang et al., 2006）。

许多研究表明，土壤温度在 15~40℃时，土壤 CH_4 的产生速率随着温度的上升而增加；当土壤温度低于 12℃时，CH_4 排放量与温度的关系不确定（Yang and Chang, 1997）。本书的研究中 CH_4 排放通量与土壤温度呈现显著正相关关系，这与马秀梅等的研究结果一致（马秀梅等，2006；Yue et al., 2005）。

土壤水分条件是影响 CH_4 和 N_2O 排放的重要因素之一，当土壤含水量降低时，CH_4 排放通量随之减少而 N_2O 排放通量将随之增加。相关研究表明，最适宜的 N_2O 排放的土壤孔隙度约为 73.1%（Xu et al., 2002）。本试验研究结果显示，在稻田淹水期间，CH_4 排放通量在淹水后两周达到峰值；而对于 N_2O 的排放通量而言，在稻田淹水期间和非淹水期间并无明显差异。

11.4.2　DMPP 对稻田田面水中氮不同形态的影响

稻田施肥后，由于植株的吸收、土壤的固定、氨的挥发及氮素的淋溶径流等原因，稻田田面水总氮浓度不断下降。NH_4^+-N 和 NO_3^--N 是稻田田面水中无机氮存在的主要形态。尿素施入稻田后，在适宜的条件下会迅速发生水解转化成 NH_4^+-N，随后发生的硝化作用使 NH_4^+-N 氧化为 NO_3^--N。在此过程中，本书研究的稻田田面水中的 NH_4^+-N 浓度表现为持续降低直至较为稳定的趋势，其下降的幅度因施加 DMPP 水平的不同而略有差异，其中稻田施加未添加 DMPP 的尿素后，稻田田面水 NH_4^+-N 下降速率及幅度较大；NO_3^--N 在施肥后初期浓度升高，然后呈现下降趋势。该趋势表明硝化抑制剂可以抑制田面水中铵态氮的形态变化，随着施加 DMPP+尿素时间的增加，NH_4^+-N 向 NO_3^--N 转化趋势增强，施加 DMPP 的稻田和未施加 DMPP 的稻田田面水中的 NH_4^+-N 和 NO_3^--N 浓度在两周后未有明显差异。俞巧钢和陈英旭（2010）利用水稻盆栽试验，对 DMPP 在稻田田面水氮素转化方面的效果进行研究，添加 DMPP+尿素的处理与常规尿素施肥处理相比，田面水中 NH_4^+-N 的浓度增加了 16.7%~24.8%，硝态氮浓度降低了 47.7%~70.9%，总无机氮浓度下降 13.5%~23.1%。这表明，DMPP 能够显著减轻农田氮素流失对外界环境所存在的污染，有助于保护河流等水环境。

硝化抑制剂能够延缓 NH_4^+-N 发生硝化作用生成 NO_3^--N，具体表现在 NH_4^+-N 含量的缓慢降低以及 NO_3^--N 浓度的缓慢增加。在本书的研究中，从硝化抑制剂 DMPP 对稻田田面水中 NH_4^+-N 和 NO_3^--N 含量的影响可以看出，添加 DMPP 明显抑制了 NH_4^+-N 生成 NO_3^--N 的过程，这与前人研究结果一致。杨剑波等（2014）比较了在四种典型土壤上 DMPP 的抑制效果。施加 DMPP 后，培养期间土壤的 NH_4^+-N 呈先上升后下降的趋势，NO_3^--N 呈现逐渐上升的趋势；与单施尿素相比，添加 DMPP 的处理显著增加了土壤铵态氮的含量并降低了硝态氮的浓度。在水稻土和潮土中添加 DMPP 后，硝化过程时间比单施氮肥的处理滞后了至少 28 天。章燕等（2012）采用 ^{15}N 同位素标记-原位试验，研究了 DMPP 对氮的总矿化速率和硝化速率的影响，发现 DMPP 分别使矿化速率和硝化速率降低了 60.3%和 59.1%。在本试验中，当 DMPP 施入后，前两周对 NH_4^+-N 硝化抑制效果较好，这与 Barth 等（2008）的研究结果相似。他们的研究表明，DMPP 在施加后的前 12 天效果较好，随着施入时间的增加 DMPP 被迅速降解，12 天后土壤中残留的 DMPP 浓度较低因而其抑制效果较弱。

11.4.3 DMPP 对稻田田面水中氮及 CH_4、N_2O 排放的影响

较低浓度的 DMPP 施入将会对稻田氮素产生影响,农田中施加 0.5~1.5 kg DMPP/hm^2 的硝化抑制剂后,将在 4~10 周内具有良好的抑制硝化作用的效果(Zerulla,2001a)。DMPP 在土壤中降解缓慢,施入 10 天后在表层土中 DMPP 的浓度由 97.82 μg/g soil 降低至 88.28 μg/g soil,研究表明,当 DMPP 均匀分布于土壤中时,0.39 μg/g soil 浓度就可以起到有效的硝化抑制效果(Azam et al.,2001)。当 DMPP 施入量为施氮量的 0.4% 时,施入硝化抑制剂对表层土中 NO_3^- 的浓度无显著影响,但可以降低深层土中 NO_3^- 的浓度,施加 DMPP 70 天后,N_2O 总排放量在深层土和表层土中分别降低了 76%(5℃)、74%(15℃)、31%(25℃)和 65%(5℃)、61%(15℃)、14%(25℃)(Suter et al.,2010);当 DMPP 添加量为施氮量的 0.5%~1% 时,在不同土壤含水量情况下均可以降低 N_2O 的排放、延缓 NH_4^+-N 转化为 NO_3^--N 的速率(Zerulla et al.,2001a;Kou et al.,2015)。本书对施加不同 DMPP 水平对不同氮形态的影响进行研究,结果表明,与只施加尿素相比,DMPP 施入水平为 0.5%、1.0% 及 1.5% 时其对 N_2O 排放总量抑制效果分别为 56%、45% 和 65%;监测期间 NH_4^+-N 平均浓度与只施加尿素对照相比分别增加了 2.4%、2.5% 和 9.0%;NO_3^--N 平均浓度减少了 24%、20% 及 16%。由此可见,DMPP 对氮素损失的减少具有贡献作用。

11.4.4 DMPP 对稻田 CH_4 及 N_2O 排放的抑制机理

1. DMPP 对 CH_4 的抑制机理

施肥当日至施肥后 35 天,稻田 NH_4^+-N 和 NO_3^--N 与 N_2O 排放通量具有显著相关性,与 CH_4 相关性不显著。Xie 等(2010)进行多点试验结果表明,施用铵态氮肥时可以有效抑制水稻生长期间 CH_4 的总排放量(与不施加氮肥处理相比,平均抑制效果为 28%~32%)。已有研究表明,氮浓度水平会影响 CH_4 在稻田中的产生及氧化过程,从而在一定程度上影响 CH_4 的排放(马静等,2010)。Schimel(2000)在不同尺度上研究了稻田 NH_4^+ 浓度与 CH_4 排放之间的关系。首先,在稻田生态系统水平下,铵态氮肥的施入为作物提供了生长发育所需氮源,促进了作物的生长并增加了水稻根际碳浓度,为产甲烷菌提供了必不可少的碳源,最终导致稻田 CH_4 排放的增加。其次,在微生物群落水平上,NH_4^+ 可以有效刺激甲烷氧化菌的生长及活性,从而在一定程度上降低 CH_4 的排放。再次,在生物化学尺度下,由于甲烷单氧化酶与氨单氧化酶结构相似,甲烷氧化菌在选择底物时,NH_4^+ 与 CH_4 存在竞争关系,而甲烷氧化菌对

NH_4^+利用效率高于对CH_4的利用率，因此，当稻田中含有浓度较高的NH_4^+时，抑制了甲烷氧化菌对CH_4的利用，导致了稻田CH_4的增加。由于稻田的复杂环境，氮肥对稻田CH_4排放的最终影响取决于以上三种尺度的综合效应，当其中一种尺度对稻田CH_4排放占据主导地位时，该尺度下稻田氮含量对CH_4排放的影响将会最终决定稻田CH_4排放通量随氮浓度增加或减少。在本书中，较高浓度的NH_4^+-N会使CH_4排放通量减少，同时，NO_3^--N浓度的增加可以有效促进CH_4的排放。

硝化抑制剂在抑制氮损失的同时，对CH_4排放的影响目前报道不一。有些研究表明，DMPP在抑制N_2O的同时又可以减少CH_4的排放，DMPP能抑制24%~55%的CH_4排放量；也有试验结果表明，DMPP对CH_4排放没有影响，或者增加CH_4的吸收（俞巧钢等，2014；Weiske et al.，2001a，2001b；Hatch et al.，2005）。在本书中，DMPP对稻田CH_4排放具有一定的抑制作用，不同水平的DMPP施入量可以减少33.5%~53.9%的CH_4排放量。相关分析发现，硝化抑制剂通过影响CH_4氧化达到影响其排放的效果（Weiske et al.，2001b）。硝化抑制剂可以抑制NH_4^+-N生成NO_3^--N。有研究表明（Bodelier et al.，2000），甲烷氧化过程中所利用的甲烷单氧化酶与氨单氧化酶结构相似，NH_4^+与CH_4存在一定的竞争关系且甲烷氧化菌对NH_4^+利用效率高于对CH_4的利用效率，当稻田中存在着较高浓度的NH_4^+时，其抑制了甲烷氧化菌对CH_4的利用，增加了CH_4的排放；同时，NH_4^+的存在可以有效刺激甲烷氧化菌的生长及活性，从而在一定程度上降低CH_4的排放；由于稻田CH_4的排放是各种因素的综合结果，硝化抑制剂影响其中一种因素时将会导致其对稻田CH_4排放产生影响。

2. DMPP对N_2O的抑制机理

在土壤中，N_2O的排放量主要取决于硝化作用和反硝化作用的反应速率、产生比例以及扩散等过程。所有影响硝化作用和反硝化作用的因素，包括土壤物理性质、土壤碳氮量、作物生长情况及环境因子等，它们的相互作用影响了土壤N_2O的排放。

众多研究表明，氮肥的施用促进了土壤N_2O的排放。一方面，NH_4^+-N促进了硝化作用的进行，在稻田里由于氧气的供给受到限制，NO_2^-不会被彻底氧化为NO_3^-，从而导致N_2O产生大幅度增加；另一方面，硝化作用通常受NH_4^+-N浓度的高低影响，NH_4^+-N肥的施入可促进硝化作用，N_2O的产生增加（李勇先，2003）。郑靖等（2006）研究了不同施肥处理对稻田N_2O排放的影响，表明稻田是大气中N_2O的排放源；在施入尿素后，稻田中的有效氮主要以NH_4^+-N和NO_3^--N的形态存在，尿素水解产生NH_4^+的速度决定了N_2O的释放速率。这是因

为水解 NH_4^+ 生成后会迅速发生硝化作用,硝化作用形成的 NO_3^--也会在稻田土壤的厌氧微区发生反硝化作用,从而促进了 N_2O 的大量释放(李勇先,2003)。本书的分析结果表明,稻田 N_2O 的排放与稻田田面水中 NH_4^+-N 和 NO_3^--N 呈现显著正相关关系。李勇先的研究表明,NH_4^+-N 与稻田 N_2O 的排放之间存在线性正相关关系,NO_3^--N 与 N_2O 的排放存在着指数正相关关系(李勇先,2003),与本书相关性研究观点一致。

硝化抑制剂使氮肥更长时间以 NH_4^+-N 的形态停留在农田中,减少了土壤中 NO_3^--N 的积累,土壤总矿化速率和总硝化速率被硝化抑制剂所抑制是 N_2O 排放量降低的主要原因(章燕等,2012)。对于微生物而言,硝化作用的第一步为氨氧化过程,而氨氧化菌(氨氧化细菌 AOB 或氨氧化古菌 AOA)是这一步最主要的参与细菌;反硝化作用一般发生在厌氧或低氧环境下,参与微生物繁多,硝酸还原过程中研究最多、最重要的酶为硝酸还原酶(NaR)和亚硝酸还原酶(NiR)。研究表明,AOB 群落丰度、NaR 和 NiR 活性的不同将会影响稻田氮的存在形态,DMPP 能够显著抑制硝化作用中的 AOB 丰度、反硝化作用中的 NaR 和 NiR 活性,从而通过直接抑制反硝化作用而减少 N_2O 的排放。施加 DMPP 后,AOB 丰度、NaR 和 NiR 活性分别降低了 24.5%~30.9%、14.9%~43.5%和 14.7%~31.6%(Li et al.,2008)。在不同土壤条件下,增施 DMPP 的处理比单施肥料处理的 AOB 降低了 79.2%~96.0%和 21.4%~25%(Di and Cameron,2011)。Liu 等(2015)对不同 pH 的土壤进行硝化抑制效果研究后发现,DMPP 在不同 pH 土壤条件下均对硝化作用具有抑制作用,在酸性、中性及碱性土壤条件下,其抑制硝化作用进行的概率分别为 70.5%、93.5%及 85.1%,并且可以显著降低土壤中 AOA 的丰度。在本书的研究中,施用 DMPP 后,与对照施肥处理相比,N_2O 排放总量降低了 39%~94%。

11.5 本章小结

越来越多的研究表明,硝化抑制剂在农业生产和环境保护方面具有显著的效果。DMPP 作为一种新型的硝化抑制剂,国内外对其抑制效果和机理的研究取得了一定进展,但仍有大量问题需要进一步深入研究。

本书的研究结果表明,一方面,DMPP 能够抑制 NH_4^+-N 转化为 NO_3^--N 的硝化作用,并大大减少稻田 CH_4 和 N_2O 的排放,降低水平分别为 33.5%~53.9%和 38.8%~94.4%;另一方面,其抑制效果与 DMPP 的施入水平具有一定关系,在施入水平为施氮量的 1%条件下,DMPP 可以显著减少 N_2O 和 CH_4 的排放,减缓

NH_4^+-N 转化为 NO_3^--N，提高稻田的氮肥利用效率。因此，在气候变化背景下，在农田管理中施用硝化抑制剂，既可以有效减少温室气体的排放、减少硝态氮的淋溶损失，又可以减少施用高剂量的氮肥所造成的损失和对环境造成的压力，进而产生生态效益。然而，采用该技术措施在经济上是否可行？施入硝化抑制剂毕竟要增加投入成本，与采用该技术所能减少的高剂量氮肥节省的投入相比，总成本是增加还是减少？综合效益（生态效益与经济效益）是提高还是下降？这些问题亟待进一步研究。

将硝化抑制剂作为一种农田管理措施，利用 2012 年至 2013 年稻田施加不同水平硝化抑制剂与未施加硝化抑制剂处理下的稻田土壤温度、CH_4 和 N_2O 排放观测值对模型进行验证和校正，结果表明，DNDC 模型能够正确模拟未施加 DMPP 对照处理下的稻田 CH_4 和 N_2O 排放动态；在对模型进行改进之后，模型能够正确模拟再现施加 DMPP 后稻田的 CH_4 和 N_2O 排放动态。因而应用模型评估稻田氮肥管理减排措施具有可靠性。

目前，尚未能从微生物环境机制下探讨 DMPP 对稻田温室气体排放影响。N_2O 是硝化作用和反硝化作用的副产物，其中硝化作用可分为两步反应进行，第一步是 NH_4^+ 由氨氧化细菌氧化为 NO_2^-，第二步反应为 NO_2^- 由亚硝酸氧化细菌氧化为 NO_3^-，其中硝化抑制剂只要抑制其中一步反应，整个硝化作用就被抑制。Müller 等（2002）对反硝化过程中的反硝化酶活性与 DMPP 的关系进行研究后发现，DMPP 对硝酸盐还原酶、N_2O 排放不具有任何作用，而本书中所述 DMPP 可以有效增加稻田中 NH_4^+-N 浓度、降低 NO_3^--N 浓度表明 DMPP 抑制稻田 N_2O 排放主要源于抑制稻田的硝化作用。DMPP 对稻田 CH_4 排放的影响较为复杂，其作用机理还有待于进一步深入研究。

第 12 章 稻田温室气体排放清单及减排措施：以上海地区为例

农业是全球最重要的温室气体排放源之一。稻田不仅是重要的 CH_4 排放源，亦是 N_2O 的重要排放源。CH_4 和 N_2O 均是微生物生存的副产品，即微生物利用环境中存在的有机质作为底物发生反应，产生温室气体。当该生态系统环境中的氧化还原电位在 -0.25~0.75 伏特变化时，将会激发不同的氧化还原反应。在这些反应中，微生物借助体内的酶将电子从电子供体传递给电子受体，使参与反应的底物（即 C、N 化合物）改变原有形态，并产生一系列的中间产物，其中气体形态的 CO_2、CH_4 和 N_2O 也从中产生出来（Li, 2007）。在各生态系统中，只要满足了氧化还原电位、电子供体和电子受体这三种条件，就会产生温室气体。已有研究证实，通过改变农作管理措施，如灌溉、施肥及耕作等，来改变土壤中的氧化还原电位、电子供体浓度或电子受体浓度，将会影响温室气体的排放量（Fließbach and Mäder, 2000; Berthrong et al., 2013）。因此，明确农作管理措施对稻田生态系统 CH_4 和 N_2O 排放的影响及减排效果，对于减少稻田温室气体排放与减少全球增温潜势具有重要意义。

影响稻田温室气体排放的农田管理措施很多，其中主要有水分管理、施肥管理等。有研究结果表明，控制灌溉稻田 CH_4 排放量较淹水稻田降低了 83.5%（彭世彰等，2013）。李长生等（2003）利用 DNDC 模型对我国农田温室气体排放进行的研究结果表明，农田种植、翻耕、施肥情况及灌溉控制等农田管理措施，不仅长期改变着农田生态系统的化学元素循环过程，而且将会通过 CO_2、CH_4 及 N_2O 的土壤-大气交换对全球气候变化产生影响；大面积推广控制灌溉后，我国稻田 CH_4 排放量将会进一步下降；秸秆还田比例的增加将会有效增加农田土壤的碳储存；而控制施肥量将会降低 N_2O 高排放的现状。

目前，已有大量关于区域稻田温室气体排放的研究。Zhang 等（2009）

的研究表明，从 1982 年到 2000 年，太湖地区稻田 CH_4 及 N_2O 排放总量分别为 5.67×10^6 t C 及 0.84×10^6 t N。辽东湾沿海 2005 年稻田 CH_4 和 N_2O 排放总量为 17t C 和 0.269t N（张远等，2007）。三江平原 2006 年稻田 CH_4 排放总量为 $0.48 \times 10^6 \sim 0.58 \times 10^6$ t C（Zhang et al.，2011）。长期淹灌下印度新德里地区稻田 CH_4 及 N_2O 排放总量为 $1.07 \times 10^6 \sim 1.10 \times 10^6$ t C 及 $0.04 \times 10^6 \sim 0.05 \times 10^6$ t N，间歇灌溉下分别为 $0.12 \times 10^6 \sim 0.13 \times 10^6$ t C 和 $0.05 \times 10^6 \sim 0.06 \times 10^6$ t N（Pathak et al.，2005）。

在本章中，利用 DNDC 模型并以上海市稻田为例，建立了稻田数据库和以乡镇为基本单元的上海稻田地理信息系统数据库。数据库包含上海主要的四种稻田轮作系统（单季水稻、水稻-冬小麦轮作系统、水稻-油菜轮作系统以及水稻-苜蓿绿肥轮作系统）；其利用 DNDC 模型对上海市稻田温室气体排放清单进行估算，并模拟可替代性的农田管理措施对上海稻田温室气体的减排效果，以期为下一步确定减排措施提供理论依据。

12.1　试验数据与方法

DNDC 模型是在实测数据基础上与物理化学理论相结合建立的过程模型，是一个存在于计算机上的虚拟生态系统，模型模拟精确度的确定需要观测值和模拟值相结合进行评估验证。模型的验证是用实测的土壤、气候及农田管理等参数来运行，检验模拟结果与田间观测结果的吻合程度，通过修改模型中不符合模拟当地实际情况的参数矫正模型，最终确定应用地区的实际模型参数。

12.1.1　上海稻田温室气体排放案例收集

为了应用 DNDC 模型对上海地区水稻田温室气体排放（CH_4 和 N_2O 排放）情况进行模拟，首先必须对模型的模拟精度及稳定性进行验证。利用 DNDC 模型对原位试验观测结果的验证显示，DNDC 模型能够准确地估算稻田温室气体排放。在此基础上，对上海及周边地区稻田已有的研究案例进行了收集整理，并从中选取 3 个研究案例（表12-1）进行进一步的验证工作。主要工作是，以田间观测的气象数据、土壤、作物及农田管理等为输入参数，利用 DNDC 模型模拟了这些稻田生态系统的温室气体排放通量，并将模拟值与观测值进行了比较。

表 12-1　DNDC 模型点位验证案例的土壤输入数据

地点	经纬度	土壤质地	SOC/（kg C/kg）	pH	容重/（g/cm）	黏粒含量
崇明	北纬 31.55° 东经 121.82°	粉质壤土	0.015	7.21	1.37	14%
嘉定	北纬 31.32° 东经 121.30°	黏质壤土	0.015	7.00	1.35	25%
青浦	北纬 31.20° 东经 121.13°	砂质黏土	0.019	7.57	1.30	43%

资料来源：Hou 等（2012）

12.1.2　上海稻田气象、土壤及管理数据的收集

上海稻田面积约 10.9 万 hm²，占上海农田种植总面积的 28.7%。上海稻田以四种轮作方式为主，其中以水稻-冬小麦轮作系统种植面积最大，水稻单季种植面积较小。在上海各区县中，崇明水稻种植面积最大，占上海稻田总面积的 35%（表 12-2）。

表 12-2　上海地区各区县稻田轮作系统种植面积（单位：1 000hm²）

地区	水稻	水稻-蚕豆	水稻-油菜	水稻-冬小麦	总面积
宝山	0	0.12	0	1.08	1.20
崇明	1.20	1.91	4.15	30.98	38.25
奉贤	2.23	1.22	2.02	4.73	10.19
嘉定	0	0.02	0.16	4.13	4.30
金山	0	2.11	4.82	12.51	19.44
闵行	0.16	0.24	0.02	0.65	1.08
浦东	3.17	2.14	1.90	5.19	12.40
青浦	1.38	2.45	1.19	5.99	11.01
松江	0.31	4.47	0.17	5.70	10.65
上海	8.46	14.67	14.43	70.95	108.51

本书按照上海市各区县地理位置和土壤类型的不同，收集上海市各样点数据，包括各格点的气象数据、土壤理化性质数据以及农田管理数据等，并按照 DNDC 模型的要求整理，最后利用 DNDC 区域模拟完成上海稻田温室气体排放清单的估算工作。

本书所需气象数据来源于上海市气象局。研究收集到 2012~2014 年的气象数据，包括每日的最高气温（℃）、最低气温（℃）和降水量（cm）。土壤数据主要来自上海市测土配方普查数据，指标包括土壤有机质含量、土壤 pH、土壤黏粒含量及土壤容重等。农田管理的数据是通过查询各区县农业推广中心及相关部门资料，获得上海农田耕作类型以及相应的农田管理措施；收集的指标主要包括各格点对应的各种植轮作系统面积、作物类型、最大作物生长量、生长有效积温以及生长肥水需求量、淹水时间及方式、灌溉面积等。

12.1.3 上海区域稻田数据库的构建

本书将上海稻田按照乡镇格点进行划分。每一个格点内可视作气象、土壤、作物及农田管理措施数据相同。为了使软件输出的结果更加符合并支持我国减排效果认证平台的需求，数据库的构建主要从 DNDC 模型输入的要求进行指标分类和统计，最终数据库共包括各格点的位置、植被、土壤、农田管理、气象文件等 11 个数据库，具体数据如下。

（1）各格点相关的地理信息数据。包括格点的地区名称、地理位置、对应的气象台站号以及相应的土壤特性。其中，土壤特性包括氮沉降比例、土壤有机碳含量范围、土壤黏土含量范围、土壤酸碱度变化范围、土壤容重范围、土地坡度、土壤盐度指数等。

（2）各格点对应的各作物种植系统面积。

（3）各格点对应的种植作物参数，包括最大作物生长量（kg C/hm^2）、生长有效积温（℃）及生长需水量（m^3）。

（4）各格点对应的各种植系统的氮肥施用量（kg N/hm^2）。

（5）各格点对应的各种植系统的淹水时间，包括起始日期和终止日期。

（6）各格点对应的灌溉面积百分比。

（7）各格点对应的各种植系统的有机肥施用量（kg N/hm^2）。

（8）各格点对应的作物播种、收获日期。

（9）各格点对应的各种植系统的作物残留百分比。

（10）各格点对应的各种植系统的耕作日期及方式等。

（11）各格点的 2012~2014 年逐日气象数据。每个气象文件包含每日的最高气温（℃）、最低气温（℃）和降水量（mm）。而地理位置相近的格点在一定情况下可共用同一个气象站数据，如宝山、嘉定及青浦区共用宝山区气象站数据，闵行、松江和金山区共用闵行区气象数据，浦东及奉贤区共享浦东区气象站数据。

12.1.4 稻田减排措施筛选及模型模拟应用

CH_4 的产生是产甲烷菌活动的结果。产甲烷菌是一种古菌，只能在深度还原的条件下（Eh<-150 伏特）进行代谢活动，并以 DOC 或 CO_2 作为碳源。当环境中存在高氧化还原电位的氧化物（如 O_2、NO_3^-、Mh^{4+}、Fe^{3+}、SO_4^{2-} 等）时，由于深度还原环境被破坏，CH_4 的产生将会被终止。同样，减少土壤中产甲烷菌的底物浓度也可以有效减少 CH_4 的排放。目前常用的减少稻田 CH_4 排放的农作管理措施有：通过中耕晒田或干湿交替提高土壤 Eh；通过改变施入有机肥的时间减少淹水时土壤中的易分解有机物含量，减少 DOC 的产生，达到减少稻田中 CH_4 排放量的目的。

大多数的 N_2O 年总排放量主要是由一些突发性排放高峰集成，这些排放高峰往往可以持续几个小时或几天时间。研究数据表明，N_2O 的排放高峰是土壤中 Eh 及反应底物（DOC，可给态氮，即铵态氮和硝态氮）恰好同时满足的结果。当降雨、施肥、灌溉等引起土壤中 Eh 变化，或土壤中 DOC 或给态氮匮乏时，N_2O 的排放将会受到影响。稻田中减少 N_2O 排放的农田管理措施主要有：减少稻田淹灌-排水的频率，降低有机物分解、硝化和反硝化反应速率，从而消除硝化和反硝化作用产生的 N_2O；优化氮肥施用量和施肥时间、配施硝化抑制剂，减少硝化和反硝化菌可获得的氮量，从而降低 N_2O 的排放；在水稻生长结束后利用闲置作物轮作吸收土壤中剩余氮量的措施以降低 N_2O 的排放。

因此，本书选取氮肥控制处理、秸秆还田、水分管理及耕作措施作为模型探讨的农田管理措施，并研究减排效果。

12.2 研究结果与分析

12.2.1 点位案例 CH_4 及 N_2O 排放动态的模拟验证

从对比图 12-1 中可以看出，模型不仅能够较为准确地模拟稻田 CH_4 排放通量，而且还能够准确再现 CH_4 变化趋势及波动峰值，模型模拟结果与田间观测结果非常接近。

稻田中 N_2O 排放量较低，从对比图 12-2 中可以看出，模型能够较为准确地再现 N_2O 变化趋势及波动峰值，模型模拟结果与田间观测结果非常接近。

第12章　稻田温室气体排放清单及减排措施：以上海地区为例 | 239

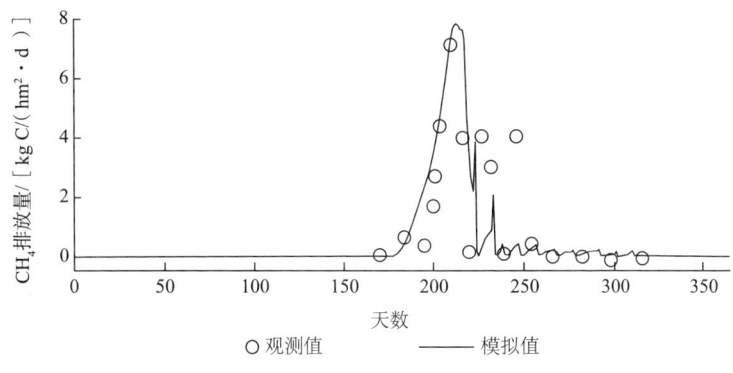

（a）崇明区 CH_4 日排放量

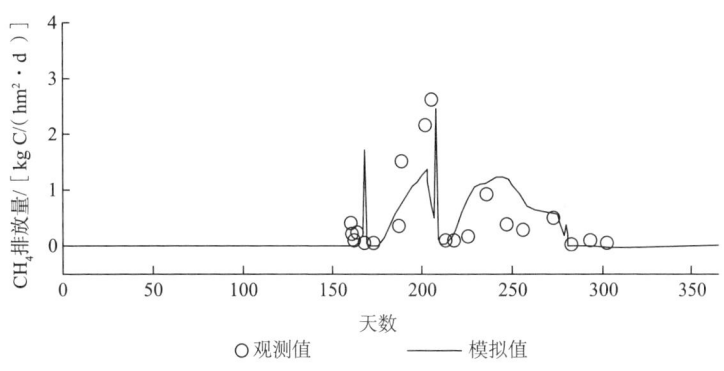

（b）嘉定区 CH_4 日排放量

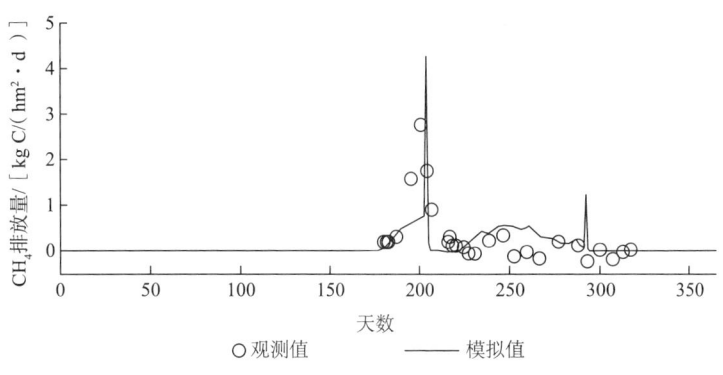

（c）青浦区 CH_4 日排放量

图 12-1　DNDC 模型 CH_4 日排放量模拟结果与田间观测结果对比

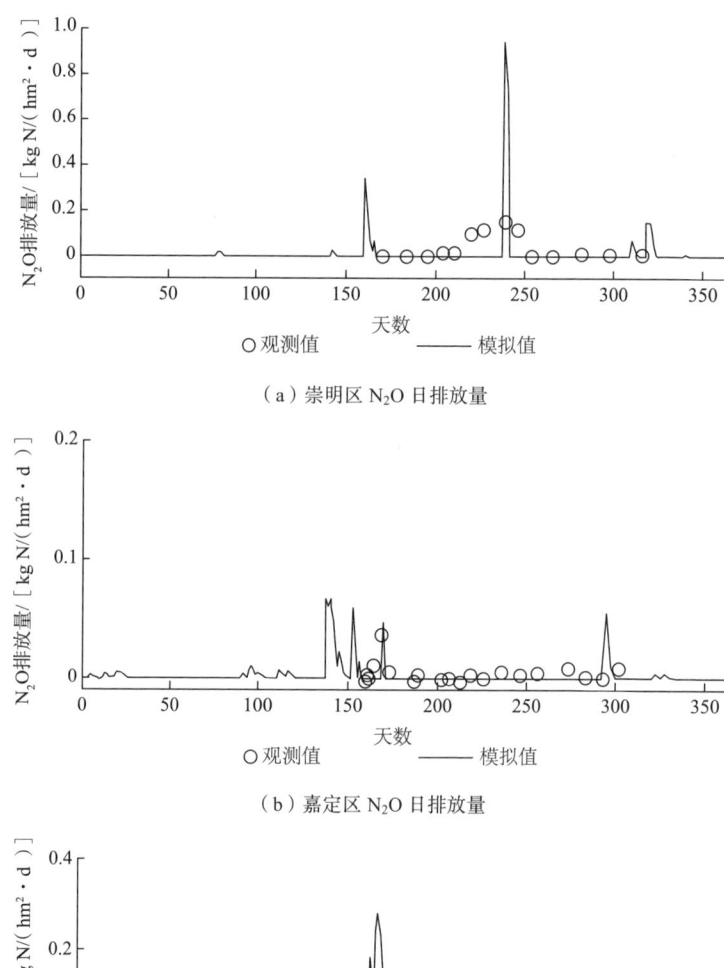

图 12-2　DNDC 模型 N_2O 日排放量模拟结果与田间观测结果对比

12.2.2　点位案例 CH_4 和 N_2O 排放总量的验证

在利用收集到的上海不同地区稻田生态系统研究案例及本书研究的田间实测案例中，由于土壤质地及田间管理的差异，稻田中 CH_4 及 N_2O 排放通量格局及总量存在差异，其中青浦区稻田试验样地 CH_4 总排放量最低，而闵行区由于绿肥的种植，水稻生长季节的 CH_4 总排放量较高。田间观测数据表明，由于农田管理措施、土壤质地等的不同，上海市水稻生长季节稻田 CH_4 排放总量为 $4.25 \sim 478.23 kg\ C/hm^2$（表 12-3）；模型模拟值与田间实测值呈线性相关关系（如图 12-3 所示。$V_{Simulated}=1.008V_{Observed}$，$r^2=0.997$，其中 $V_{Simulated}$ 为模型模拟值，$V_{Observed}$ 为田间观测值），MBE 与 RMSE 分别为 0.012 和 6.4%，结果表明模型能够很好地模拟上海稻田生态系统中的 CH_4 排放总量。

表 12-3　上海稻田模型验证 CH_4 与 N_2O 排放总量模拟值与田间观测值比较

指标	年份	CH_4 排放总量/（kg C/hm²）		N_2O 排放总量/（kg N/hm²）	
		观测值	模拟值	观测值	模拟值
150 kg N/hm²	2011	4.25	4.28	0.283	0.253
210 kg N/hm²	2011	4.30	4.30	0.320	0.377
300 kg N/hm²	2011	4.73	4.73	0.590	0.612
0.25% DMPP	2012	318.23	318.17	0.056	0.059
0.50% DMPP	2012	250.10	247.18	0.101	0.065
	2013	220.27	246.46	0.056	0.070
1.00% DMPP	2012	246.95	247.18	0.050	0.033
	2013	271.68	246.46	0.011	0.044
1.50% DMPP	2012	297.17	279.76	0.159	0.076
	2013	253.56	278.33	0.030	0.082
CK	2012	464.97	483.39	0.112	0.151
	2013	478.23	477.51	0.107	0.117
崇明	2011	176.85	177.64	2.270	2.560
嘉定	2005	76.60	80.40	0.280	0.210
青浦	2012	39.26	40.41	0.010	0.020
模拟值与实测值吻合程度					
MBE		0.012		0.34	
RMSE		6.4%		29%	

由于持续淹水，稻田土壤长期处于厌氧状态，氧化还原电位较低，因而 N_2O 排放量较低，排放峰值出现均是由于施肥或稻田排水。上海水稻生长季节稻田 N_2O 排放总量为 $0.01 \sim 2.27 kg\ N/hm^2$，MBE 与 RMSE 分别为 0.34 和 29%，模型模拟值与田间实测值亦线性相关（如图 12-3 所示。$V_{Simulated}=1.112V_{Observed}$，$r^2=0.995$，其中 $V_{Simulated}$ 为模型模拟值，$V_{Observed}$ 为田间观测值），结果显示模型能够较好地模拟上海稻田 N_2O 排放情况。

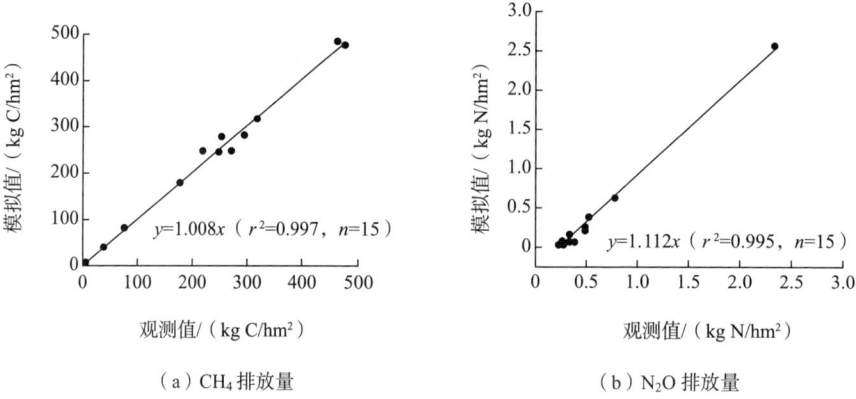

图 12-3　上海稻田模型验证 CH_4 与 N_2O 排放通量模拟值与田间观测值相关性分析

12.2.3　上海区域稻田温室气体排放清单估算

由于上海地区稻田基本位于郊区,本书选取了 9 个稻田主要分布区县作为样地,通过 DNDC 模型模拟得出了上海地区各区县的温室气体排放总量的结果(表 12-4)。结果表明,利用 DNDC 模型进行模拟时使用的土壤有机质为各样点的最大/最小值,因而稻田生态系统中 CH_4 与 N_2O 排放总量均有较高的异质性,各区县温室气体均表现出最高/最低排放量,差异可达两倍之多。DNDC 模型模拟上海地区 CH_4 及 N_2O 排放均值分别为 78.77~145.67 kg C/(hm^2·yr) 及 7.02~13.03kg N/(hm^2·yr);排放总量分别为 9.51~17.25Gg C/yr 及 0.78~1.56Gg N/yr。

表 12-4　DNDC 模型对上海地区各区县稻田温室气体排放总量的模拟结果

地区	CH_4 排放通量/[kg C/(hm^2·yr)]	CH_4 总排放量/(Gg C/yr)	N_2O 排放通量/[kg N/(hm^2·yr)]	N_2O 总排放量/(Gg N/yr)
宝山	85.68~159.68	0.11~0.22	7.63~12.91	0.01
崇明	73.58~139.10	3.33~6.31	4.00~6.91	0.17~0.26
奉贤	72.35~133.77	0.79~1.43	5.44~15.23	0.06~0.15
嘉定	63.99~134.56	0.33~0.68	8.11~23.39	0.03~0.09
金山	81.52~150.17	1.72~3.09	7.21~19.29	0.14~0.36
闵行	79.19~162.02	0.10~0.20	9.12~12.22	0.01
浦东	91.12~159.66	1.24~2.14	6.69~8.68	0.09~0.11
青浦	62.03~122.60	0.79~1.49	12.18~30.37	0.14~0.33
松江	87.52~140.25	1.10~1.70	10.30~20.73	0.12~0.23
上海	78.77~145.67	9.51~17.25	7.02~13.03	0.78~1.56

12.2.4 减排措施对上海稻田温室气体排放的影响

1. 氮肥控制对稻田温室气体排放的影响

上海地区水稻生长季施肥情况分别为 317.7kg N/hm²（浦东新区）、337.8kg N/hm²（闵行）、321.3kg N/hm²（宝山）、347.1kg N/hm²（嘉定）、331.4kg N/hm²（金山）、288kg N/hm²（松江）、299 kg N/hm²（青浦）、287 kg N/hm²（奉贤）以及390 kg N/hm²（崇明）。本书利用DNDC模型对10种不同氮肥施用量（分别为无氮肥施用、10%原氮肥施用量、20%原氮肥施用量、30%原氮肥施用量、40%原氮肥施用量、50%原氮肥施用量、60%原氮肥施用量、70%原氮肥施用量、80%原氮肥施用量及90%原氮肥施用量）及施用硝化抑制剂的处理进行温室气体排放情况模拟，并将模拟结果与实际氮肥施用情况（基线）进行比较，结果如图12-4及图12-5所示。在考虑稻田减排的同时，综合考虑经济产量是非常必要的。DNDC模型模拟结果表明，降低氮肥施入量为原施入量的50%时，水稻产量略有下降，而全球增温潜势显著低于原施肥处理。施用硝化抑制剂后，水稻产量未有明显变化，而全球增温潜势显著降低。

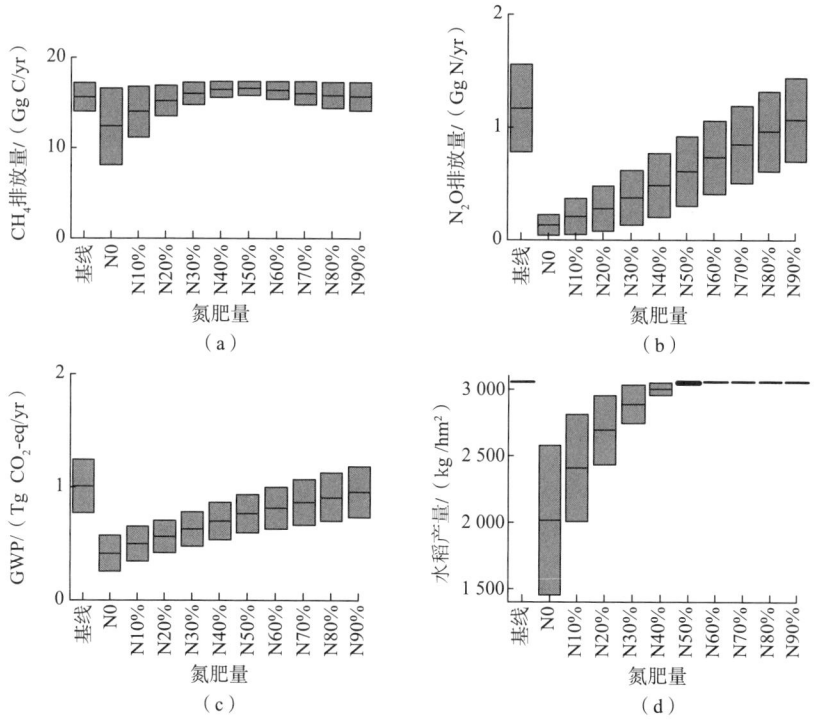

图12-4 氮肥减量化对上海各区稻田温室气体排放量及水稻产量的影响

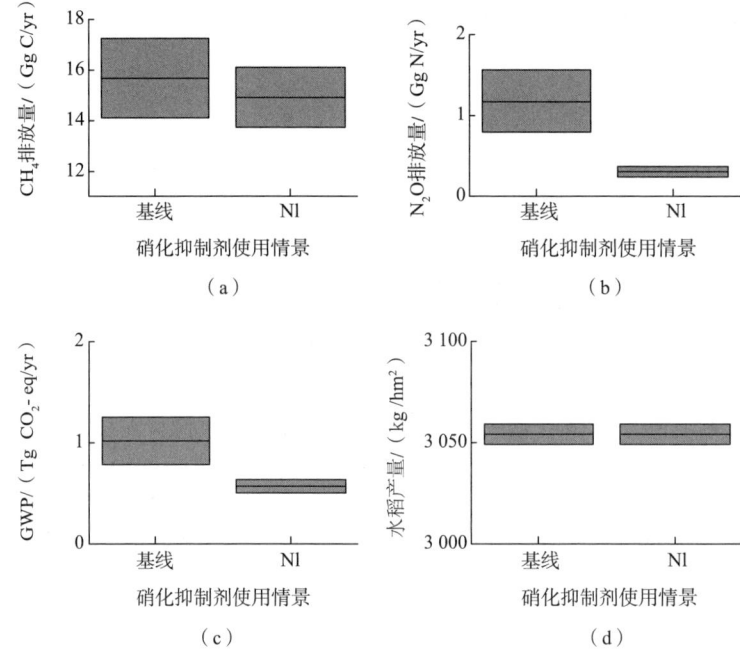

图 12-5　硝化抑制剂对上海各区稻田温室气体排放量及水稻产量的影响

N1 表示模拟结果

2. 秸秆还田措施对稻田温室气体排放的影响

图 12-6 表明秸秆还田对水稻产量、全球增温潜势贡献较小。上海区域稻田的秸秆还田率为 55%~87%，秸秆全部还田后的模拟结果显示，作物产量未有明显变化，全球增温潜势增加幅度较小。

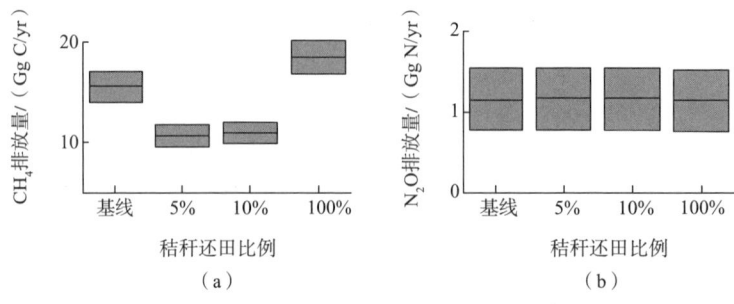

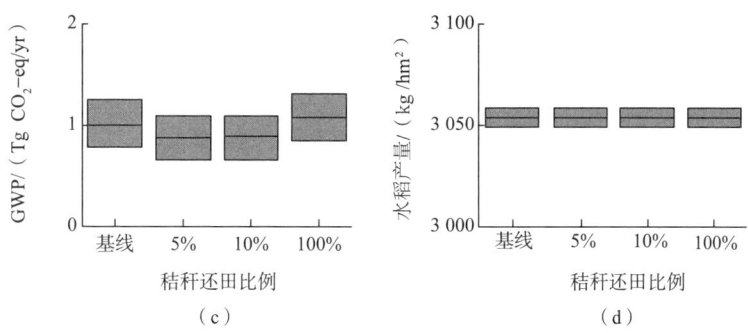

图 12-6 秸秆还田对上海各区稻田温室气体排放量及水稻产量的影响

3. 水分管理对稻田温室气体排放的影响

在满足水稻生长水分需求后,在不同水分管理措施下,水稻产量没有明显变化,与当地采用的水分管理措施相比(插秧后淹水,分蘖后期烤田 10 天,复水约 1 个月后进行水分干湿交替管理),持续淹灌及干湿交替对水稻产量影响不大,且在采取干湿交替的水分管理措施后全球增温潜势降低(图 12-7)。

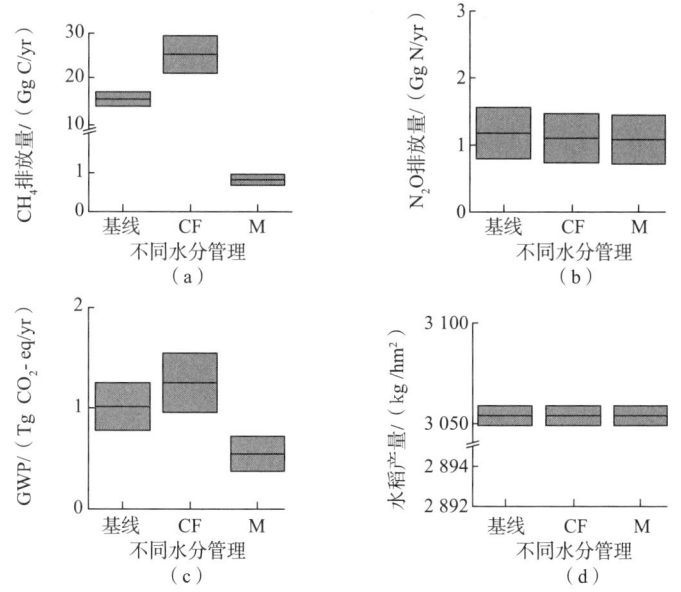

图 12-7 水分管理措施对上海各区稻田温室气体排放量及水稻产量的影响
CF 表示持续淹灌;M 表示干湿交替

4. 农田耕作对稻田温室气体排放的影响

本书利用 DNDC 模型对免耕下稻田温室气体排放进行了模拟,模拟结果表明,免耕促进了 CH_4 的排放,抑制了 N_2O 的排放,与当地耕作管理(水稻移栽前深耕 30cm）相比，全球增温潜势及作物产量基本保持不变（图 12-8）。

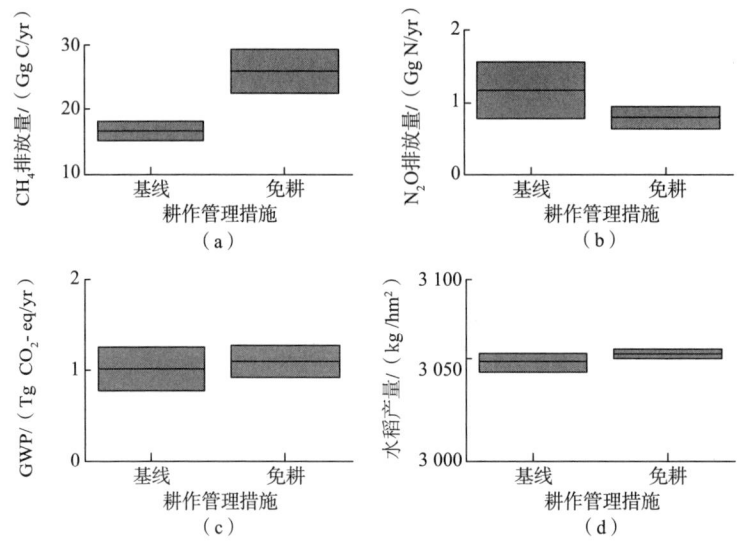

图 12-8 耕作管理措施对上海各区稻田温室气体排放量及水稻产量的影响

5. 基于模拟结果的减排优化措施评价

科学评估稻田温室气体减排措施需要综合考虑该管理措施对水稻产量及温室气体净排放量的影响，应该在保证作物产量不受影响的前提下实现减排的目标。

通过不同减排措施对稻田温室气体的影响研究发现，综合考虑作物经济产量、全球增温潜势以及经济投入，采取氮肥减量化、秸秆全部还田以及免耕的农田管理措施，可以有效实现稻田减排目的。研究设立情景 S1（秸秆全部还田，施肥水平降低 50%）及情景 S2（秸秆全部还田，施肥水平降低 50%，免耕）。利用 DNDC 模型进行模拟分析，结果如图 12-9 所示。在保持作物产量基本不变的前提下，S1 及 S2 均可以降低全球增温潜势，秸秆还田及免耕还能显著增加稻田土壤碳汇功能，有利于缓解温室效应。

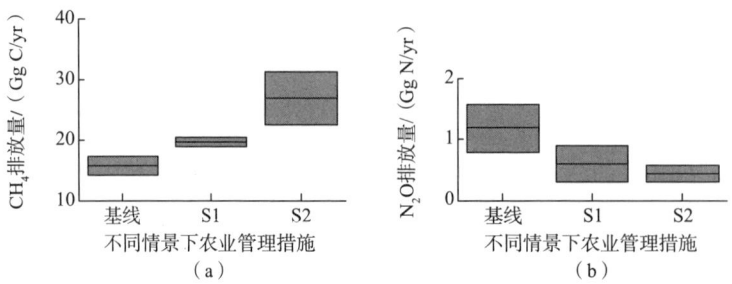

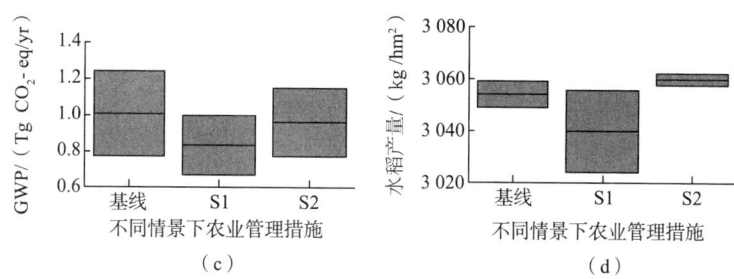

图 12-9 不同情景下农作管理措施对上海各区稻田温室气体排放量及水稻产量的影响

12.3 主要结论的讨论与建议

12.3.1 DNDC 模型在稻田温室气体排放模拟中的应用

当前国内学者利用 DNDC 模型开展了很多稻田温室气体的模拟应用研究。田展等（2015）模拟了中国 1971~2010 年气候变化对稻田温室气体排放的影响，平均气温上升 0.49℃和降水量增加 11mm 后，全国 CH_4 及 N_2O 平均排放量分别增加了 0.25 kg C/hm^2、0.25 kg N/hm^2。王效科等（2003）将长江三角洲（南京、江宁、杭州等地）的稻田田间实测值与 DNDC 模拟值相比较，CH_4 测定结果为 4.49~13.6kg/($hm^2 \cdot yr$)，模拟结果为 4.6~13.1kg/($hm^2 \cdot yr$)，模拟结果范围与测定值基本一致；N_2O 模拟值是实测平均值的 94.4%，误差小于 26%。

本书将模型模拟值与田间观测值比较验证，CH_4 观测值范围为 4.25~478.23kg C/hm^2，模拟值范围为 4.28~483.39kg C/hm^2，N_2O 实测值范围为 0.01~2.27kg N/hm^2，模拟值范围为 0.02~2.56kg N/hm^2；且模型模拟值与田间实测值呈线性相关，结果表明，模型能够很好地模拟上海稻田生态系统中的 CH_4 排放总量。

12.3.2 上海稻田温室气体排放清单的研究

稻田 CH_4 的排放与众多因子相关，其中，CH_4 排放通量与土壤有机质含量呈现正相关关系，土壤碳含量越高，CH_4 排放量越大（林匡飞和项雅玲，2000）。在上海区域，以浦东、闵行、宝山及金山区的 CH_4 排放通量较高。土壤质地通过影响土壤通透性以及土壤有机质的分解速率影响到土壤氧化还原电位以及对土壤中产甲烷菌的分解底物供应，从而对 CH_4 的排放通量产生影响，黏质土壤质地的稻田排放的 CH_4 显著少于质地疏松的土壤，土壤质地越黏，CH_4 排放量越少（蔡祖聪，1998）。浦东、闵行、宝山及金山地区稻田的土壤有机质含量较高，土壤较为疏松，因而其 CH_4 排放通量较高。我国温室气体排放清单显示，华东地区（包括江苏、浙江、安徽、福建、山东、江西和上海地区）CH_4 排放通量通常在 158.2~255.9kg CH_4/（$hm^2 \cdot yr$），均值为 215.5kg CH_4/（$hm^2 \cdot yr$）。由于上海地区土壤形成期较晚，土壤肥力较差，土壤有机质较低，土壤 CH_4 排放通量与华东地区其他省份相比应处于较低水平，目前 DNDC 模拟上海地区 CH_4 排放均值为 78.77~145.67 kg CH_4/（$hm^2 \cdot yr$）。

N_2O 排放量以青浦、嘉定区较高。N_2O 的排放受诸多因素的影响。土壤中的水分状况、土壤空气的氧分压，施入肥料的种类和数量，作物的种植情况，植物根系状况，土壤的 pH、温度，可被利用的有机碳，诸多因素组合在一起，构成了 N_2O 排放格局的异质化。DNDC 模型模拟上海地区稻田 N_2O 排放均值为 7.02~13.03 kg N_2O/（$hm^2 \cdot yr$）。

上海稻田主要分布在城郊地区，占上海总面积的 17.11%。稻田是上海城市农业中重要的组成部分，水稻生长的特殊环境使之成为一种可持续的湿地生态系统。稻田湿地长时间处于淹水状态，在农田管理措施（耕作施肥、灌溉等）的作用下，具有排放更多温室气体的潜能。本书利用 DNDC 模型对上海区域稻田温室气体排放进行模拟，结果表明稻田是温室气体的重要排放源，上海稻田 CH_4 总排放量为 9.51~17.25Gg C/yr，N_2O 总排放量为 0.78~1.56Gg N/yr。赵倩（2011）利用 IPCC 推荐的经验因子法对上海市农业温室气体排放进行了估算，结果表明，2008年稻田 CH_4 排放总量为 13.29Gg C/yr，农田土壤 N_2O 排放总量为 1.16Gg N/yr。Zhang 等（2009）利用 DNDC 模型对太湖地区稻田温室气体排放进行模拟的结果表明，1982 年至 2000 年该地 CH_4 及 N_2O 年均排放总量分别为 77Gg C/yr 及 10.7Gg N/yr。由于 Zhang 等（2009）估算的上海稻田面积为 $4.55 \times 10^5 hm^2$，而本书与赵倩（2011）估算的上海稻田面积为 $1.08 \times 10^5 hm^2$，因此 Zhang 等（2009）估算的稻田温室气体排放总量或许偏高。

12.3.3 稻田减排措施的应用及效果

DNDC 模型可以针对农田管理措施、土壤参数进行模拟，而 IPCC 推荐的经验因子法只能模拟单一情景，本书利用 DNDC 模型对不同减排措施进行了研究。模拟结果表明，保证一定作物经济产量的同时，通过农田施肥管理措施的改变（如降低氮肥施入、添加硝化抑制剂等）实现稻田减排目标是非常可行的。

影响稻田 CH_4 和 N_2O 排放的因素很多，但最主要的是田间水分和施肥管理。由于土壤 CH_4 的排放是土壤中 CH_4 生成与氧化消耗的综合结果，农田水分管理不仅影响土壤CH_4的生成，也影响CH_4的氧化消耗。水稻生长期排干和烤田，可以大大改善土壤的供氧状况，因而会大大降低稻田 CH_4 的排放量（蔡祖聪，1999）。长期连续淹水的稻田 CH_4 排放显著高于间歇性淹水的稻田。蔡祖聪等（1998）在四川和广东的试验都发现，将冬灌田在冬季排干种植小麦，可使次年水稻生长季的CH_4排放通量比冬季淹水的稻田减少63%~72%。土壤中N_2O主要形成于土壤中的硝化作用和反硝化作用等生物过程，而纯化学过程的贡献很有限，水分是影响这些生物过程最重要的因素之一。虽然水稻生长期的排干和烤田，可以大大降低稻田CH_4的排放量，但也有研究表明，将稻田排干进行烤田会使土壤 N_2O 排放大大增加（Cai et al., 1997）。稻田土壤在淹水时期大量排放CH_4，而很少排放 N_2O，甚至起到 N_2O 汇的作用；而在非淹水状态其大量排放N_2O，吸收 CH_4（Mayer and Conrad, 1990）。但这种关系并非只与水分状态有关，也与水分管理历史密切相关。徐华的研究发现，烤田初期，土壤有一个CH_4排放的高峰，而且，烤田期间的 CH_4 排放占到水稻生长期总排放量的1.51%~6.57%（徐华，2000）。而淹水初期，土壤仍有较大量的 N_2O 排放。所以，对不同水分管理过程中CH_4和N_2O的排放规律和相应的土壤微生物活动特征的研究，可以为土壤 CH_4 和 N_2O 综合控制研究提供理论依据。

农田施用有机肥料和化学肥料，能够改变土壤有机碳及营养元素的含量，进而影响土壤温室气体的排放。不同肥料种类、施肥量对CH_4、N_2O排放的影响各不相同。长期定位施肥试验研究表明，不同的施肥方式对土壤微生物功能多样性产生了不同影响，从而影响土壤有机质的碳氮含量，长期施用肥料显著提高了稻田生态系统的 CH_4 排放量（罗希茜等，2009；刘金剑等，2008）。与传统施肥（尿素）相比，控释肥、硝酸吡唑、DMPP及益生菌可以显著降低CH_4及N_2O的排放量，CH_4 降低量分别为 33.7%~55.4%、38.8%~43.8%、21.9%~26.0%及29.0%~34.9%，N_2O降低量分别为33.1%~61.3%、49.2%~58.1%、55.0%~85.3%及33.4%~50.9%（Wang et al., 2016）。

秸秆还田对土壤物理性质、作物产量及土壤微生物等均有影响。据徐祖祥（2003）、张振江（1998）研究，秸秆还田还能明显提高土壤有机质含量，连续5年秸秆还田后的农田比不还田的农田的土壤有机质含量高 8.5%~9.9%，而秸秆与化肥配比施入农田，其土壤有机质每年可增加 0.05~0.17g/kg。陈春梅等（2007）的研究表明，在稻田中使用小麦秸秆还田，可以导致CH_4排放的急剧增加，麦秸用量与土壤CH_4排放总量呈线性正相关关系。N_2O的排放通量与施肥类型及投入多少有关，与秸秆还田的关系还未有明确结论。李琳等（2006）的研究表明，秸秆还田的稻田，CH_4排放高于无秸秆还田稻田；而且N_2O在整个测定期仅出现一次峰值，在正常施肥情况下，稻田 N_2O 排放具有两个峰值，但秸秆还田稻田的综合温室效应高于正常施肥稻田。

耕作方式对稻田碳循环有着较大影响。Smith 和 Conen（2004）认为，稻田耕作方式不同，使得温室气体排放与吸收平衡发生偏移，少耕、免耕等保护性耕作技术对于节能减排具有重要作用。通过对作物生长期翻耕和免耕的农田温室效应比较发现，翻耕的温室总效应比免耕高 36%（胡立峰，2006）。白小琳等（2009）在湖南省宁乡县通过静态箱法对双季稻田不同耕作方式进行了研究，研究结果发现，免耕比翻耕或旋耕碳排放分别减少 61.69kg C/hm^2 和 35.70kg C/hm^2，而免耕同时促进了稻田土壤碳固定，采用免耕、减少含碳农资的投入，有利于固碳及增加稻田生态系统服务价值。

李静等（2016）对长江中下游稻田温室气体排放进行了多元分析，结果表明，在免耕秸秆还田下，CH_4 排放比翻耕或旋耕秸秆还田管理条件下分别降低了 51.3% 和 45.6%，N_2O 排放分别降低了 18.2%和 30.8%。与不施肥相比，低氮肥施入量（79kg N/hm^2）促进了 CH_4 的排放（增加量为 18%），高氮肥施入量可以减少 CH_4 的排放（降低量为 15%），氮肥施入将会促进 N_2O 的排放（Linquist et al.，2012）。科学评估稻田温室气体减排措施需要综合考虑该管理措施对水稻产量及温室气体净排放量的影响，应该在保证作物产量不受影响的前提下实现减排的目标。

本书的模型模拟结果表明，上海稻田在农田管理措施下（秸秆还田率为 55%~87%，中期晒田，深耕及氮肥施入量为 287~390kg N/hm^2），可以通过秸秆全部还田、免耕及降低施肥量 50%的措施，实现减排保量双赢的目标。

12.4 本章小结

本章在研究田间观测案例的基础上，收集上海市稻田温室气体排放的典型观测案例，用于对 DNDC 模型的验证。模拟结果表明，观测值与模拟值吻合度较高，DNDC 模型具备准确模拟稻田 CH_4 和 N_2O 排放的能力，为进一步在区域尺度上使用模型估算稻田温室气体排放提供了坚实的基础。

在完成 DNDC 模型本地化工作后，本书在上海稻田区域数据库的支持下，利用 DNDC 模型对上海稻田温室气体排放进行了模拟，定量分析了上海不同区域的 CH_4 和 N_2O 排放总量。在上海区域，浦东、闵行、宝山及金山区的稻田 CH_4 排放通量较高，青浦、嘉定区的 N_2O 排放通量较高。上海稻田 CH_4 总排放量为 9.51~17.25Gg C/yr，N_2O 总排放量为 0.78~1.56Gg N/yr。对不同减排措施进行情景分析后可知，上海地区在优化施氮的基础上，采取秸秆还田、干湿交替的管理措施，能够在保障作物产量的同时，有效降低稻田的温室气体排放。

不同农田管理措施所排放的温室气体均不相同。在综合考虑作物产量、经济投入的基础上,可以通过降低氮肥施用量、增加氮肥的利用率、选择合适的耕作管理措施等方法来实现减排目的。在不改变其他农田管理措施的前提下,降低氮肥施入量可以有效实现减排的目的。干湿交替及中期晒田可以有效降低稻田 CH_4 的排放。在增加秸秆还田的基础上减少 50%的施肥量可以实现协同减排的目的。免耕可以减少农田的经济投入,达到间接减排的目的。与上海稻田原有农田管理措施相比,实施氮肥减量化、秸秆还田及免耕措施,一方面可以降低农田经济及劳动力投入,另一方面可以在保持产量不变的前提下,减少稻田温室气体的排放。

第四篇
低碳农业发展的战略举措

第13章 政府主导型低碳农业发展项目补偿标准探讨

13.1 政府主导型低碳农业发展项目的提出

为了缓解由于温室气体过度排放引起的气候和环境问题，我国政府承诺2020年总体碳排放强度相比2005年的水平减少40%~45%。作为温室气体的主要排放来源之一，我国农业产生的温室气体排放量占全部温室气体排放量的15%~19%，高于13.5%的世界平均水平（Foucherot and Bellassen，2011）。农业温室气体的减排问题不仅关系到低碳农业和生态农业的转型发展，而且也关系着2020年我国全局减排目标的实现。

农业温室气体主要由CH_4和N_2O组成。其中，CH_4排放主要源于水稻生长、牲畜的肠道发酵和粪便管理；N_2O主要源于土壤的直接和间接排放、牲畜的肠道发酵。之所以农业会出现温室气体过度排放的问题，主要是因为传统的"高碳"生产技术以及管理模式（Foucherot and Bellassen，2011；Norse，2012）。为此，许多专家学者建议改用"低碳"技术和模式，如严格控制化肥特别是氮肥的施用，改善牲畜的饲料结构，改进现有的粪便处理方式等（Monteny et al.，2006；Beauchemin et al.，2008；Snyder et al.，2009；Chadwick et al.，2011；Lesschen et al.，2011）。进一步的研究已经表明，适宜、得当的"低碳"技术和模式不但能够减少温室气体的排放，而且可以保证农作物以及牲畜的产量。

然而，仅仅从技术的角度考虑"低碳"农业生产技术和管理模式的可行性是不够的。当农户采用"低碳"技术和模式之后，其生产成本将会由此发生变化。假设农产品之于农户的边际收益在短期内不变或是变化较小，新均衡中的生产利润可能会较之前有所减少，从而使得农户不会或是很难自愿采用相关的"低碳"技术和模式。

为了克服这一潜在的经济障碍，本书认为，可以借鉴环境或生态服务补偿项目（the payment for the environment or ecosystem services program）的理论和实践经验，对农户（补偿客体）因其采用"低碳"农业生产技术和管理模式所导致的"额外"温室气体减排量（补偿对象）进行补偿，弥补农户利润的潜在损失。就现有的补偿渠道来看，大致分为市场驱动型以及政府主导型（Engel et al., 2008; Wunder et al., 2008; Farley and Costanza, 2010; Muradian et al., 2010; Vatn, 2010; Foucherot and Bellassen, 2011）。前者除了配额交易（cap and trade）市场以外，还包括为符合《京都议定书》相关要求的减排（碳汇）项目所建立的地方交易市场；后者主要以政府主导并资助的生态、环境保护项目为主。就我国农业减排补偿来看，本书认为，适合通过政府主导型项目（即政府作为补偿主体）来实现。首先，除新西兰以外，各国因农业减排收集的碳汇并不被允许参与配额交易。其次，《京都议定书》针对碳汇制定的严格识别标准以及地方交易市场关于农业减排项目的吸纳与否，决定了我国农业减排无法在短期内通过市场渠道解决补偿问题。

补偿标准是补偿项目的焦点问题。由于政府主导型的低碳发展项目仍处于设想阶段，所以本书参考并总结了环境、生态服务项目针对负外部性的补偿标准。该补偿标准主要体现由于"额外"负外部性的减少给整个社会带来的经济效益，即负外部性的经济价值（Antle et al., 2003; Gerowitt et al., 2003; Crossman et al., 2011; Marenya et al., 2012; Alexander et al., 2015）。其制定规则大致可以分为以下两类：第一类，参考配额交易以及地方市场在内的碳交易市场价格，将其作为森林碳汇的补偿标准；第二类，在特定模型的基础上，通过赋值模型参数，运用一般均衡的方法，求解负外部性的经济价值。就第一类而言，由于农业温室气体减排不参与配额交易，加之合适的国内地方交易市场在短期内不存在或刚起步，将现有的碳交易市场价格用来表示农业减排的经济价值或补偿标准并不恰当。针对第二类方法，参数赋值需要成熟的研究案例作为基础，不同模型的选择也会决定最终的结果，该方法对于处在探索阶段的我国低碳农业发展项目来说，同样不适合。此外，相关的研究还表明，市场缺位情形下的负外部性经济价值不但难以求得，而且容易被过分高估，从而可能给补偿项目造成过度的经济负担（Wunder et al., 2008; Gómez-Baggethun et al., 2010; Corbera, 2015）。

值得一提的是，假设将温室气体减排量看作"产品"，将农户和政府分别看作产品的"供给者"和"需求者"，并将补偿标准看作产品的最终"价格"。此时，如果补偿标准高于减排量的单位经济价值，那么政府将会负担过度的财政支出；如果补偿标准低于减排量的边际成本，即温室气体的边际减排成本，那么农户为农业减排付出的经济代价无法得到充分的补偿，其实际利益将会受损。也就是说，减排量的单位经济价值是补偿标准的上限，而减排量的边际减排成本则是补偿标准的下限。尽管单位经济价值因市场缺位等原因，不易被估计，但是边际减排成本却可以通过参考现有的研究方法估算得到。作为配额交易中许可证价格的形成基础以及环境税制定的参考标准，影子价格常常被用来描述诸如温室气体、污染物等非合意产出的边际减排成本（Pittman，1983；Färe et al.，1993，2005；Marklund and Samakovlis，2007；Murty et al.，2007；Wei et al.，2013）。从本质上来看，影子价格反映了生产者为减少一单位非合意产出所需付出的合意产出的产值。具体之于农业减排项目，影子价格反映了农户为减少一单位农业温室气体排放量所付出的成本或是经济代价。因此，作为我国低碳农业发展项目的推动者和引导者，政府可以借鉴农业温室气体的边际减排成本制定补偿标准。

13.2 理论模型

13.2.1 生产集合

传统的生产集合只关注了诸如农作物和牲畜之类的合意产出，而忽视了诸如温室气体之类的非合意产出。参照 Färe 等（2005），本书将农户的生产凸集合定义为

$$P(x)=\{(y,b):x\text{生产}(y,b)\} \tag{13-1}$$

式中，投入要素 $x=(x_1,\cdots,x_N)\in R_+^N$，合意产出 $y=(y_1,\cdots,y_M)\in R_+^M$，非合意产出 $b=(b_1,\cdots,b_J)\in R_+^J$。

生产集合具备 4 个性质，具体如下。

性质 1：要素的随意处置性（free disposability）。当 $x'\leqslant x, P(x')\subseteq P(x)$。

性质 2：合意产出的随意处置性。如果 $(y,b)\in P(x)$ 并且 $y'\leqslant y$，那么 $(y',b)\in P(x)$。这一性质表明，在给定非合意产出的前提下，较少合意产出与非合意产出的组合也在生产集合之内。

性质 3：合意产出以及非合意产出集合的弱处置性。如果 $(y,b)\in P(x)$ 并且 $0\leqslant\theta\leqslant 1$，那么 $(\theta y,\theta b)\in P(x)$。这一性质意味着非合意产出的减少将会以合意产出的减少为代价。

性质 4：零效应（the null-jointness）。如果 $(y,b)\in P(x)$ 并且 $b=0$，那么 $y=0$。这一性质表明，除非农户不生产合意产出，否则非合意产出将是合意产出的副产品。

13.2.2 方向产出距离函数

基于对农户生产集合的假设，进一步将方向产出距离函数定义为

$$\vec{D}_0(x,y,b;\boldsymbol{g}) = \max\{\beta:(y+\beta g_y, b-\beta g_b) \in P(x)\} \quad (13\text{-}2)$$

式中距离向量 $\boldsymbol{g} = (g_y, -g_b)$，且 $\boldsymbol{g} \in R_+^M \times R_+^J$。

方向产出距离函数具有 6 个性质，具体如下。

性质 1：$\vec{D}_0(x,y,b;\boldsymbol{g})$ 是凹的。如果 $(y,b) \in P(x)$，那么 $\vec{D}_0(x,y,b;g) \geqslant 0$。具体来说，当方向距离产出函数等于零时，该生产组合实现了效率最大化。与此同时，随着方向产出距离函数的值不断扩大，生产将会变得愈发没有效率。

性质 2 至性质 4：如果 $x' \leqslant x$，那么 $\vec{D}_0(x',y,b;\boldsymbol{g}) \leqslant \vec{D}_0(x,y,b;\boldsymbol{g})$；如果 $y' \leqslant y$，那么 $\vec{D}_0(x,y',b;\boldsymbol{g}) \geqslant \vec{D}_0(x,y,b;\boldsymbol{g})$；如果 $b' \leqslant b$，那么 $\vec{D}_0(x,y,b';\boldsymbol{g}) \leqslant \vec{D}_0(x,y,b;\boldsymbol{g})$。

性质 5：如果 $\vec{D}_0(x,y,b;\boldsymbol{g}) \geqslant 0$ 并且 $0 \leqslant \theta \leqslant 1$，那么 $\vec{D}_0(x,\theta y,\theta b;\boldsymbol{g}) \geqslant 0$。这意味着，合意产出和非合意产出组合的弱处置性存在于方向产出距离函数中。

性质 6：转换性——$\vec{D}_0(x,y+\alpha g_y, b+\alpha g_b;\boldsymbol{g}) = \vec{D}_0(x,y,b;\boldsymbol{g}) - \alpha, \alpha \in R$。这一性质表明，如果合意产出扩大 αg_y，非合意产出减少 αg_b，那么新的方向距离产出函数值将会比原来的效率提高 α。

13.2.3 影子价格的推导

参考 Färe 等（2006）提供的方法，本书令 $p = (p_1, \cdots, p_M) \in R_+^M$ 表示合意产出的价格，$q = (q_1, \cdots, q_M) \in R_+^M$ 表示非合意产出的价格。基于方向产出距离函数，农户的收益函数可以被定义为

$$R(x,p,q) = \max\nolimits_{y,b}\{py - qb : (y,b) \in P(x)\} \quad (13\text{-}3)$$

结合方向产出距离函数的性质 1，可以将收益函数改写为

$$R(x,p,q) = \max\nolimits_{y,b}\{py - qb : \vec{D}_0(x,y,b;\boldsymbol{g}) \geqslant 0\} \quad (13\text{-}4)$$

假设方向向量 $\boldsymbol{g} = (g_y, -g_b)$，那么收益函数可以进一步改写为

$$R(x,p,q) \geqslant (py - qb) + p\vec{D}_0(x,y,b;\boldsymbol{g})g_y + q\vec{D}_0(x,y,b;\boldsymbol{g})g_b \quad (13\text{-}5)$$

对式（13-5）进行重新整理后可以得到方向产出距离函数和最大收益之间的关系。

$$\vec{D}_0(x,y,b;\boldsymbol{g}) \leqslant \frac{R(x,p,q)-(py-qb)}{pg_y+qg_b}, \text{即} \vec{D}_0(x,y,b;\boldsymbol{g}) = \min_{p,q}\left\{\frac{R(x,p,q)-(py-qb)}{pg_y+qg_b}\right\}$$
（13-6）

然后，运用包络定理可以得到方向产出距离函数关于合意产出和非合意产出的一阶导。

$$\nabla_y \vec{D}_0(x,y,b;\boldsymbol{g}) = \frac{-p}{pg_y+qg_b} \leqslant 0 \text{和} \nabla_b \vec{D}_0(x,y,b;\boldsymbol{g}) = \frac{q}{pg_y+qg_b} \geqslant 0 \quad (13\text{-}7)$$

假设第 m 个合意产出的价格已知，那么第 j 个非合意产出的影子价格可以表达为

$$q_j = -p_m\left(\frac{\partial \vec{D}_0(x,y,b;\boldsymbol{g})/\partial b_j}{\partial \vec{D}_0(x,y,b;\boldsymbol{g})/\partial y_m}\right) \tag{13-8}$$

13.3　实　证　模　型

13.3.1　模型的设定

方向产出距离函数可以分为参数化或是非参数化。非参数化的优点在于不需要预设方向产出距离函数的具体形式。然而在参考了 Färe 等（2005，2006）、Murty 等（2007）和 Wei 等（2013）的方法之后，本书采用参数化，以便从可导的函数中求得非合意产出的影子价格。此外，方向产出距离函数可以分为对数型或二次型。相比对数型，二次型满足本书之前提到的转换性。因此，本书决定采用二次型作为待估方向产出距离函数的具体形式。

方向产出距离函数具体由三个部分组成。它们是包括资本、劳动力、土地以及其他中间投入品在内的四类投入要素 x；种植业和畜牧业产值加总而成的合意产出 y；以及以二氧化碳当量为代表的非合意产出 b。研究年份跨度为 1997 年至 2014 年，研究区域包括了中国 31 个省、自治区、直辖市（不包括港澳台地区）。

除此之外，本书将距离向量设置为 $\boldsymbol{g}=(1,-1)$。该向量满足政府对于农业减排的要求，即增加合意产出的同时减少非合意产出。

综上，参数化的方向产出距离函数被定义为如下表达式：

$$\vec{D}_0\left(x_{nkt}, y_{kt}, b_{kt}; 1, -1\right) = \alpha_0 + \sum_{n=1}^{4} \alpha_n x_{nkt} + \beta_1 y_{kt} + \gamma_1 b_{kt}$$

$$+ \frac{1}{2} \sum_{n=1}^{4} \sum_{n'=1}^{4} \alpha_{nn'} x_{nkt} x_{n'kt} + \frac{1}{2} \beta_2 y_{kt}^2 + \frac{1}{2} \gamma_2 b_{kt}^2 \quad (13\text{-}9)$$

$$+ \sum_{n=1}^{4} \delta_n x_{nkt} y_{kt} + \sum_{n=1}^{4} \eta_n x_{nkt} b_{kt} + u_1 b_{kt} y_{kt}$$

根据方向产出距离函数的转换性和对称性，本书对函数的参数约束设置如下：

$$\beta_1 - \gamma_1 = -1; \beta_2 = \gamma_2 = u_1; \eta_n - \delta_n = 0; \alpha_{nn'} = \alpha_{n'n}, n \neq n' \left(n = 1, \cdots, 4\right) \quad (13\text{-}10)$$

13.3.2 模型估计的确定性方法

为了估计方向产出距离函数中的未知参数，本书首先参考了 Aigner 和 Chu （1968）、Färe 等（2005）以及 Wei 等（2013）使用的确定性方法（the deterministic approach）。具体来说，通过最小化观测到的方向产出距离函数值与零之间的差异，运用线性规划法（the linear programming，LP）估计未知参数。

$$\min \sum_{k=1}^{31} \sum_{t=1997}^{2014} \left[\vec{D}_0\left(x_{nkt}, y_{kt}, b_{kt}; 1, -1\right) - 0\right] \quad (13\text{-}11)$$

s.t.

（1）$\vec{D}_0\left(x_{nkt}, y_{kt}, b_{kt}; 1, -1\right) \geq 0; n = 1, \cdots, 4; k = 1, \cdots, 31; t = 1997, \cdots, 2014$。

（2）$\dfrac{\partial \vec{D}_0\left(x_{nkt}, y_{kt}, b_{kt}; 1, -1\right)}{\partial x_{nkt}} \geq 0; n = 1, \cdots, 4; k = 1, \cdots, 31; t = 1997, \cdots, 2014$。

（3）$\dfrac{\partial \vec{D}_0\left(x_{nkt}, y_{kt}, b_{kt}; 1, -1\right)}{\partial y_{kt}} \leq 0; n = 1, \cdots, 4; k = 1, \cdots, 31; t = 1997, \cdots, 2014$。

（4）$\dfrac{\partial \vec{D}_0\left(x_{nkt}, y_{kt}, b_{kt}; 1, -1\right)}{\partial b_{jkt}} \geq 0; n = 1, \cdots, 4; j = 1, 2; k = 1, \cdots, 31; t = 1997, \cdots, 2014$。

（5）$\beta_1 - \gamma_1 = -1; \beta_2 = \gamma_2 = u_1; \eta_n - \delta_n = 0; \alpha_{nn'} = \alpha_{n'n}, n \neq n' \left(n = 1, \cdots, 4\right)$。

13.3.3 模型估计的随机性方法

随机方法（the stochastic method）也可以被用来估计方向产出距离函数的系数（Marklund and Samakovlis, 2007; Murty et al., 2007; Wei et al., 2013）。此时的方向产出距离函数可以被设置为

$$0 = \vec{D}_0(x_{nkt}, y_{kt}, b_{kt}; 1, -1) + \varepsilon_{kt} \quad (13\text{-}12)$$

式中，$\varepsilon_{kt} = v_{kt} - u_{kt}, v_{kt} \sim N(0, \sigma_v^2), u_{kt} \sim N^+(\mu, \sigma_u^2)$。

在方向向量 $g=(1, -1)$ 的设定基础上，运用方向产出距离函数的转换性，并将其运用到式（13-12），可得 $-\alpha_{kt} = \vec{D}_0(x_{nkt}, y_{kt} + \alpha_{kt}, b_{kt} - \alpha_{kt}; 1, -1) + \varepsilon_{kt}$。令 $\alpha_{kt} = b_{kt}$，进一步可得

$$\begin{aligned} -b_{kt} = & \alpha_0 + \sum_{n=1}^{4} \alpha_n x_{nkt} + \beta_1 (y_{kt} + b_{kt}) + \frac{1}{2} \sum_{n=1}^{4} \sum_{n'=1}^{4} \alpha_{nn'} x_{nkt} x_{n'kt} \\ & + \frac{1}{2} \beta_2 (y_{kt} + b_{kt})^2 + \sum_{n=1}^{4} \delta_n x_{nkt} (y_{kt} + b_{kt}) + \varepsilon_{kt} \end{aligned} \quad (13\text{-}13)$$

针对式（13-13）的系数，可以采用修正的一般最小二乘法（the corrected ordinary least square，COLS）或是极大似然法（maximum likelihood，ML）进行估计。相比较 COLS 法，在大样本中运用 ML 法得到的方程系数更具渐进有效性。因此，本书决定此处采用 ML 法。

13.4 数据及结果

13.4.1 数据来源介绍及分析

针对合意产出 y 以及投入要素 x_i，本书从《中国统计年鉴》《中国农业统计资料》《中国农村统计年鉴》《中国能源统计年鉴》《中国农村能源年鉴》《中国畜牧业年鉴》《中国农业机械化年鉴》以及地方年鉴及参考资料[①]中收集了 1997~2014 年 31 个省、自治区、直辖市（不包括港澳台地区）的相关数据，小结详见表 13-1。

表 13-1 投入要素、合意及非合意产出小结

变量		平均值	标准差	最小值	最大值	观测样本
x_1	全体		747.74	10.51	4 838.72	$N=558$
	组间	717.44	556.27	29.39	2 295.33	$n=31$
	组内		509.04	−832.92	3 260.83	$T=18$
x_2	全体	966.70	751.36	33.38	3 558.55	$N=558$

---

① 由于《中国统计年鉴》从 2013 年开始不再提供第一产业劳动力的数据，所以本书从地方年鉴中收集并估算了 2013 年和 2014 年的农业劳动力数量。

续表

变量		平均值	标准差	最小值	最大值	观测样本
x_2	组间	966.70	752.19	59.95	2 998.33	n=31
	组内		126.59	530.97	1 526.92	T=18
x_3	全体	5 517.68	3 709.46	230.79	15 147.12	N=558
	组间		3 741.46	237.75	14 421.14	n=31
	组内		434.59	3 691.99	7 231.71	T=18
x_4	全体	311.99	225.30	3.16	1 182.56	N=558
	组间		213.50	6.42	863.07	n=31
	组内		81.03	61.60	735.94	T=18
y	全体	1 412.13	1 369.57	42.34	7 461.35	N=558
	组间		1 054.72	76.78	3 972.57	n=31
	组内		892.88	−661.86	4 900.90	T=18
b_1	全体	61.36	39.59	2.69	183.06	N=558
	组间		38.58	4.07	141.53	n=31
	组内		11.17	19.07	104.16	T=18
b_2	全体	2.10	1.41	0.14	5.67	N=558
	组间		1.42	0.18	5.16	n=31
	组内		0.20	1.12	2.86	T=18
b	全体	2 186.13	1 370.46	119.93	6 309.27	N=558
	组间		1 355.72	158.38	5 105.76	n=31
	组内		310.29	1 026.01	3 389.65	T=18

注：x_1 表示除去价格因素后的农村生产性固定资产总值，单位为亿元；x_2 表示第一产业劳动力，单位为百万人；x_3 表示主要农作物、果园、瓜园以及茶园面积之和，单位为千 hm^2；x_4 表示诸如农药、化肥、农膜以及化石能源等其他投入要素，单位为万 t；y 表示除去价格因素后种植业和畜牧业的产值之和（此时，合意产出的价格被设置为 1），单位为亿元；b_1 表示农业 CH_4 排放量，b_2 表示农业 N_2O 排放量，b 表示由农业 CH_4 和 N_2O 折算的二氧化碳当量，单位为万 t。后同

由于没有非合意产出 b 即农业二氧化碳当量的数据，本书参照 IPCC 2006 和《中国温室气体清单研究》提供的计算公式、参数及排放因子，借鉴米松华（2013）以及漆雁斌等（2013）的研究方法和结果，估算了农业 CH_4 和 N_2O 的排放量，并将其折算成二氧化碳当量[①]。全国范围和省级层面农业二氧化碳当量的

---

① 根据温室气体对地球温室效应的贡献程度，1t CH_4=21t CO_2 当量，1t N_2O=310t CO_2 当量。

结果分别如图 13-1 和表 13-2 所示。

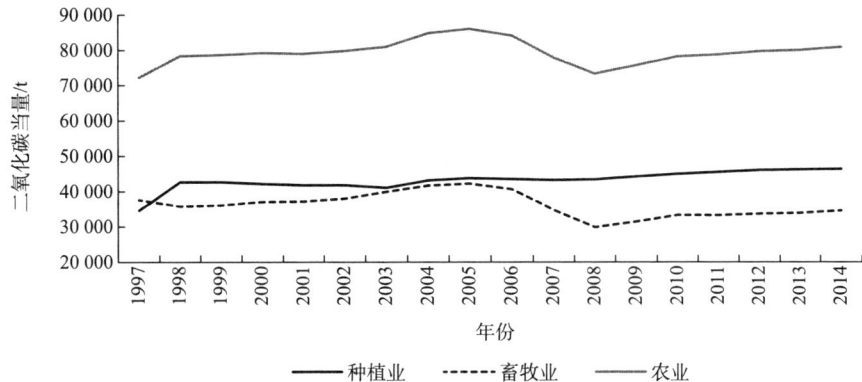

图 13-1　1997~2014 年全国范围种植业、畜牧业和农业二氧化碳当量的变化趋势

表 13-2　2009~2014 年各地区种植业和畜牧业二氧化碳当量平均变化率

地区	种植业	畜牧业	地区	种植业	畜牧业	地区	种植业	畜牧业
北京	-3.04%	-1.59%	安徽	0.46%	3.36%	四川	-0.38%	-0.73%
天津	-0.60%	2.57%	福建	0.29%	-0.59%	贵州	1.23%	7.07%
河北	0.74%	1.48%	江西	1.01%	12.24%	云南	3.47%	8.19%
山西	1.27%	3.18%	山东	-0.21%	1.43%	西藏	-0.54%	-0.79%
内蒙古	2.78%	2.18%	河南	1.32%	0.15%	陕西	3.07%	5.79%
辽宁	0.14%	4.49%	湖北	1.09%	7.61%	甘肃	4.51%	8.11%
吉林	2.66%	2.13%	湖南	0.91%	9.38%	青海	1.10%	0.93%
黑龙江	4.79%	2.29%	广东	0.20%	1.22%	宁夏	1.81%	5.80%
上海	-3.30%	0.74%	广西	-0.15%	-7.01%	新疆	5.93%	4.67%
江苏	-0.30%	0.59%	海南	-0.26%	-1.36%			
浙江	-2.27%	-1.25%	重庆	0.67%	7.32%			

首先，全国范围内农业二氧化碳当量从 1997 年 72 212.28t 提高到 2014 年的 80 896.05t，其间经历了"先增、后减、再增"的变化过程。本书按照种植业和畜牧业对农业二氧化碳当量进行划分。其中，畜牧业的二氧化碳当量由粪便管理产生的 N_2O 和 CH_4、肠道发酵产生的 N_2O 折算得到，种植业的二氧化碳当量由土壤直接和间接排放的 N_2O、稻田排放产生的 CH_4 折算得到。根据图 13-1，两类二氧化碳当量的变化过程可以分为三个阶段。

第一阶段：1998 年至 2003 年，种植业二氧化碳当量逐渐下降，畜牧业二氧化碳当量逐步上升。粮食作物在这期间实现了连年增产，出现结构性过剩。由于种粮收益比较低，全国农作物的种植结构发生变化，"非粮化"以及"非农化"的现象显现。同时，政府出于加快农业结构调整以及提高农户收入的考虑，从1998年开始启动畜禽良种工程，推动畜牧业规模化和标准化发展。一方面，粮食作物经营面积及其他投入要素的减少促成这一期间种植业二氧化碳当量的下降。另一方面，畜禽饲养量的大幅提高导致畜牧业二氧化碳当量的上升。

第二阶段：2004年至2008年，种植业二氧化碳当量逐步回升，畜牧业二氧化碳当量先增后降。为了应对"非粮化"和"非农化"给粮食安全造成的严重威胁，政府从2000年开始陆续出台了诸如农村税费改革、粮食直补、最低收购价格、农资补贴等支农、惠农政策。在政策的引导下，我国粮食产量从2004年起实现了恢复性增长。与粮食生产有关的投入要素使用量在这一时期不断增加，促使种植业二氧化碳当量逐步上升。与此同时，由于牲畜生产规模在此之前扩张过快，造成牲畜供给大于市场需求，导致2006年至2007年畜禽产品市场价格出现波动。不少农户宰杀牲畜，压缩了畜牧业生产规模，促使畜牧业二氧化碳当量在此期间急剧下降。

第三阶段：2009年至2014年，种植业二氧化碳当量不断上升，畜牧业二氧化碳当量逐步回升。随着粮食作物产量的不断增长，饲料供给及价格趋于稳定。加之畜禽市场价格的企稳回升，城镇化推进过程中居民对于畜禽产品需求的不断升级，我国畜牧业从2009年开启新一轮发展。随着诸如化肥特别是氮肥等投入要素使用量的进一步增加，以及畜牧业生产规模的恢复性扩大，与之对应的二氧化碳当量在此期间都呈现出逐步上升的趋势。

鉴于全国范围内种植业和畜牧业的二氧化碳当量从2009年起呈现逐步上升趋势的现实，本书从省级层面的角度出发，计算了2009年至2014年种植业和畜牧业二氧化碳当量的平均变化率。根据表13-2的结果，本书将31个省、自治区、直辖市（不包括港澳台地区）划分为两类。

第一类，种植业和畜牧业二氧化碳当量的平均变化率都为负，或一正一负。其中，北京、天津、上海、江苏、浙江、福建和山东地处沿海，经济发展和城镇化推进速度较快。随着当地农业生产结构的调整或是农业生产规模的收缩，种植业和畜牧业的二氧化碳当量缓慢增加甚至逐步减少。此外，广西、海南和四川等省区由于重视并尝试低碳农业转型发展，促使种植业和畜牧业的二氧化碳当量不断减少。

第二类，种植业和畜牧业二氧化碳当量的平均变化率都为正。其中，辽宁、吉林、黑龙江、江西、湖北、湖南等都是农业大省，其种植业规模较大，从而带动了当地畜牧业特别是耗粮型牲畜产业的发展。山西、内蒙古、陕西、甘肃、宁夏、新疆等地畜牧业标准化、规模化的水平较高，其中食草型牲畜生产规模较大。随着种植业生产要素使用量的增加以及畜牧业生产规模的扩大，这些省份种植业和畜牧业的二氧化碳当量具备进一步上升的趋势。

13.4.2 方向产出距离函数的估计结果

通过分别运用 LP 法和 ML 法，本书估计得到了方向产出距离函数的系数，结果如表 13-3 所示。

表 13-3 运用 LP 法和 ML 法得到的方向产出距离函数系数

系数	LP 法	ML 法	系数	LP 法	ML 法
α_0	0.054 4	0.366 6*** (0.077 2)	α_{22}	-0.050 0	-0.445 1*** (0.093 4)
α_1	0.106 7	0.103 3** (0.055 2)	$\alpha_{23}=\alpha_{32}$	-0.115 4	-0.331 6* (0.173 4)
α_2	0.025 7	0.273 3* (0.079 2)	$\alpha_{24}=\alpha_{42}$	0.007 7	-0.178 5** (0.083 5)
α_3	0.104 0	-0.069 2 (0.110 7)	α_{33}	-0.575 7	0.083 5 (0.157 9)
α_4	0.026 9	-0.015 1 (0.051 1)	$\alpha_{34}=\alpha_{43}$	0.061 2	0.186 3 (0.187 5)
β_1	-0.473 5	-0.615 1*** (0.048 7)	α_{44}	-0.340 2	-0.390 7*** (0.047 5)
$\gamma_1=\beta_1+1$	0.526 5	0.384 9	$\beta_2=\gamma_2=u_1$	-0.272 7	-0.016 2 (0.057 6)
α_{11}	-0.263 2	-0.019 3 (0.036 9)	$\eta_1=\delta_1$	0.190 3	-0.188 3*** (0.042 3)
$\alpha_{12}=\alpha_{21}$	-0.041 4	0.330 0*** (0.092 5)	$\eta_2=\delta_2$	0.059 2	0.194 3*** (0.052 0)
$\alpha_{13}=\alpha_{31}$	-0.183 6	0.290 4* (0.173 9)	$\eta_3=\delta_3$	0.243 7	-0.120 5 (0.081 2)
$\alpha_{14}=\alpha_{41}$	0.181 0	0.153 1* (0.079 4)	$\eta_4=\delta_4$	0.115 3	0.201 3*** (0.038 0)

*、**、***分别代表在 10%、5%、1%水平上显著，括号内的数字为标准误，后表同

然后，本书对两种方法估计得到的方向产出距离函数进行性质检验。在由 LP 法估计得到的函数中，84.05%（469/558）的观测值符合零效应。这说明，将二次型设置为方向产出距离函数的具体形式，并用 LP 法对其进行估计得到的函数能够较好地用于计算各省市区的农业二氧化碳影子价格。此外，尽管由 ML 法估计得到的函数关于合意和非合意产出的单调性满足度分别达到了 100%以及 85.30%（476/558），但是仅有 20.79%（116/558）的观测值符合零效应。这意味着，用 ML 法估计得到的函数只适合于部分省市区。因此，本书决定采用由 LP 法估计得到的方向产出距离函数。

13.4.3 影子价格的估算结果

本书估算了 1997~2014 年各省、自治区、直辖市（不包括港澳台地区）农业

二氧化碳当量的影子价格，并在此基础上计算得到了全国范围农业二氧化碳当量平均影子价格，结果如图13-2所示。平均影子价格在1997~2001年呈现出缓慢上升的趋势，从6 736.86元/t提高到8 209.72元/t；在2002年经历了短暂回落后，平均影子价格在2003~2007年实现快速增长，从7 339.68元/t大幅提高到17 158.88元/t；尽管平均影子价格在2008~2009年有所反复，但是从2010年开始企稳并逐步上升，至2014年达到24 148.99元/t。

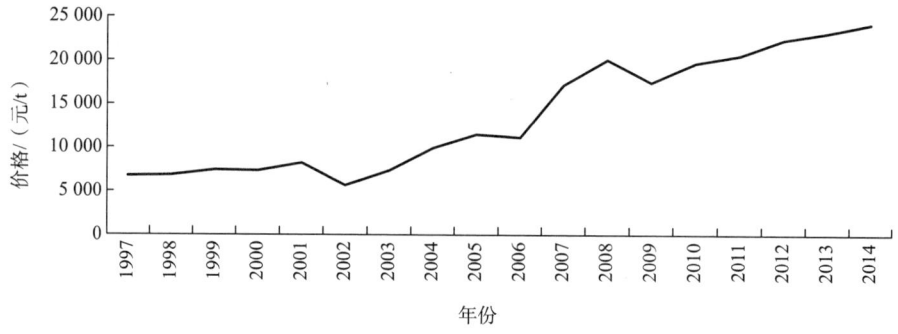

图13-2　1997~2014年全国范围农业二氧化碳当量平均影子价格

根据全国范围农业二氧化碳当量平均影子价格在2010~2014年呈现出的上升态势，同时考虑到补偿标准的时效性，本书列出了2014年各省、自治区、直辖市（不包括港澳台地区）农业二氧化碳当量影子价格，结果如表13-4所示。从表13-4中可知，不同地区的平均影子价格差异较大。首先以各地区平均影子价格的平均值24 148.99元/t为参照，有8个省份的平均影子价格高于该平均值，分别是山东（95 079.17元/t）、浙江（71 211.69元/t）、河北（58 018.98元/t）、安徽（49 235.74元/t）、山西（35 880.32元/t）、河南（32 369.62元/t）、贵州（27 308.42元/t）和云南（24 352.27元/t）。然后以10 000元/t为参照，有2个省份和自治区低于该值，分别是青海（8 162.07元/t）和西藏（8 052.59元/t）。

表13-4　2014年各地区农业二氧化碳当量影子价格　（单位：元/t）

地区	影子价格	地区	影子价格	地区	影子价格	地区	影子价格
北京	15 434.70	上海	13 966.59	湖北	15 723.00	云南	24 352.27
天津	15 207.82	江苏	16 597.28	湖南	10 474.23	西藏	8 052.59
河北	58 018.98	浙江	71 211.69	广东	12 400.88	陕西	22 569.94
山西	35 880.32	安徽	49 235.74	广西	16 831.18	甘肃	19 694.31
内蒙古	18 063.96	福建	14 231.04	海南	11 925.72	青海	8 162.07
辽宁	13 175.88	江西	10 539.03	重庆	19 147.57	宁夏	15 339.71
吉林	16 121.42	山东	95 079.17	四川	10 954.77	新疆	15 500.60
黑龙江	16 818.79	河南	32 369.62	贵州	27 308.42	平均值	24 148.99

此外，相关研究运用类似方法得到的二氧化碳当量平均影子价格如表13-5

所示。本书估算的影子价格和同行业的研究结果接近，同时处于不同行业的中间位置，可信度能够得到保证。

表 13-5 关于二氧化碳当量平均影子价格的类似研究

研究者	研究对象	研究结果
陈诗一（2010）	1980~2008 年我国 38 个行业	100~347 400 元/t
刘明磊等（2011）	2005~2007 年我国省级范围	1 616~1 915 元/t
魏楚（2014）	2001~2008 年我国 104 个地级市	967 元/t
吴贤荣等（2014）	2009~2011 年我国省级农业	18 340~19 140 元/t

13.4.4 补偿标准的应用

2015 年政府工作报告提出：当年全国二氧化碳排放强度即碳强度较上一年计划降低 3.1%以上。基于该减排目标，本书首先从全国范围的角度出发，假设 2015 年种植业和畜牧业产值延续其 2014 年的变化趋势增长或减少，记为预期产值。同时，假设 2015 年种植业和畜牧业二氧化碳当量存在两种情形。情形①：按照 2014 年变化率增长或减少的种植业和畜牧业二氧化碳当量记为预期当量。情形②：基于预期产值，实现减排目标时的二氧化碳当量记为目标当量。当预期当量大于目标当量时，两者之差记为目标减排量；当预期当量小于或等于目标当量时，减排目标已实现，无须额外补偿。基于此，本书估算了全国种植业和畜牧业的目标减排量，结合 2014 年全国平均二氧化碳当量的影子价格即补偿标准，进一步计算了预期补偿额，如表 13-6 所示。种植业实现减排目标；畜牧业需额外减排 1 182.94 万 t，补偿额为 2 856.67 亿元，占全国种植业和畜牧业预期产值之和的比例为 3.26%。

表 13-6 2015 年我国和省级种植业、畜牧业预期补偿额（单位：亿元）

范围	种植业	畜牧业	范围	种植业	畜牧业	范围	种植业	畜牧业
北京	3.14	4.69	安徽	0	98.15	四川	0	132.24
天津	0	0	福建	0	0	贵州	0	0
河北	360.49	0	江西	0	23.35	云南	0	278.91
山西	0	70.57	山东	0	207.10	西藏	0	0
内蒙古	44.76	449.67	河南	0	375.63	陕西	0	95.78
辽宁	0	0.60	湖北	0	45.70	甘肃	0	82.72
吉林	0	37.69	湖南	0	67.72	青海	0	0

续表

范围	种植业	畜牧业	范围	种植业	畜牧业	范围	种植业	畜牧业
黑龙江	0	27.81	广东	0	31.71	宁夏	0.86	28.49
上海	1.53	0	广西	0	14.83	新疆	115.74	51.65
江苏	0	61.94	海南	0	0	省级总和	526.52	2 242.40
浙江	0	0	重庆	0	55.45	全国	0	2 856.67

注：本表数据不包括港澳台地区

然后从省级层面的角度出发，本书在沿用上述假设和方法的前提下，得到了各省、区、市种植业和畜牧业的目标减排量、预期补偿额，预期补偿额结果如表13-6所示。就种植业而言，只有北京、河北等6个省、自治区、直辖市存在目标减排量，总计165.28万t。补偿额较高的分别为河北360.49亿元和新疆115.74亿元；补偿总额为526.52亿元，占省级种植业和畜牧业预期产值总和的比例为0.61%。就畜牧业而言，除去天津、河北等9个省、自治区、直辖市之外，其他地区都存在目标减排量，总计1057.89万t。补偿额较高的依次为内蒙古449.67亿元、河南375.63亿元、云南278.91亿元、山东207.10亿元；补偿总额为2 242.40亿元，占省级两类预期产值总和的比例为2.75%。

最后，本书建议政府在规划低碳农业发展项目时关注以下三点。

第一，如果全国范围农业二氧化碳当量平均影子价格保持继续上升的态势，那么平均每减少1t农业二氧化碳当量，政府需要至少支付24 148.99元。

第二，不同省份的补偿标准区别较大。在各省份2014年农业二氧化碳当量影子价格中，最高者是最低者的10倍以上。值得注意的是，农户收入稳中有升，仍然是政府和社会各界当下关注的重点，低碳农业的发展不能以牺牲农户的收入为代价。因此，针对不同地区的农户，政府需要制定不同的补偿标准。

第三，基于碳强度的减排目标，从全国范围得出的目标减排总量低于省级层面的结果，然而前者的补偿总额预期却要高于后者；全国范围和省级层面畜牧业的总体减排任务都要重于种植业，且前者的补偿总额预期高于后者。显然，从省级层面规划农业减排及其补偿优于直接从全国范围考虑该问题。再者，一些中西部省份和传统农业大省所需的减排补偿额较高，对应的财政支出压力较大。因此，政府需要权衡减排目标（如碳强度、减排量等[①]）和补偿额之间的关系，对不同地区种植业和畜牧业减排及其补偿有所侧重。

---

① 碳强度即单位产值二氧化碳排放量。除了碳强度以外，不少专家学者提出将减排量作为减排目标的制定标准。如果用减排量衡量减排目标，种植业的总体减排任务从全国范围和省级层面来看都将重于畜牧业。

13.5 补偿标准与农业二氧化碳当量的关系

低碳农业的发展将会经历不断变化的过程,某一时点的补偿标准自然也不足以描述补偿标准在这一过程中所发生的变化。具体来说,随着农业二氧化碳当量的变化,补偿标准将会发生怎样的改变?出于低碳农业项目中长期发展的考虑,本书将根据历史数据的分析结果,探讨并预测补偿标准与农业二氧化碳当量之间的潜在关系。

13.5.1 模型设定及回归结果

本书在参考了 Du 等(2015)的处理方法之后,建立的补偿标准关于农业二氧化碳当量的回归方程具体如下。

二次方程:

$$P_{kt} = \alpha + \beta e_{kt}^2 + \gamma e_{kt} + \lambda_t + \mu_k + \varepsilon_{kt} \tag{13-14}$$

对数方程:

$$P_{kt} = \alpha + \beta \ln(e_{kt}) + \lambda_t + \mu_k + \varepsilon_{kt} \tag{13-15}$$

指数方程:

$$\ln(P_{kt}) = \alpha + \beta e_{kt} + \lambda_t + \mu_k + \varepsilon_{kt} \tag{13-16}$$

双对数方程:

$$\ln(P_{kt}) = \alpha + \beta \ln(e_{kt}) + \lambda_t + \mu_k + \varepsilon_{kt} \tag{13-17}$$

式(13-14)~式(13-17)中,P_{kt} 表示各省、区、市农业二氧化碳当量补偿标准即影子价格(单位:元/t);e_{kt} 表示农业二氧化碳当量(单位:万 t);λ_t 表示时间固定效应;μ_k 表示地域固定效应;ε_{kt} 表示方程的误差项;k 表示第 k 个省、区、市,t 表示 t 年[①];数据来源同 13.4.1 部分。

值得注意的是,由于样本中个体数量多、时间跨度较大,方程的误差项可能存在异方差、组内及组间同期相关的情况。为此,本书采用沃德(Wald)检验、以及 Breusch-Pagan 拉格朗日乘数(Lagrange multiplier,LM)检验,分别对误差项是否存在异方差、组内及组间同期相关进行判断。检验结果显示,二次方程、指数方程和双对数方程的误差项存在异方差和组间同期相关的情况;对数方程的误差项存在异方差、组内和组间同期相关的情况。针对二次方程、指数方程

---

① 考虑到稳健性检验中生产技术和管理模式的数据可获得性,将此处的研究时段设置为 2000~2014 年。

和双对数方程，本书采用"面板校正标准误差"（panel-corrected standard error，PCSE）进行回归估计；针对对数方程，本书采用全面可行广义最小二乘法（feasible generalized least squares，FGLS）做了处理。

表 13-7 的回归结果表明，在二次方程中，尽管 e^2 的待估参数在 10% 的水平上不显著，但是 e 的待估参数为正且在 1% 的水平上显著。在对数方程中，无论自回归系数相同还是不同，$\ln(e)$ 的待估参数都为正且在 1% 的水平上显著。在指数方程、双对数方程中，e、$\ln(e)$ 的待估参数都为正且分别在 10% 和 5% 的水平上显著。

表 13-7　补偿标准关于农业二氧化碳当量的回归结果

解释变量	（1）P	（2）P	（3）P	（4）$\ln(p)$	（5）$\ln(p)$
e	20.474 1*** （7.072 9）	—	—	0.000 3* （0.000 1）	—
e^2	−0.002 3 （0.001 6）	—	—	—	—
$\ln(e)$	—	5 449.223 0*** （593.164 9）	10 745.860 0*** （540.099 4）	—	0.551 9** （0.254 8）
_cons	−2 837 551*** （620 784.8）	0	0	−220.662 0*** （12.305 5）	−224.411 6*** （14.081 7）
样本量	465	465	465	465	465
异方差	存在	存在	存在	存在	存在
组内同期相关	不存在	存在	存在	不存在	不存在
组间同期相关	存在	存在	存在	存在	存在
估计方法	PCSE	全面 FGLS	全面 FGLS	PCSE	PCSE
r^2	0.292 5	—	—	0.711 1	0.707 9
自回归系数	—	相同	不同	—	—

*、**、***分别代表在 10%、5%、1%水平上显著

虽然四类方程的回归结果不同，但是它们的共同点却表明补偿标准将随着二氧化碳当量的增多而提高，随着二氧化碳当量的减少而降低。这意味着，补偿主体即政府所承担的财政压力将会随着农业减排的推进而不断减轻，有利于农业减排项目的健康可持续发展。同时，任由农业温室气体的排放加剧只会提高未来减排的成本，从而加重政府承担的经济压力。因此，低碳农业发展项目的规划和推出宜早不宜迟。

13.5.2 稳健性检验

在现实生产过程中，一些生产技术和管理模式能够减少 IPCC 2006 定义的农业温室气体排放，另一些则会促进农业温室气体的排放。联系补偿标准与农业二氧化碳当量之间存在的潜在关系，试问补偿标准是否会随着促进排放的技术和措施应用水平的上升而提高（或下降而降低）？是否会随着减少排放的技术和措施应用水平的上升而降低（或下降而提高）？根据已有的研究结果，并且考虑到数据的可得性[①]，本书选取了 5 类农业生产技术和管理模式作为待研究对象（Monteny et al., 2006；Beauchemin et al., 2008；Snyder et al., 2009；Chadwick et al., 2011；Lesschen et al., 2011），详见表 13-8。

表 13-8 相关农业生产技术和管理模式对农业温室气体排放的影响

序号	生产技术和管理模式	CH_4	N_2O	二氧化碳当量
1	保护性耕作	−	−	−
2	农业动植物残留物转化为沼气	−	−	−
3	机械化秸秆还田	+	−	?
4	机械化深施肥	−	−	−
5	氮肥施用	+	+	+

注："+"表示促进排放，"−"表示减少排放，"?"表示结果不定。

由于上述技术和措施都是候选的研究对象，本书将它们全部作为回归方程的解释变量。然后通过多次回归，逐步剔除显著性较差的解释变量，直到剩下的解释变量系数都至少在10%的水平内显著为止。本书建立的补偿标准关于生产技术和管理措施的回归方程具体如下：

$$P_{kt} = \alpha_0 + \sum_{n=1}^{5} \alpha_n Z_{nkt} + \lambda_t + \mu_k + \varepsilon_{kt} \quad (13\text{-}18)$$

式中，P_{kt} 表示农业二氧化碳当量的补偿标准即影子价格（单位：元/t）；Z_{1kt} 表示保护性耕作（单位：千 hm^2），Z_{2kt} 表示农业动植物残留物转化为沼气（单位：万 m^3），Z_{3kt} 表示机械化秸秆还田（单位：千 hm^2），Z_{4kt} 表示机械化深施肥（单位：千 hm^2），Z_{5kt} 表示氮肥施用（单位：万 t）；λ_t 表示时间固定效应，μ_k 表示地域固定效应，ε_{kt} 表示方程的误差项；k 表示第 k 个省、区、市，t 表示 t 年；数据来源同 13.4.1 部分。误差项的检验结果、回归估计的方法以及结果详见

---

① 数据源于《中国统计年鉴》《中国农村能源年鉴》《中国农业机械化年鉴》。

表 13-9。

表 13-9　补偿标准关于相关生产技术和管理措施的回归结果

解释变量	方程 1	方程 2	方程 3	方程 4	方程 5
Z_1	−3.195 1 （2.389 9）	—	−4.883 5** （2.061 2）	−7.293 5*** （1.857 1）	−6.833 3*** （1.668 8）
Z_2	0.005 6 （0.006 0）	0.005 4 （4.794 4）	—	0.000 2 （0.005 4）	—
Z_3	10.062 6*** （1.508 4）	9.535 4*** （1.486 7）	11.709 7*** （1.454 9）	25.368 7*** （1.582 4）	29.745 1*** （1.431 1）
Z_4	−20.705 7*** （3.258 9）	−21.408 5*** （2.947 5）	−23.450 5*** （3.242 3）	−37.908 2*** （2.252 9）	−42.529 5*** （1.782 5）
Z_5	961.981 1*** （145.754 8）	901.409 5*** （146.888 7）	1 201.314 0*** （134.163 9）	1 557.583 0*** （111.918 0）	1 675.664 0*** （99.601 1）
_cons	−530 813.3 （439 974.1）	−635 545.1 （493 261.9）	0	0	1 458 563*** （428 602.3）
N	435	435	435	435	435
异方差	存在	存在	存在	存在	存在
组内同期相关	存在	存在	存在	存在	存在
组间同期相关	存在	存在	存在	存在	存在
估计方法	全面 FGLS	全面 FGLS	全面 FGLS	全面 FGLS	全面 FGLS
自回归系数	相同	相同	相同	不同	不同

、*分别代表在 5%、1%水平上显著

当自回归系数相同时，方程 1 的回归结果显示，除了保护性耕作、将农业动植物残留物转化为沼气之外，其他三类生产技术和管理措施的待估参数都在 1%的水平下显著。在剔除不显著的解释变量，保证尽可能多的解释变量待估参数显著的判断标准下，方程 3 较方程 2 更可取。当自回归系数不同时，方程 4 的回归系数显示，只有将农业动植物残留物转化为沼气的待估参数未能在 10%的水平上显著。方程 5 剔除了不显著的解释变量，通过进一步回归，发现剩余解释变量的系数都在 1%的水平上显著。结合方程 3 和方程 5，本书发现：补偿标准随着保护性耕作、机械化深施肥应用水平的上升而降低（或下降而提高），随着机械化秸秆还田、氮肥施用水平的上升而提高（或下降而降低）。

值得注意的是，除去机械化秸秆还田对农业二氧化碳当量的净影响不确定外，氮肥施用促进了农业温室气体的排放，而保护性耕作和机械化深施肥都有助于减少农业温室气体的排放。基于此，本书预判，随着促进农业二氧化碳当量排放的技术和措施应用水平的上升（或下降），补偿标准将会提高（或降低）。与此同时，随着促进农业二氧化碳当量减排的技术和措施应用水平的上升（或下降），补偿标准则会降低（或提高）。稳健性检验的结果验证了补偿标准与农业

二氧化碳当量之间的潜在关系。

13.6 本章小结

基于研究结果，本书得到了如下三方面的主要结论。

第一，针对低碳农业发展项目运行初期的补偿标准及其特点，从全国范围来看，农业二氧化碳当量的平均补偿标准应不低于 24 148.99 元/t；从省级层面来看，不同省、区、市的补偿标准差异较大，其中最高的补偿标准是最低补偿标准的 10 倍以上。

第二，从低碳农业中长期发展来看，补偿标准随着农业二氧化碳当量的增加而提高，并且随着农业二氧化碳当量的减少而降低。

第三，补偿标准将会随着促进农业二氧化碳当量增加的技术和措施（如氮肥施用量）应用水平的上升而提高（或下降而降低），随着促进农业二氧化碳当量减少的技术和措施（如保护性耕作、机械化深施肥）应用水平的上升而降低（或下降而提高）。

基于上述研究结论，本书尝试提出以下三点建议。

第一，针对我国农业补贴继续增加遇到"天花板"的现实，需要采取更多的不引起贸易扭曲的"绿箱"政策，加大对农业的补贴支持。因此，低碳农业发展项目的规划和实施宜早不宜迟。根据补偿标准和农业二氧化碳当量之间的正向关系，本书认为，如果进一步扩大农业二氧化碳当量的排放，只会提高未来农业减排的成本，加重政府因补偿减排所承担的财政压力。与此同时，为了吸引尽可能多的农户加入低碳农业项目中来，建议政府根据不同地区种植业和畜牧业的实际情况，制定与之相适应的农业二氧化碳当量补偿标准，以此保障参与农户的合理利益诉求。此外，从省级层面规划农业减排及其补偿优于直接从全国范围考虑该问题；不同地区种植业和畜牧业减排所需的补偿额不尽相同，一些中西部省份和传统农业大省因农业减排承担的财政压力预期较大。因此，建议政府在统筹全局的同时，从局部出发，根据特定的减排目标（如碳强度、减排量），因地制宜、因势利导地谋划低碳农业发展项目，对不同地区种植业和畜牧业减排及其补偿有所侧重。

第二，在政府主导型低碳农业发展项目发挥作用的同时，加快建立适合我国农业碳汇的交易市场。尽管农业碳汇无法直接进入诸如配额交易之类的碳交易市场，但是达到一定识别要求的农业碳汇却被允许依托项目的形式参与区域性碳交易市场。为此，应建立适合我国农业碳汇交易的市场，或是在适当的时候将农业碳汇纳入我国地方性碳交易市场的交易范围内,逐步发挥市场在低碳农业发展中配置资源的决定性作用。这样做,不但有助于拓宽补偿渠道和资金来源,而且有利于低碳农业特别是畜牧业的可持续发展。除此之外,在引入市场机制、发挥市场作用的过程当中,建议政府致力于制定和完善交易规则,维护好市场秩序。

  第三,制定适合我国低碳农业发展的技术及措施清单。甄选适合我国农业发展的低碳生产技术和管理模式是低碳农业发展的前提和基础。其中,与缓解复杂且突出的气候环境问题紧密相关的、容易被农户掌握的低碳生产技术和管理模式应当最先被列入清单。针对现实生产过程中较为粗犷的耕种方式以及氮肥超施所引起的气候环境问题,结合本书的研究结果,建议优先关注诸如保护性耕作、氮肥减施和机械化深施肥之类的生产技术或管理模式。

第14章 基于减排目标的氮肥减施项目补偿标准探讨

14.1 氮肥减施补偿的主要依据

CH_4 和 N_2O 是农业温室气体的主要构成。其中，氮肥施用是农业温室气体排放的主要诱因之一（Cole et al., 1997; Monteny et al., 2006; Snyder et al., 2009）。和我国其他地区的情形相似，上海的水稻和小麦种植户在生产过程中过度使用化肥特别是氮肥（曹其炜等，2008；汤勇华和林月霞，2013；顾海英和朱咏，2017）。氮肥超施加剧了农业温室气体的排放，对气候和环境造成了不利影响。引导水稻和小麦种植户减施氮肥，进而减少农业温室气体排放，促进当地向低碳和生态绿色农业转型发展，已经受到了各界的关注和重视。

然而，减施氮肥可能会对农作物的产量以及农户的收益造成不利影响，使得农户很难主动参与氮肥减施。考虑到氮肥减施的本质在于促成农业减排，本书借鉴并参考环境、生态服务补偿项目的理论和实践经验（Wunder, 2007; Engel et al., 2008; Gómez-Baggethun et al., 2010; Muradian et al., 2010）发现，补偿方式大致可以分为基于"科斯方法"的市场驱动型以及基于"庇古手段"的政府主导型。本书认为，可以采取"庇古手段"应对减施氮肥遇到的潜在经济障碍。具体来说，政府（补偿主体）对农户（补偿客体）因减施氮肥（补偿对象）所导致的额外温室气体减排量（补偿基础）进行补偿，弥补农户收益的潜在损失。

从补偿主体即政府的角度出发制定补偿标准，即基于温室气体减排量估计氮肥减施的补偿标准，成为本章的研究重点。本书对现有国内外环境、生态服务项目补偿标准的相关研究进行梳理认为，其理论与实践经验大致可分为以下两类。

一是针对服务或是措施的补偿标准主要体现服务或是措施本身的机会成本

（Ferraro，2008；徐大伟等，2012；Krishna et al.，2013；蔡银莺和余亮亮，2014；韩洪云和喻永红，2014；Duke et al.，2014；Corbera，2015；Kolinjivadi et al.，2015）。具体来说，通过实地调研，询问潜在环境、生态服务提供者的价值评估和参与意愿，结合两者制定补偿标准。然而，氮肥减施补偿标准的制定应该建立在由该措施所减少的额外减排量之上，并非氮肥减施的措施本身。此外，受访者的价值评估和参与意愿带有主观性，大多取决于其关于生态和环境服务或是措施机会成本的经验和预期。

二是针对负外部性的补偿标准反映负外部性的减少给整个社会带来的经济效益，即经济价值（Antle et al.，2003；Gerowitt et al.，2003；Kurkalova et al.，2004；Crossman et al.，2011；Corbera，2012；Marenya et al.，2012；Bryan et al.，2014；Alexander et al.，2015）。代表性的做法是将碳交易价格作为减排或是碳汇的补偿标准。然而，由于农业减排不参与配额交易，加之国内允许农业减排参与的地方性交易市场在短期内并不存在，简单地将现有的国内外碳交易价格用来估算氮肥减施的补偿标准并不合适。此外，由于生态、环境服务对于社会产生的结果复杂多样，市场缺位背景下的负外部性经济价值容易被过分高估，从而会给补偿主体带来过度的经济负担（Engel et al.，2008；Gómez-Baggethun et al.，2010；Corbera，2015）。

值得注意的是，氮肥减施的本质在于促进农业减排，其补偿标准的制定基础与温室气体减排量密切相关。作为氮肥减施项目的主导者，政府可以借鉴农业温室气体的边际减排成本，结合因氮肥减施引起的额外温室气体减排量，据此制定氮肥减施的补偿标准。基于此，本书沿袭第 13 章中的方法，以上海地区为例，通过参数化的方向产出距离函数，测算了水稻、小麦以及蔬菜和水果的边际减排成本，估算了种植户减施氮肥的个体理论补偿标准及其平均水平，最后提出了相关建议。

14.2 水稻与小麦氮肥减施补偿标准分析

14.2.1 数据来源及分析

本书的样本数据来自上海市农业经济运行动态监测信息管理和绩效评估系统。系统监测范围覆盖上海市 9 个区，调查的种植户总数为 800 户，作物涉及粮油、蔬菜、水果、花卉等。具体的调查内容包括作物经营面积、劳动力用工量、化肥农药之类的其他投入要素使用量、作物的产量和产值等，对于掌握上海市种植业生产和结构调整情况来说具备代表性。

本书根据作物种类对系统中的样本进行筛选,得到 222 户水稻种植户以及 131 户小麦种植户 2015 年的观测数据。其中,种植过程中投入要素包括作物经营面积、劳动力用工量和其他投入要素(如农药、化肥、农膜等)总量,合意产出部分涉及水稻和小麦两类作物的产量和产值[①]。此外,就非合意产出来说,由于没有现成的数值,本书根据样本观测数据,参照 IPCC 2006 和《中国温室气体清单研究》提供的农业温室气体计算公式、参数及排放因子,借鉴米松华(2013)、漆雁斌等(2013)的研究方法,计算 N_2O 和 CH_4 排放量,并将其折算成二氧化碳当量[②]。关于水稻和小麦投入要素、合意和非合意产出的小结如表 14-1 所示。值得一提的是,水稻种植户的经营面积最小为 0.5 亩,最大为 626.1 亩,平均为 31.1 亩;小麦种植户的经营面积最小为 1 亩,最大为 1 206 亩,平均为 88.95 亩。这意味着,同类作物种植户的个体经营规模差异较大;小麦种植户的个体经营规模大于水稻种植户。

表 14-1 2015 年上海地区水稻和小麦种植户样本观测数据小结

变量	水稻种植户				小麦种植户			
	平均数	标准差	最小值	最大值	平均数	标准差	最小值	最大值
x_1	31.10	67.55	0.50	626.10	88.95	160.02	1.00	1 206.00
x_2	94.08	209.72	2.40	1 836.00	54.93	108.70	1.40	599.00
x_3	2 131.71	4 622.91	17.60	37 879.26	1 477.47	2 653.14	16.02	20 442.07
y	19 284.04	42 531.41	260.00	380 355.00	11 126.32	18 924.26	150.00	141 705.00
b	18 186.89	40 929.46	260.74	397 248.00	4 493.45	9 536.25	28.99	81 563.79
观测样本量	222				131			

注:x_1 表示作物经营面积(单位:亩);x_2 表示劳动力用工量(单位:工);x_3 表示包括农药、化肥、农膜等在内的其他投入要素总量(单位:kg);合意产出 y 表示水稻或是小麦产量(单位:kg);非合意产出 b 表示农业二氧化碳当量(单位:kg)。

根据样本的观测数据,本书进一步计算了水稻和小麦种植户每亩化肥及氮肥施用量,结果如表 14-2 所示。水稻种植户平均每亩化肥、氮肥施用量分别达到 64.98kg/亩和 38.74kg/亩;小麦种植户平均每亩化肥、氮肥施用量分别达到 18.88kg/亩和 11.20kg/亩。与此同时,根据国家统计局公布的年度数据,本书计算了 2015 年上海和全国范围内农业平均每亩化肥、氮肥施用量。结果表明,当年上海农业平均每亩化肥、氮肥施用量分别达到 19.44kg/亩和 9.75kg/亩;全国

---

① 根据作物的产量和产值,本书估算了作物的价格,并将其用于计算二氧化碳当量的影子价格。
② 根据气体对地球温室效应的贡献程度,1t CH_4=25t 二氧化碳当量,1t N_2O=310t 二氧化碳当量。

农业平均每亩化肥、氮肥施用量分别达到 24.13kg/亩和 9.46kg/亩。通过比较发现，上海地区水稻种植户在生产过程中存在过度依赖化肥（包括氮肥）的情况；小麦种植户使用化肥的程度虽然低于上海和全国农业的平均水平，但是对于氮肥的依赖程度仍然高于上海和全国的平均水平。据此本书认为，引导上海地区水稻和小麦种植户减施氮肥存在潜力和空间。

表 14-2　平均每亩化肥、氮肥施用量小结（单位：kg/亩）

范围	上海水稻	上海小麦	上海农业	全国农业
平均每亩化肥施用量	64.98	18.88	19.44	24.13
平均每亩氮肥施用量	38.74	11.20	9.75	9.46

14.2.2　实证结果及分析

本部分的理论分析及实证分析方法同第 13 章，在此不再赘述。

1. 方向产出距离函数的估计结果

在运用 ML 法估计方向产出距离函数的系数时，为了尽可能解决模型估计的收敛问题，本书将投入要素和产出分别除以各自的平均值后进行系数估计（Färe et al., 2005；Wei et al., 2013）[①]。此外，方程中的 u_k 可能服从半正态分布、截尾正态分布或者指数分布。因此，本书使用赤池信息准则（Akaike information criterion，AIC）和贝叶斯信息准则（Bayesian information criterion，BIC）对所有收敛的模型估计结果进行比较，据此确定方向距离函数。结果如表 14-3 所示，其中，水稻（1）为假设 u_k 服从半正态分布时的回归结果；水稻（2）为假设 u_k 服从指数分布时的回归结果。

表 14-3　运用 ML 法估计得到的方向产出距离函数系数

系数	水稻（1）	水稻（2）	小麦
α_0	−0.067 7*** （0.008 0）	−0.017 4*** （0.002 5）	−0.003 1*** （2.75×10^{-6}）
α_1	−0.096 7 （0.147 8）	0.151 6*** （0.052 1）	0.622 2*** （7.84×10^{-6}）
α_2	0.112 0*** （0.019 1）	0.022 0*** （0.007 0）	0.055 1*** （4.33×10^{-6}）
α_3	−0.315 1*** （0.037 3）	−0.330 7*** （0.016 9）	−0.548 6*** （4.44×10^{-6}）
β_1	−0.370 9*** （0.081 0）	−0.488 2*** （0.031 0）	−0.678 5*** （3.45×10^{-6}）

---

① 计算影子价格时，需要在原有公式的基础上乘以 y 的平均值并除以 b 的平均值。

续表

系数	水稻（1）	水稻（2）	小麦
$\gamma_1 = \beta_1 + 1$	0.629 1	0.511 8	0.321 5
α_{11}	0.363 3*** （0.133 7）	0.677 8*** （0.055 9）	−0.043 9*** （0.000 05）
$\alpha_{12} = \alpha_{21}$	−0.065 5*** （0.031 6）	0.053 3*** （0.012 0）	−0.058 0*** （0.000 02）
$\alpha_{13} = \alpha_{31}$	0.955 3*** （0.083 4）	1.201 2*** （0.048 2）	0.044 3*** （0.000 1）
α_{22}	0.035 6*** （0.007 4）	−0.003 9 （0.003 0）	0.044 3*** （1.26×10^{-6}）
$\alpha_{23} = \alpha_{32}$	0.078 7*** （0.023 9）	−0.016 5 （0.010 4）	−0.100 7*** （0.000 02）
α_{33}	0.275 9*** （0.044 5）	0.202 3*** （0.025 9）	−0.141 7*** （3.87×10^{-6}）
$\beta_2 = \gamma_2 = u_1$	0.320 6*** （0.040 5）	0.433 7*** （0.019 7）	0.050 5*** （1.24×10^{-6}）
$\eta_1 = \delta_1$	−0.369 0*** （0.073 0）	−0.604 8*** （0.031 7）	−0.134 3*** （4.45×10^{-6}）
$\eta_2 = \delta_2$	0	0	0
$\eta_3 = \delta_3$	−0.357 9*** （0.036 2）	−0.350 3*** （0.022 4）	−0.046 8*** （3.87×10^{-6}）
样本数	222	222	131
u_k 分布	半正态	指数	指数
AIC	−397.210 7	−601.336 1	−265.998 7
BIC	−342.767 9	−546.893 2	−219.995 5

***代表在1%水平上显著

注：括号内的数字为标准误；不收敛的模型估计结果未在表中列出

针对水稻，当 u_k 服从半正态或指数分布时，模型的估计结果收敛。进一步可以发现，指数分布下的 AIC 和 BIC 值均小于半正态分布下对应的数值。所以，本书把 u_k 服从指数分布时的模型估计结果作为水稻的方向产出距离函数。针对小麦，由于只有在 u_k 服从指数分布时模型的估计结果收敛，本书把该结果作为小麦的方向产出距离函数。

然后，本书对水稻和小麦方向产出距离函数的零效应以及单调性进行了检验，结果如表 14-4 所示。就水稻种植户来看，符合零效应、合意产出单调性、非合意产出单调性的观测样本占全部观测样本的比例分别为 74.77%、100% 和 95.50%；小麦种植户的情况分别是 77.09%、100% 和 91.60%。零效应和单调性的检验结果表明，将二次型设置为方向产出距离函数的具体形式，假定 u_k 均服从指数分布，并用 ML 法估计得到的方向产出距离函数适合用于计算观测样本中水稻和小麦二氧化碳影子价格。

表14-4　方向产出距离函数零效应、关于合意及非合意产出单调性的满足程度

作物种类	零效应	关于合意产出 y 的单调性	关于非合意产出 b 的单调性
水稻	74.77%	100%	95.50%
小麦	77.09%	100%	91.60%

2. 二氧化碳当量影子价格的估算

在剔除不符合零效应和单调性的观测样本（水稻56个样本、小麦30个样本）后，本书分别估算了剩余观测样本中水稻和小麦二氧化碳当量的影子价格，其分布如图14-1所示。就水稻种植户来看，二氧化碳当量的影子价格主要分布在2 500~3 500元/t；就小麦种植户的情况来看，则主要分布在800~1 200元/t。水稻二氧化碳当量的影子价格显著高于小麦。这说明，水稻种植户因减排所付出的代价要高于小麦种植户，针对水稻种植户氮肥减施的补偿标准也应高于小麦种植户。

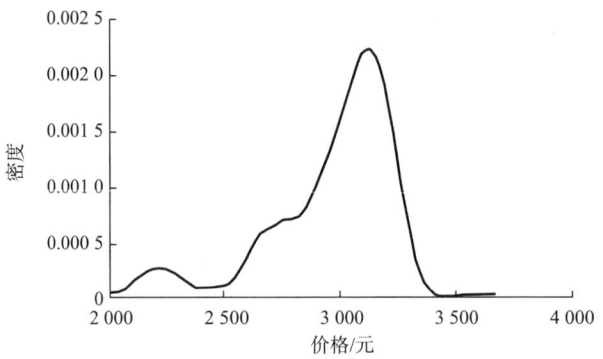

（a）水稻二氧化碳当量影子价格

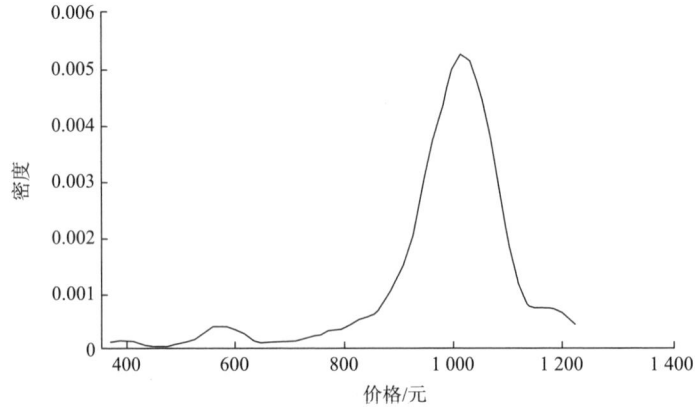

（b）小麦二氧化碳当量影子价格

图14-1　水稻和小麦二氧化碳当量影子价格的经验分布图

然后，本书估算了水稻和小麦二氧化碳当量的平均影子价格，它们分别为 2 838.34 元/t 和 902.03 元/t。参照相关的国内研究结果，陈诗一（2010）估算了我国 38 个行业 1980~2008 年的二氧化碳平均影子价格，其中石油加工及炼焦业、电力热力生产和供应业最低，仅为 100 元/t；计算机、电子及通信设备制造业最高，达到 347 400 元/t。刘明磊等（2011）运用非参数的方法估算了 2005~2007 年我国省级地区二氧化碳平均影子价格，分别为 1 616 元/t、1 687 元/t 和 1 915 元/t。魏楚（2014）通过计算得到我国 104 个地级市二氧化碳的平均影子价格为 967 元/t。吴贤荣等（2014）同样运用非参数的方法估算了 2009~2011 年我国全国范围农业二氧化碳平均影子价格，分别为 18 340 元/t、18 670 元/t 和 19 140 元/t。从中可以发现，本书估算的影子价格处于不同行业或产业研究结果的中间位置，可信度能够得到保证。

3. 氮肥减施补偿标准的探讨

氮肥减施的补偿标准应该建立在与措施对应的减排量及其边际减排成本的基础之上。参照 IPCC 2006 和《中国温室气体清单研究》提供的农业温室气体计算公式、参数及排放因子，借鉴米松华（2013）、漆雁斌等（2013）的研究方法，本书预估上海地区减施 1kg 氮肥可以减少 5.8kg 二氧化碳当量的排放。根据二氧化碳当量的影子价格，本书进一步得到剩余观测样本中水稻和小麦两类种植户减施氮肥的个体理论补偿标准，其分布如图 14-2 所示。水稻种植户氮肥减施的个体理论补偿标准主要分布在 16~20 元/kg，而小麦种植户氮肥减施的个体理论补偿标准主要分布在 5~7 元/kg。同时，两类个体理论补偿标准的平均水平分别为 17.14 元/kg 和 5.68 元/kg。

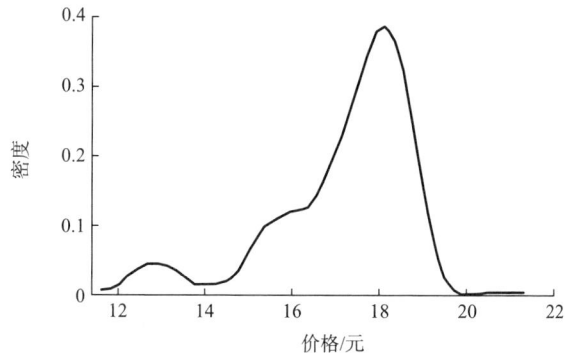

（a）水稻种植户氮肥减施个体理论补偿标准

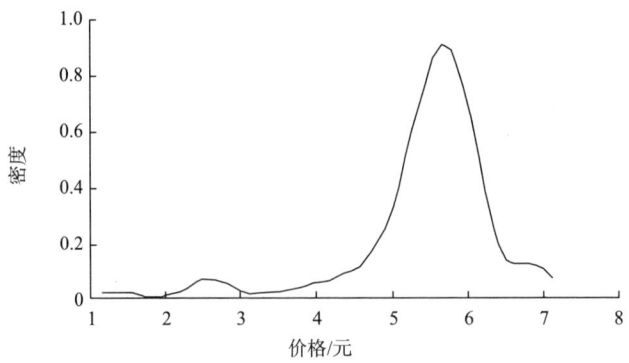

（b）小麦种植户氮肥减施个体理论补偿标准

图 14-2　水稻和小麦种植户氮肥减施的个体理论补偿标准的经验分布图

对于补偿主体来说，如何规划氮肥减施项目的设置和运行，如根据种植户参与项目的人数、目标制定氮肥减施的补偿标准等，显得十分重要。一般来说，当实际的补偿标准不低于种植户要求的补偿标准时，农户才会参与氮肥减施项目。假设种植户要求的氮肥减施补偿标准等同于前文估算的个体理论补偿标准，在给定水稻和小麦种植户参与比例的前提下，本书从补偿主体的角度出发，预估了对应的氮肥减施补偿标准，结果如表 14-5 所示。从中可以发现，如果按照个体理论补偿标准的平均水平对两类种植户进行补偿，那么水稻和小麦种植户的参与比例估计都不足 40%。假设两类种植户参与氮肥减施项目的比例都为 100%，那么水稻和小麦种植户氮肥减施的补偿标准预计应分别达到 20.87 元/kg 和 6.93 元/kg。

表 14-5　水稻、小麦种植户参与项目比例和氮肥减施补偿标准（单位：元/kg）

参与比例	水稻种植户	小麦种植户	参与比例	水稻种植户	小麦种植户
10%	15.31	4.93	60%	17.96	5.93
20%	15.77	5.38	70%	18.11	6.02
30%	16.76	5.61	80%	18.39	6.13
40%	17.24	5.69	90%	18.53	6.30
50%	17.66	5.82	100%	20.87	6.93

此外，假设在 2015 年的基础上减施 10%的氮肥量，并按照水稻和小麦两类种植户 100%的参与比例制定氮肥减施的补偿标准，亦如表 14-5 所示。在此情形下，个体水稻种植户收到的补偿额最高为 62 056.96 元，最低为 25.04 元，平均为 2 526.04 元；补偿额占 2015 年水稻销售收入的比重最高为 22.55%，最低为 0.01%，平均为 4.48%。与此同时，个体小麦种植户收到的补偿额最高为 9 750.51

元,最低为3.47元,平均为537.17元;补偿额占2015年小麦销售收入的比重最高为13.5%,最低为0.03%,平均为2.15%。由模拟结果可知,同类作物种植户因参与氮肥减施项目获得的补偿额及其占销售收入的比重差异较大;水稻种植户获得的补偿额及其占销售收入的比重总体上要高于小麦种植户。

14.3 蔬菜与水果氮肥减施补偿标准分析

14.3.1 数据来源及分析

本部分的样本数据亦来自上海市农业经济运行动态监测信息管理和绩效评估系统。研究根据作物名录对系统中的样本进行筛选和归类,得到2015年123户菜农以及98户果农的观测数据。其中,种植过程中投入的要素包括了作物经营面积（含复种）、劳动力用工量和其他投入要素（包括农药、化肥、农膜等）总量,合意产出用两类作物的产量予以表示。采用与前文相同的研究方法,估算了蔬菜和水果两类作物的农业二氧化碳当量。蔬菜和水果投入要素、合意和非合意产出的描述性统计详见表14-6。

表14-6 2015年上海地区菜农和果农样本观测数据小结

变量	菜农				果农			
	平均数	标准差	最大值	最小值	平均数	标准差	最大值	最小值
x_1	43.30	220.02	2 040.00	0.38	16.93	24.63	173.00	1.00
x_2	145.02	148.66	941.00	7.50	348.56	477.41	2 345.00	7.00
x_3	5 745.43	12 379.90	77 313.60	8.14	6 127.69	10 133.64	55 781.68	134.83
y	13 691.13	17 455.91	101 000.00	425.00	13 320.07	15 831.85	77 490.00	350.00
b	1 302.44	2 352.99	16 231.60	23.19	3 001.43	4 588.74	28 985.00	115.94
观测样本量	123				98			

注: x_1 表示农作物（含复种）经营面积（单位:亩）; x_2 表示劳动力用工量（单位:工）; x_3 表示包括农药、化肥、农膜等在内的其他投入要素总量（单位:kg）;合意产出 y 表示蔬菜或水果产量（单位:kg）;非合意产出 b 表示农业二氧化碳当量（单位:kg）

根据样本的观测数据,本书进一步计算了菜农和果农每亩化肥及氮肥的施用量,结果如表14-7所示。蔬菜平均每亩化肥、氮肥施用量分别达到102.59kg/亩和34.33kg/亩,水果则分别达到177.58kg/亩和48.75kg/亩。就两类农户的生产情况来看,果农对于化肥和氮肥的依赖程度要高于菜农。与此同时,根据国家统计局公布的年度数据,本书计算了2015年上海和全国范围农业平均每亩化肥、氮肥施用量。结果表明,当年上海农业平均每亩化肥、氮肥施用量分别达到19.44kg/

亩和9.75kg/亩，全国的情况是24.13kg/亩和9.46kg/亩。相比全国和上海农业的整体情况，上海地区菜农和果农在生产过程中存在过度依赖化肥和氮肥的情况。据此，本书认为，引导上海地区菜农和果农减施氮肥不但势在必行，而且存在较大的潜力和空间。

表14-7　不同范围每亩化肥、氮肥平均施用量　（单位：kg/亩）

范围	上海蔬菜	上海水果	上海农业	全国农业
每亩化肥平均施用量	102.59	177.58	19.44	24.13
每亩氮肥平均施用量	34.33	48.75	9.75	9.46

14.3.2　方向产出距离函数的估计结果

在运用ML法估计方向产出距离函数的系数时，为了尽可能解决模型估计的收敛问题，本书将投入要素和产出分别除以各自的平均值后进行系数估计，结果如表14-8所示。从中可知，当且仅当u_k服从指数分布时，蔬菜和水果两类作物模型的估计结果收敛。所以，本书把u_k服从指数分布时的模型估计结果作为蔬菜和水果的方向产出距离函数。

表14-8　方向产出距离函数系数估计结果

系数	蔬菜		水果	
	系数值	标准差	系数值	标准差
α_0	-0.0273^{***}	1.83×10^{-6}	-0.0161^{***}	4.44×10^{-6}
α_1	0.0671^{***}	1.97×10^{-6}	0.1320^{***}	1.28×10^{-5}
α_2	0.1700^{***}	2.81×10^{-6}	-0.1280^{***}	5.93×10^{-6}
α_3	0.0439^{***}	2.18×10^{-6}	-0.1346^{***}	6.49×10^{-6}
β_1	-0.9363^{***}	1.54×10^{-6}	-0.1391^{***}	2.82×10^{-6}
$\gamma_1 = \beta_1 + 1$	0.0637	—	0.8609	—
α_{11}	0.0124^{***}	2.36×10^{-7}	-0.0236^{***}	2.13×10^{-6}
$\alpha_{12} = \alpha_{21}$	0.1948^{***}	4.08×10^{-6}	-0.1023^{***}	1.65×10^{-5}
$\alpha_{13} = \alpha_{31}$	-0.0020^{***}	1.05×10^{-5}	0.1661^{***}	1.81×10^{-5}
α_{22}	-0.1120^{***}	2.86×10^{-6}	-0.0757^{***}	1.17×10^{-5}
$\alpha_{23} = \alpha_{32}$	-0.0814^{***}	2.33×10^{-6}	0.4976^{***}	1.23×10^{-5}
α_{33}	0.0284^{***}	9.93×10^{-7}	-0.1006^{***}	7.01×10^{-6}
$\beta_2 = \gamma_2 = u_1$	0	0	0.0166^{***}	9.65×10^{-6}
$\eta_1 = \delta_1$	-0.0935^{***}	4.50×10^{-7}	-0.0857^{***}	1.70×10^{-5}

续表

系数	蔬菜		水果	
	系数值	标准差	系数值	标准差
$\eta_2 = \delta_2$	0.203 5***	8.66×10^{-7}	0.063 3***	1.68×10^{-5}
$\eta_3 = \delta_3$	−0.020 8***	1.81×10^{-7}	−0.104 3***	5.54×10^{-6}
样本数	123		98	
u_k 分布	指数		指数	

***代表在 1%水平上显著

注：两类作物 u_k 服从半正态和截尾正态时的模型估计结果不收敛，所以未在表中列出

然后，本书对蔬菜和水果两类作物方向产出距离函数的单调性进行了检验。就菜农的情况来看，符合合意产出、非合意产出单调性的观测样本占全部观测样本的比例分别为 95.94%和 87.81%；果农的情况分别是 94.90%和 89.80%。单调性的检验结果表明，将二次型设置为方向产出距离函数的具体形式，假定 u_k 均服从指数分布，并用 ML 法对其进行估计得到的函数适合用于计算观测样本中蔬菜和水果的二氧化碳影子价格。

14.3.3 二氧化碳当量影子价格的估算

在剔除不符合零效应和单调性的观测样本（蔬菜 20 个样本、水果 15 个样本）后，本书分别估算了剩余观测样本中蔬菜和水果二氧化碳当量的影子价格。蔬菜二氧化碳当量的影子价格分布在 2.21~5 224.10 元/t；水果二氧化碳当量的影子价格分布在 485.06~65 449.61 元/t。水果二氧化碳当量的影子价格显著高于蔬菜。也就是说，果农因减排所付出的代价要高于菜农，针对前者氮肥减施的补偿标准也应高于后者。

然后，本书估算了蔬菜和水果二氧化碳当量的平均影子价格，它们分别为 612.24 元/t 和 25 229.11 元/t。参照相关的国内研究结果，本书估算的影子价格处于不同行业或产业研究结果的中间位置，可信度能够得到保证。

14.3.4 氮肥减施补偿标准的探讨

针对氮肥减施的补偿标准应该建立在与措施对应的减排量及其边际减排成本的基础之上。参照上文，上海地区减施 1kg 氮肥可以减少 5.8kg 二氧化碳当量的排放。根据二氧化碳当量的影子价格，本书进一步得到了蔬菜和水果两类农户减施氮肥的个体理论补偿标准。菜农氮肥减施的个体理论补偿标准分布在 0.01~30.30 元/kg，平均为 3.55 元/kg；而果农氮肥减施的个体理论补偿标准则分

布在 2.81~379.61 元/kg，平均为 146.73 元/kg。

假设农户要求的补偿标准即本书估算的个体理论补偿标准，在给定剩余样本菜农和果农参与比例的前提下，本书预估了补偿标准，结果如表 14-9 所示。如果按照个体理论补偿标准的平均水平对两类农户进行补偿，那么菜农的参与比例估计在 70%~80%，果农的情况则是接近 60%；假设农户参与氮肥减施项目的比例为 100%，那么菜农和果农氮肥减施的补偿标准预计将分别达到 30.30 元/kg 和 379.61 元/kg。

表 14-9　菜农、果农参与项目的比例和氮肥减施补偿标准（单位：元/kg）

参与比例	菜农补偿标准	果农补偿标准	参与比例	菜农补偿标准	果农补偿标准
10%	0.16	17.11	60%	2.67	164.86
20%	0.45	38.24	70%	3.41	197.49
30%	1.11	51.60	80%	5.89	233.44
40%	1.49	104.24	90%	7.63	290.15
50%	1.86	138.86	100%	30.30	379.61

14.4　本章小结

鉴于市场交易的补偿方式缺失，诸如氮肥减施之类的农业减排项目需要政府引导并推动。同时，在市场缺位的背景下，负外部性的单位经济价值不易被估计。作为项目的补偿主体，政府可以根据农业温室气体的边际减排成本，结合氮肥减施引起的额外温室气体减排量，制定氮肥减施的补偿标准，对参与氮肥减施项目的农户给予补偿。

从对小麦和水稻种植户的研究中可以得出如下结论：首先，根据 2015 年的样本观测数据，本书发现，上海地区水稻种植户在生产过程中存在过度依赖化肥（包括氮肥）的情况；虽然小麦种植户使用化肥的程度低于上海农业和全国农业的平均水平，但是对于氮肥的依赖程度仍然高于上海农业和全国农业的平均水平。这意味着，当地政府引导水稻和小麦种植户减施氮肥的举措具备潜力和空间。其次，上海地区水稻二氧化碳当量的边际减排成本显著高于小麦。也就是说，水稻种植户为每单位二氧化碳减排量所需付出的经济代价高于小麦种植户。最后，如果将个体理论补偿标准的平均水平作为补偿标准，那么水稻和小麦种植户参与氮肥减施项目的比例预计分别不足 40%；假设种植户参与氮肥减施项目的比例为 100%，那么水稻和小麦种植户氮肥减施的补偿标准预计将分别达到 20.87 元/kg 和 6.93 元/kg。

从对菜农和果农的研究中可以发现：通过参数化的方向产出距离函数，计算 2015 年上海地区蔬菜和水果农业二氧化碳当量的影子价格，估算菜农和果农减施氮肥的个体理论补偿标准分布的平均水平分别为 3.55 元/kg 和 146.73 元/kg。假设按照该平均水平进行补偿，菜农和果农参与项目的比例预计分别接近 80%和 60%；假设 100%的参与比例，菜农和果农的补偿标准预计应分别达到 30.30 元/kg 和 379.61 元/kg。

根据上述研究结论，本书尝试提出了以下三点建议。第一，建议根据氮肥减施的数量目标、种植户参与项目的人数目标以及补偿资金的预算，结合实际生产情况，制定相应的补偿标准，引导种植户加入氮肥减施的项目中来。第二，尽管氮肥减施项目的出发点在于减少农业温室气体的排放，但是氮肥减施对上海地区气候、生态和环境改善发挥的作用却不仅限于此。与此同时，从促进生态绿色现代农业发展的目标出发，上海市政府已对诸如种植绿肥、施用有机肥的农户给予补贴。因此，建议协调氮肥减施项目和现有生态绿色现代农业项目之间的关系，发挥好不同项目间的互补作用，为当地低碳农业和生态绿色现代农业的发展贡献力量。第三，氮肥减施项目的实行需要配以完善的监测体系。建议进一步加强上海地区水稻和小麦种植户氮肥施用监测体系的建设和管理，实现补偿款项的有的放矢，促成补偿项目发挥有效引导种植户减施氮肥的作用。值得指出的是，本书虽然是运用上海地区数据对种植户氮肥减施的补偿标准进行的分析，但其研究运用的方法、得出的结论、提出的建议等，试图对全国面上进一步深化低碳农业发展的战略举措研究提供借鉴、参考。

第 15 章 农业直接减排与间接减排效应对比

15.1 农业排放及相关研究

在狭义层面上，农业专指种植业；在广义上，其还包括林业、畜牧业、渔业以及相关服务业。根据《中华人民共和国气候变化第二次国家信息通报》的统计，农业是 CH_4 和 N_2O 的主要排放源，2005 年 CH_4、N_2O 的排放量为 8.20 亿 t 二氧化碳当量，在排放总量中占比为 10.97%，高于工业生产过程（10.26%）。农业的直接排放占比如此之高，部分源于农户为了确保高产，采取不当农业生产方式所致，这一局面亟待改变。农业温室气体的源排放主要来自种植业与畜牧业，据统计，2005 年我国农业的 CH_4 和 N_2O 排放量分别为 3.74 亿 t 和 4.45 亿 t，在农业温室气体的总排放量中占比为 45.7%与 54.3%，其来源具体可分为四大类，即：水稻种植过程中的 CH_4 排放、施肥造成的 N_2O 排放、反刍动物肠道发酵的 CH_4 排放以及动物废弃物管理过程中的 CH_4 和 N_2O 排放。除此直接排放外，还存在大量的间接性排放，这在种植业上尤为突出，如农机使用，乃至化肥、农药、农膜等投入品自身生产过程中的能源消耗等。谭秋成（2011）的测算发现，化肥、燃料、农药、农膜等投入引起的间接排放不断增高，2009 年已占到总排放的 34.14%。这表明，农业生产与能源活动紧密相关，在减排上不应割裂看待。种植业的集约化生产，不仅需要减少农业上的直接排放，还应尽量减少种植过程中的投入，来抑制潜在能源活动造成的间接排放。

低碳农业就是通过现代科学技术和管理手段的运用，同时融合绿色环保以及资源循环的理念，将整个过程中的直接、间接排放尽可能降低的农业生产方式。农业低碳化对地区产业化水平、技术保障体系、配套服务和能力建设等方面的要求较高,是对既有农业产业体系、农业生产体系、农业经营体系的全新再造。目前理论层面存在大量空白,农业低碳化在途径、潜力和间接减排效应等方面也都缺乏深入认识,这成为限制其生产实践的主要原因。鉴于此,本章进行了定量化研究,将描述农业系统的 DNDC 模型与涵盖农业部门的 CGE 模型在作物投入产出上进行链接,以便对不同途径采取措施进行减排的潜力以及间接效应进行测度,试图为农业减排实践方案以及相关政策的制定提供依据。

国外学者关于农业温室气体减排的研究起步较早,涉及内容相对全面,特别是 Smith 等(2008)的研究,Smith 集结了国际农业源温室气体排放领域 20 位优秀学者,全面总结了农业领域 6 个大类 21 个小类的减排措施,包括耕地管理措施、畜牧业管理(喂养实践和畜禽粪便管理)、增汇措施(牧场、草场管理和土壤恢复)以及发展生物质能源。McCarl 和 Schneider(2000)发现,不少农业减排措施的成本仅为 10~25 美元/t CO_2,而工业部门的减排成本高达 200~250 美元/t CO_2。可见农业减排的成本并不高,这方面的潜力很值得挖掘。

国内外经济管理领域关于农业源温室气体减排的研究,大致可以分为三类。第一类研究,采用计量经济方法,通过计量回归分析、识别温室气体排放的主要驱动因素。例如,陈卫洪和漆雁斌(2010)对影响 CH_4 排放的相关因素进行回归发现,水稻种植结构、畜牧养殖方式、稻谷种植面积及牲畜饲养数量对农业源 CH_4 排放具有重要的影响作用。又如,冉光和等(2011)利用向量自回归模型检验了投入要素变动对农业温室气体排放的影响,研究结果发现,农业机械与农用电力的增长是导致碳排放不断增加的关键原因。第二类研究,基于因素分解法,主要核算各影响因素对温室气体排放变动的独立贡献程度。例如,李国志和李宗植(2010)使用 LMDI 法,对中国农业在 1981~2007 年的能源碳排放进行因素分解认为,经济增长是农业碳排放最主要的驱动因素;技术进步对农业减排有较强的促进作用,但存在一定的随机性;能源消费结构的恶化增加了农业碳排放。又如,李波等(2011)通过 Kaya 恒等式进行因素分解发现,与基期相比,1994~2008 年中效率因素、结构因素、劳动力规模因素对碳排放量产生了抑制作用,分别累计实现了 12.95%、26.62%、33.29%的减排;而农业经济发展对碳排放具有推动作用,累计产生了 154.94%的碳增量。第三类研究,该类研究属于复杂系统仿真,通过大量方程刻画经济系统的运行,从而对特定问题进行分析。例如,Golub 等(2009)将全球贸易分析模型用于农田化肥使用、稻田种植以及畜牧业废物处置领域的减排政策措施模拟,同时测度了林业用地增加带来的增汇效应,由此对全球农林业减排增汇的潜力与成本进行了系统研究。又如,郑一萍和王铮(2005)在状态依存(state-contingent)模型的基础上进行了修改,将碳汇投入占新增投资比例作为控制因子,从而定量分析增汇减排的现实可行性。以上两项研究都基于大型经济学模型,将一些关键变量参数化进入相应模块，进而分析农业或者林业减排增汇措施产生的复杂影响。另一种方式是将农业系统模型与经济学模型对接，进而全面评价农业减排政策。以本章所选的 DNDC 模型为例，Neufeldt 等（2006）将其耦合成一个描述作物与畜牧生产的农场经济模型使得农业的温室气体减排与经济可行性能够通盘考虑；而 Leip 等（2008）则结合了大尺度经济模型共同农业政策的区域性影响（common agricultural policy regional impact assessment，CAPRI），从而将市场供求、环境政策以及不同经济主体行为等要素纳入进来，以便综合地探讨欧洲耕地的土壤碳氮流失问题。

就上述第三类研究而言，如果不将经济学模型与农林生态模型结合起来进行分析的话，那就需要在农业经济学模型中引入减排模块，依靠一些关键参数将经济变量与排放量挂钩。在参数关联的实践中，往往采用《2006 年 IPCC 国家温室气体清单指南》所提供的排放系数、调整系数与转换系数，根据情景选择最合适的参数值输入模块。这种方法操作上虽然较为简单，但受限于列举的少数减排情景，更无法同时得到作物产量、土壤固碳量等关键信息。因此，为了突破这种局限，本章将 DNDC 模型与 CGE 模型在微观层面上进行耦合，试图能精确地测度不同减排途径的直接和间接效果，同时可以看到经济层面的影响，这有助于对农业低碳化发展进行综合探讨。

15.2 模型说明与数据来源

15.2.1 DNDC 模型与数据库介绍

DNDC 模型是由美国新罕布什尔大学地球、海洋与空间研究所李长生教授开发的一个大型生物地球化学模型（Li et al.，1992）。DNDC 模型刻画了整个农业生产的科学过程，能被用于模拟农作物产量、土壤固碳、硝态氮淋失以及碳氮等多种气体的直接排放量。大量实践已经证明，该模型能够较好地模拟土壤固碳和温室气体排放，已被 IPCC 推荐为农业温室气体排放计算和认证的模型之一。

应用 DNDC 模型进行区域范围的研究，需要构建包含区域地理信息、气象信息、作物信息、土壤信息、管理措施以及其他通用资料在内的数据库。20 世纪 90 年代后期，李长生教授通过与国内科研机构的多年合作，完成了中国 DNDC 模型数据库的建构。这一数据库将中国分为 2 473 个格点，给出了各格点的地理位置、气象条件、土壤性质、种植系统、农田管理方面的信息，以及植物生理/物候学参数、土壤水热性能参数等通用数据,其中土壤信息、种植系统与农田信息数据对应时间为 2007 年。

本章将上海地区的相关数据从上述数据库中提取出来,以 DNDC(9.5 版本)为运行平台,形成了上海地区 DNDC 模型。上海地区包含 11 个格点,分别为上海市区、嘉定、宝山、浦东(川沙)、浦东(南汇)、奉贤、松江、金山、青浦、闵行与崇明。农用地共计 244 867hm², 其中 15 331 hm² 为荒地;实际种植面积 229 536 hm², 包含 197 127 hm² 的轮作地。种植的农作物包括玉米、冬小麦、大豆、春小麦、甘蔗、燕麦、高粱、棉花、马铃薯、甜菜、水稻、花生、油菜、烟草、小米、向日葵、豆类与其他蔬菜,共计 18 种。

农田管理涉及肥料、农药、耗能以及灌溉等方面。由《中国统计年鉴 2008》可知,2007 年上海化肥施用量为 56.84 万 t, 折纯为 14.08 万 t, 平均每 hm² 农田施用化肥 613.41kg。具体来说,氮肥 8.27 万 t、磷肥 1.32 万 t、钾肥 0.57 万 t、复合肥 3.92 万 t。对于复合肥,由于配方不同,每种营养元素的折纯量存在差异,但若以最为常见的氮磷钾复合肥为例,考虑其每种元素折纯量均等,可以推算出农业过程中最为重要的氮素折纯量总计为 9.58 万 t。根据《上海经济年鉴 2008》,2007 年上海施用有机肥 12 万 t, 氮素折纯量为 0.208 8 万 t[①]。根据《上海统计年鉴 2008》,农药施用量 0.81 万 t(即 35.28kg/hm²),机耕面积 16.51 万 hm²。在灌溉系数设定上,本章将数据库内各格点系数根据对应种植面积进行加权平均,计算得出均值为 88%, 较高的灌溉幅度有利于土壤有机质形成,从而增汇减排。

15.2.2 CGE 模型的构建与数据来源

CGE 模型的行为主体包括 50 个行业、政府、企业和居民户,生产要素包括劳动力和资本。目前国内的 CGE 模型大多以翟凡等(1997)开发的中国经济一般均衡模型为基础。就行业划分而言,大体上延续了传统的 42 部门分类方法,但出于研究需要,拆分了其中几个部门,具体是:①将农林牧渔业细分为农业、林业、畜牧业、渔业和农林牧渔服务业;②石油化工、炼焦及核燃料加工业分为石油及核燃料加工业和炼焦业;③将肥料制造业从化学工业中独立出来,并且拆

---

① 上海施用的有机肥均由鸡粪加工而成。新鲜鸡粪的含氮量较高(1.63%),但有机质含量不高(25.5%),这使得碳氮比偏低,不利于农业生产。因此在鸡粪干燥之后的加工过程中,会补充一些碳氮比较高的辅料,如秸秆、枯树叶或者锯末。目前的有机肥国家行业标准规定有机质含量不得低于 45%, 假定碳氮比调高至 15 的话,鉴于有机质含碳为 58%, 可以计算出干品有机肥含氮量为 1.74%, 从而上海 2007 年有机肥的折纯量约为 0.208 8 万 t。

分为化肥制造业与有机肥制造业①；④将农药制造业从化学工业中独立出来，最终形成50个行业部门。为了与DNDC模型配套，本章构建了2007年上海社会核算矩阵，以便标定CGE模型中的相关参数，编制过程中所需的数据来自《上海统计年鉴2008》，部分无法直接查阅获得的数据依照社会核算矩阵（social accounting matrix，SAM）表的行列平衡性原则计算得到，其他所需要的弹性系数参见赵永和王劲峰（2008）。

1. 生产模块

上海目前各个行业的生产技术都较为成熟，产出中的增加值与各项中间投入一般保持固定比例，本章以列昂惕夫（Leontief）函数表示这种关系。在增加值合成上，本章将资本与劳动以常替代弹性函数（constant elasticity of substitution，CES）的形式予以嵌套。除了种植业直接排放之外，生产过程中的其他温室气体源于石油、煤炭和天然气的消耗，在计算上通过排放因子折算加总。

2. 收入支出模块

企业的收入来自资本报酬和政府对企业的转移支付，其支出包括对居民的转移支付、对政府缴纳的税费。其中，政府对企业的转移支付、企业对居民的转移支付占企业可支配收入的比例以及企业缴纳税收的税率为常数。

居民的收入来自劳动报酬以及企业、政府、国内其他地区、世界其他地区的转移支付。居民的支出为各种商品的消费和对政府缴纳的税费。模型中假设居民的效用函数为柯布-道格拉斯生产函数，每种产品消费支出额占总支出的比例为常数。企业、政府、国内其他地区、世界其他地区对居民的转移支付为固定值，且居民的所得税率为常数。

政府的收入来自生产税、关税、居民所缴税费、企业所缴税费、国内其他地区对政府的转移支付，政府的支出为政府对各种商品的最终消费、对居民和企业的转移支付。

3. 贸易模块

上海作为一个港口城市，存在大量转口贸易，传统的进出口嵌套模式并不适用。由此，本章将市内商品需求与省际调出合成为国内商品需求，将市内生

---

① 144部门投入产出表中包含了肥料制造业，可以就此独立出来。结合刘洪涛等（2010）给出的化肥价格（1 200元/t）与有机肥价格（400元/t）、生产过程中的能源使用量；《上海经济年鉴2008》中的2007年有机肥使用量（12万t），《2008年中国经济普查年鉴》"规模以上工业企业主要经济指标"表中提供的氮肥制造与有机肥料及微生物肥料制造信息以及上海地方财政2016年对每t有机肥补贴200元的政策，将肥料制造业拆分成化肥制造业与有机肥制造业。由于有机肥运输成本高，故假设上海地区自产自销，生产量全部用于当地农业生产。

产商品与省际调入合成为国内商品供给，在不考虑进出口的情况下实现国内商品市场的出清。

4. 闭合模块

闭合模块包含三个市场的出清，即固定资本市场、劳动力市场与投资市场。投资市场采用投资驱动的约翰逊闭合，即政府通过控制支出实现储蓄与投资的平衡。同时假设社会固定资本与劳动总供给一定，并可以在行业之间流动。此外，国外储蓄额以及外省储蓄额外生，这样人民币汇率可以内生并被作为价格基准。

15.3 情景设计与模拟结果

15.3.1 农业减排的潜在途径与情景

就现有减排技术而言，上海地区潜在的低碳化途径大致可归结为三类，本章结合上海市农业委员会制定的《上海市农业生态环境保护与治理三年行动计划（2015-2017年）》（以下简称《行动计划》）予以具体说明。

1. 肥料管理

对于作物种植来说，土壤氮元素稀缺是限制作物生长的主要制约因素，所以施用氮肥成为增加产量的重要措施，也是 DNDC 模型仿真作物生长的核心依据。为了获得高产，我国农业生产中普遍存在肥料过度使用的现象。在条件合适的地区，可以通过测土施肥来减少施肥量，并结合秸秆还田以及施用有机肥来进一步降低农业对化肥的依赖度，从而抑制土壤的 N_2O 排放，推进土壤增汇以及其他产业的联动减排。

《行动计划》提出，2017年上海市化肥亩均使用量（纯量）降到26.5kg（即397.5kg/hm^2）以下，本章由此设计了情景1，参见表15-1。需要强调的是，作物吸收营养元素是存在一个比例的，由此，本章假定氮素折纯量与化肥投入量同比例变动。秸秆一直是重要的化肥替代物，但上海秸秆综合利用的发展方向并不完全是机械化还田，原因有二：一是早在 2008 年，还田方面的利用率就达到了 72.8%[1]，比例较高；二是秸秆还田存在一些制约因素，如作物轮作之间的播种

---

[1] 数据源于上海市发展和改革委员会与上海市农业委员会编制的《上海市秸秆综合利用规划（2010 年-2015 年）》。

茬口较紧，秸秆不易腐熟，影响后续作物耕作等，这使得还田提升空间不大，后续资源化利用方向应以食用菌基质以及有机肥辅料为主。目前，上海推广的肥料管理配套措施聚焦有机肥替代与测土施肥，具体细则为三年推广商品有机肥不少于 70 万 t，同时测土配方施肥应用面积不少于 150 万亩次。就有机肥施用而言，大致每年推广 24 万 t，约为 1 045.6 kg/hm²，若以氮素折纯量折算，约为 18.19 kg/hm²。

表 15-1 不同情景的具体说明

情景模式	情景说明
情景 1	化肥平均施用量（折纯量）降至 397.5 kg/hm²，有机肥施用量达到 1 045.6 kg/hm²
情景 2	农药平均施用量降至 17.4 kg/hm²
情景 3	单位种植面积油耗下降 21.53%
情景 4	每年首次播种前的犁地深度降至 10cm，单位种植面积油耗降幅达到 25.9%
情景 5	化肥平均施用量（折纯量）降至 397.5 kg/hm²，有机肥施用量达到 1 045.6 kg/hm²；农药平均施用量降至 17.4 kg/hm²，单位种植面积油耗下降 21.53%
情景 6	化肥平均施用量降至 397.5 kg/hm²，有机肥施用量达到 1 045.6 kg/hm²；农药平均施用量降至 17.4kg/hm²，每年首次播种前的犁地深度降至 10cm，单位种植面积油耗降幅达到 25.9%

2. 农药减量

农户出于保证收成的需要，通常过量施用农药。农药在田间的分解不产生直接排放，但农药生产不仅耗能，而且具有高污染性。减少农药的施用和生产，不仅符合低碳发展的要求，而且也遵循了绿色发展的要求。上海的农药施用量比较高，《行动计划》明确要求农药亩均使用量（实物量）降到 1.16kg（即 17.4 kg/hm²）以下，由此本章设计了情景 2。

3. 农机节能

农业生产涉及大量机械使用，其消耗了相当可观的油料。现有统计中并没有直接给出农业油料消耗的数据，本章对此进行了折算。根据历年的《中国能源统计年鉴》，2007 年之前，上海农、林、牧、渔、水利业油料消费量在 41 万 t 左右，而 2008 年之后这一数据降为 31 万 t 左右，降幅达 10 万 t。可能的原因是，2004 年生效的《中华人民共和国农业机械化促进法》要求中央和省级财政对农户购置农机给予补贴，并不断提升补贴幅度，促使农户更新了大量通用类机具，相应节能作用在 2008 年具体表现出来了。2007 年农、林、牧、渔、水利业耗油量为 40.32 万 t，2012 年降为 31.64 万 t，如果产业比例保持不变的话，那么能效提高带来单位种植面积油耗下降幅度约为 21.53%，由此设置情景 3。为了拆分出种植业的具体耗油量，本章借助了 2012 年上海市投入产出表（国家统计局国民经济核算司，2016）中"石油及核燃料加工业"行数据的对应比例，推知 2012 年种植业耗油约 3.56 万 t，而 2007 年耗油量为 4.54 万 t。

农机活动中占比最高的部分是运输，但这并不直接作用于农业系统，能对种植业产生直接影响的农机活动主要是耕作，这也是目前农业节能的潜在渠道。保护性耕作指的就是降低耕作次数与强度，从而减少机械耗能。目前而言，由于农村缺乏青壮年劳动力，耕作次数已普遍减少到最低需要次数，耕作仅在以下两种情况中发生：一是每年首次播种前用犁耕地，由于犁地较深（通常为 20cm），该次作业的耕作强度一般较大；二是在收获的时候，农户操作收割机粉碎秸秆，同时利用旋耕机进行翻土，此时耕作深度较为有限（通常为 10cm）。如果能降低前者的犁地深度，那就能省下不少油料。根据 Dalgaard 等（2001）的研究，20cm 左右深度犁地耗油为 20 升/hm^2，10cm 左右深度犁地耗油为 6 升/hm^2，本章将其作为参考值。由于机耕面积约为 16.51 万 hm^2，那么浅耕可以实现油料节约 231.14 万 L，即 0.196 万 t。加上前述机具更换产生的节能效应，单位种植面积的油耗累计下降 25.9%。此外，保护性耕作还能减少土壤透气性和好氧微生物的活动，增加土壤有机质，从而实现增汇减排，这一效应可以通过 DNDC 模型得到有效模拟，参见情景 4。

以上措施的实质是农业种植和管理的科学化和集约化，运用得当的话，可以在稳定产量的前提下降低生产成本、提高农产品的品质与安全性，有利于提高农民收入。这就为农户主动采取减排措施提供了正向激励，切实降低了低碳农业的推广难度。现实中往往多种措施并用，需要进行综合情景模拟（情景 5 与情景 6），由此反映农业直接排放的减排潜力。

15.3.2 基于 DNDC 模型的农业直接排放模拟

农业收入往往与产量直接挂钩，导致产量是农业生产中关注度最高的变量。相应地，本章在 DNDC 模型土壤参数设定上选择关注产量，即要求模型选择与产量最为紧密的几个参数进行仿真。同时需要说明的是，模型中所谓的产量指的是所有作物果实中所含碳元素的质量总和，由于碳元素在果实中的比重较为稳定，所以含碳量的变动可以近似地看作产量的增减。

在如上设定下运行 DNDC 模型，基准情景中，上海地区种植业共计排放 0.459 1 万 t N_2O 与 22.21 万 t CH_4，根据增温潜势参数[①]依次折合为 136.81 万 t 与 555.33 万 t 二氧化碳当量。由于土壤同时固碳 118.81 万 t 二氧化碳当量，通过累

---

① 根据 IPCC 2007 年给出的增温潜势参数，N_2O 和 CH_4 百年尺度上的增温效应分别是等质量 CO_2 的 310 倍和 21 倍。

加和抵扣，共计排放 573.33 万 t 二氧化碳当量。

政策情景通过调整 DNDC 模型中相关参数予以实现，模拟结果参见表 15-2。其中数据表示各情景下农业产量、温室气体排放量与固碳量相对于基准情景的改变幅度。情景 1 中化肥施用量减少 35.2%，同时有机肥使用量翻倍，在降低 N_2O 排放、增加土壤有机质方面发挥了积极作用，但 CH_4 排放量有所上升。农药性质通常较为稳定，分解过程中一般不直接产生温室气体，所以本章假定农药量改变不直接影响农业过程，即情景 2 中变化率均为 0。情景 3 中油耗下降源于农机能效提升，与种植过程无关，所以变化率也均为 0。情景 4 中降低了耕作强度，起到了降低 N_2O 排放、增强土壤固碳的作用，但 CH_4 增加较快，使得最终排放量反而上涨了。考虑到农药减量和农机能效提升并不会直接影响农业生产，情景 5 的 DNDC 模拟结果等同于情景 1。情景 6 中，保护性耕作增加了 CH_4 排放量，部分抵消了 N_2O 削减与土壤固碳实现的减排量，导致减排力度不及情景 5。需要指出的是，这里的产量与排放变化是有前提条件的，即相同的种植面积。在现实中，由于减排措施会影响种植成本，所以种植面积也会相应发生变化，这就需要在 CGE 模型中得到综合模拟，进而得到最终的农业直接减排量。

表 15-2　基于 DNDC 模型的农业产量与排放变化

情景模式	情景 1	情景 2	情景 3	情景 4	情景 5	情景 6
产量	−0.42%	0	0	0.02%	−0.42%	−0.62%
N_2O	−42.48%	0	0	−4.88%	−42.48%	−46.05%
CH_4	2.56%	0	0	5.70%	2.56%	8.45%
土壤固碳	5.05%	0	0	10.46%	5.05%	14.78%
排放总量	−8.70%	0	0	2.19%	−8.70%	−5.86%

15.3.3　基于 CGE 模型的间接减排效应模拟

在 DNDC 模型与 CGE 模型的耦合上，一方面要将情景中的减排措施在 CGE 模型生产模块中予以实现，另一方面要将 DNDC 模型结果中的产量变化做成技术冲击引入 CGE 模型，并调整中间投入部分参数，以便确保单位种植面积对应的中间投入数量不变。情景 1 与情景 4 中的产量变化较大，参数调整就显得尤为必要。

在 CGE 模拟中，肥料管理表现为调整种植业中化肥和有机肥所对应的 Leontief 系数。为了实现精确施肥，需要对土样进行检验，由于测土成本很低，本章未予考虑。有机肥施用需要考虑运输成本以及施用成本，根据刘洪涛等（2010）的研究，每 t 有机肥的运输价格大致为 66.7 元，施用成本为 53.3 元，由此调整了种植业中交通运输及仓储业、农林牧业服务业的 Leontief 系数。农药减量表现为降低种植业中农药制造业投入品的 Leontief 系数，降幅为 50.68%。对于减少农业生产中的油料消耗，这在 CGE 模型中表现为调整种植业中石油及核燃料加工业投入品的 Leontief 系数。各个情景的模拟结果参见表 15-3，其中数据表示特定变量相对于基准情景的改变幅度。

表 15-3 基于 CGE 模型的经济发展与能源消耗变化

情景模式	情景 1	情景 2	情景 3	情景 4	情景 5	情景 6
GDP	−0.009%	−0.017%	−0.003%	−0.003%	−0.031%	−0.031%
第一产业增加值	1.252%	0.994%	1.258%	1.519%	3.637%	3.758%
第二产业增加值	−0.032%	−0.045%	−0.014%	−0.017%	−0.095%	−0.098%
第三产业增加值	−0.015%	−0.010%	−0.020%	−0.024%	−0.046%	−0.048%
煤炭消耗量	−0.025%	−0.010%	0.013%	0.016%	−0.023%	−0.023%
天然气消耗量	0.067%	0.046%	0.071%	0.085%	0.190%	0.196%
石油消耗量	−0.008%	−0.018%	−0.135%	−0.164%	−0.170%	−0.200%
种植业产量	2.372%	2.265%	2.868%	3.463%	7.779%	7.839%

根据 CGE 模型的仿真结果来看，由于种植业中间投入的削减，生产成本下降较快，促使行业规模扩张，导致种植业直接排放增加较快，在大多数情景中表现为行业总排放量净增长，具体情况参见表 15-4。此外，有机肥制造可以消耗畜牧业产生的部分粪便量，从而避免一些相关排放。根据周静等（2013）的研究，粪便以固态方式堆积弃置时并不产生 CH_4，但所含的部分氮元素会以 N_2O 的形式逐渐释放。不同环境中 N_2O 的排放量存在差异，每 t 粪便释放的 N_2O 在 1~20kg，本章采用了最低的排放因子（1kg/1t），同时假定 1t 有机肥大致需消耗 1.3t 禽畜粪便[①]，计算出了畜牧业的联动减排量（表 15-4）。就农业直接排放而言，肥料管理能发挥比较好的减排作用，而其他途径的可行性有待商榷。

表 15-4 不同情景下的温室气体排放变动量（单位：万 t）

情景模式	情景 1	情景 2	情景 3	情景 4	情景 5	情景 6
种植业	−35.236	12.986	16.443	32.835	−6.815	12.327
畜牧业	−4.909	−0.105	−0.133	−0.161	−5.414	−5.440
农业总计	−40.145	12.881	16.310	32.674	−12.229	6.887
煤炭	−2.499	−0.999	1.299	1.599	−2.299	−2.299
天然气	0.402	0.276	0.426	0.511	1.141	1.177

---

① 本章假定禽畜粪便存在 20% 的氮损耗，且辅料含氮量极低，那么根据 15.2.1 节中提及的有机肥折纯量数据可以计算出 1t 有机肥大致需消耗 1.3t 禽畜粪便。

续表

情景模式	情景1	情景2	情景3	情景4	情景5	情景6
石油	−0.696	−1.566	−11.742	−14.265	−14.786	−17.396
能源总计	−2.793	−2.289	−10.017	−12.155	−15.944	−18.518

注：表中数值以二氧化碳当量计

根据《中国能源统计年鉴2008》，上海2007年消费5 259.53万 t 煤炭、2 879.90万 t 石油以及27.78亿 m^3 天然气。结合秦昌波（2014）给出的 CO_2 排放参考因子：1.900 3kg CO_2/1kg 煤炭、3.020 2kg CO_2/1kg 石油与2.162 2kg CO_2/1m^3 天然气，可以知悉煤炭、石油和天然气燃烧释放出的二氧化碳当量分别为9 994.68万 t、8 697.87万 t 与600.66万 t，合计19 293.21万 t。本章根据表15-3中列示的能源消费量变化率，计算了能源活动方面的减排量，发现三种低碳农业发展途径在这方面都发挥了正向作用，农机节能的效果相对显著。种植业对应中间投入品的削减，确实会起到抑制相关行业增长的作用，但是挤出的要素资源会再配置到其他行业，产生能源回弹现象，抵消了部分的联动减排量。不过也正因为要素资源存在流动性，导致经济方面的负向冲击有限，即种植业的减排成本不高。

将直接、间接减排结合起来分析，可以发现，目前的减排重点应在肥料管理上，政府需大力促进测土施肥与肥料替代。保护性耕作并不适用于上海，况且深耕在农业上也有着一些不可替代的作用，如改善土壤理化性质、提高土壤与有机肥的融合度以及减少病虫害。就其他途径的可行性而言，关键是要避免种植业扩张带来的直接排放回弹现象，主要解决办法就是农业发展强调品质而非数量，通过增值销售提升行业收入，一方面满足城市高收入人群的高端需求，另一方面实现农户增收、缩小城乡差距的目的。只有遵循这样的发展模式，才能促进绿色现代农业的发展。

15.4　本 章 小 结

本章将DNDC模型与CGE模型在作物投入产出上进行链接，对肥料管理、农药减量以及农机节能这三个渠道采取措施进行减排的潜力以及间接效应进行了测度。研究发现：①肥料管理的减排作用最突出，是低碳农业发展的主要途径。此外，有机肥替代也有助于提升土壤肥力，并避免相关动物废弃物失当处置带来的关联排放，但CH_4排放有所上升。②保护性耕作会促进CH_4排放，无法从整体上实现减排目标。上海并不适合通过浅耕来减排，而且深耕晒垡在农业上有一些不可替代的作用,在有些情况下应给予鼓励。③种植业在直接排放方面存在较严重的回弹现象,应引起高度警惕。中间投入的削减,促使生产成本下降较快,扩大了种植面积,导致直接排放增加较快,并在大多数情景中表现为总排放量净增长。④种植业上的低碳发展措施能够联动能源消耗上的减排,尤其表现在农机节能方面。种植业中间投入需求的减少能抑制相关高耗能行业的增长,但由于要素资源具有流动性,会通过再配置到其他行业,产生能源回弹现象,抵消部分联动减排量,但这有利于降低减排成本。

上述结论为农业减排增汇工作的拓展提供了方向,可以进一步细化为以下四条建议:①政府应力推农业的低碳化建设,重视直接与间接排放上的削减协同性。就本章研究结果而言,农业减排不仅具有较大空间,而且可以为能源活动减排创造条件。②开展区域示范,推进化肥农药减量。政府可以选定一些田块开展种植示范,提升农户对于减少撒药施肥的信心,同时普及测土施肥以及高效低毒低残留农药。③出台各种鼓励措施,增加土壤养分与固碳量。有机肥施用与绿肥种植有助于提高土壤养分、改善土壤理化性质,还可以替代化肥。为了减排并保障农产品产量,可以采用化肥与有机肥混施的施肥方式。但需要政府配套各种补贴措施予以推广。④鼓励绿色农产品与有机农产品的认证和生产,助力农业向高端化和低碳化转型。随着社会发展,越来越多的消费者有意愿和能力购买高质量农产品,这也促使很多农庄和农场乐于走精品农业道路,主动进行绿色或有机农产品生产。

第 16 章　低碳农业发展的目标与战略

在上述研究框架内容下，结合我国农业发展的现实状况，本书从整体层面提出了我国低碳农业发展的战略原则、战略目标与重点、战略思路。

16.1　低碳农业发展的战略原则

鉴于我国的基本国情和农业发展的基础，本书认为，我国低碳农业发展应遵循以下原则。

16.1.1　适度低碳化原则

总体上，农业发展最首要、最根本的目的是解决粮食安全问题。低碳农业是纠正农业发展过程中对环境造成"负"作用的重要手段，也是支持农业、农村长远持续发展的基本方向。但是，低碳农业发展需要适度推进。

适度低碳化可以在不危及粮食安全的前提下形成较大的溢出效应，增加总体福利。过度的低碳农业发展或许会动摇粮食安全的基础，削弱其正的外部溢出效应，甚至降低总体福利水平（图 6-1）。一些实证研究的结果表明，适度低碳的现代农业是能够实现"低碳化高增长"。因此，发达大城市的郊区农村、中小城市的外围农村、发达的农村地区，以及落后的农村地区，都应当因地制宜，选择最适合的低碳农业发展模式。

16.1.2　集体行动原则

从成本收益来看，低碳农业发展的重要障碍之一是其具有很强的外部性。这一外部性常常表现为私人成本高于社会成本，私人收益大大低于社会收益，致使农户或农业公司不愿意积极发展低碳农业。因此，解决外部性是发展和推进低碳农业的必要步骤。

根据环境经济学原理，对于私人成本低于社会成本的负外部性可以征收庇古税，对于私人成本高于社会成本的正外部性通常表现为生产不足，可以通过补贴来激发生产者的积极性，弥补生产不足。但关键是基于量益补偿原则下补贴的额度和补贴主体问题。由于低碳农业的福利外溢分为5个层次（图7-1）：农户—农村—地区—国家—全球，对低碳农业溢出明显的农户所在农村村域及更高一级的城乡区域，可以通过乡镇—市县或省市级政府给予补贴，通常这一层级的补贴会在一定程度上得到大部分或全部的应份补偿。国家层次和全球层次的外溢，通常难以对应具体的收益对象以及收益份额和收益量，难以得到补偿，因此低碳农业只能在私人成本大于社会成本的条件下运行，难以激励和有效推动其迅速发展。

环境经济学的另一手段是构建农业碳交易市场，将通过计量和认证的低碳农业活动产生的 CO_2 减排量交由市场交易，让减排成本通过销售市场发现价格、补偿减排成本，同时激发低成本的低碳农业主体或项目形成增长优势，促进低碳农业的发展。但目前中国推进这一机制的力量不足，支持设施和交易主体都不成熟。而且这一机制也无法促使国家、全球层次的受益者自愿、自动地进入市场完成交易和补偿。通常情况下，低碳农业的减排点分散，其正外部性所涉及的溢出受益主体群庞大模糊，致使私人解决机制很难成效，且交易成本很高，阻碍了低碳农业的顺利发展。如果采用行政命令的办法，由于行政成本过高，且农户和农业公司等行为主体，同样难以得到足够的经济激励推行低碳农业，最终也难以形成有效的推动机制。

低碳农业的核心内容之一是减排温室气体。为全球提供共同的公共物品，应是全人类共同的行动，或者看成不同规模层次的集体或联合行动，而个体层次的行动则是降低碳排放的重要途径。可见，低碳农业的有效发展和减排温室气体的模式需要形成多层次政府、私人部门、非政府组织（non-government organizations，NGO）和农户等不同主体的合作。因此，从集体行动理论的视角，低碳农业发展必须坚守集体行动原则。

16.1.3 协同原则

低碳农业发展的内在机理在于资源约束下的农业生态系统、经济系统和社会系统的协同发展。根据协同理论，农业生态系统、经济系统和社会系统三者之间是一个动态的协同发展的过程，其整体作用的发挥是由低级逐渐向高级发展的。目前，我国农业仍处于三者整体作用不能充分发挥的初级协同发展阶段，石化农业的发展模式不仅使农业进入了高成本时代,而且其化学投入品和农机的低效利用所带来的土壤、水体、空气的立体交叉污染和食品不安全等严重的负外部性,亦使农业生态系统、经济系统和社会系统三者之间的矛盾不断深化。随着低碳农业等环境友好型发展模式的采纳推广,农业生态系统、经济系统和社会系统的整体作用将得到基本发挥,三者将进入中级协同发展阶段。随着低碳农业的全面推广,三者的整体作用将得到充分发挥,这也将标志着三者开始进入协同发展的高级阶段。

可见,协同理论可以成为构筑"农业生态系统、经济系统和社会系统"同步发展的基础理论,低碳农业的发展就是在三者协调发展的基础之上,使农业向更高一级的可持续发展方向演进的一种协同效应。因此,低碳农业发展必须坚持协同原则。协同创新思想应体现在低碳农业发展的全过程中,尤其是筛选和推广确定性强、可行性强、减排潜力大、对产量有增产或稳产影响、农户易于采纳的适用性减排技术和管理措施,并倒逼带动农业相关投入品产业转型,实现农业全产业链减排增效以及农业低耗低排和高产高效。

16.1.4 综合效益最大化原则

对于农业生产,世界各国均十分关注其综合效益的提升。鉴于此种情况,低碳农业发展的模式选择应当因地制宜,选择最适合当地的发展模式,以培育和发挥农业的多功能效应。另外,农业各种废弃物是发展可再生能源的主要原料,通过开发和利用可再生能源,将优化农村生产生活能源结构,从而直接体现低碳农业经济的核心内涵。因此,低碳农业不仅仅是要实现农业的基本目标——增加和保障粮食生产与供应,而且还要充分发挥低碳技术、理念和实践活动所产生的其他生态效应和社会效应,力求开发农业的多种有益功能,以实现综合效益最大化这一农业发展的最终目标。

16.1.5 促进乡村振兴原则

低碳农业的效应首先应当直接促进农业生产的发展,其次则应深刻影响农村的建设。因此,低碳农业的首要目标应该是改善农村发展动力,改善农村落后的土地利用方式,改善农村地区的环境,推动农村的可持续发展,缩小城乡差距。可见,低碳农业的发展应当坚持有利于解决"三农"问题,促进乡村振兴的原则。

16.2　低碳农业发展的战略目标与重点

　　低碳农业是一个复杂的工程，应当因时因地制宜，逐渐推进，分步实施，依靠低碳技术的装备和低碳理念的培育，发挥其直接效应和广泛的溢出效应，逐步把中国农业建设成低碳化、高产量、高品质和高效益的现代农业，使其在保证粮食安全、食品安全的基础上，发挥更大的社会和环境效应。在此，基于低碳农业的特点、发展的制约因素和可行性，本书制定了低碳农业发展的分期步骤和目标。

　　2018~2022年，基于国家《乡村振兴战略规划（2018-2022年）》实施的时点，在东部发达农业区及中西部的都市农业区和示范区，积极推进低碳农业的发展战略，全面实现初级水平的低碳与农业结合，力求实现零排放，全部农业碳排放比2005年减排10%以上。

　　2023~2028年，继续深入推进低碳农业发展战略，将东部发达农业区和部分中西部都市农业区建设成中等水平的低碳农业区，将其余中西部农业区建设成低等水平的低碳农业区，全部农业区碳排放比2005年减排20%~25%。

　　2029~2033年，因地制宜，强力推进低碳农业发展战略，将东部及中西部部分发达农业区建成高水平低碳农业区，将其余中西部地区农业区的低碳农业发展水平大大提高，将农业转变为提供净碳汇的产业部门。

　　从战略重点来看，首先，要将低碳技术创新作为实施低碳农业发展战略的首要重点；其次，要加强低碳农业基础设施和政策的制度建设；最后，要构建激励机制，因地因时制宜，采用多样化的灵活模式，推进低碳与农业产量、产值和品质的多重目标的实现。

16.3　低碳农业发展的战略思路

　　基于中国温室气体减排目标，中国农业减排应以技术创新为抓手，以制度供给为重点，以行为落实为根本，在政府推动、主体参与的条件下，出台农业排放总体规划与行动方案，从法律、标准以及奖惩层面制定规制与激励相结合的政策体系，进而促进不同行为主体参与到低碳农业的行动之中，在促进乡村振兴的过程中达到降低农业温室气体排放的目的。

16.3.1 构筑多元的低碳农业参与主体

低碳农业主体主要包括政府、NGO、农业企业、农户/家庭、低碳农业技术研究机构和生态实体等。这个主体群应是一个以政府为主导和关键力量,农户/家庭为核心载体和根本力量,低碳农业技术研究机构为推动引擎和创造性推动力量,农业企业为核心力量,生态实体为重要辅助力量,NGO为监督和随机推动力量的综合体(图16-1)。

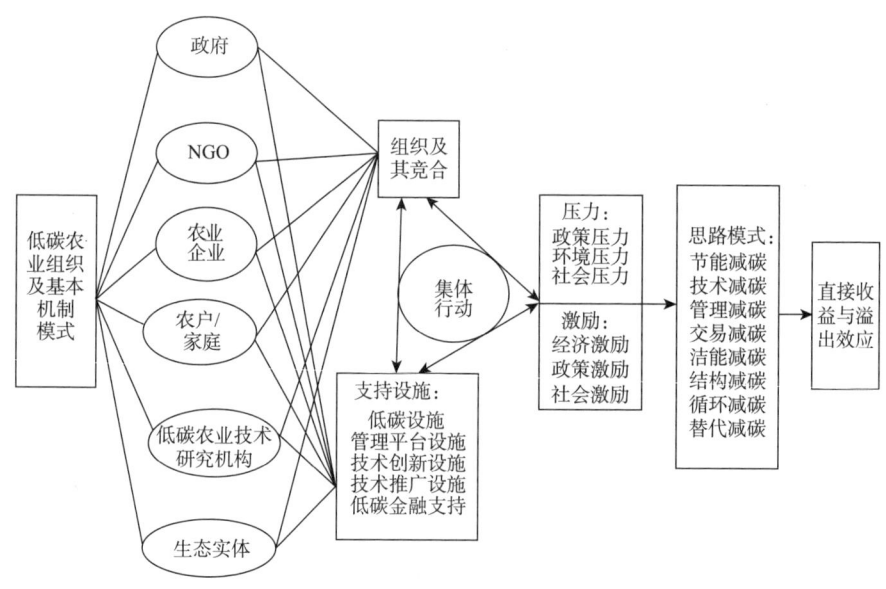

图 16-1 低碳农业发展主体

政府组织由垂直和水平两个维度分化为具有很强体系化的组织,它是参与低碳农业活动的关键,其一方面提供各种制度化、政策化的安排,制定调整低碳农业进程的积极激励性或消极激励性框架与政治文化,另一方面直接承担着部分低碳农业的社会经济类的低碳化活动,是低碳农业最重要的补贴源。

农业企业包括低碳农业公司、低碳农产品批发零售企业、低碳农产品加工企业、低碳农业技术支持企业等。农业企业是低碳农业发展的核心力量,它们既是管理者,又是被管理者。农业企业是否能够通过自身的内部战略安排和生态伦理文化的发展,形成内部一致性的、稳定的低碳化治理结构,是低碳农业发展的关键。这种低碳化治理结构既包括低碳、节能技术的研发和交易,也包括生产、运输、销售等一系列行为的低碳化,当然也包括其作为合格的企业公民而进行的慈善或公益性的低碳化活动。

作为一种有益的补充力量，近年来，NGO 在低碳农业发展中的作用不断增大。例如，非官方的低碳协会、环境保护协会、低碳论坛、低碳农业网、节能协会、节能网（论坛）等，作为松散的组织，其在宣传教育、自愿减排、以舆论倡导低碳农业生产生活等方面起到了越来越好的作用。

农户/家庭主要从生产及消费的诸多层面产生碳排放，进而影响低碳农业的发展进程，是发展低碳农业的根本力量。社区层面上的宣传、教育、引导，促进了农户节约投入，培育了社区家庭低碳产品的消费理念，如此家庭/社区将日益成为重要的农业低碳化治理中心。

低碳农业技术研究机构是低碳技术的供给者，也是重要的推广、示范组织，是实施低碳农业发展的重要创造性推动力量。

此外，低碳农业主体还包括生态保护区、生态园、生态农业园、有机绿色食品基地等平台性主体。这类生态实体以私人物品性或俱乐部产品性的方式治理，具有吸纳 CO_2 和若干污染物的功能，日益成为低碳农业发展中不可忽视的力量。

16.3.2 制定全面的政策支撑体系

低碳农业具有较强的外部性，因此，需要政府的介入予以推进。低碳农业的政策体系不仅包括制定农业减排的目标与愿景，而且更应包括组合的政策工具，针对全产业链进行规制与激励。要建设全国统一、有效的规范管理低碳农业的法律法规体系，以及对非规范经营迅速做出反应的应急机制，为低碳农业发展创造良好的外部环境。在政策体系中，激励机制应是政策着力的重点。农业碳减排及固碳行为与特定环境结果间存在的不确定性、难以准确对应性，以及减排固碳效果的时滞性，都使得农业参与碳市场交易，进而激发农户碳减排行为，实现个体利润最大化变得十分困难。同时，农业非点源污染的自然属性和农业重要的基础地位，亦使得对农业"高碳"行为征税存在困难。因此，低碳农业巨大的正外部性需要财政转移支付来支持。从世界各国农业环境政策的实践经验来看，对农户减排固碳的正外部性给予补贴，从而激发农户"抑源促汇"的办法可行。具体而言，可以通过科学管理、精准配方施肥、提高氮的使用效率、减量施肥及农药投入、作物轮作固碳、选择特定的施肥时间、增加土壤固碳能力、施行粪肥应用技术、投资禽畜粪便利用设备、少耕免耕及秸秆还田、应用农林复合生态系统增加土壤固碳能力、恢复泥沼质土增加土壤固碳能力、恢复退化质土增加土壤固碳能力、恢复维持绿篱增加土壤固碳能力等方面给予一定补贴，提高农户或农业公司发展低碳农业的积极性。此外，由于低碳农业发展需要在不同层面上进行投资，因此，还应支持低碳农业的绿色金融政策，构建低碳农业的绿色信贷支持体系，帮助农户及贫困地区改善低碳农业发展条件，增强农业应对风险的能力，促进农业的减排。

16.3.3　建立统一的农业碳排放规则和认证体系

农产品认证制度是国外农业碳汇交易的形式之一，而其认证标准制定的科学性以及度量、监测、认证费用的合理性是影响整个碳补偿或碳交易项目实施的重中之重。从长远角度来看，设立农业统一的碳排放及交易标准和规则极其重要。2007年6月，由美国环保协会和杜克大学等研究机构共同出版的《农业林业低碳经济应用》（以下简称《杜克标准》）正式发布。该标准为农业减排项目提供了全面的温室气体减排认证和测量方法。如果这一标准得到IPCC的认可，将极有可能成为全球农林业碳排放交易的统一强制标准。美国环保协会已经在中国新疆、四川开展多项农业减排项目试验，而这其中的认证测量办法都要求依据美国《杜克标准》核算碳排放额度。本书认为，可借鉴《杜克标准》，并结合中国农业生产和农产品市场及消费者的特点，制定全国统一的农业碳排放规制，建构低碳农业的认证体系，进而保障低碳农业健康推进。

16.3.4　创新低碳技术，加强低碳农业基础设施建设

目前，低碳农业发展存在基础设施严重不足的问题，如许多农业地区的清洁能源型低碳农业缺乏良好的发电上网链接，适于小型供电系统的区域缺乏分布式电网；几乎所有的粗放农业区缺乏系统管理和低碳农业技术供给，对于农业污染区缺乏修复支持等。究其原因，主要在于低碳农业具有很大的外部性，承担着一定公共物品的重任，需要以政府为主导进行低碳技术研发，投建低碳农业基础设施。具体而言，应尽快在以下几个方面开展努力：一是按照农业区特点建设一批国家低碳农业技术研发创新和转移孵化技术工程中心；二是建设低碳农产品监测、认证中心和服务网络平台；三是建构全国低碳农业数据库、低碳农业技术数据库、有机农业数据库等；四是扩大国家级有机农业基地、生态农业基地和低碳农业基地建设；五是积极构建低碳农业技术服务系统，建设发展低碳农业的水利设施、科技设施、市场交易设施等；六是加大与低碳农业相关的科学管理理念与方法的普及推广力度以及促进创新技术扩散政策的执行力度；七是注重低碳农业示范区建设，推出一系列低碳农业发展的范式和途径展示，引导农户、涉农企业及基层政府重视并积极参与低碳农业的建设，进而促进其发展。

16.3.5 结合乡村振兴战略规划，发展低碳农业

低碳农业与乡村振兴、解决"三农"问题密切相关，应将低碳农业的发展建立在这些问题的解决之上。首先，应以低碳文化和技术装备农民，提高农民的低碳知识水平、节能意识、耕作技术、施肥技术，转变农户的认知与态度，使之从根本上重视化肥农药管理及低碳化管理，进一步探索建立农户关于低碳农业知识和技能培训效果的考评与激励机制，调动农民参与培训的积极性，提高农民素质与综合培训效果。其次，在农业农村发展中，建立健全低碳技术推广支撑体系，如深化沼气工程、秸秆利用、节能节水节肥减（农）药技术和分布式电网技术的应用，开发农村清洁能源技术（光热利用技术、风能利用技术等）。最后，要创新化肥农药施用模式，提高化肥农药利用率，要探索农业补贴的交叉承诺机制（即只有在满足化肥农药规范使用的基础上，才能申请生态补偿、农业综合补贴以及土地流转费用补贴、各类农业项目补贴等），规范农户的化肥农药投入，从而在降低碳排放的同时，降低农业投入成本，增加农民收入，缩小城乡差距，扩大社会和生态效益，改造并美化农村环境，推进美丽乡村建设，进而推动城乡融合发展。

16.4 本 章 小 结

发展低碳农业，促进农业温室气体的减排，已经成为我国农业发展的基本方向。本章基于我国农业发展的现实需求及发展环境，提出了我国低碳农业发展的基本战略原则及目标。本书认为，在我国低碳农业的发展过程中，要遵循适度低碳化原则、集体行动原则、协同原则、综合效益最大化原则、促进乡村振兴原则。在低碳农业发展的目标方面，可分三步走：第一阶段，到 2022 年农业碳排放要比 2005 年减排 10%以上；第二阶段，到 2028 年，农业碳排放比 2005 年减排 20%~25%；第三阶段，到 2033 年，要将农业转变为提供净碳汇的产业部门。在我国低碳农业的发展思路方面，应以技术创新为抓手；以制度供给为重点；以行为落实为根本；在政府推动、各类主体参与的条件下，出台农业排放总体规划与行动方案，从法律、标准以及奖惩层面制定规制与激励相结合的政策体系，进而促进不同行为主体参与低碳农业的行动，在促进乡村振兴的过程中达到降低农业温室气体排放的目的。

第17章 研究总结与政策建议

温室气体排放是导致全球气候变化的重要原因。为将21世纪全球平均气温上升幅度控制在2℃以内，全球都在积极采取行动。中国作为目前温室气体排放量最高的国家，已签署加入《巴黎协定》，并向国际社会承诺：到2030年，单位国内生产总值CO_2排放比2005年下降60%~65%。在此背景下，减排已成为我国发展过程中的硬约束。农业作为国民经济的基础性行业，其温室气体排放量占人为性温室气体排放量的五分之一以上，但在减排过程中，农业的作用往往容易被忽略。为此，本书充分分析了农业温室气体排放的现状，在此基础上，特别选取我国农业温室气体的重要排放源，即稻田肥料管理进行深入细致的试验研究，考察了不同施肥方式下温室气体排放的差异，并基于DNDC模型，对不同条件下最优的施肥方式进行了模拟。在试验研究之后，本书又从经济激励视角对农业减排的补贴标准进行了研究，定量考察了农业减排的成本。最后，提出了我国低碳农业发展的相关战略路径。

17.1 主要研究结论

通过研究，本书主要得出以下结论。

一是气候变化下极端天气会对经济造成影响，特别是对农业产出产生较大影响。气候变化不仅会对生态系统造成严重的影响，还存在潜在的经济效应。本书利用1996~2012年中国县级层面地面气象数据和经济统计数据考察了日值天气因子分布的年际变化对年度经济总产出的影响。研究表明：首先，平均气温对地区生产总值的非线性影响存在不对称性特征，高温和极端高温天气的增加会对地区生产总值造成显著的负面影响，相比日平均气温为[10, 15)℃的参照区间，一年之中日平均气温介于[20, 25)℃、[25, 30)℃的高温天气和≥30℃的极端高温天气每增加一天将使得该地区年度生产总值分别降低0.055%、0.064%和

0.075%。与此形成鲜明对照的是，极端低温（比如<-15℃）天气的变化并不会对地区生产总值产生显著的负面影响。此外，降水量的变化也会影响经济总产出。与零降水情形相比，一年中介于0~20mm的低强度降水天气的减少将会导致该年度地区生产总值出现下滑，而日降水量>50mm的极端降水天气的变化并不会对该地区年度生产总值造成显著影响。其次，对地区生产总值实施进一步分解后发现，尽管天气波动会对非农业部门经济生产造成一定的影响，但经济中的农业部门（包括粮食、棉花、油料和肉类等子部门）才是天气因素作用于经济总产出的主要渠道，高温、极端高温和极端降水天气的增加都会显著地降低农业部门的总产量和总产值。最后，研究发现，人类社会的经济生产活动能在一定程度上适应极端气候事件。例如，频繁地经历极端高温天气的地区在适应极端高温天气事件方面表现得更好，以农业为主的县（市）的农业生产活动抵御极端天气的能力更强。此外，人类发明的用于适应极端天气的现代设备，如家用空调，也能在一定程度上缓解炎热天气对农业部门劳动生产率的损害。总体来看，气候变化将导致极端天气的增加，而极端天气又会对经济，特别是对农业产出造成显著的影响。因此，对气候变化背景下温室气体的减排，包括农业温室气体的减排研究，不仅是保持生态系统平衡的要求，而且也存在经济效应。

二是我国农业温室气体排放对气候变化存在较大的影响，减排需求迫切。考察农业温室气体排放现状及排放源，是提出农业温室气体减排方略的基础。本书基于IPCC、联合国粮食及农业组织等相关机构的数据，对我国农业温室气体的总体排放状况进行了考察。并且，还基于DNDC模型，对我国不同区域的农业温室气体排放状况及驱动因素进行了研究。研究表明：首先，目前，源于"农业、林业和其他土地用途"的年度人为温室气体排放占各经济领域温室气体排放的21%，如果加上农业食品链直接和间接产生的排放，则占总排放量的比例将增至三分之一。从排放源来看，全球范围内反刍动物的肠道发酵是农业温室气体排放的最大来源，占二氧化碳当量的39.77%，位居其后的是草场粪便，占到16.13%，然后是化肥。其次，我国是农业大国，农业温室气体的排放量也比较大。2014年我国农业温室气体排放为7.08亿t二氧化碳当量，是全球农业排放量的13.50%，占到了发展中国家和地区农业排放量的17.82%。从排放源的情况来看，以2014年为例，中国农业温室气体最主要的排放源为肠道发酵、化肥和稻米种植，分别占到农业温室气体排放的28.82%、21.83%和15.95%。再次，通过对不同区域农业温室气体排放的模拟可以发现，1995~2014年，除东部地区的农业温室气体排放量有所下降，其他地区的农业温室气体的排放均有所上升，西部地区上升了37.14%，中部地区上升了17.95%，东北地区上升了52.44%。从驱动因素来看，经济发展水平与农业碳排放呈正相关，而能源效率是重要的减排驱动力。

三是施肥对稻田温室气体排放有重要影响。在种植业领域,稻田种植和化肥施用是最重要的温室气体排放源。本书选择稻田为主要研究对象,通过田野试验,考察了不同施肥方式、硝化抑制剂等对稻田温室气体排放的影响。研究表明:首先,从不同施肥方式的影响来看,施肥会显著增加稻田系统呼吸作用的 CO_2 排放,但不同施肥方式之间的差异不显著;施用有机肥会显著增加稻田 CH_4 的排放,且稻田 CH_4 的排放主要产生于水稻淹水期;施用尿素会显著增加稻田 N_2O 的排放,稻田 N_2O 的排放对施肥和田间水分管理的变化十分敏感;从稻田 CH_4 和 N_2O 排放的综合效应来看,则是施用有机肥的稻田所产生的 GWP 最高,为 7 240kg CO_2/hm^2,显著高于施用尿素和施用混施肥的稻田。其次,在保证产量的前提下,合理的氮肥减量化对稻田 N_2O 排放具有显著的减排作用。观测结果表明,在不同施肥水平下,稻田 CH_4 排放差异不显著,N_2O 排放差异显著,在高氮(300 kg N/hm^2)处理水平下达到 0.71 kg N/hm^2,在低氮(150 kg N/hm^2)水平处理下为 0.23 kg N/hm^2。不同量的氮肥施入对水稻产量具有影响,氮肥施入量越多,产量越高,但单位产量所产生的 GWP 以在较低水平氮肥施入量时最低。合理控制氮肥施入,在保证作物产量的同时可减少温室气体的排放。最后,硝化抑制剂不仅对稻田 N_2O 排放具有减排效果,而且能够显著降低 CH_4 的排放。田间试验表明,与单施尿素相比,施入 DMPP 后,2012 年和 2013 年水稻生长季节的 CH_4 排放总量分别降低了 36.1%~46.9% 和 33.5%~53.9%,N_2O 排放总量降低了 38.8%~69.7% 和 71.6%~94.4%。减排效果以在施入水平为施氮量的 1% 条件下较为显著。

四是基于 DNDC 模型的模拟,研究了稻田温室气体减排的方案。在小尺度试验的基础上,本书进一步利用 DNDC 模型,以上海地区为研究对象模拟了不同施肥方式及稻田管理方式对温室气体排放的影响。研究表明:首先,若稻田单独施用尿素则最佳施肥量为 250 kg N/hm^2,且应分三次施用;若长期坚持施用有机肥则最佳施肥水平为 300 kg N/hm^2;稻田最佳施肥方式为 150 kg N/hm^2 的尿素和 100kg N/hm^2 的有机肥混合施用,其不仅能够维持最大水稻产量 8 400kg/hm^2,同时还能最大限度地降低稻田氮素流失对周边水环境造成的污染。其次,不同农田管理措施所排放的温室气体均不相同。在综合考虑作物产量、经济投入的基础上,可以通过降低氮肥施肥量、增加氮肥的利用率、选择合适的耕作管理措施等方法来实现减排的目的。在不改变其他农田管理措施的前提下,降低氮肥施入量可以有效实现减排的目标,干湿交替及中期晒田可以有效降低稻田 CH_4 的排放,在增加秸秆还田的基础上减少 50% 的施肥量可以实现协同减排的目标。免耕可以减少农田经济的投入,达到间接减排的目的。与上海稻田原有农田管理措施相比,实施氮肥减量化、秸秆还田及免耕措施,一方面可以降低农田经济及劳动力投入,另一方面可以在保持产量不变的前提下促进稻田减排目标的实现。

五是测算了温室气体减排的补偿标准。农业减排离不开相关主体行为的改变，本书在对农业排放现状及稻田减排路径研究的基础上，从经济学视角研究了以经济激励促进农业减排的补贴标准。根据农业温室气体的边际减排成本，政府可以通过其主导的低碳农业发展项目，对农户因采用低碳生产技术和管理模式引起的额外减排量进行补偿。研究通过参数化的方向产出距离函数，估算了1997~2014年我国31个省、区、市（不包括港澳台地区）农业二氧化碳当量的影子价格即边际减排成本。研究表明：第一，针对项目运行初期的补偿标准及其特点，从全国范围来看，农业二氧化碳当量的平均补偿标准应不低于24 148.99 元/t；从省级层面来看，不同省、区、市的补偿标准差异较大。第二，从低碳农业中长期发展来看，补偿标准随着农业二氧化碳当量的增加而提高，并且随着农业二氧化碳当量的减少而降低。第三，补偿标准将会随着促进农业二氧化碳当量增加的技术和措施（如氮肥施用量）应用水平的上升而提高，随着促进农业二氧化碳当量减少的技术和措施（如保护性耕作、机械化深施肥）应用水平的上升而降低。

17.2　政策建议

基于本书的研究可以看出，农业温室气体的排放占比较高，我国要达成减排目标须有农业部分的参与。并且，农业的减排存在较大的潜力，对水稻种植排放的研究表明，合理的肥料管理，完全可以在保证产量的条件下达到降低温室气体排放的目的。本书认为，要推进我国低碳农业的发展，首先，要从观念层面充分重视农业减排的重要意义，从而在政策的制定过程中引导社会资源投入农业减排活动中。其次，要有具体的举措，这可以分为三个方面，一是应该怎么做，即要对低碳农业技术、操作标准规范进行研究，明确怎么样才能进一步挖掘低碳农业的减排潜力。二是让行为主体获知应该怎么做，即要消除信息不对称，建立培训与指导体系，使应该怎么做的信息有效传递到相应的行为主体层面。三是促使行为主体按要求去做，即通过相关政策，建立约束与激励机制，改善农户行为。最后，要有相应的配套体系，支撑低碳政策的落实，如通过风险管理机制降低行为主体减排的风险，通过金融支持体系支撑农户等主体对低碳农业的投资，通过信息化技术的引入支撑相关主体的低碳作业，通过不断推进农业改革为低碳农业发展提供更好的条件等（图17-1）。

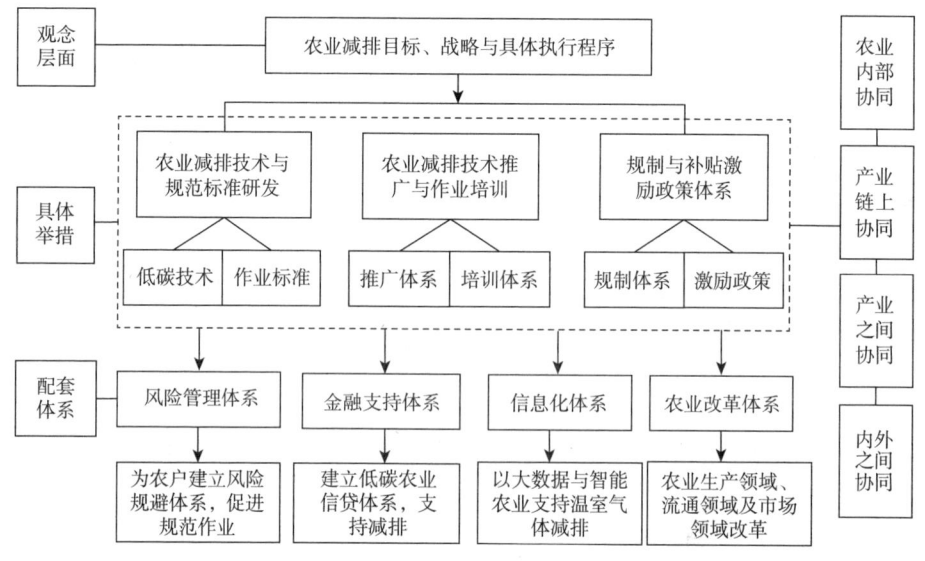

图 17-1 促进低碳农业发展的政策体系

17.2.1 制定相应的农业温室气体减排引领性文件

降低温室气体排放，减缓气候变化是人类面临的重大课题。我国作为温室气体排放量最大的国家，无论是从国际责任，还是从国内可持续发展视角来看，都应充分重视温室气体减排。当前，应该说国内对于减排非常重视，但对于农业减排的重视还不足，低碳农业更多地还停留在文件与口号层面。研究表明，农业是重要的温室气体排放源，国家要完成既定的减排承诺，应有农业部门的参与。而且，农业减排的成本并不高，如化肥的减量等，可以在不影响农产品产量的情况下实现减排。因此，我国应进一步重视农业的减排工作，将农业温室气体的减排置于更重要的位置，充分调动不同领域的资源投入低碳农业发展中，在进一步加强对农业减排潜力、路径的研究基础上，结合国际承诺与国内需求，制定相应的目标，出台系统性的文件，并且进一步细化到操作层面，如种植业、畜牧业、林业等领域温室气体减排的具体操作。

17.2.2 构建农业温室气体减排的技术与作业体系

一是要进一步开展低碳农业技术的研究与创新工作。技术改善不仅是工业减排的主要手段，农业温室气体排放的减量化也应更多地依靠技术进步。一方面，要开发合理的作业模式，如免耕作业、测土配方等，提高化肥等外源物质的利用效率，降低土地利用过程中温室气体的排放；另一方面，也要通过生物技术、肥料技术、栽培技术的研发，进一步降低农业温室气体排放的潜力。二是要制定低碳农业的作业标准与手册，并加强信息传递。在对低碳栽培技术与田间管理研究的基础上，应开发出可操作的低碳农业作业标准与手册，并通过农技推广体系等途径，向农业作业主体传递低碳农业的作业方法。尽管农业减排存在较大的潜力，但对于农户来说，他们在很大程度上并不清楚低碳作业的方式，由此影响了农业减排的效果。因此，在进行相关技术研究的基础上，还应特别重视技术与作业规范的推广，克服技术研发主体与农业作业主体之间的信息不对称，使农业减排的潜力真正转化为农业减排的现实效果。

17.2.3 优化稻田种植管理，促进稻田温室气体的减排

一系列的统计表明，种植业中的稻田是重要的温室气体排放源。因此，本书将稻田种植作为最主要的研究对象，通过田野试验及 DNDC 模型模拟，考察肥料管理等对温室气体排放的影响。在此研究基础上，提出以下建议。首先，进一步推进化肥减施。研究表明，我国稻田氮肥施用量处于较高的水平，氮肥的施用增加了温室气体的排放，适当的化肥减量并不会影响水稻的产量。因此，在我国化肥零增长约束的基础上，还应进一步促进化肥的减施。其次，实施有机肥与化肥的混施。在化肥减施的基础上，还可以探索化肥与有机肥的混施。尽管有机肥的施用对于增加土地肥力有着积极作用，近年来我国也在大力提倡施用有机肥，但研究表明，有机肥的施用会增加 CH_4 的排放，而化肥与有机肥的混施则一方面可以降低温室气体的排放，另一方面还可以保证水稻的产量。再次，激励硝化抑制剂的施用。硝化抑制剂不仅对稻田 N_2O 的排放具有减排效果，而且能够显著降低 CH_4 的排放。因此，可以从政策层面对硝化抑制剂的施用进行一定的激励。最后，优化综合稻田管理。在肥料减施、混施的基础上，进一步通过秸秆还田、免耕作业等，促进稻田温室气体的减排。一系列传统和改良的做法，包括水、秸秆和肥料管理，可减缓稻田 CH_4 的排放。例如，在种植季到来之前让稻田保持干燥，然后进行漫灌，可使 CH_4 减排 45%，且单产与完全漫灌稻田相当（Linquist et al.，2015）。

17.2.4 在促进农业温室气体减排的过程中，也要考虑农业的增汇

农业是碳源也是碳汇。在研究如何降低农业温室气体排放的过程中，还应进一步考虑农业的增汇。例如，改进耕作方式，通过可持续的土壤管理不仅可以提

高生产率、减少温室气体排放,还可以增加碳封存,提高土壤的固碳能力。另一种方案是通过使用覆盖作物、开展间作和混作农林业,增加作物光合作用,改变光合作用与生态系统呼吸作用之间的平衡,并且通过保护性农业,最大限度地减少对土壤的破坏等,促进农业发挥固碳的作用。此外,使用良种作物、种植固氮豆类,提高可用于还田的作物残余量,也能极大改善作物碳平衡(联合国粮食及农业组织,2016)。

17.2.5 从产业链和更大的系统视角,系统审视低碳农业的发展

农业是个大系统,农业的减排与其他行业也存在关联。因此,在促进农业减排的过程中,应从更大的视角和层面来审视减排效果,以达到综合效果的最大化。首先,要注重农业内部的协同,促进种植业、养殖业和林业的有机结合,农业系统多元化和"种-养-林"一体化,可提高农场整体效率,降低温室气体排放强度(Soussana et al., 2015)。其次,要注重农业产业链上碳排放的协同,大的农业系统涉及农资生产、农资运输、田间作业、农产品加工等多个环节,要综合农业产业链上的综合减排效应,如在农业的节能方面,粮食系统消耗的能源约占全球可用能源的30%,而其中70%以上为农场外消耗(联合国粮食及农业组织,2016),我们应从更大的系统层面审视农业的节能。最后,还应考虑国内外农业减排的协同问题,如适度利用国际市场,以国际贸易的方式减少中国农业碳的总量,同时防止国内土地的过度利用。

17.2.6 制定多样化的政策体系,激励农业温室气体的减排

农业温室气体的减排,存在较强的外部性,具有公共物品属性,因此,需要政府的介入。从宣传引导到法律性指令,低碳农业政策存在多样性,我国可以根据不同的对象与要求,采用不同的政策工具。从强制性规制层面来看,基于农业可持续发展的考量,我国可根据实际情况出台低碳农业的规制政策,以法规和标准的形式约束相关主体注重农业温室气体的排放。从激励性政策来看,当前我国农业还处于分散经营的阶段,促进小规模农户行为的改善,更现实的做法是采用激励手段。为了推进低碳农业的激励机制,需要构建农户的农业碳排放计量、测算系统,建设农业、农户碳排放交易机制,调动各层相关利益主体根据受益原则形成对应补偿机制。还应着力培养低碳农产品市场,培育消费者低碳农产品消费偏好和习惯,以市场方式激励农业、农户注重低碳农业发展。要注重将农业碳汇置于对全球人类正外部性的基础上,将农业碳汇推入全球交易市场和交易体系

中，形成其对全球生态贡献和外部性收益或成本的评价。对于微观农户的补贴，可以在都市农业发展较好的地区先行试点，以激励的方式促进农户行为的改善，实现农业温室气体的减排。

17.2.7　建立相应的支持体系，支持低碳农业的发展

在低碳农业发展的过程中，除了研发低碳农业技术、规范低碳农业作业，并通过相关政策激励与规制行为主体遵循低碳农业操作外，还应建立相应的低碳农业发展支持体系。一是要建立风险管理机制，农业生产面临着很大的不确定性，低碳农业对于农户来说不确定性更大，这种经营风险不仅是一种客观存在，而且农户心理层面也存在着一定的疑虑。因此，可通过种植环境条件预警、信息供给、保险机制的完善等，为低碳农业建立风险防范机制，这样，不但可以降低因应对外部环境的不确定而导致的减产，而且也可以弱化农户心理层面的疑虑。二是要充分利用大数据智能技术，支撑低碳农业的发展。农业温室气体的排放与经营者经营过程中信息的不对称有着很大的关联，如农户对种植作物的肥料需求不了解而导致过量施肥等，通过智能农业及大数据平台的支撑，可以实现精准农业，进一步提高农业作业的规范，从而降低不必要的碳排放。三是要提供相应的绿色金融信贷支持。低碳农业的发展以及农业对气候变化的适应，很多方面都需要投资。而农户往往自有资金不足，这就需要建立相应的信贷体系，对农户发展低碳农业予以支持。四是要推进农业改革，在推进乡村振兴战略中实现低碳农业发展。低碳农业的发展，应与农业改革相协同，一方面，要在振兴乡村的过程中实现低碳农业的发展，促进农业经济效益与生态效益的协同实现；另一方面，农业农村的改革，也将为低碳农业的发展提供相应的条件，如适度规模经营、农业组织化的发展都为低碳农业激励与约束机制的推进提供了条件。

参 考 文 献

白小琳, 徐尚起, 汤文光, 等. 2009. 不同耕作措施下双季稻田生态系统碳循环及其生态服务价值[J]. 农业环境科学学报, 28（12）：2489-2494.

蔡松锋. 2011. 中国农业源非二氧化碳类温室气体减排政策研究——基于一般均衡模型分析[D]. 中国农业科学院硕士学位论文.

蔡银莺, 余亮亮. 2014. 重点开发区域农田生态补偿的农户受偿意愿分析——武汉市的例证[J]. 资源科学, 36（8）：1660-1669.

蔡祖聪. 1998. 土壤质地、温度和 Eh 对稻田甲烷排放的影响[J]. 土壤学报, 35（2）：145-154.

蔡祖聪. 1999. 中国稻田甲烷排放研究进展[J]. 土壤, 31（5）：266-269.

蔡祖聪, 徐华, 卢维盛, 等. 1998. 冬季水分管理方式对稻田 CH_4 排放量的影响[J]. 应用生态学报, 9（2）：171-175.

曹建明, 左秀锦, 武志杰, 等. 2008. 几种吡唑类化合物的硝化抑制作用比较[J]. 中国土壤与肥料, （4）：53-56.

曹其炜, 茅国芳, 吴永兴. 2008. 沪郊农田化肥施用特点及其发展趋势探讨[J]. 上海农业学报, 24（4）：20-24.

陈春梅, 谢祖彬, 朱建国, 等. 2007. FACE 处理的小麦秸秆还田对稻田 CH_4 排放的影响[J]. 农业环境科学学报, 26（4）：1550-1555.

陈冠雄, 黄国宏, 黄斌, 等. 1995. 稻田 CH_4 和 N_2O 的排放及养萍和施肥的影响[J]. 应用生态学报, 6（4）：378-382.

陈泮勤, 王效科, 王礼茂, 等. 2008. 中国陆地生态系统碳收支与增汇对策[M]. 北京：科学出版社.

陈诗一. 2010. 工业二氧化碳的影子价格：参数化和非参数化方法[J]. 世界经济, 33（8）：93-111.

陈卫洪, 漆雁斌. 2010. 农业产业结构调整对发展低碳农业的影响分析——以畜牧业与种植业为例[J]. 农村经济, （8）：51-55.

承磊, 郑珍珍, 王聪, 等. 2016. 产甲烷古菌研究进展[J]. 微生物学通报, 43（5）：

1143-1164.

代光照. 2009. 免耕施肥对稻田土壤生物学特性及温室气体排放的影响[D]. 华中农业大学硕士学位论文.

丁维新, 蔡祖聪. 2003. 温度对甲烷产生和氧化的影响[J]. 应用生态学报, 14（4）: 604-608.

董红敏, 李玉娥, 陶秀萍, 等. 2008. 中国农业源温室气体排放与减排技术对策[J]. 农业工程学报, 24（10）: 269-273.

范纯增, 顾海英, 许源. 2013. 低碳农业园区建设研究——以东滩低碳农业示范园区为例[J]. 生态经济, 20（3）: 117-121.

葛慧敏, 陈璐, 于一帆, 等. 2015. 稻田甲烷排放与减排的研究进展[J]. 中国农学通报, 31（3）: 160-166.

耿春伟, 傅志强. 2012. 稻田水肥组合模式的 CH_4 和 N_2O 排放特征及其差异比较[J]. 作物研究, 26（B11）: 9-13.

顾海英, 朱咏. 2017. 上海推进新一轮化肥农药减量化的对策思路[J]. 科学发展, 106（9）: 63-65.

郭旋, 张良茂, 胡荣桂, 等. 2016. 华中地区种植业生产碳排放驱动因素分析[J]. 长江流域资源与环境, 25（5）: 695-701.

国家发展和改革委员会. 2004. 中华人民共和国气候变化初始信息通报[EB/OL]. http://nc.ccchina.gov.cn/web/NewsInfo.asp?NewsId=336.

国家发展和改革委员会应对气候变化司. 2014a. 中华人民共和国气候变化第二次信息通报[M]. 北京: 中国经济出版社.

国家发展和改革委员会应对气候变化司. 2014b. 中国温室气体清单研究[M]. 北京: 中国环境科学出版社.

国家统计局国民经济核算司. 2016. 中国地区投入产出表（2012）[M]. 北京: 中国统计出版社.

韩洪云, 喻永红. 2014. 退耕还林生态补偿研究——成本基础、接受意愿抑或生态价值标准[J]. 农业经济问题, 35（4）: 64-72.

胡立峰. 2006. 不同耕法对麦玉两熟及双季稻农田温室气体排放的影响[D]. 中国农业大学博士学位论文.

胡敏杰, 仝川, 邹芳芳. 2015. 氮输入对土壤甲烷产生、氧化和传输过程的影响及其机制[J]. 草业学报, 24（6）: 204-212.

黄德林, 蔡松锋. 2011. 中国农业温室气体减排潜力及其政策意涵[J]. 农业环境与发展, 28（4）: 25-41.

黄国宏, 陈冠雄, 张志明, 等. 1998. 玉米田 N_2O 排放及减排措施研究[J]. 环境科学学报, 18（4）: 344-349.

黄耀. 2003. 地气系统碳氮交换: 从实验到模型[M]. 北京: 气象出版社.

黄耀. 2006. 中国的温室气体排放、减排措施与对策[J]. 第四纪研究, 26（5）: 722-732.

纪洋，于海洋，徐华. 2017. 控释肥与尿素配合施用对稻季土壤 CH_4 和 N_2O 排放的影响[J]. 生态环境学报，26（9）：1494-1500.

简盖元. 2012. 森林碳生产研究[D]. 福建农林大学博士学位论文.

李波. 2011. 我国农地资源利用的碳排放及减排政策研究[D]. 华中农业大学博士学位论文.

李波，张俊飚，李海鹏. 2011. 中国农业碳排放时空特征及影响因素分解[J]. 中国人口·资源与环境，21（8）：80-86.

李长生. 2001. 生物地球化学的概念与方法——DNDC 模型的发展[J]. 第四纪研究，21（2）：89-99.

李长生，肖向明，Frolking S，等. 2003. 中国农田的温室气体排放[J]. 第四纪研究，23（5）：493-503.

李方敏，樊小林，刘芳，等. 2004. 控释肥料对稻田氧化亚氮排放的影响[J]. 应用生态学报，15（11）：2070-2174.

李国志，李宗植. 2010. 中国农业能源消费碳排放因素分解实证分析——基于 LMDI 模型[J]. 农业技术经济，（10）：66-72.

李晶，王明星. 1997. 水稻田甲烷的减排方法研究[J]. 中国农业气象，18（6）：9-14.

李静，冯淑怡，陈利根，等. 2016. 秸秆还田对稻田温室气体排放的影响：Meta 分析——以长江中下游地区为例[J]. 中国人口·资源与环境，26（5）：91-100.

李琳，胡立峰，陈阜，等. 2006. 长期不同施肥类型对稻田甲烷和氧化亚氮排放速率的影响[J]. 农业环境科学学报，25（9）：707-710.

李善同，翟凡，徐林. 2000. 中国加入世界贸易组织对中国经济的影响——动态一般均衡分析[J]. 世界经济，19（2）：3-14.

李香兰，马静，徐华，等. 2008. DCD 不同施用时间对水稻生长期 CH_4 和 N_2O 排放的影响[J]. 生态学报，28（8）：3675-3681.

李香兰，徐华，蔡祖聪. 2009. 水分管理影响稻田氧化亚氮排放研究进展[J]. 土壤，41（1）：1-7.

李晓燕，王彬彬. 2010. 低碳农业：应对气候变化下的农业发展之路[J]. 农村经济，（3）：10-12.

李迎春. 2009. 中国农业氧化亚氮排放与减排潜力研究[D]. 中国农业科学院博士学位论文.

李勇先. 2003. 稻田土壤中氧化亚氮的释放机制及控制[D]. 浙江大学硕士学位论文.

联合国粮食及农业组织. 2016. 2016 年粮食及农业状况气候变化、农业和粮食安全[EB/OL]. http://www.fao.org/publications/fao-e-book-collection/zh/.

梁东丽，方日尧，李生秀，等. 2007. 硝、铵态氮肥对旱地土壤氧化亚氮排放的影响[J]. 干旱地区农业研究，25（1）：67-72.

梁巍，张颖，岳进，等. 2004. 长效氮肥施用对黑土水旱田 CH_4 和 N_2O 排放的影响[J]. 生态学杂志，23（3）：44-48.

林匡飞，项雅玲. 2000. 湖北地区稻田甲烷排放量及控制措施的研究[J]. 农业环境保护，19（5）：267-270.

刘春腊，刘卫东，徐美. 2014. 基于生态价值当量的中国省域生态补偿额度研究[J]. 资源科学，36（1）：148-155.

刘红江，郭智，张丽萍，等. 2016. 有机-无机肥不同配施比例对稻季CH_4和N_2O排放的影响[J]. 生态环境学报，25（5）：808-814.

刘洪涛，陈同斌，郑国砥，等. 2010. 有机肥与化肥的生产能耗、投入成本和环境效益比较分析——以污泥堆肥生产有机肥为例[J]. 生态环境学报，19（4）：1000-1003.

刘金剑，吴萍萍，谢小立，等. 2008. 长期不同施肥制度下湖南红壤晚稻田CH_4的排放[J]. 生态学报，28（6）：2878-2886.

刘明磊，朱磊，范英. 2011. 我国省级碳排放绩效评价及边际减排成本估计：基于非参数距离函数方法[J]. 中国软科学，（3）：106-114.

刘昭兵，纪雄辉，彭华，等. 2010. 施氮量及抑制剂配比对双季稻生长期温室气体排放的影响[J]. 生态环境学报，19（4）：919-925.

罗希茜，郝晓晖，陈涛，等. 2009. 长期不同施肥对稻田土壤微生物群落功能多样性的影响[J]. 生态学报，29（2）：740-748.

马静，徐华，蔡祖聪. 2010. 施肥对稻田甲烷排放的影响[J]. 土壤，42（2）：153-163.

马秀梅，朱波，杜泽林，等. 2006. 冬水田休闲期温室气体排放通量的研究[J]. 农业环境科学学报，24（6）：1199-1202.

米松华. 2012. 我国低碳现代农业发展研究——基于碳足迹核算和适用性低碳技术应用的视角[D]. 浙江大学博士学位论文.

米松华. 2013. 我国低碳现代农业发展研究：基于碳足迹核算和适用性低碳技术应用的视角[M]. 北京：中国农业出版社.

倪秀菊，李玉中，徐春英，等. 2009. 土壤脲酶抑制剂和硝化抑制剂的研究进展[J]. 中国农学通报，25（12）：145-149.

彭世彰，和玉璞，杨士红，等. 2013. 控制灌溉稻田的甲烷减排效果[J]. 农业工程学报，29（8）：100-107.

漆雁斌，王刚，等. 2013. 农业低碳发展：机制、困境、模式与制度设计[M]. 北京：中国农业出版社.

气候变化国家评估报告编写委员会. 2007. 气候变化国家评估报告[M]. 北京：科学出版社.

秦昌波. 2014. 中国环境经济一般均衡分析系统及其应用[M]. 北京：科学出版社.

秦晓波，李玉娥，刘克樱，等. 2006. 不同施肥处理对稻田氧化亚氮排放的影响[J]. 中国农业气象，27（4）：273-276.

冉光和，王建洪，王定祥. 2011. 我国现代农业生产的碳排放变动趋势研究[J]. 农业经济问题，（2）：32-38.

沈满洪，吴文博，魏楚. 2011. 近二十年低碳经济研究进展及未来趋势[J]. 浙江大学学报（人文社会科学版），41（3）：28-39.

沈真实，许超，汤海涛，等. 2011. DMPP 施用的环境效应、影响因素及其机理研究[J]. 湖南农业科学，（8）：71-76.

孙玉刚. 2007. 灰色关联分析及其应用的研究[D]. 南京航空航天大学硕士学位论文.

孙志梅，武志杰，陈利军，等. 2008. 硝化抑制剂的施用效果、影响因素及其评价[J]. 应用生态学报，19（7）：1611-1618.

孙志强，郝庆菊，江长胜，等. 2010. 农田土壤 N_2O 的产生机制及其影响因素研究进展[J]. 土壤通报，41（6）：1524-1530.

谭秋成. 2011. 中国农业温室气体排放：现状及挑战[J]. 中国人口·资源与环境，21（10）：69-75.

汤宏，张杨珠，刘杰云，等. 2014. 水分管理对稻田氧化亚氮产生及排放的影响[J]. 湖南农业科学，（2）：53-55.

汤勇华，林月霞. 2013. 上海地区化肥施用与粮食产量现状分析[J]. 上海农业学报，29（4）：112-114.

唐海明，肖小平，帅细强，等. 2012. 双季稻田种植不同冬季作物对甲烷和氧化亚氮排放的影响[J]. 生态学报，32（5）：1481-1489.

陶战，杜道灯. 1995. 不同农作措施对稻田甲烷排放通量的影响[J]. 农业环境保护，14（3）：101-104.

田光明，何云峰，李勇先. 2002. 水肥管理对稻田土壤甲烷和氧化亚氮排放的影响[J]. 土壤与环境，11（3）：294-298.

田婷，张青，蒋华伟，等. 2017. 水稻植株对稻田甲烷排放影响的研究进展[J]. 江苏农业科学，45（20）：28-31.

田展，牛逸龙，孙来祥，等. 2015. 基于 DNDC 模型模拟气候变化影响下的中国水稻田温室气体排放[J]. 应用生态学报，26（3）：793-799.

王韬，周建军. 2004. 我国进口关税减让的宏观经济效应——可计算一般均衡模型分析[J]. 系统工程，22（2）：38-45.

王效科. 2001. 中国森林生态系统的植物碳储量和碳密度研究[J]. 应用生态学报，12（1）：13-16.

王效科，李长生，欧阳志云. 2003. 温室气体排放与中国粮食生产[J]. 生态环境，12（4）：379-383.

王效科，欧阳志云，苗鸿. 2001. DNDC 模型在长江三角洲农田生态系统的 CH_4 和 N_2O 排放量估算中的应用[J]. 环境科学，（3）：15-19.

王铮，郑一萍，蒋轶红，等. 2004. CO_2 排放控制的动态宏观经济模拟分析[J]. 生态学报，24（7）：1508-1513.

魏楚. 2014. 中国城市 CO_2 边际减排成本及其影响因素[J]. 世界经济，37（7）：115-141.

吴家梅，纪雄辉，刘勇，等. 2010. 不同施肥处理稻田甲烷排放研究进展[J]. 农业环境与发展，27（2）：19-24.

吴贤荣，张俊飚，田云，等. 2015. 基于公平与效率双重视角的中国农业碳减排潜力分析[J]. 自然资源学报，30（7）：1172-1182.

吴贤荣，张俊飚，朱烨，等. 2014. 中国省域低碳农业绩效评估及边际减排成本分析[J]. 中国人口·资源与环境，24（10）：57-63.

伍芬琳，李琳，张海林，等. 2007. 保护性耕作对农田生态系统净碳释放量的影响[J]. 生态学杂志，26（12）：2035-2039.

徐大伟，常亮，侯铁珊，等. 2012. 基于 WTP 和 WTA 的流域生态补偿标准测算——以辽河为例[J]. 资源科学，34（7）：1354-1361.

徐华. 2000. 土壤水分状况和质地对稻田 N_2O 排放的影响[J]. 土壤学报，37（4）：499-505.

徐华，邢光熹. 1999. 土壤水分状况和氮肥施用及品种对稻田 N_2O 排放的影响[J]. 应用生态学报，10（2）：186-188.

徐祖祥. 2003. 连续秸秆还田对作物产量和土壤养分的影响[J]. 浙江农业科学，1（1）：1-36.

杨光明. 2007. 西双版纳地区水稻田 CH_4、CO_2 和 N_2O 通量及其影响因素研究[D]. 中国科学院研究生院硕士学位论文.

杨剑波，李学超，徐晶晶，等. 2014. 两种硝化抑制剂在不同土壤中的效果比较[J]. 土壤，46（2）：319-324.

杨璐，于书霞，李夏菲，等. 2016. 湖北省畜禽粪便温室气体减排潜力分析[J]. 环境科学学报，36（7）：2650-2657.

易琼，逄玉万，杨少海，等. 2013. 施肥对稻田甲烷与氧化亚氮排放的影响[J]. 生态环境学报，22（8）：1432-1437.

俞巧钢，陈英旭. 2010. DMPP 对稻田田面水氮素转化及流失潜能的影响[J]. 中国环境科学，30（9）：1274-1280.

俞巧钢，陈英旭. 2011. 尿素添加硝化抑制剂 DMPP 对稻田土壤不同形态矿质态氮的影响[J]. 农业环境科学学报，30（7）：1357-1363.

俞巧钢，殷建祯，马军伟，等. 2014. 硝化抑制剂 DMPP 应用研究进展及其影响因素[J]. 农业环境科学学报，33（6）：1057-1066.

袁路，潘家华. 2013. Kaya 恒等式的碳排放驱动因素分解及其政策含义的局限性[J]. 气候变化研究进展，9（3）：210-215.

曾建华，谢良商. 2008. 含硝化抑制剂（DMPP）尿素对海南水稻产量的影响[J]. 安徽农学通报，14（9）：103，129.

翟凡，李善同，冯珊. 1997. 一个中国经济的可计算一般均衡模型[J]. 数量经济技术经济研究，（3）：38-44.

翟凡, 李善同, 冯珊. 1999. 中期经济增长和结构变化——递推动态一般均衡分析[J]. 系统工程理论与实践, 19（2）: 88-95.

翟俊, 马宏璞, 陈忠礼, 等. 2017. 湿地甲烷厌氧氧化的重要性和机制综述[J]. 中国环境科学, 37（9）: 3506-3514.

张福锁, 王激清, 张卫峰, 等. 2008. 中国主要粮食作物肥料利用率现状与提高途径[J]. 土壤学报, 45（5）: 915-924.

张广斌, 马静, 徐华, 等. 2011. 稻田甲烷产生途径研究进展[J]. 土壤, 43（1）: 6-11.

张建宇, 孙芳, 王昊. 2012. 清洁农作和林作在低碳经济中的作用: 农业温室气体减排和市场机制在中国的实践[M]. 北京: 中国环境科学出版社.

张满利, 陈盈, 隋国民, 等. 2010. 氮肥对水稻产量和氮肥利用率的影响[J]. 中国农学通报, 26（13）: 230-234.

张远, 齐家国, 殷鸣放, 等. 2007. 辽东湾沿海水稻田温室气体排放的时空动态模拟[J]. 中国农业科学, 40（10）: 2250-2258.

张振江. 1998. 长期麦秆直接还田对作物产量与土壤肥力的影响[J]. 土壤通报, 29（4）: 154-155.

张振宇. 2017. 农业经济发展与农业碳排放的实证关系研究——以上海郊区农业为例[J]. 生态经济, 33（10）: 29-33.

章燕, 徐慧, 夏宗伟, 等. 2012. 硝化抑制剂 DCD、DM 对褐土氮总矿化速率和硝化速率的影响[J]. 应用生态学报, 23（1）: 166-172.

赵宏伟, 沙汉景. 2014. 我国稻田氮肥利用率的研究进展[J]. 东北农业大学学报, 45（2）: 116-122.

赵其国, 钱海燕. 2009. 低碳经济与农业发展思考[J]. 生态环境学报, 18（5）: 1609-1614.

赵倩. 2011. 上海市温室气体排放清单研究[D]. 复旦大学硕士学位论文.

赵荣钦. 2004. 农田生态系统碳源/汇的时空差异及增汇技术研究——以中国沿海地区为例[D]. 河南大学硕士学位论文.

赵永, 王劲峰. 2008. 经济分析 CGE 模型与应用[M]. 北京: 中国经济出版社.

郑靖, 王重阳, 王跃思, 等. 2006. 氮肥对潮棕壤稻田 N_2O 排放和土壤无机氮素的影响[J]. 农业系统科学与综合研究, 22（2）: 139-142.

郑一萍, 王铮. 2005. 增汇型气候保护的经济影响模拟分析[J]. 生态学杂志, 24（5）: 555-560.

政府间气候变化专门委员会. 2007. 气候变化 2007 综合报告[R]. 日内瓦: 政府间气候变化专门委员会.

中华人民共和国环境保护部. 2014. 中国环境统计年报[M]. 北京: 中国环境出版社.

周静, 马友华, 杨书运, 等. 2013. 畜牧业温室气体排放影响因素及其减排研究[J]. 农业环境与发展, 30（4）: 78-82.

周再兴, 郑循华, 王明星. 2007. 华东稻麦轮作农田 CH_4、N_2O 和 NO 排放特征[J]. 气候变化与环境研究, 12（6）: 752-760.

朱兆良. 2000. 农田中氮肥的损失与对策[J]. 土壤与环境, 9（1）: 1-6.

邹建文, 黄耀, 宗良纲, 等. 2003. 不同种类有机肥施用对稻田 CH_4 和 N_2O 排放的综合影响[J]. 环境科学, 24（4）: 7-12.

IPCC. 2006. 2006 年 IPCC 国家温室气体清单指南[M]. 横滨: 日本全球环境战略研究所.

Adams R M, Adams D M, Callaway J M, et al. 1993. Sequestering carbon on agricultural land: a preliminary analysis of social cost and impacts on timber markets[J]. Contemporary Economic Policy, 11（1）: 76-87.

Aigner D J, Chu S F. 1968. On estimating the industry production function[J]. The American Economic Review, 58（4）: 826-839.

Akiyama H, Yagi K, Yan X Y. 2005. Direct N_2O emissions from rice paddy fields: summary of available data[J]. Global Biogeochemical Cycles, 19（1）: 1-10.

Alexander P, Paustian K, Smith P, et al. 2015. The economics of soil C sequestration and agricultural emissions abatement [J]. Soil, 1（1）: 331-339.

Alpana S, Vishwakarma P, Adhya T K, et al. 2017. Molecular ecological perspective of methanogenic archaeal community in rice agroecosystem[J]. The Science of the Total Environment, 596（4）: 136-146.

Altieri M A, Nicholls C I. 2017. The adaptation and mitigation potential of traditional agriculture in a changing climate [J]. Climatic Change, 140（1）: 33-45.

Ambus P, Robertson G P. 1999. Fluxes of CH_4 and N_2O in aspen stands grown under ambient and twice-ambient CO_2[J]. Plant Soil, 209（1）: 1-8.

Antle J, Capalbo S, Mooney S, et al. 2003. Spatial heterogeneity, contract design, and the efficiency of carbon sequestration policies for agriculture[J]. Journal of Environmental Economics and Management, 46（2）: 231-250.

Anttila-Hughes J K, Hsiang S M. 2013. Destruction, disinvestment, and death: economic and human losses following environmental disaster[Z]. Available at SSRN 2220501.

Aronson E L, Dubinsky E A, Helliker B R. 2013. Effects of nitrogen addition on soil microbial diversity and methane cycling capacity depend on drainage conditions in a pine forest soil[J]. Soil Biology & Biochemistry, （62）: 119-128.

Azam F, Benckiser G, Müller C, et al. 2001. Release, movement and recovery of 3, 4-dimethylpyrazole phosphate（DMPP）, ammonium, and nitrate from stabilized nitrogen fertilizer granules in a silty clay soil under laboratory conditions[J]. Biology and Fertility of Soils, 34（2）: 118-125.

Baggs E M, Richter M, Hartwig U A, et al. 2003. Nitrous oxide emissions from grass swards during the eighth year of elevated atmospheric pCO_2（Swiss FACE）[J]. Global Change Biology, 9（8）: 1214-1222.

Bandara J S. 1991a. An investigation of "Dutch disease" economics with a miniature CGE model[J]. Journal of Policy Modeling, 13（1）: 67-92.

Bandara J S. 1991b. Computable general equilibrium models for development policy analysis in LDCs[J]. Journal of Economic Surveys, 5（1）: 3-69.

Banger K, Tian H Q, Lu C Q. 2012. Do nitrogen fertilizers stimulate or inhibit methane emissions from rice fields？[J]. Global Change Biology, 18（10）: 3259-3267.

Barreca A, Clay K, Deschenes O, et al. 2015. Convergence in adaptation to climate change: evidence from high temperatures and mortality, 1900-2004[J]. The American Economic Review, 105（5）: 247-251.

Barreca A, Clay K, Deschenes O, et al. 2016. Adapting to climate change: the remarkable decline in the US temperature-mortality relationship over the twentieth century[J]. Journal of Political Economy, 124（1）: 105-159.

Barrios S, Bertinelli L, Strobl E. 2010. Trends in rainfall and economic growth in Africa: a neglected cause of the African growth tragedy[J]. The Review of Economics and Statistics, 92（2）: 350-366.

Barth G, von Tucher S, Schmidhalter U. 2008. Effectiveness of 3, 4-dimethylpyrazole phosphate as nitriflcation inhibitor in soil as influenced by inhibitor concentration, application form, and soil matric potential[J]. Pedosphere, 18（3）: 378-385.

Bates J. 2001. Economic evaluation of emission reductions of nitrous oxides and methane in agriculture in the EU: bottom-up analysis[R]. Culham: AEA Technology Report.

Beauchemin K A, Kreuzer M, O'mara F, et al. 2008. Nutritional management for enteric methane abatement: a review [J]. Australian Journal of Experimental Agriculture, 48（2）: 21-27.

Bergman L. 2005. CGE modeling of environmental policy and resource management[J]. Handbook of Environmental Economics, （3）: 1273-1306.

Berthrong S T, Buckley D H, Drinkwater L E. 2013. Agricultural management and labile carbon additions affect soil microbial community structure and interact with carbon and nitrogen cycling[J]. Microbial Ecology, 66（1）: 158-170.

Blandford D, Josling T. 2009. Greenhouse gas reduction policies and agriculture: implications for production incentives and international trade discipline[EB/OL]. https://www.agritrade.org/Publications/documents/Blandford-JoslingWEB_Final_3.pdf.

Bodelier P E. 2011. Interactions between nitrogenous fertilizers and methane cycling in wetland and upland soils [J]. Current Opinion in Environmental Sustainability, 3（5）: 379-388.

Bodelier P L, Roslev P, Henckel T, et al. 2000. Stimulation by ammonium-based fertilizers of methane oxidation in soil around rice roots[J]. Nature, 403(6768): 421-424.

Bronson K F, Neue H U, Singh U, et al. 1997. Automated chamber measurements of methane and nitrous oxide flux in a flooded rice soil: I. Residue, nitrogen, and water management[J]. Soil Science Society of America Journal, 61(3): 981-987.

Bryan B A, Nolan M, Harwood T D, et al. 2014. Supply of carbon sequestration and biodiversity services from Australia's agricultural land under global change[J]. Global Environmental Change, 28(1): 166-181.

Brzezińska M, Rafalski P, Włodarczyk T, et al. 2011. How much oxygen is needed for acetylene to be consumed in soil?[J]. Journal of Soils and Sediments, 11(7): 1142-1154.

Burgess R, Deschenes O, Donaldson D, et al. 2011. Weather and death in India[R]. Cambridge: Massachusetts Institute of Technology.

Cachon G, Gallino S, Olivares M. 2012. Severe weather and automobile assembly productivity[Z]. New York: Columbia Business School.

Cai Y F, Zheng Y, Bodelier P L E, et al. 2016. Conventional methanotrophs are responsible for atmospheric methane oxidation in paddy soils [J]. Nature Communications, 7(1): 11728.

Cai Z C, Xing G X, Shen G Y, et al. 1999. Measurements of CH_4 and N_2O emissions from rice paddies in Fengqiu, China[J]. Soil Science and Plant Nutrition, 45(1): 1-13.

Cai Z C, Xing G X, Yan X Y, et al. 1997. Methane and nitrous oxide emissions from rice paddy fields as affected by nitrogen fertilisers and water management[J]. Plant and Soil, 196(1): 7-14.

Cameron A C, Gelbach J B, Miller D L. 2011. Robust inference with multiway clustering[J]. Journal of Business & Economic Statistics, 29(2): 238-249.

Chadwick D, Sommer S, Thorman R, et al. 2011. Manure management: implications for greenhouse gas emissions[J]. Animal Feed Science and Technology, 166(6): 514-531.

Chaves B, Opoku A, De Neve S, et al. 2006. Influence of DCD and DMPP on soil N dynamics after incorporation of vegetable crop residues[J]. Biology and Fertility of Soils, 43(1): 62-68.

Chen D, Suter H C, Islam A, et al. 2010. Influence of nitrification inhibitors on nitrification and nitrous oxide (N_2O) emission from a clay loam soil fertilized with urea[J]. Soil Biology and Biochemistry, 42(4): 660-664.

Chen J J, Kim H, Yoo G. 2015. Effects of biochar addition on CO_2 and N_2O emissions following fertilizer application to a cultivated grassland soil[J]. PLoS One, 10(5): 1-17.

Chen Q H, Qi L Y, Bi Q F, et al. 2015. Comparative effects of 3, 4-dimethylpyrazole phosphate (DMPP) and dicyandiamide (DCD) on ammonia-oxidizing bacteria and archaea in a vegetable soil[J]. Applied Microbiology and Biotechnology, 99(1): 477-487.

Chen R R, Wang Y M, Wei S P, et al. 2014. Windrow composting mitigated CH_4 emissions: characterization of methanogenic and methanotrophic communities in manure management[J]. FEMS Microbiology Ecology, 90(3): 575-586.

Chen W W, Wolf B, Zheng X H, et al. 2011. Annual methane uptake by temperate semiarid steppes as regulated by stocking rates, aboveground plant biomass and topsoil air permeability[J]. Global Change Biology, 17(9): 2803-2816.

Cheng W G, Sakai H, Hartley A, et al. 2008. Increased night temperature reduces the stimulatory effect of elevated carbon dioxide concentration on methane emission from rice paddy soil [J]. Global Change Biology, 14(3): 644-656.

Claassen R, Cattaneo A, Johansson R. 2008. Cost-effective design of agri-environmental payment programs: US experience in theory and practice [J]. Ecological Economics, 65(4): 737-752.

Coase R H. 1960. The problems of social cost[J]. Journal of Law and Economics, 1(3): 1-44.

Cole C V, Duxbury J, Freney J, et al. 1997. Global estimates of potential mitigation of greenhouse gas emissions by agriculture[J]. Nutrient Cycling in Agroecosystems, 49(1-3): 221-228.

Connolly M. 2008. Here comes the rain again: weather and the intertemporal substitution of leisure[J]. Journal of Labor Economics, 26(1): 73-100.

Conrad R. 1996. Soil microorganisms as controllers of atmospheric trace gases (H_2, CO, CH_4, OCS, N_2O, and NO)[J]. Microbiological Reviews, 60(4): 609-640.

Conrad R, Chan O C, Claus P, et al. 2007. Characterization of methanogenic archaea and stable isotope fractionation during methane production in the profundal sediment of an oligotrophic lake[J]. Limnology and Oceanography, 52(4): 1393-1406.

Conrad R, Klose M. 2011. Stable carbon isotope discrimination in rice field soil during acetate turnover by syntrophic acetate oxidation or acetoclastic methanogenesis[J]. Geochimica et Cosmochimica Acta, 75(6): 1531-1539.

Corbera E. 2012. Problematizing REDD+ as an experiment in payments for ecosystem services[J]. Current Opinion in Environmental Sustainability, 4(6): 612-619.

Corbera E. 2015. Valuing nature, paying for ecosystem services and realizing social justice: a response to Matulis [J]. Ecological Economics, 110(2): 154-157.

Crill P M, Martikainen P J, Nykanen H, et al. 1994. Temperature and N fertilization effects on methane oxidation in a drained peatland soil [J]. Soil Biology and Biochemistry, 26(10): 1331-1339.

Crossman N D, Bryan B A, Summers D M. 2011. Carbon payments and low-cost conservation[J]. Conservation Biology, 25(4): 835-845.

Crowther T W, Todd-Brown K E, Rowe C W, et al. 2016. Quantifying global soil carbon losses in response to warming[J]. Nature, 540（7631）: 104-108.

Currie J, Rossin-Slater M. 2013. Weathering the storm: hurricanes and birth outcomes[J]. Journal of Health Economics, 32（3）: 487-503.

Dalgaard T, Halberg N, Porter J R. 2001. A model for fossil energy use in Danish agriculture used to compare organic and conventional farming[J]. Agriculture Ecosystems & Environment, 87（1）: 51-65.

Das S, Adhya T K. 2014. Effect of combine application of organic manure and inorganic fertilizer on methane and nitrous oxide emissions from a tropical flooded soil planted to rice[J]. Geoderma, 213（9）: 185-192.

Delgado J A, Mosier A R. 1996. Mitigation alternatives to decrease nitrous oxides emissions and urea-nitrogen loss and their effect on methane flux[J]. Journal of Environmental Quality, 25（5）: 1105-1111.

Dell M, Jones B F, Olken B A. 2014. What do we learn from the weather? The new climate-economy literature[J]. Journal of Economic Literature, 52（3）: 740-798.

Deryugina T, Hsiang S M. 2014. Does the environment still matter? Daily temperature and income in the United States[R]. Cambridge: National Bureau of Economic Research.

Deschenes O, Moretti E. 2009. Extreme weather events, mortality, and migration[J]. The Review of Economics and Statistics, 91（4）: 659-681.

Di H J, Cameron K C. 2011. Inhibition of ammonium oxidation by a liquid formulation of 3, 4-Dimethylpyrazole phosphate（DMPP）compared with a dicyandiamide（DCD）solution in six new Zealand grazed grassland soils[J]. Journal of Soils and Sediments, 11（6）: 1032-1039.

Diacono M, Montemurro F. 2010. Long-term effects of organic amendments on soil fertility. A review[J]. Agronomy for Sustainable Development, 30（2）: 401-422.

D'Imperio L, Nielsen C S, Westergaard-Nielsen A, et al. 2017. Methane oxidation in contrasting soil types: responses to experimental warming with implication for landscape-integrated CH_4 budget[J]. Global Change Biology, 23（2）: 966-976.

Dixon R K, Andrasko K J, Sussman F G, et al. 1993. Forest sector carbon offset projects: near-term opportunities to mitigate greenhouse gas emissions[J]. Water, Air, and Soil Pollution, 70（1-4）: 561-577.

Dong H M, Tao X Y, Xin H W, et al. 2004. Comparison of enteric methane emissions in China for different IPCC estimation methods and production schemes[J]. Transactions of the ASAE, 47（6）: 2051-2057.

Du L M, Hanley A, Wei C. 2015. Estimating the marginal abatement cost curve of CO_2 emissions in China: provincial panel data analysis [J]. Energy Economics, 48 (3): 217-229.

Duke J M, Dundas S J, Johnston R J, et al. 2014. Prioritizing payment for environmental services: using nonmarket benefits and costs for optimal selection [J]. Ecological Economics, 105 (9): 319-329.

Engel S, Pagiola S, Wunder S. 2008. Designing payments for environmental services in theory and practice: an overview of the issues [J]. Ecological Economics, 65 (4): 663-674.

European Climate Change Programme. 2001. Long Report[EB/OL]. http://europa.eu.int/comm/environment/climat/eccp.htm.

Fan M S, Shen J B, Yuan L X, et al. 2011. Improving crop productivity and resource use efficiency to ensure food security and environmental quality in China[J]. Journal of Experimental Botany, 63 (1): 13-24.

FAO. 2011. FAO-Adapt: Framework Programme on Climate Change Adaptation[EB/OL]. http://www.fao.org/3/:2316e/i2316e00.pdf. Rome.

Färe R, Grosskopf S, Lovell C K, et al. 1993. Derivation of shadow prices for undesirable outputs: a distance function approach [J]. The Review of Economics and Statistics, 75 (2): 374-380.

Färe R, Grosskopf S, Noh D W, et al. 2005. Characteristics of a polluting technology: theory and practice[J]. Journal of Econometrics, 126 (2): 469-492.

Färe R, Grosskopf S, Weber W L. 2006. Shadow prices and pollution costs in US agriculture[J]. Ecological Economics, 56 (1): 89-103.

Farley J, Costanza R. 2010. Payments for ecosystem services: from local to global [J]. Ecological Economics, 69 (11): 2060-2068.

Federspiel C C, Fisk W J, Price P N, et al. 2004. Worker performance and ventilation in a call center: analyses of work performance data for registered nurses[J]. Indoor Air, 14 (s8): 41-50.

Ferraro P J. 2008. Asymmetric information and contract design for payments for environmental services[J]. Ecological Economics, 65 (4): 810-821.

Fisher A C, Hanemann W M, Roberts M J, et al. 2012. The economic impacts of climate change: evidence from agricultural output and random fluctuations in weather[J]. The American Economic Review, 102 (7): 3749-3760.

Fliessbach A, Mäder P. 2000. Microbial biomass and size-density fractions differ between soils of organic and conventional agricultural systems[J]. Soil Biology and Biochemistry, 32 (6): 757-768.

Foucherot C, Bellassen V. 2011. Carbon Offset Projects in the Agricultural Sector[R]. Atlanta: CDC Climat Research.

Fumoto T, Kobayashi K, Li C S, et al. 2007. Revising a process-based biogeochemistry model (DNDC) to simulate methane emission from rice paddy fields under various residue management and fertilizer regimes[J]. Global Change Biology, 14(2): 382-402.

Ge T D, Yuan H Z, Zhu H H, et al. 2012. Biological carbon assimilation and dynamics in a flooded rice-soil system[J]. Soil Biology and Biochemistry, 48(1): 39-46.

Gerowitt B, Isselstein J, Marggraf R. 2003. Rewards for ecological goods-requirements and perspectives for agricultural land use[J]. Agriculture, Ecosystems & Environment, 98(1): 541-547.

Gilhespy S L, Anthony S, Cardenas L, et al. 2014. First 20 years of DNDC (DeNitrification DeComposition): model evolution[J]. Ecological Modelling, 292(24): 51-62.

Gill A L, Giasson M A, Yu R, et al. 2017. Deep peat warming increases surface methane and carbon dioxide emissions in a black spruce-dominated ombrotrophic bog[J]. Global Change Biology, 1(1): 1-14.

Godwin R J, Richards T E, Wood G A, et al. 2003. An economic analysis of the potential for precision farming in UK cereal production[J]. Biosystems Engineering, 84(4): 533-545.

Golub A, Hertel T, Lee H L, et al. 2009. The opportunity cost of land use and the global potential for greenhouse gas mitigation in agriculture and forestry[J]. Resource and Energy Economics, 31(4): 299-319.

Gómez-Baggethun E, De Groot R., Lomas P L, et al. 2010. The history of ecosystem services in economic theory and practice: from early notions to markets and payment schemes[J]. Ecological Economics, 69(6): 1209-1218.

González-Ramírez J, Kling C L, Valcu A. 2012. An overview of carbon offsets from agriculture[J]. Annual Review of Resource Economics, 4(1): 145-160.

Grant B, Smith W N, Desjardins R, et al. 2004. Estimated N_2O and CO_2 emissions as influenced by agricultural practices in Canada[J]. Climatic Change, 65(3): 315-332.

Hallegatte S, Mook B, Bonzanigo L, et al. 2015. Shock waves: managing the impacts of climate change on poverty[R]. Washington: World Bank.

Hansen M N, Sommer S G, Henriksen K. 2002. Methane emissions from livestock manure-effects of storage conditions and climate[J]. DIAS Report, 81: 45-53.

Hatch D, Trindade H, Cardenas L, et al. 2005. Laboratory study of the effects of two nitrification inhibitors on greenhouse gas emissions from a slurry-treated arable soil: impact of diurnal temperature cycle[J]. Biology and Fertility of Soils, 41(4): 225-232.

Hernández M, Conrad R, Klose M, et al. 2017. Structure and function of methanogenic microbial communities in soils from flooded rice and upland soybean fields from Sanjiang plain, NE China[J]. Soil Biology and Biochemistry, 105(12): 81-91.

Holmes D E, Shrestha P M, Walker D J F, et al. 2017. Metatranscriptomic evidence for direct interspecies electron transfer between geobacter and methanothrix species in methanogenic rice paddy soils[J]. Applied and Environmental Microbiology, 83 (9): 1-11.

Hori T, Muller A, Igarashi Y, et al. 2010. Identification of iron-reducing microorganisms in anoxic rice paddy soil by 13C-acetate probing [J]. The ISME Journal, 4 (2): 267-278.

Hornbeck R, Naidu S. 2014. When the levee breaks: black migration and economic development in the American South[J]. The American Economic Review, 104 (3): 963-990.

Hou A X, Chen G X, Wang Z P, et al. 2000. Methane and nitrous oxide emissions from a rice field in relation to soil redox and microbiological processes[J]. Soil Science Society of America Journal, 64 (6): 2180-2186.

Hou H J, Peng S Z, Xu J Z, et al. 2012. Seasonal variations of CH_4 and N_2O emissions in response to water management of paddy fields located in Southeast China[J]. Chemosphere, 89 (7): 884-892.

Hsiang S M, Jina A S. 2014. The causal effect of environmental catastrophe on long-run economic growth: evidence from 6 700 cyclones[R]. Cambridge: National Bureau of Economic Research.

Hsiang S M, Narita D. 2012. Adaptation to cyclone risk: evidence from the global cross-section[J]. Climate Change Economics, 3 (2): 1250011.

Inglett K S, Inglett P W, Reddy K R, et al. 2011. Temperature sensitivity of greenhouse gas production in wetland soils of different vegetation[J]. Biogeochemistry, 108 (1-3): 77-90.

IPCC. 1996. Climate Change 2001: Synthesis Report of the Third Assessment of the Intergovernmental Panel on Climate Change[M]. Cambridge: Cambridge University Press.

IPCC. 2006. 2006 IPCC guidelines for national greenhouse gas inventories[R]. Bethesda: Intergovernmental Panel on Climate Change.

IPCC. 2007. Climate Change 2007: The Physical Science Basis. Contribution of Working Group I to the Fourth Assessment Report of the Intergovernmental Panel on Climate Change[M]. Cambridge: Cambridge University Press.

PCC. 2014. Climate Change 2014: Mitigation of Climate Change[M]. Cambridge: Cambridge University Press.

Ishii S, Ikeda S, Minamisawa K, et al. 2011. Nitrogen cycling in rice paddy environments: past achievements and future challenges[J]. Microbes and Environments, 26 (4): 282-292.

Jenssen T K, Kongshaug G. 2003. Energy Consumption and Greenhouse Gas Emissions in Fertiliser Production[M]. York: International Fertiliser Society.

Jiang C S, Wang Y S, Zheng X H, et al. 2006. Methane and nitrous oxide emissions from three paddy rice based cultivation systems in southwest China[J]. Advances in Atmospheric

Sciences, 23 (3): 415-424.

Jiang Y, van Groenigen K J, Huang S, et al. 2017. Higher yields and lower methane emissions with new rice cultivars[J]. Global Change Biology, 1 (4): 1-11.

Johansen L A. 1960. Multisectoral Study of Economic Growth[M]. Amsterdam: North Holland.

Juliette L Y, Hyman M R, Arp D J. 1993. Inhibition of ammonia oxidation in Nitrosomonas europaea by sulfur compounds: thioethers are oxidized to sulfoxides by ammonia monooxygenase[J]. Applied and Environmental Microbiology, 59 (11): 3718-3727.

Kallis G, Gómez-Baggethun E, Zografos C. 2013. To value or not to value? That is not the question [J]. Ecological Economics, 94 (10): 97-105.

Kanno T, Miura Y, Tsuruta H, et al. 1997. Methane emission from rice paddy fields in all of Japanese prefecture[J]. Nutrient Cycling in Agroecosystems, 49 (1-3): 147-151.

Kato S, Chino K, Kamimura N, et al. 2015. Methanogenic degradation of lignin-derived monoaromatic compounds by microbial enrichments from rice paddy field soil[J]. Scientific Reports, 5 (9): 1-11.

Keppler F, Hamilton J T G, Brass M, et al. 2006. Methane emissions from terrestrial plants under aerobic conditions[J]. Nature, 439: 187-191.

Kim S Y, Lee C H, Gutierrez J, et al. 2013. Contribution of winter cover crop amendments on global warming potential in rice paddy soil during cultivation[J]. Plant and Soil, 366 (1-2): 273-286.

Kim S Y, Pramanik P, Bodelier P L E, et al. 2014a. Cattle manure enhances methanogens diversity and methane emissions compared to swine manure under rice paddy[J]. PLoS One, 9 (12): 1-18.

Kim S Y, Pramanik P, Gutierrez J, et al. 2014b. Comparison of methane emission characteristics in air-dried and composted cattle manure amended paddy soil during rice cultivation[J]. Agriculture, Ecosystems and Environment, 197 (12): 60-67.

Kimura M, Murase J, Lu Y H. 2004. Carbon cycling in rice field ecosystems in the context of input, decomposition and translocation of organic materials and the fates of their end products (CO_2 and CH_4) [J]. Soil Biology and Biochemistry, 36 (9): 1399-1416.

King J A, Bradley R I, Harrison R, et al. 2004. Carbon sequestration and saving potential associated with changes to the management of agricultural soils in England[J]. Soil Use and Management, 20 (4): 394-402.

Klein R J T, Schipper E L F, Dessai S. 2005. Integrating mitigation and adaptation into climate and development policy: three research questions[J]. Environmental Science & Policy, 8 (6): 579-588.

Kleineidam K, Košmrlj K, Kublik S, et al. 2011. Influence of the nitrification inhibitor 3,

4-dimethylpyrazole phosphate (DMPP) on ammonia-oxidizing bacteria and archaea in rhizosphere and bulk soil[J]. Chemosphere, 84 (1): 182-186.

Kögel-Knabner I, Amelung W, Cao Z H, et al. 2010. Biogeochemistry of paddy soils[J]. Geoderma, 157 (1-2): 1-14.

Kolinjivadi V, Gamboa G, Adamowski J, et al. 2015. Capabilities as justice: analysing the acceptability of payments for ecosystem services (PES) through "social multi-criteria evaluation" [J]. Ecological Economics, 118 (10): 99-113.

Kou Y P, Wei K, Chen G X, et al. 2015. Effects of 3, 4-dimethylpyrazole phosphate and dicyandiamide on nitrous oxide emission in a greenhouse vegetable soil[J]. Plant, Soil and Environment, 61 (1): 29-35.

Krishna V V, Drucker A G, Pascual U, et al. 2013. Estimating compensation payments for on-farm conservation of agricultural biodiversity in developing countries[J]. Ecological Economics, 87 (3): 110-123.

Krüger M, Frenzel P. 2003. Effects of N-fertilization on CH_4 oxidation and production, and consequences for CH_4 emissions from microcosms and rice field[J]. Global Change Biology, 9 (5): 773-784.

Kurkalova L, Kling C L, Zhao J H. 2004. Multiple benefits of carbon-friendly agricultural practices: empirical assessment of conservation tillage[J]. Environmental Management, 33 (4): 519-527.

Kuzyakov Y, Gavrichkova O. 2010. Time lag between photosynthesis and carbon dioxide efflux from soil: a review of mechanisms and controls[J]. Global Change Biology, 16 (12): 3386-3406.

Lassey K R. 2007. Livestock methane emissions: from the individual grazing animal through national inventories to the global methane cycle[J]. Agricultural and Forest Meteorology, 142 (2-4): 120-132.

Lee J J, Gino F, Staats B R. 2014. Rainmakers: why bad weather means good productivity[J]. Journal of Applied Psychology, 99 (3): 504-513.

Lee M, Zhang N. 2012. Technical efficiency, shadow price of carbon dioxide emissions, and substitutability for energy in the Chinese manufacturing industries[J]. Energy Economics, 34 (5): 1492-1497.

Lee S C, Oh D H, Lee J D. 2014. A new approach to measuring shadow price: reconciling engineering and economic perspectives [J]. Energy Economics, 46 (11): 66-77.

Leip A, Marchi G, Koeble R, et al. 2008. Linking an economic model for European agriculture with a mechanistic model to estimate nitrogen and carbon losses from arable soils in Europe[J]. Biogeosciences, 5 (1): 73-94.

Leng R A. 1991. Improving ruminant production and reducing methane emissions from ruminants by strategic supplementation[R]. Washington: EPA.

Lesschen J P, van den Berg M, Westhoek H J, et al. 2011. Greenhouse gas emission profiles of European livestock sectors[J]. Animal Feed Science and Technology, 166: 16-28.

Leung H, Hettel G P, Cantrell R P. 2002. International rice research institute: roles and challenges as we enter the genomics era[J]. Trends in Plant Science, 7（3）: 139-142.

Li C F, Zhou D N, Kou Z K, et al. 2012. Effects of tillage and nitrogen fertilizers on CH_4 and CO_2 emissions and soil organic carbon in paddy fields of central China[J]. PLoS One, 7（5）: 1-9.

Li C S. 2007. Quantifying greenhouse gas emissions from soils: scientific basis and modeling approach[J]. Soil Science and Plant Nutrition, 53（4）: 344-352.

Li C S, Frolking S, Frolking T A. 1992. A model of nitrous oxide evolution from soil driven by rainfall events: 1. Model structure and sensitivity[J]. Journal of Geophysical Research, 97（9）: 9759-9776.

Li C S, Qiu J J, Frolking S, et al. 2002. Reduced methane emissions from large-scale changes in water management of China's rice paddies during 1980-2000[J]. Geophysical Research Letters, 29（20）: 1-3.

Li C S, Salas W, Zhang R H, et al. 2012. Manure-DNDC: a biogeochemical process model for quantifying greenhouse gas and ammonia emissions from livestock manure systems[J]. Nutrient Cycling in Agroecosystems, 93（2）: 163-200.

Li H, Liang X Q, Chen Y X, et al. 2008. Effect of nitrification inhibitor DMPP on nitrogen leaching, nitrifying organisms, and enzyme activities in a rice-oilseed rape cropping system[J]. Journal of Environmental Sciences, 20（2）: 149-155.

Li X L, Zhang G B, Xu H, et al. 2009. Effect of timing of joint application of hydroquinone and dicyandiamide on nitrous oxide emission from irrigated lowland rice paddy field[J]. Chemosphere, 75（10）: 1417-1422.

Liang W, Shi Y, Zhang H, et al. 2007. Greenhouse gas emissions from northeast China rice fields in fallow season[J]. Pedosphere, 17（5）: 630-638.

Liesack W, Schnell S, Revsbech N P. 2000. Microbiology of flooded rice paddies[J]. FEMS Microbiology Reviews, 24（5）: 625-645.

Linquist B A, Adviento-Borbe M A, Pittelkow C M, et al. 2012. Fertilizer management practices and greenhouse gas emissions from rice systems: a quantitative review and analysis[J]. Field Crops Research, 135（6）: 10-21.

Linquist B A, Anders M M, Adviento-Borbe M A, et al. 2015. Reducing greenhouse gas emissions, water use, and grain arsenic levels in rice systems[J]. Global Change Biology, 21（1）: 407-417.

Liou R M, Huang S N, Lin C W. 2003. Methane emission from fields with differences in nitrogen fertilizers and rice varieties in Taiwan paddy soils[J]. Chemosphere, 50(2): 237-246.

Liu J R, Xie Q F, Shi Q H, et al. 2008. Rice uptake and recovery of nitrogen with different methods of applying ^{15}N-labeled chicken manure and ammonium sulfate[J]. Plant Production Science, 11(3): 271-277.

Liu P F, Yang Y X, Lv Z, et al. 2014. Response of a rice paddy soil methanogen to syntrophic growth as revealed by transcriptional analyses[J]. Applied and Environmental Microbiology, 80(15): 4668-4676.

Liu R, Hayden H, Suter H, et al. 2015. The effect of nitrification inhibitors in reducing nitrification and the ammonia oxidizer population in three contrasting soils[J]. Journal of Soils and Sediments, 15(5): 1113-1118.

Liu S W, Qin Y M, Zou J W, et al. 2010. Effects of water regime during rice-growing season on annual direct N_2O emission in a paddy rice-winter wheat rotation system in southeast China[J]. Science of the Total Environment, 408(4): 906-913.

Liu Y L, Wang P C, Crowley D, et al. 2016. Methanogenic abundance and changes in community structure along a rice soil chronosequence from east China[J]. European Journal of Soil Science, 67(4): 443-455.

Liu Y C, Whitman W B. 2008. Metabolic, phylogenetic, and ecological diversity of the methanogenic archaea[J]. Annals of the New York Academy of Sciences, 1125(1): 171-189.

Lu Y, Fu L, Lu Y H, et al. 2015. Effect of temperature on the structure and activity of a methanogenic archaeal community during rice straw decomposition[J]. Soil Biology and Biochemistry, 81(12): 17-27.

Lu Y H, Lueders T, Friedrich M W, et al. 2005. Detecting active methanogenic populations on rice roots using stable isotope probing[J]. Environmental Microbiology, 7(3): 326-336.

Ma J, Li X L, Xu H, et al. 2007. Effects of nitrogen fertiliser and wheat straw application on CH_4 and N_2O emissions from a paddy rice field[J]. Soil Research, 45(5): 359-367.

MacLeod M, Moran D, Eory V, et al. 2010. Developing greenhouse gas marginal abatement cost curves for agricultural emissions from crops and soils in the UK[J]. Agricultural Systems, 103(4): 198-209.

Malyan S K, Bhatia A, Kumar A, et al. 2016. Methane production, oxidation and mitigation: a mechanistic understanding and comprehensive evaluation of influencing factors[J]. The Science of the Total Environment, 572(6): 874-896.

Marenya P, Nkonya E, Xiong W, et al. 2012. Which policy would work better for improved soil fertility management in sub-Saharan Africa, fertilizer subsidies or carbon credits?[J].

Agricultural Systems, 110: 162-172.

Marklund P O, Samakovlis E. 2007. What is driving the EU burden-sharing agreement: efficiency or equity? [J]. Journal of Environmental Management, 85 (2): 317-329.

Masscheleyn P H, DeLaune R D, Patrick W H, Jr. 1993. Methane and nitrous oxide emissions from laboratory measurements of rice soil suspension: effect of soil oxidation-reduction status[J]. Chemosphere, 26 (1-4): 251-260.

Matulis B S. 2014. The economic valuation of nature: a question of justice?[J]. Ecological Economics, 104 (8): 155-157.

Mayer H P, Conrad R. 1990. Factors influencing the population of methanogenic bacteria and the initiation of methane production upon flooding of paddy soil[J]. FEMS Microbiology Letters, 73 (2): 103-111.

McCarl B A, Schneider U A. 2000. US agriculture's role in a greenhouse gas emission mitigation world: an economic perspective[J]. Review of Agricultural Economics, 22 (1): 134-159.

Mekaroonreung M, Johnson A L. 2012. Estimating the shadow prices of SO_2 and NO_x for US coal power plants: a convex nonparametric least squares approach [J]. Energy Economics, 34 (3): 723-732.

Menéndez S, Barrena I, Setien I, et al. 2012. Efficiency of nitrification inhibitor DMPP to reduce nitrous oxide emissions under different temperature and moisture conditions[J]. Soil Biology and Biochemistry, 53: 82-89.

Mer J L, Roger P. 2001. Production, oxidation, emission and consumption of methane by soils: a review[J]. European Journal of Soil Biology, 37 (1): 25-50.

Minamikawa K, Sakai N, Hayashi H. 2005. The effect of ammonium sulfate application on methane emission and soil carbon content of a paddy field in Japan[J]. Agriculture, Ecosystems and Environment, 107 (4): 371-379.

Minihan E S, Wu Z P. 2012. Economic structure and strategies for greenhouse gas mitigation[J]. Energy Economics, 34 (1): 350-357.

Molinos-Senante M, Hanley N, Sala-Garrido R. 2015. Measuring the CO_2 shadow price for wastewater treatment: a directional distance function approach[J]. Applied Energy, 144: 241-249.

Monteny G J, Bannink A, Chadwick D. 2006. Greenhouse gas abatement strategies for animal husbandry[J]. Agriculture, Ecosystems & Environment, 112 (2-3): 163-170.

Müller C, Stevens R J, Laughlin R J, et al. 2002. The nitrification inhibitor DMPP had no effect on denitrifying enzyme activity[J]. Soil Biology and Biochemistry, 34 (11): 1825-1827.

Muradian R, Corbera E, Pascual U, et al. 2010. Reconciling theory and practice: an alternative conceptual framework for understanding payments for environmental services[J]. Ecological

Economics, 69（6）：1202-1208.

Murty M N, Kumar S, Dhavala K K. 2007. Measuring environmental efficiency of industry: a case study of thermal power generation in India[J]. Environmental and Resource Economics, 38（1）：31-50.

Nazaries L, Murrell J C, Millard P, et al. 2013. Methane, microbes and models: fundamental understanding of the soil methane cycle for future predictions[J]. Environmental Microbiology, 15（9）：2395-2417.

Neufeldt H, Schäfer M, Angenendt E, et al. 2006. Disaggregated greenhouse gas emission inventories from agriculture via a coupled economic-ecosystem model[J]. Agriculture, Ecosystems & Environment, 112（2）：233-240.

Nickell S. 1981. Biases in dynamic models with fixed effects[J]. Econometrica, 49（6）：1417-1426.

Niemelä R, Hannula M, Rautio S, et al. 2002. The effect of air temperature on labour productivity in call centres—a case study[J]. Energy and Buildings, 34（8）：759-764.

Niskanen A, Saastanrnoinen O, Rantala T. 1996. Economic impacts of carbon sequestration in reforestation: examples from boreal and moist tropical conditions[J]. Silva Fennica, 30（2-3）：269-280.

Nordhaus W D. 2010. Economic aspects of global warming in a post-Copenhagen environment[J]. Proceedings of the National Academy of Sciences, 107（26）：11721-11726.

Norse D. 2012. Low carbon agriculture: objectives and policy pathways[J]. Environmental Development, 1（1）：25-39.

Pachauri R K, Allen M R, Barros V R, et al. 2014. Climate change 2014: synthesis report[R]. Geneva: Contribution of Working Groups I, II and III to the Fifth Assessment Report of the Intergovernmental Panel on Climate Change.

Pagiola S. 2008. Payments for environmental services in Costa Rica[J]. Ecological Economics, 65（4）：712-724.

Pan G X, Zhou P, Li Z P, et al. 2009. Combined inorganic/organic fertilization enhances N efficiency and increases rice productivity through organic carbon accumulation in a rice paddy from the Tai Lake region, China[J]. Agriculture, Ecosystems & Environment, 131（3-4）：274-280.

Pasda G, Hähndel R, Zerulla W. 2001. The new nitrification inhibitor DMPP（ENTEC®）-effects on yield and quality of agricultural and horticultural crops[C]//Horst J, et al. Plant Nutrition-Food Security and Sustainability of Agro-ecosystems. Dordrecht: Kluwer Academic Publishers.

Pathak H, Li C, Wassmann R. 2005. Greenhouse gas emissions from Indian rice fields:

calibration and upscaling using the DNDC model[J]. Biogeosciences, 2 (2): 113-123.

Pathak H, Prasad S, Bhatia A, et al. 2003. Methane emission from rice-wheat cropping system in the Indo-Gangetic plain in relation to irrigation, farmyard manure and dicyandiamide application[J]. Agriculture, Ecosystems & Environment, 97 (1-3): 309-316.

Pathak H, Wassmann R. 2007. Introducing greenhouse gas mitigation as a development objective in rice-based agricultural I: generation of technical coefficient[J]. Agriculture Systems, 94 (3): 807-825.

Paustian K, Babcock B, Kling C, et al. 2004. Agricultural Mitigation of Greenhouse Gases: Science and Policy Options[M]. London: CAST.

Paustian L, et al. 2001. Agricultural mitigation of greenhouse gases: science and policy options[R]. Washington: Conference on Carbon Sequestration.

Pereira A M, Shoven J B. 1988. Survey of dynamic computational general equilibrium models for tax policy evaluation[J]. Journal of Policy Modeling, 10 (3): 401-436.

Peter G P, Andrew R M, Boden T, et al. 2012. The challenge to keep global warming below 2°C[J]. Nature Climate Change, 3 (1): 4-6.

Pigou A C. 1920. The Economics of Welfare[M]. Edinburgh: R & R Clark Limited.

Pinti D L, Gelinas Y, Moritz A, et al. 2016. Anthropogenic and natural methane emissions from a shale gas exploration area of Quebec, Canada[J]. The Science of the Total Environment, 566 (6): 1329-1338.

Pittman R W. 1983. Multilateral productivity comparisons with undesirable outputs[J]. The Economic Journal, 93 (372): 883-891.

Pretty J, Brett C, Gee D, et al. 2001. Policy challenges and priorities for internalizing the externalities of modern agriculture[J]. Journal of Environment Planning and Management, 44 (2): 263-283.

Prior S A, Reicosky D C, Reeves D W, et al. 2000. Residue and tillage effects on planting implement-induced short-term CO_2 and water loss from a loamy sand soil in Alabama[J]. Soil and Tillage Research, 54 (3-4): 197-199.

Pump J, Conrad R. 2014. Rice biomass production and carbon cycling in $^{13}CO_2$ pulse-labeled microcosms with different soils under submerged conditions[J]. Plant and Soil, 384 (1-2): 213-229.

Pump J, Pratscher J, Conrad R. 2015. Colonization of rice roots with methanogenic archaea controls photosynthesis-derived methane emission[J]. Environmental Microbiology, 17 (7): 2254-2260.

Qiao J, Yang L Z, Yan T M, et al. 2012. Nitrogen fertilizer reduction in rice production for two consecutive years in the Taihu Lake area[J]. Agriculture, Ecosystems &

Environment, 146（1）: 103-112.

Rezek J P, Perrin R K. 2004. Environmentally adjusted agricultural productivity in the Great Plains[J]. Journal of Agricultural and Resource Economics, 29（2）: 346-369.

Riya S, Muroi Y, Kamimura M, et al. 2015. Mitigation of CH_4 and N_2O emissions from a forage rice field fertilized with aerated liquid fraction of cattle slurry by optimizing water management and topdressing[J]. Ecological Engineering, 75（11）: 24-32.

Rosenzweig C, Jones J W, Hatfield J L, et al. 2013. The agricultural model intercomparison and improvement project（AgMIP）: protocols and pilot studies[J]. Agricultural and Forest Meteorology, 170（3）: 166-182.

Rotz C A, Oenema J. 2006. Predicting management effects on ammonia emissions from dairy and beef farms[J]. Transactions of the ASABE, 49（4）: 1139-1149.

Salvador A F, Martins G, Melle-Franco M, et al. 2017. Carbon nanotubes accelerate methane production in pure cultures of methanogens and in a syntrophic coculture[J]. Environmental Microbiology, 19（7）: 2727-2739.

Schimel J. 2000. Global change: rice, microbes and methane[J]. Nature, 403（6768）: 375-377.

Schlenker W, Roberts M J. 2009. Nonlinear temperature effects indicate severe damages to US crop yields under climate change[J]. Proceedings of the National Academy of Sciences, 106（37）: 15594-15598.

Schneider U A. 2000. Agricultural sector analysis on greenhouse gas emission mitigation in the United States[R]. Berlin: Humboldt University.

Seppanen O, Fisk W J, Lei Q H. 2006. Effect of temperature on task performance in office environment[R]. Berkeley: Lawrence Berkeley National Laboratory.

Serrano-Silva N, Sarria-GuzmÁN Y, Dendooven L, et al. 2014. Methanogenesis and methanotrophy in soil: a review[J]. Pedosphere, 24（3）: 291-307.

Shoven J B, Whalley J A. 1972. General equilibrium calculation of the effects of differential taxation of income from capital in the U. S. [J]. Journal of Public Economics, 1（3）: 281-321.

Simmonds M B, Anders M, Adviento-Borbe M A, et al. 2015. Seasonal methane and nitrous oxide emissions of several rice cultivars in direct-seeded systems[J]. Journal of Environmental Quality, 44（1）: 103-114.

Singh A, Singh R S, Upadhyay S N, et al. 2012. Community structure of methanogenic archaea and methane production associated with compost-treated tropical rice-field soil[J]. FEMS Microbiology Ecology, 82（1）: 118-134.

Smith K, Conen F. 2004. Impacts of land management on fluxes of trace greenhouse gases[J]. Soil Use and Management, 20（2）: 255-263.

Smith L G, Williams A G, Pearce B D. 2014. The energy efficiency of organic agriculture: a review[J]. Renewable Agriculture and Food Systems, 30(3): 280-301.

Smith P, Martino D, Cai Z, et al. 2008. Greenhouse gas mitigation in agriculture[J]. Biological Sciences, 363(1492): 789-813.

Smith P, Truines E. 2007. Agricultural measures for mitigating climate change: will the barrier prevent any benefit to developing counties?[J]. International Journal of Agricultural Sustainability, 4(3): 173-175.

Snyder C S, Bruulsema T W, Jensen T L, et al. 2009. Review of greenhouse gas emissions from crop production systems and fertilizer management effects[J]. Agriculture, Ecosystems & Environment, 133(3): 247-266.

Sommer S G, Petersen S O, Søgaard H T. 2000. Greenhouse gas emission from stored livestock slurry[J]. Journal of Environmental Quality, 29(3): 744-751.

Soo V W C, McAnulty M J, Tripathi A, et al. 2016. Reversing methanogenesis to capture methane for liquid biofuel precursors[J]. Microbial Cell Factories, 1(15): 1-14.

Soussana J F, Dumont B, Lecomte P. 2015. Integration with livestock[C]. Rome: FAO.

Stavins R N. 1999. The costs of carbon sequestration: a revealed-preference approach[J]. American Economic Review, 89(4): 994-1009.

Steele S R. 2009. Expanding the solution set: organizational economics and agri-environmental policy[J]. Ecological Economics, 69(2): 398-405.

Stiehl-Braun P A, Powlson D S, Poulton P R, et al. 2011. Effects of N fertilizers and liming on the micro-scale distribution of soil methane assimilation in the long-term Park Grass experiment at Rothamsted[J]. Soil Biology and Biochemistry, 43(5): 1034-1041.

Su J, Hu C, Yan X, et al. 2015. Expression of barley SUSIBA2 transcription factor yields high-starch low-methane rice [J]. Nature, 523(7562): 602-606.

Suter H, Chen D, Li H L, et al. 2010. Comparison of the ability of the nitrification inhibitors DCD and DMPP to reduce nitrification and N_2O emissions from nitrogen fertilisers[C]//Gilkes R J, Prakongkep N. Proceedings 19th World Congress of Soil Science. Brisbane.

Swart R, Raes F. 2007. Making integration of adaptation and mitigation work: mainstreaming into sustainable development policies?[J]. Climate Policy, 7(4): 288-303.

Swinton J R. 1998. At what cost do we reduce pollution? Shadow prices of SO_2 emissions [J].The Energy Journal, 19(4): 63-83.

Tham K W. 2004. Effects of temperature and outdoor air supply rate on the performance of call center operators in the tropics[J]. Indoor Air, 14(s7): 119-125.

Thauer R K, Kaster A-K, Seedorf H, et al. 2008. Methanogenic archaea: ecologically relevant differences in energy conservation [J]. Nature Reviews Microbiology, 6(8): 579-591.

Tokida T, Adachi M, Cheng W G, et al. 2011. Methane and soil CO_2 production from current-season photosynthates in a rice paddy exposed to elevated CO_2 concentration and soil temperature[J]. Global Change Biology, 17（11）: 3327-3337.

Tubiello F N, Salvatore M, Cóndor G R D, et al. 2014. Agriculture, forestry and other land use emissions by sources and removals by sinks[R]. Rome: Statistics Division, Food and Agriculture Organization.

Upadhyay R K, Patra D D, Tewari S K. 2011. Natural nitrification inhibitors for higher nitrogen use efficiency, crop yield, and for curtailing global warming[J]. Journal of Tropical Agriculture, 49（1-2）: 19-24.

van Nguyen N, Ferrero A. 2006. Meeting the challenges of global rice production[J]. Paddy and Water Environment, 4（1）: 1-9.

Vatn A. 2010. An institutional analysis of payments for environmental services [J]. Ecological Economics, 69（6）: 1245-1252.

Veillette M, Viens P, Ramirez A A, et al. 2011. Effect of ammonium concentration on microbial population and performance of a biofilter treating air polluted with methane[J]. Chemical Engineering Journal, 171（3）: 1114-1123.

Voigt C, Lamprecht R E, Marushchak M E, et al. 2017. Warming of subarctic tundra increases emissions of all three important greenhouse gases-carbon dioxide, methane, and nitrous oxide[J]. Global Change Biology, 23（8）: 3121-3138.

Wagner-Riddle C, Thurtell G W, King K M, et al. 1996. Nitrous oxide and carbon dioxide fluxes from a bare soil using a micrometeorological approach[J]. Journal of Environmental Quality, 25（4）: 898-907.

Walz J, Knoblauch C, Böhme L, et al. 2017. Regulation of soil organic matter decomposition in permafrost-affected Siberian tundra soils-impact of oxygen availability, freezing and thawing, temperature, and labile organic matter[J]. Soil Biology and Biochemistry, 110（3）: 34-43.

Wang B, Li Y E, Wan Y F, et al. 2016. Modifying nitrogen fertilizer practices can reduce greenhouse gas emissions from a Chinese double rice cropping system[J]. Agriculture, Ecosystems & Environment, 215（6）: 100-109.

Wang J Y, Chen Z Z, Ma Y C, et al. 2013. Methane and nitrous oxide emissions as affected by organic-inorganic mixed fertilizer from a rice paddy in southeast China[J]. Journal of Soils and Sediments, 13（8）: 1408-1417.

Wassmann R, Lantin R S, Neue H U, et al. 2000. Characterization of methane emissions from rice fields in Asia. III. mitigation options and future research needs[J]. Nutrient Cycling in Agroecosystems, 58（1）: 23-36.

Watanabe A, Takeda T, Kimura M. 1999. Evaluation of origins of CH_4 carbon emitted from rice paddies [J]. Journal of Geophysical Research: Atmospheres, 104 (D19): 23623-23629.

Wei C, Löschel A, Liu B. 2013. An empirical analysis of the CO_2 shadow price in Chinese thermal power enterprises [J]. Energy Economics, 40 (11): 22-31.

Weiske A, Benckiser G, Herbert T, et al. 2001a. Influence of the nitrification inhibitor 3,4-dimethylpyrazole phosphate (DMPP) in comparison to dicyandiamide (DCD) on nitrous oxide emissions, carbon dioxide fluxes and methane oxidation during 3 years of repeated application in field experiments[J]. Biology and Fertility of Soils, 34 (2): 109-117.

Weiske A, Benckiser G, Ottow J C G. 2001b. Effect of the new nitrification inhibitor DMPP in comparison to DCD on nitrous oxide (N_2O) emissions and methane (CH_4) oxidation during 3 years of repeated applications in field experiments[J]. Nutrient Cycling in Agroecosystems, 60 (1-3): 57-64.

Wendland K J, Honzák M, Portela R, et al. 2010. Targeting and implementing payments for ecosystem services: opportunities for bundling biodiversity conservation with carbon and water services in Madagascar[J]. Ecological Economics, 69 (11): 2093-2107.

West T O, Marland G. 2002. A synthesis of carbon sequestration, carbon emissions, and net carbon flux in agriculture: comparing tillage practices in the United States[J]. Agriculture Ecosystems & Environment, 91 (1): 217-232.

Win K T, Nonaka R, Win A T, et al. 2011. Comparison of methanotrophic bacteria, methane oxidation activity, and methane emission in rice fields fertilized with anaerobically digested slurry between a fodder rice and a normal rice variety[J]. Paddy and Water Environment, 10 (4): 281-289.

Winton R S, Richardson C J. 2017. Top-down control of methane emission and nitrogen cycling by waterfowl[J]. Ecology, 98 (1): 265-277.

Wood S, Cowie A. 2004. A review of greenhouse gas emission factors for fertiliser production[EB/OL]. http://www.ieabioenergy-task38.org/publications.

Wu W X, Liu W, Lu H H, et al. 2009. Use of ^{13}C labeling to assess carbon partitioning in transgenic and nontransgenic (parental) rice and their rhizosphere soil microbial communities[J]. FEMS Microbiology Ecology, 67 (1): 93-102.

Wunder S. 2007. The efficiency of payments for environmental services in tropical conservation [J]. Conservation Biology, 21 (1): 48-58.

Wunder S, Engel S, Pagiola S. 2008. Taking stock: a comparative analysis of payments for environmental services programs in developed and developing countries[J]. Ecological Economics, 65 (4): 834-852.

Xie B H, Zheng X H, Zhou Z X, et al. 2010. Effects of nitrogen fertilizer on CH_4 emission from rice fields: multi-site field observations[J]. Plant and Soil, 326 (1-2): 393-401.

Xing G X. 1998. N$_2$O emission from cropland in China[J]. Nutrient Cycling in Agroecosystems, 52 (2-3): 249-254.

Xing G X, Cao Y C, Shi S L, et al. 2002. Denitrification in underground saturated soil in a rice paddy region[J]. Soil Biology and Biochemistry, 34 (1): 1593-1598.

Xing G X, Zhao X, Xiong Z Q, et al. 2009. Nitrous oxide emission from paddy fields in China[J]. Acta Ecologica Sinica, 29 (1): 45-50.

Xu X K, Boeckx P, van Cleemput O, et al. 2002. Urease and nitrification inhibitors to reduce emissions of CH$_4$ and N$_2$O in rice production[J]. Nutrient Cycling in Agroecosystems, 64 (1-2): 203-211.

Xu Y C, Shen Q R, Li M L. 2004. Effect of soil water status and mulching on N$_2$O and CH$_4$ emission from lowland rice field in China[J]. Biology and Fertility of Soils, 39 (3): 215-217.

Yagi K, Minami K. 1990. Effect of organic matter application on methane emission from some Japanese paddy fields[J]. Soil Science and Plant Nutrition, 36 (4): 599-610.

Yagi K, Tsuruta H, Kanda K, et al. 1996. Effect of water management on methane emission from a Japanese rice paddy field: Automated methane monitoring[J]. Global Biogeochemical Cycles, 10 (2): 255-267.

Yan X Y, Ohara T, Akimoto H. 2003. Development of region-specific emission factors and estimation of methane emission from rice fields in the East, Southeast and South Asian countries[J]. Global Change Biology, 9 (2): 237-254.

Yang D. 2008. Coping with disaster: the impact of hurricanes on international financial flows, 1970-2002[J]. The BE Journal of Economic Analysis & Policy, 8 (1): 1-45.

Yang S S, Chang E H. 1997. Effect of fertilizer application on methane emission/production in the paddy soils of Taiwan[J]. Biology and Fertility of Soils, 25 (3): 245-251.

Yang S S, Liu C M, Lai C M, et al. 2003. Estimation of methane and nitrous oxide emission from paddy fields and uplands during 1990—2000 in Taiwan[J]. Chemosphere, 52 (8): 1295-1305.

Yang Z M, Xu X H, Dai M, et al. 2017. Rapid degradation of 2,4-dichlorophenoxyacetic acid facilitated by acetate under methanogenic condition[J]. Bioresource Technology, 232 (2): 146-151.

Yu D W, Li C, Wang L N, et al. 2016. Multiple effects of trace elements on methanogenesis in a two-phase anaerobic membrane bioreactor treating starch wastewater[J]. Applied Microbiology and Biotechnology, 100 (15): 6631-6642.

Yu X Y, Song C C, Sun L, et al. 2017. Growing season methane emissions from a permafrost peatland of northeast China: observations using open-path eddy covariance method[J]. Atmospheric Environment, 153 (1): 135-149.

Yuan Q, Pump J, Conrad R. 2012. Partitioning of CH_4 and CO_2 production originating from rice straw, soil and root organic carbon in rice microcosms[J]. PLoS One, 7 (11): 1-9.

Yue J, Shi Y, Liang W, et al. 2005. Methane and nitrous oxide emissions from rice field and related microorganism in black soil, northeastern China[J]. Nutrient Cycling in Agroecosystems, 73 (2-3): 293-301.

Yvon-Durocher G, Montoya J M, Woodward G U Y, et al. 2011. Warming increases the proportion of primary production emitted as methane from freshwater mesocosms[J]. Global Change Biology, 17 (2): 1225-1234.

Zerulla W, Barth T, Dressel J, et al. 2001a. 3,4-Dimethylpyrazole phosphate (DMPP)—a new nitrification inhibitor for agriculture and horticulture[J]. Biology and Fertility of Soils, 34 (2): 79-84.

Zerulla W, Pasda G, Hähndel R, et al. 2001b. The new nitrification inhibitor DMPP (ENTEC®) for use in agricultural and horticultural crops — an overview. In Horst W J. Plant Nutrition[J]. Developments in Plant and Soil Sciences, (92): 754-755.

Zhang G B, Ji Y, Ma J, et al. 2013. Pathway of CH_4 production, fraction of CH_4 oxidized, and ^{13}C isotope fractionation in a straw-incorporated rice field[J]. Biogeosciences, 10 (5): 3375-3389.

Zhang L M, Yu D S, Shi X Z, et al. 2009. Simulation of global warming potential (GWP) from rice fields in the Tai-Lake region, China by coupling 1:50 000 soil database with DNDC model[J]. Atmospheric Environment, 43 (17): 2737-2746.

Zhang P, Deschenes O, Meng K, et al. 2018. Temperature effects on productivity and factor reallocation: evidence from a half million Chinese manufacturing plants[J]. Journal of Environmental Economics and Management, 88 (3): 1-17.

Zhang X, Yin S, Li Y, et al. 2014. Comparison of greenhouse gas emissions from rice paddy fields under different nitrogen fertilization loads in Chongming Island, Eastern China[J]. Science of the Total Environment, 472 (2): 381-388.

Zhang Y, Wang Y Y, Su S L, et al. 2011. Quantifying methane emissions from rice paddies in Northeast China by integrating remote sensing mapping with a biogeochemical model[J]. Biogeosciences, 8 (5): 1225-1235.

Zhao X, Liu S L, Pu C, et al. 2016. Methane and nitrous oxide emissions under no-till farming in China: a meta-analysis[J]. Global Change Biology, 22 (4): 1372-1384.

Zhao X, Xie Y X, Xiong Z Q, et al. 2009. Nitrogen fate and environmental consequence in paddy soil under rice-wheat rotation in the Taihu lake region, China[J]. Plant and Soil, 319 (1-2): 225-234.

Zhao Z, Yue Y B, Sha Z M, et al. 2015. Assessing impacts of alternative fertilizer management practices on both nitrogen loading and greenhouse gas emissions in rice cultivation[J]. Atmospheric Environment, 119（8）: 393-401.

Zheng F, Wang X E, Lu F, et al. 2011. Effects of elevated ozone concentration on methane emission from a rice paddy in Yangtze River Delta, China [J]. Global Change Biology, 17（2）: 898-910.

Zheng X H, Wang M X, Wang Y S, et al. 2000. Mitigation options for methane, nitrous oxide and nitric oxide emissions from agricultural ecosystems[J]. Advances in Atmospheric Sciences, 17（1）: 83-92.

Zhou B B, Wang Y M, Feng Y Z, et al. 2016. The application of rapidly composted manure decreases paddy CH_4 emission by adversely influencing methanogenic archaeal community: a greenhouse study[J]. Journal of Soils and Sediments, 16（7）: 1889-1900.

Zhu G B, Jetten M S M, Kuschk P, et al. 2010. Potential roles of anaerobic ammonium and methane oxidation in the nitrogen cycle of wetland ecosystems[J]. Applied Microbiology and Biotechnology, 86（4）: 1043-1055.

Zhu W J, Lu H H, Hill J, et al. 2014. ^{13}C pulse-chase labeling comparative assessment of the active methanogenic archaeal community composition in the transgenic and nontransgenic parental rice rhizospheres [J]. FEMS Microbiology Ecology, 87（3）: 746-756.

Zivin J G, Neidell M. 2014. Temperature and the allocation of time: implications for climate change[J]. Journal of Labor Economics, 32（1）: 1-26.

Zou J W, Huang Y, Jiang J Y, et al. 2005. A 3-year field measurement of methane and nitrous oxide emissions from rice paddies in China: effects of water regime, crop residue, and fertilizer application[J]. Global Biogeochemical Cycles, 19（2）: 1-9.

Zou J W, Huang Y, Zong L G, et al. 2004. Carbon dioxide, methane, and nitrous oxide emissions from a rice-wheat rotation an affected by crop residue in corporation and temperature[J]. Advance in Atmospheric Science, 21（5）: 691-698.

Zou J W, Lu Y Y, Huang Y. 2010. Estimates of synthetic fertilizer N-induced direct nitrous oxide emission from Chinese croplands during 1980-2000[J]. Environmental Pollution, 158（2）: 631-635.

后　　记

  本书系 2013 年 8 月立项，并于 2018 年 12 月完成的国家自然科学基金重点项目群"现代农业发展的政策研究"之重点项目——"气候变化背景下低碳农业发展战略及政策研究"（71333010）的部分研究成果。

  本书的完成，首先要感谢国家自然科学基金委员会何鸣鸿副主任，管理科学部吴启迪主任、李一军常务副主任、高自友副主任、杨烈勋副主任、刘作仪处长，办公室宣传处沈林福处长以及项目主任吴刚、方德斌、卢启程、高杰、霍红等的全力支持，是他们通过组成重点项目群指导专家组，并组织项目启动会、年度交流会和中期检查交流会等，才使得本书的研究能有序、不断深入地开展。

  本书最终定稿，更要感谢项目指导专家南京农业大学钟甫宁教授、同济大学程国强教授、农业农村部农村经济研究中心宋洪远研究员、华南农业大学温思美教授、中国人民大学温铁军教授，重点项目群负责人北京大学黄季焜教授和其他重点项目主持人浙江大学黄祖辉教授、华南农业大学罗必良教授、华中农业大学张俊飚教授、南京农业大学周应恒教授，以及中国农业大学何秀荣教授、西北农林科技大学霍学喜教授、国际食物政策研究所陈志钢研究员、中国农业科学院蒋和平研究员、湖北省农业厅王红玲研究员、中国人民大学唐忠教授、江苏省人大常委会副主任曲福田教授等专家在研究过程中给予的指导，以及提出的宝贵意见和建议。

  本书内容的不断深入与完善，还要感谢国家气象中心授权使用中国气象数据网数据库，李长生教授授权使用全国县级尺度上农田固碳减排的数据库［涉及 30 个行政区域，2 473 个县（区），18 种不同作物及其相互组合的种植系统与农田管理信息］，上海市农业农村委员会授权使用上海市农业经济运行与化肥施用动态监测调查数据库等，以及相关政府部门和单位的指导，尤其是在资料收集、问卷调查与调研座谈等方面给予的支持和帮助。

  本书的完成凝结了项目组全体成员的心血，他们从项目申请、资料收集、问卷发放、调研座谈等方面的付出，是研究得以完成的保障。他们是项目组主要成员：美国新罕布什尔大学李长生教授、挪威国际气候与环境研究中心魏涛远研究员、美国明尼苏达大学岳成艳教授、美国阿肯色大学郝丽助理教授，上海财经大学王常伟副教授，上海交通大学曹林奎教授、于冷教授、车生泉教授、秦向东教授、李寿德教授、刘春江教授、殷杉副教授、范纯增副教授，上海交通大学教师：史清华教授、周小伟副教授、蒋录全副教授，博士后：赵子健、曹正伟、晋洪涛、谢童伟，博士研究生：李承政、王天穷、赵峥、张鲜鲜、袁婧、许源、赵莉、张锐、陈海磊、田谧、严晗，硕士研究生：蒋在荻、章旭毅、袁锋、王鹤、顾缵琪、林忆梦，以及南昌大学付雪副教授、上海大学姜虹老师等，在此对他们付出的辛勤劳动和有益工作表示衷心的感谢！他们既是研究项目的得力完成者，也对本书的完成作出了贡献。

本书参考了国内外学者的相关研究成果，在此一并表示感谢。书稿写作过程中，作者对参考成果试图尽力做到一一标注，但难免有所遗漏，敬请见谅。本书中肯定还存在不少缺点和不足，在此也恳请同仁们提出宝贵意见和建议，以指导我们今后能更好地开展研究，也使本领域的研究能够不断深化、日臻完善。

本书的出版，还要感谢科学出版社以及魏如萍责任编辑的大力支持和辛勤工作。

谨以此书献给关注气候变化问题和低碳农业发展事业，并为之做出不懈努力的人们！

顾海英

2019 年 10 月 28 日于阳光美墅